AF323200

Blicke, Begegnungen, Berührungen
Moments, Meetings, Emotions

Impressum

Blicke, Begegnungen, Berührungen /
Moments, Meetings, Emotions
25 Jahre / *Years* Kinderfilmfest
Internationale Filmfestspiele Berlin

Herausgegeben von / *Published by*
Internationale Filmfestspiele Berlin

Konzeption und Redaktion / *Conception and editing*
Renate Zylla

Übersetzung / *Translation*
Maryanne Redpath

Regie-Register / *Directors' Index*
Juliane Felsmann

Gestaltung / *Design and layout*
Volker Noth

Titelfoto / *Cover-Photo*
„Krähen" / *"Crows"* (Polen / *Poland* 1994, Regie / *Director:* Dorota Kędzierzawska)

Satz / *Typeset*
Volker Noth Grafik-Design und / *and* Satzinform, Berlin

Lithographie / *Lithography*
Satzinform, Berlin

Druck und Bindung / *Printing and binding*
Offizin Andersen Nexö Leipzig, Zwenkau

© 2002 by Berliner Festspiele GmbH /
Internationale Filmfestspiele Berlin
und / *and* Jovis Verlag GmbH Berlin

ISBN 3-931321-27-4

Blicke, Begegnungen, Berührungen

Moments, Meetings, Emotions

Barbara Felsmann

25 ^{Jahre} _{Years} Kinderfilmfest

jovis

Inhalt

Das Ereignis

Die Filme

Contents

„Geschichten erzählen ist Sinngeben ..." (Christa Wolf)

Sinngeben! Hat der Film für junge Leute nicht den gleichen Auftrag!? Sinngeben. Beispiele anbieten, Lebensentwürfe, Möglichkeiten auf dem bestimmt nicht leichten Weg des „Menschwerdens". Träume wecken und Phantasien, Haltungen provozieren und Widerspruch, Werte hinterfragen und in Frage stellen, den jungen Menschen das eigene „Ich" ins Ganze einordnen helfen. Wer bin ich, wo gehöre ich hin?

Erlebnisse schaffen, Erfahrungen vermitteln, Historie, Hintergründe. Die Welt, so wie sie sich gebärdet, durchschaubar machen, als veränderbar erkennen lassen durch eigenes Engagement ...

Geschichten erzählen, die berühren, beunruhigen, die lachen und weinen lassen ...

Sinngeben! Kleine Geschichten, große Geschichten, traurige, lustige ... Gesichter, Charaktere, Helden, die Spuren hinterlassen, Erinnerungen auf Lebzeit, im Alter noch mit einem Lächeln quittiert oder mit Staunen. Kinderfilm ist nicht nur Quote und Kasse.

Sinngeben!
25 Jahre Internationales Kinderfilmfest Berlin widerspiegelt 25 Jahre Geschichte im Schaffen für das junge Publikum, gibt Zeugnis über Siege und Niederlagen. Jeder Jahrgang ist Etappe auf einem langen Weg und hat sein eigenes Gesicht, hat seine eigenen Helden, lässt Tendenzen erkennen in der Kunst für junge Leute, Entwicklungen, und ist Impulsgeber auch für die Macher. Filmfest und Arbeitstreff. Direktkontakt mit dem jungen Publikum und kritische Nachfrage. 25 Jahre der Versuch, den besten Filmen eine breite Öffentlichkeit zu schaffen, den Weg zu ebnen für die „große Leinwand". Mancher Film, als Fernsehproduktion angedacht, wurde zum Kinoerlebnis.

Geschichten erzählen ist Sinngeben – Maßstab und Auftrag.

Helmut Dziuba
Mai 2002

"To tell stories is to give meaning..." (Christa Wolf)

Giving meaning! Surely films for young people have the same mission!? Giving meaning. Offering examples, ways of life, suggesting possibilities for dealing with the difficult road to adulthood. The awakening of dreams and fantasies, provoking attitudes and protest, scrutinizing and challenging values, helping young people find their own position in the whole. Who am I? Where do I belong?

Creating events, relating experiences, histories, backgrounds. Showing the world giving birth to itself, making things transparent, the realisation that the power to change can lie in your own hands...

Telling stories which touch and unsettle, which make you laugh and cry...

Giving meaning! Small stories, big stories, sad, funny... faces, characters, heroes who leave behind traces, reminiscing, being paid back in old age with a smile or with amazement. Children's films are not only audience quota and box-office success.

Giving meaning!
Reflecting upon 25 years Kinderfilmfest. 25 years of history, creating for the young audience, bearing witness to victory and defeat. Each year is a step upon a long road and has its own face, its own heroes, exposing tendencies in art for young people, developments, inspiration for the makers. Film festival and work meeting. Direct contact with the young audiences and critical enquiries. 25 years of creating wide-ranging publicity for the best films, of smoothing their way onto the big screen. Some films originally conceived for television have reached the cinema.

To tell stories is to give meaning – criterion and mission.

Helmut Dziuba
May 2002

Es begann mit einer Frage

Im Juni 1977, kurz vor der 27. Berlinale, stürmte die Journalistin Gabriele Auensen-Borgelt zusammen mit drei Kindern in das Büro des Leiters der Internationalen Filmfestspiele Wolf Donner. *„Sind die Filmfestspiele nur für Erwachsene da?"*, fragten sie ihn empört. Das Gespräch wurde damals im SFB-Kinderfunk ausgestrahlt und ist so noch in seinem Wortlaut erhalten.

Wolf Donner antwortete: *„Auweia, das ist aber eine böse Frage. Nee, nicht nur, aber leider fast. Weil Filmfestspiele sind so eine Sache für Filmleute aus der ganzen Welt, die hierher kommen und sich neue Filme ansehen, und die Kinder würden sich ja jetzt nicht in Amerika ins Flugzeug setzen und nach Berlin fliegen, nur um Filme anzugucken."*

Die Kinder ließen nicht locker: *„Sie haben gesagt: leider. Wieso? Bedauern Sie es?"*

Wolf Donner lachte: *„Wenn mich ein Kind fragt, sind die nur für Erwachsene, dann liegt darin ja schon die Frage, warum sind die nicht für Kinder."*

Die Kinder: *„Warum macht man das nicht?"*

Wolf Donner: *„Wenn man hier eine Woche lang Kinderfilme zeigen würde, würden dann genug Leute kommen, genug Kinder? Eine Woche lang von morgens bis abends Kinderfilme angucken? Das glaub ich nicht."*

Die Kinder darauf: *„Komischerweise finden sich ja auch die ganzen Filmfestspiele über Erwachsene, die sich das von morgens bis abends ansehen."*

Wieder lachte Wolf Donner: *„Das ist sehr gut, ja. Jetzt hat er mich aufs Kreuz gelegt. Ich bin noch ein bisschen skeptisch, vielleicht weil das so eine ungewöhnliche Idee ist, Filmfestspiele für Kinder, ja."*

„Wir hatten uns vorgenommen", erinnert sich Gabriele Auensen-Borgelt, *„Wolf Donner nicht aus den Fängen zu lassen und ihn dazu zu bringen, dass er uns wirklich ernst nimmt. Er war ja neu in seinem Amt, und so hofften wir, ihn mit unserer Idee begeistern zu können. Wolf Donner war freundlich, aber sehr distanziert. Sein Hauptargument gegen ein Kinderfilmfestival war das Sprachproblem, denn es war klar, dass es nicht möglich sein würde, die Filme zu synchronisieren. Die Kinder haben gebohrt und gebohrt, bis wir nach einer knappen halben Stunde das Gefühl hatten, irgend etwas bewegte sich in ihm."* Letztendlich erreichten die vier, dass der Festspielleiter seine rechte Hand hob und schwor: *„Ich gelobe feierlich, auweia, dass ich mir fest vornehme, mich für das nächste Jahr zu bemühen um ein Kinderprogramm. Basta!"*

Wolf Donner hielt Wort. 1978, auf der nächsten Berlinale, die erstmals im Winter stattfand, gab es auch ein internationales Kinderfilmprogramm. „Kino für Leute ab sechs" wurde es zunächst genannt und in Zusammenarbeit mit der Landesbildstelle Berlin organisiert. Eine Auswahlkommission sichtete ungefähr 25 Filme und stellte dann ein Programm von zehn Spielfilmen aus Polen, aus der ČSSR und der UdSSR, aus der Bundesrepublik Deutschland und der DDR, aber auch aus Großbritannien, Indien und sogar Australien zusammen.

Von der Landesbildstelle Berlin wurde die Filmreferentin Barbara Krämer mit der Organisation des Kinderfilmprogramms beauftragt. Sie erzählte: *„Viele waren skeptisch, ob überhaupt genügend Besucher kommen. Auch der damalige Schulsenat, dem wir ja unterstanden, wollte nichts mit diesem Projekt zu tun haben. Wir haben alles in eigener Verantwortung gemacht. Schulklassen durften erst viel später eingeladen werden, als sich das Kinderfilmfestival durchgesetzt hatte."*

It Began with a Question

Shortly before the 27th Berlinale was about to begin in June 1977, journalist Gabriele Auensen-Borgelt charged into the office of the Berlin International Film Festival's director, Wolf Donner, accompanied by three children. "Is the festival only for adults?" they demanded to know. The discussion was broadcast on SFB children's radio and thereby recorded for posterity.

Wolf Donner answered: "Oh dear, what a nasty question. Well, not only but almost, unfortunately. Because film festivals are something for film people from the whole world. They come here to see new films. Children simply wouldn't get on a plane in America and fly to Berlin just to watch films."

The children didn't give up. "You said 'unfortunately'. Why? Do you regret it?"

Wolf Donner laughed: "If a child asks me, 'is it only for adults?', then the question, 'why isn't it for children?' is automatically included."

The children: "Then why isn't it for children?"

Wolf Donner: "If children's films were shown for a whole week, would enough people come, enough children? To watch children's films from dawn till dusk? I don't believe so."

The children replied: "Strangely, there are enough adults at the film festival who seem to do just that."

Wolf Donner laughed again: "That's very good, yes. Now you have me. I am a little sceptical, perhaps because it is such an unusual idea. A film festival for children."

Gabriele Auensen-Borgelt remembers: "We had decided not to go easy on Wolf Donner and to get him to take us seriously. He was new to his job and we hoped to excite him with our idea. Wolf Donner was friendly but very detached. His main argument against a children's film festival was the language problem. It was clear that the films could not be synchronised into German. The children kept at him until we had the feeling a half an hour later that something was starting to shift." *Finally they got the festival director to raise his right hand and swear:* "I solemnly promise, oh dear, that I shall endeavour to establish a children's program for next year. Basta!"

Wolf Donner kept his word. In 1978, at the next Berlinale – which took place during winter for the first time – there was a line-up of international children's films. Under the name "Cinema for people aged six and up", it was organised with the cooperation of the Berlin Institute for Media Education. A selection commission viewed roughly 25 films and chose a program of ten features from Poland, the Czechoslovakia, USSR, the Federal Republic of Germany, the German Democratic Republic as well as Great Britain, India and even Australia.

Barbara Krämer of the Berlin Institute for Media Education was commissioned to organise the children's film line-up. She remembers: "Many people were sceptical as to whether there would be enough visitors. The Senate for Educational Affairs

Vor dem Kino im Märkischen Viertel

In front of the cinema at the Märkisches Viertel

"Kino für Leute ab sechs" im Ufa-Pavillon

"Cinema for people six years and up" at the Ufa-Pavillon

Entgegen allen Erwartungen stieß das Kinderfilmprogramm der Berlinale auf große Resonanz: 12.000 kleine und große Kinofans besuchten die täglichen Vorführungen im Ufa-Pavillon, im Kino im Märkischen Viertel und in der Landesbildstelle Berlin.

„Der Ansturm auf dieses neue ‚Festival der Knirpse' ist zuweilen so stark, dass sich jeweils zwei Kinder auf einem Kinositz drängeln müssen und andere gar wegen Überfüllung enttäuscht wieder abziehen", berichtete das „Spandauer Volksblatt" am 2. 3. 1978, während eine Schlagzeile in der „Morgenpost" am 28. 2. 1978 lautete: *„Der neue Bonbon aus Wolf Donners Wundertüte schmeckt von acht bis achtzig"*.

Ausgewählt wurden die Filme vor allem nach künstlerisch-ästhetischen Kriterien. *„Wir wollten, dass Kinder besondere Filme sehen,"* erklärt Barbara Krämer, die damals mit zur Auswahlkommission gehörte, *„sie mussten die Kinder gefangen nehmen, eine Geschichte erzählen, die mit ihnen zu tun hatte, sie mussten handwerklich gut gemacht sein. Filme, die zwar einen pädagogischen Ansatz hatten, aber künstlerisch nicht gut umgesetzt waren, nahmen wir nicht ins Programm."*

Das Konzept der Auswahlkommission ging auf. Die Veranstaltungsreihe „Kino für Leute ab sechs" zeichnete sich – neben seiner erstaunlichen Internationalität – durch eine hohe Qualität und eine Vielfalt der Genres aus. Vorgestellt wurden Märchen, so zum Beispiel „Wer reißt denn gleich vorm Teufel aus" oder „Krabat", der Kinderkrimi „Glitzerball", das Musical „Auto, Geige und der Hund Klecks", Komödien wie „Ottokar, der Weltverbesserer" und anspruchsvolle Dramen, wie beispielsweise „Stormboy". Fast alle Filme wurden von der Presse positiv besprochen, dabei wurden besonders „Glitzerball" von Harley Cokliss, die polnische Produktion „Das Brötchen" und der Film „Jakob" aus der ČSSR hervorgehoben, sowie der indische Beitrag: *„Was den Jubel angeht, war aber wohl (...) ‚Der ehrliche Dieb' von Shyman Benegal einsamer Spitzenreiter. Der mit Slapstick-Effekten in Comic-Strip-Manier durchsetzte Film von einem Dieb, der seine, meist auf Reiche bezogenen Untaten immer vorankündigte, wäre auch ohne deutschen Kommentar ausgekommen. Mimik und Schwung rissen die Kinder förmlich mit"*, schrieben Rolf-Rüdiger Hamacher und Irmgard Pütz in der „Film-Korrespondenz" Nr. 3 vom 14. 3. 1978.

Und im „Tagesspiegel" vom 2. 3. 1978 war zu lesen: *„Die verhaltene Schilderung einer liebevollen Vater-Sohn-Beziehung in ‚Jakob' ist der sensibelste klarste Film"*. Dagegen stieß die deutsch-österreichische Koproduktion „Also es war so ..." auf allgemeine Ablehnung. *„Gänzlich von der Rolle glitten die Kinder dann beim einzigen (und der war noch zuviel) bundesrepublikanischen Beitrag von Karin Thomé (...). Der Film, der umständlich, humorlos und mit verkrampfter Ideologie unentschlossen zwischen Märchen und Realität die Geschichte eines Knaben, der mit einer Schauspieltruppe durchs Land zieht, erzählt, wurde gnadenlos ausgepfiffen. Ja, man zwang sogar die Veranstalter zum Abbruch der Vorführung."* („Film-Korrespondenz" Nr. 3 vom 14. 3. 1978)

Obwohl bedauert wurde, dass die Filme „Moritz, lieber Moritz" von Hark Bohm und „Die Brüder Löwenherz" von Olle Hellbom nicht im Kinderfilmprogramm liefen, sondern im Wettbewerb der Berlinale, wurde das erste „Kino für Leute ab sechs" begeistert angenommen. *„Alles in allem hat diese Sonderveranstaltung der Berliner Filmfestspiele bewiesen, dass das jahrelange Stiefkind des Films, der Kinderfilm, förderungswürdig ist. ‚Kino für Leute ab sechs' war ein gelungener Anfang und sollte 1979 fortgesetzt werden"*, schrieb Bettina Schroeter-Kleist im „Tagesspiegel" vom 2. 3. 1978.

Und so geschah es auch.

didn't want to have anything to do with the project. We took over the whole responsibility. School classes were only invited later, when the Kinderfilmfest had established itself."

Contrary to expectation, the program of children's films at the Berlinale was received with great enthusiasm. 12,000 cinema fans, young and old, visited the daily screenings at the Ufa-Pavillion, the cinema at the Märkisches Viertel and the Berlin Institute for Media Education.

"The rush for this new 'festival for little squirts' is sometimes so great that two children have to squeeze together onto one seat and others are forced to leave in disappointment," *reported the "Spandauer Volksblatt" on 2.3.1978, whereby a headline of the "Morgenpost", 28. 2. 1978, stated:* "The new sweetie in Wolf Donner's bag of goodies tastes good from eight to eighty."

The main criterion for the films' selection was aesthetic. "We wanted to show the children special films," *explains Barbara Krämer who was a member of the selection commission at that time.* "The films had to capture the children's attention, tell a story which they could relate to and they had to be well crafted. We did not select films with an educational message but no artistic merit."

The selection commission's concept was a success. The "Cinema for people aged six and up" was exceptional for its internationality as well as for the high quality of films and variety of genres. Fairytales such as "Who's Afraid of the Devil" and "Krabat", the musical "Car, Fiddle and Spot the Dog", comedies like "Ottokar, the World Reformer" and demanding dramas such as "Stormboy" were presented.

Almost all of the films were dealt with positively by the press, especially "The Glitterball" by Harley Cokliss, the Polish production "Breadroll" and "Jakub" from Czechoslovakia. Rolf-Rüdiger Hamacher and Irmgard Pütz wrote about the Indian entry in the "Film-Korrespondenz" no. 3 of 14. 3. 1978: "When it comes to jubilation, 'The Honest Thief' by Shyman Benegal was the lonely front runner. The use of slapstick in the portrayal of a thief constantly announcing his bad intentions toward the rich could have been understood without the German. Mimic and tempo literally swept the children off their feet."

"A restrained portrayal of a loving father-son relationship can be seen in the most sensitive and distinctive film, 'Jakub'," *was written in the "Tagesspiegel" of 2. 3. 1978.*

Contrary to this, the German-Austrian film, "And it happened like this ..." by Karin Thomé, was generally met with criticism. "This film from the Federal German Republic proved to be one too many. It totally lost the children. Awkward, lacking in humour and with a cramped ideology, the film wavers between fairy tale and realism. The story of a young boy travelling throughout the land with a group of actors was relentlessly wolf-whistled. The organisers were eventually forced to interrupt the screening." *("Film-Korrespondenz" no. 3, 14. 3. 1978)*

Although it was regrettable that the films "Moritz, lieber Moritz" ("Moritz, Dear Moritz") by Hark Bohm and "Bröderna Lejonhjärta" ("The Brothers Lionheart") by Olle Hellbom were screened in the Berlinale's Main Competition, the first "Cinema for people aged six and up" was enthusiastically received. "This special event of the Berlin International Film Festival has proved that film's stepchild, i.e., children's film, is worthy of funding. 'Cinema for people aged six and up' has had a good start and should continue in 1979," *wrote Bettina Schroeter-Kleist in the "Tagesspiegel" of 2. 3. 1978.*

And that is just what happened.

Astrid Lindgren mit den Hauptdarstellern aus „Die Brüder Löwenherz"

Astrid Lindgren with the leading actors from "The Brothers Lionheart"

David Gulpilil und Greg Rowe in „Kinder des Sturms"

David Gulpilil and Greg Rowe in "Stormboy"

Kinder des Sturms

Das erste Kinderfilm-Programm der Berlinale „Kino für Leute ab sechs" wurde mit dem australischen Film „Kinder des Sturms" (Originaltitel: „Stormboy") eröffnet.

„Stormboy" – so wird Mike von seinem Freund, dem Ureinwohner Fingerbone Bill, genannt. Mike lebt mit seinem Vater in einer Hütte am Meer, am Rande eines Naturschutzgebietes. Zurückgezogen von der Zivilisation genießen sie die Freiheit, die aber auch eine große Einsamkeit mit sich bringt. So spielt Fingerbone für den Jungen eine wichtige Rolle. Er lehrt ihn die Weisheiten der australischen Ureinwohner und hilft dem Jungen, als er eines Tages drei junge Pelikane findet und sie aufziehen will. Mike nennt die Vogeljungen Mr. Proud, Mr. Ponder und Mr. Parcival. Als sie herangewachsen sind, verlangt der Vater, dass er die Pelikane freilässt. Schweren Herzens fügt sich Mike, aber zu seiner Freude kehrt Mr. Parcival zurück und darf bei ihm bleiben. Die beiden sind unzertrennlich. Mike ahnt nicht, dass er sein geliebtes Tier bald verlieren wird und die unbeschwerten Tage seiner Kindheit enden werden.

„Regisseur Henri Safran hat das an sich bedrückende Fazit ohne Sentimentalität gestaltet, hat vielmehr eine Prise Optimismus eingestreut, weil zu hoffen steht, dass Mike seine Erfahrungen nie vergessen und sich nicht widerspruchslos in die Phalanx der gedankenlosen Durchschnittsbürger einreihen wird. In ruhigen, oft aber auch dramatisch verdichteten Bildern wird an die Bedeutung der letzten ursprünglichen Reservate für Mensch und Tier erinnert. Dass das vornehmlich aus der Sicht des kleinen Helden geschieht, macht den Film nicht nur für Erwachsene, sondern besonders auch für Jugendliche zu einem beeindruckenden bis aufregenden Erlebnis", schrieb Lothar Lambert in der Zeitung „Der Abend" vom 11. 4. 1980.

In der Broschüre der Landesbildstelle Berlin „Bericht über die Kinderveranstaltungen der Internationalen Filmfestspiele Berlin 1978" wurde hervorgehoben: *„Der Film erzählt diese Geschichte sehr ruhig, Stimmungen werden sensibel ausgedrückt und immer wieder wird in langen und schönen Aufnahmen die faszinierende Landschaft und Tierwelt Australiens gezeigt."*

Die Filmreferentin Barbara Krämer kann sich noch heute an die herrliche Äußerung eines Kindes nach der Vorführung erinnern: *„Der Film war langweilig, aber eigentlich sehen wir gerne was Langweiliges."*

Australien/*Australia* 1976

Stabliste/*Crew*

Regie/*Director*:	Henri Safran
Buch/*Script*:	Sonia Borg
nach einem	
Roman von/	
based on a	
novel by	Colin Thiele
Kamera/*Camera*:	Geoff Burton
Schnitt/*Editor*:	Gerals Turner-Smith
Musik/*Music*:	Michael Carlos

STORMBOY

The first Berlinale children's programme "Cinema for People aged six and up" opened with the Australian film "Stormboy" – the name also given to Mike by the Aboriginal, 'Fingerbone'. Mike lives with his father in a shack by the sea, at the edge of a nature reserve. Faraway from civilisation, they enjoy freedom but it is also very lonely. 'Fingerbone' becomes important for the boy. He teaches Mike the wisdom of the Australian Aboriginals and comes to his aid when one day the boy discovers three young pelicans, which he wants to raise. Mike calls the fledglings Mr. Proud, Mr. Ponder and Mr. Parcival. When the pelicans are grown up, Mike's father forces him to let them free. Mike resigns to this with a heavy heart but to his great joy, Mr. Parcival returns and is allowed to stay. They become inseparable. Mike has no idea that he will soon lose his beloved animal and that the carefree days of childhood will end.

"Director Henri Safran has created an impressive, unsentimental film. Rather there is a touch of hope that Mike will never forget his experiences and that he will not end up joining the ranks of the mindless average citizen. The still and often dramatically compressed images remind one of man and beast's original habitat. What happens is seen through the young hero's eyes, making this film an impressive and exciting experience for adults and especially for teenagers", *wrote Lothar Lambert in the newspaper "Der Abend" of 11. 4. 1980.*

Written in the "Report on the Children's Event of the Berlin International Film Festival 1978" by the Institute for Media Education: "The film tells the story very calmly, moods are sensitively expressed, and Australia's fascinating landscape and animal world are shown in beautiful, long shots."

Film mediator, Barbara Krämer, can still remember one child's wonderful comment after a screening: "The film was boring, but actually we like seeing boring things."

Darsteller/*Cast*

Mike	Greg Rowe
Mikes Vater	Peter Cummins
Fingerbone	David Gulpilil

Produktion/ *Production*:	Cine Vog, Sydney

Krabat
KRABAT

„Es gab immer Stimmen von Pädagogen, die meinten, dieser oder jener Film wäre ungeeignet für Kinder. Aber so heiß diskutiert wie der wunderbare Zeichentrickfilm ‚Krabat' wurde wohl keiner der Beiträge, die beim Kinderfilmfestival der Berlinale liefen. Die Pädagogen haben uns beschimpft, dass wir einen so grausamen Film Kindern zeigen", erinnert sich die Filmreferentin Barbara Krämer. *„Wir haben ‚Krabat' trotzdem ins Programm genommen, weil es ein guter Film ist, und weil man ja damals genug Zeit hatte, dieses Kinoerlebnis mit den Kindern nachzubereiten. Ich war immer schon der Meinung, dass man Kinder nicht zu sehr unterschätzen darf. Heute würde niemand mehr in Frage stellen, dass ‚Krabat' ein Kinderfilm ist."*

Der damals schon international bekannte und vielfach ausgezeichnete tschechische Regisseur Karel Zeman setzte in seinem Animationsfilm ein sorbisches Märchen aus der Lausitz um. Als Vorlage diente die Geschichte von Otfried Preußler, die 1972 mit dem Deutschen Jugendbuchpreis bedacht wurde.

Im Mittelpunkt steht der Waisenjunge Krabat. Bettelnd zieht er durchs Land und lebt von dem, was barmherzige Menschen ihm geben. Eines Tages wird er von einem schwarzen Raben in eine geheimnisvolle Mühle gelockt. Dort herrscht ein furchterregender Zauberer. Mit Krabat befinden sich zwölf Jungen in dessen Gewalt. Der Meister der Schwarzen Mühle lehrt ihnen das Müllerhandwerk und unterrichtet sie in der Zauberei. So kann er sie zu bösen Taten hinaus in die Welt schicken. Krabat möchte sich von diesem Bösewicht befreien, doch das vermag nur die Liebe eines Mädchens zu bewirken. Die schöne Katorka hat durch ihre tiefe Zuneigung zu Krabat den Mut und die Kraft, den schwarzen Zauber zu zerbrechen.

„Die vielseitige und perfekte Technik des Zeichentrickfilms ermöglicht eine ideale Umsetzung des märchenhaften Stoffes. Vor einem gemalten Hintergrund bewegen sich gezeichnete Figuren, z.T. wird Realfilm einbezogen, um Wasser, Rauch, Flammen usw. darzustellen. (…) Der Film ist technisch brillant und von hohem künstlerischen Niveau, aber aufgrund seiner drastischen Darstellungsweise eher etwas für erwachsene Freunde des Zeichentrickfilms", hieß es in dem „Bericht über die Kinderveranstaltungen der Internationalen Filmfestspiele Berlin 1978", herausgegeben von der Landesbildstelle Berlin. Unter dem Punkt „Reaktionen der Kinder" wurde ausgeführt: *„Sie waren von Anfang an beeindruckt und folgten dem Film bis zum Schluss mit gespannter Aufmerksamkeit. Allerdings ist nicht zu übersehen, dass entsprechend der grausamen und spannenden Handlung des Films negative Erregungszustände der Angst und des Schreckens vorherrschten: (…) ‚Am Ende sah man erschöpfte Kinder mit roten Augen … sozusagen erlöst, dass es endlich vorbei war.' Als Krabat befreit wird, standen plötzlich viele Kinder spontan auf bzw. begrüssten das gute Ende mit Beifall."*

ČSSR, BRD / *Czechoslovakia, Federal Republic of Germany* 1978

Stabliste / *Crew*

Regie / *Director*:	Karel Zemar
Buch / *Script*:	Karel Zemar
nach dem gleichnamigen Buch von / *based on the novel of*	Otfried Preußler
Kamera / *Camera*:	Bohumil Piknart, Zdeněk Krupa
Schnitt / *Editor*:	Ivan Matous
Musik / *Music*:	Frantisek Belfi

Krabat

"There is always the voice of the educationalists who maintain that this film is unsuitable for children.'Krabat' was the most heatedly discussed film at the Berlinale Kinderfilmfest. The educationalists accused us of showing a cruel film to the children", *remembers film mediator Barbara Krämer.* "Despite this we took 'Krabat' into our programme. Because it is good film and because we had enough time to help the children digest it after they had seen it. I have always thought that children should not be underestimated. Today no one would question whether 'Krabat' is a children's film."

Internationally recognised and award-winning Czech director Karel Zeman portrays a Sorbic fairytale from the Lausitz area in his animation film. Model for this is a story by Otfried Preußler, which received the German Young People's Book Award in 1972. Centre of the story is the young orphan Krabat. He wanders through the country, begging and living off what he receives from warm hearted people. One day he is lured into a mysterious mill by a black raven. There the master is a terrible magician who is holding twelve boys captive, including Krabat. The master of the black mill teaches them how to work the mill, and the art of magic. He then sends them out into the world to do evil deeds. Krabat wants to get free of this villain but it seems that can only be achieved through a girl's love. The lovely Katorka who has deep sympathy for Krabat has the courage and power to break the black magic.

Produktion/
Production: Filmstudio
Gottwaldov /
SDR/Bavaria

"The versatile and perfect animation technique successfully transposes the fairytale material. Drawn figures move to painted backgrounds and sometimes real film footage is introduced to portray fire, water, smoke etc. (...) The film is technically brilliant and highly artistic but on account of some drastic scenes, more a film for adult animation fans", *was written in a "Report on the Children's Event of the Berlin International Film Festival 1978" by the Berlin Institute for Media Education. Under "Children's Reactions" was written:* "They were impressed from the very start and followed the film to the end with great concentration. However it cannot be overlooked that the film's ghastly and tense story produced the negative condition of fear and horror: (...) 'in the end you saw exhausted children with red eyes...they were relieved that it was over.' When Krabat was set free the children suddenly stood up and clapped with relief at the happy end."

Der pädagogische „Mehrwert"

Der große Erfolg des ersten Kinderfilmprogramms der Berlinale ermutigte die Festspielleitung sowie die Mitarbeiter der Landesbildstelle Berlin, „Kino für Leute ab sechs" weiterzuführen. Dabei wurden in diesem Jahr die Auswahl der Filme und die pädagogische Betreuung der Landesbildstelle Berlin übertragen.

Eine Auswahlgruppe, zu der auch Berliner Erzieher und Erzieherinnen hinzugezogen wurden, sichtete 37 internationale Produktionen. Ins Programm kamen letztendlich elf, wobei Wolfgang Beckers „Vorstadtkrokodile" nur als 16mm-Kopie vorlag und deshalb lediglich in der Landesbildstelle Berlin gezeigt werden konnte. Neben dieser Spielstelle sollte das Kinderfilmprogramm in den Kinos „Filmkunst 66" in Charlottenburg und „Panorama" in Britz-Süd laufen. Aufgrund der großen Nachfrage im vergangenen Jahr war geplant, einige Filme zusätzlich im Bali-Kino in Zehlendorf zu wiederholen.

Im Vorfeld wurde am Friedenauer Paul-Natorp-Gymnasium eine Malaktion gestartet, bei der sich die Kinder von den Elementen des offiziellen Berlinale-Plakates, nämlich Kaktus, Apfel und Filmstreifen, für die Entwicklung eigener Entwürfe anregen ließen. Die Bilder sollten während des Festivals im „Filmkunst 66" ausgestellt werden.

So war alles bestens vorbereitet, als am 20. Februar die 29. Internationalen Filmfestspiele und einen Tag später das Kinderfilmprogramm begannen. Doch dann kam es am 23. Februar zu einem Eklat. Im Wettbewerbsprogramm wurde der umstrittene „Vietnam-Film" von Michael Cimino „The Deer Hunter" („Die durch die Hölle gehen") gezeigt. Aus Protest zogen die UdSSR und die sozialistischen Länder ihre Delegationen sowie alle ihre Filme zurück. Für „Kino für Leute ab sechs" hatte diese Entscheidung verheerende Auswirkungen: Sieben Filme mussten aus dem Programm genommen werden. Dabei handelte es sich um die Produktionen „Fragt mich nicht nach Giraffen", „Kysch und der Zweiranzenhoch" sowie um den Jugendfilm „Mit gebrochenen Schwingen" aus der UdSSR. Ferner wurden „Talisman" aus Bulgarien, der ungarische Beitrag „Steifer Hut und Kartoffelnase", der tschechische Jugendfilm „Rosige Träume" und die sowjetisch-rumänisch-französische Koproduktion „Rock'n Roll Wolf" zurückgezogen.

Fieberhaft versuchten die Mitarbeiter der Landesbildstelle Berlin, das Kinderfilmprogramm zu retten. Als Ersatz zeigten sie Filme aus dem eigenen Bestand, wie zum Beispiel Hark Bohms „Tschetan, der Indianerjunge" und „Wir pfeifen auf den Gurkenkönig" oder „Emil und die Detektive". Die DDR-Produktion „Philipp, der Kleine", die die Landesbildstelle auch angekauft hatte, durfte allerdings nicht vorgeführt werden. Nicht ganz zu recht wurden die Verantwortlichen im Rückblick auf das 79er „Kino für Leute ab sechs" in der Presse kritisiert. So schrieb Bettina Schroeter-Kleist im „Tagesspiegel" vom 11.3.1979: *„Es wirkte wie das erleichterte Abhaken einer Pflichtkür, so wenig Anstrengungen*

„Kino für Leute ab sechs" in der Landesbildstelle

"Cinema for people six years and up" at the Institute for Media Education

Educational "surplus value"

The huge success of the Berlinale's first program of children's films encouraged both the festival organisers and the employees of the Berlin Institute for Media Education to continue. In 1979 the selection of and educational responsibility for the films for "Cinema for people aged six and up" was assigned to the Berlin Institute for Media Education.

A selection commission consisting of Berlin teachers viewed 37 international productions. Altogether eleven films were selected, whereby Wolfgang Becker's "Suburban Crocodiles" was just available on 16 mm and could thereby only be screened at the Berlin Institute for Media Education.

Screenings were also planned at "Filmkunst 66" in Charlottenburg and "Panorama" cinema in South Britz. Due to the high demands of the previous year, extra screenings at the "Bali" cinema in Zehlendorf were also planned.

During the run up to the festival, a painting competition was initiated at the Paul-Natorp Grammar School whereby the students were inspired by the images from the official Berlinale poster – cactus, apple and film strips. The resulting pictures were to be exhibited at "Filmkunst 66" during the festival.

Barbara Krämer speaking with some children

Everything was going smoothly on 20 February when the International Film Festival began. A day later the children's film program opened. However, on 23 February something sensational happened. The controversial film "The Deer Hunter" by Michael Cimino was to be screened in the Main Competition. In protest the USSR and other socialist countries withdrew their films as well as their delegations. This had a disastrous effect upon "Cinema for people aged six and up". A total of seven films were taken from the program: "Don't Ask Me About the Giraffes", "Kysch and the Little Big Man", and the youth film, "With Brocken Wings" from the USSR; "Talisman" from Bulgaria; the Hungarian entry, "Stiff Hat and Potato Nose"; the Czech youth film, "Sweet Dreams"; the Soviet-Rumanian-French co-production, "Rock'n Roll Wolf".

The employees of the Berlin Institue for Media Education feverishly tried to save the children's film program. They substituted films from their own archive, such as Hark Bohm's "Tschetan, the Indian Boy" and "To Hell with the Cucumber King" or "Emil and the Detectives". The East German production "Philipp, the Small", which the Institute for Media Education had also procured, was not allowed to be screened. Those responsible for "Cinema for people aged six and up" were unfairly criticised by the press. Bettina Schroeter-Kleist wrote in the "Tagesspiegel" of 11.3.1979: "So little was undertaken to compensate the children for the withdrawn entries that it felt like a compulsory exercise. Of the four venues, only the Institute for Media Education offered a substitute program of old but seldom seen films. While the 'Bali' used the sudden gaps in their program for repetition screenings, visitors to 'Filmkunst 66' and 'Panorama' in South Britz were turned away with the laconic announcement 'cancelled!'"

Conversely, the "Filmbeaobachter" (Issue 5 / March 1979) used the second Berlinale children's film festival as an excuse to discuss its concept. In her essay Beate Seeßlen-Hurler began with: "Last year 'Cinema for people aged six and up' was pioneer work.

unternahm man, die Kinder für die ausgefallenen Beiträge zu entschädigen. Von den vier Vorführorten bot nur die Landesbildstelle ein Ersatzprogramm, ältere, aber doch selten gezeigte Kinderfilme. Während das Bali die plötzlichen Programmlücken für Wiederholungen nutzte, wurden Besucher des Filmkunst 66 und des Panorama in Britz-Süd mit der lakonischen Bekanntmachung ‚Fällt aus!‘ abgespeist.“

Dagegen nahm der „Filmbeobachter“ (Heft 5 vom März 1979) das zweite Kinderfilmfestival der Berlinale zum Anlass, um sich mit dem Konzept dieser Reihe auseinander zu setzen. Einführend bemerkte Beate Seeßlen-Hurler in ihrem Aufsatz: *„‚Kino für Leute ab sechs‘ im vergangenen Jahr war eine Pionierleistung. Sie kam unter großem Zeitdruck und organisatorischen Anfangsschwierigkeiten zustande, zeugte vom Idealismus und dem Mut der Veranstalter. Diesmal musste man sich bereits mit anderen Maßstäben messen lassen.“* Ihre Kritik richtete sich vor allem gegen den übertriebenen medienpädagogischen Aufwand, den die Landesbildstelle Berlin bei der Organisation des Kinderfilmprogramms betrieb: *„Es scheint da um so vieles zu gehen – von der Beschaffung der Filme über die Erarbeitung pädagogischer Kriterien zu ihrer Auswahl und Beurteilung, der Bereitstellung methodischer Hilfen zur Vor- und Nachbereitung im erzieherischen Rahmen bis zur Formulierung von Konzeptionen etc. –, dass darüber der Spaß (...) verloren geht. Das Kino kann da am Ende nur noch das ‚Anhängsel‘ eines immensen pädagogischen Apparates sein, der den Film fest in den Griff nimmt, bis all das Traumhafte, ja das ‚Subversive‘, was Kino-Erlebnisse ja auch auszeichnen kann, sich unter dem Diktat der pädagogischen Absicht verflüchtigt hat.“*

In der Tat nahmen damals die pädagogischen Aktivitäten einen unerhört breiten Raum ein. So erinnert sich die Filmreferentin Barbara Krämer von der Landesbildstelle Berlin: *„Zu den Sichtveranstaltungen haben wir immer schon ein Gremium von Pädagogen dazu gerufen. Dann wollten wir, dass die Erzieher die Filmveranstaltungen in ihren pädagogischen Alltag einbeziehen und die Filme mit den Kindern auswerten. Deshalb haben wir vorab auch Begleitmaterial erstellt. Darüber hinaus hatten wir den Anspruch, mehr über die Wirkungsweise von Filmen auf Kinder herauszubekommen. Wir baten die Erzieher, uns nach den Veranstaltungen Protokolle zu schicken, wie der Film im Gespräch bei den Kindern angekommen ist. Außerdem hatten wir in unserem Kinosaal eine Infrarotvideokamera aufgestellt, die von der Leinwand weg die Kinderreaktionen in Bild und Ton einfing. Die Aufnahmen wurden später ausgewertet genau wie die Gespräche, die nach den Filmvorführungen bei uns im Foyer stattfanden und mit Tonband aufgenommen wurden. Das alles war sehr aufwändig und hätte auf Dauer nicht so weitergeführt werden können.“*

Inwieweit die eigentlichen Adressaten des Kinderfilmprogramms, die Kinder selbst, zu ihrem Recht kamen, ist dabei wirklich die Frage. Die wurde auch schon 1979 heftigst diskutiert: *„Der pädagogische ‚Mehrwert‘, der aus der Veranstaltung jedoch gezogen werden muss, degradiert die Kinder ganz zwangsläufig ein bisschen zu Objekten. Die ‚Durchpädagogisierung‘ der Veranstaltung hat mittlerweile so beängstigende Ausmaße angenommen, dass man sich fragen kann, ob sie wohl mehr für die Erzieher als für die Kinder durchgeführt wird. Bezeichnend ist etwa die Tatsache, dass an keiner Stelle in der langen Kette der Vorbereitungsschritte den Kindern irgendein Mitspracherecht eingeräumt wurde.“* (Beate Seeßlen-Hurler, „Filmbeobachter“ Nr. 5 / März 1979)

Einige Zeit sollte noch verstreichen, bis die Kinder tatsächlich ein Mitspracherecht auf dem Kinderfilmfestival der Berlinale bekamen.

Realised under the pressure of time and with organisational teething-problems, it succeeded due to the courage and idealism of its promoters. This time other criteria have already become apparent."

Above all, her criticism was aimed at the over-exaggerated educational practise of the Berlin Institute for Media Education. "It all seems so heavily loaded – from the procuration of the films, the development of educational criteria for selection and assessment, the methodical advice on how to be well prepared before and after within an educational framework, to the formulation of a concept – that all the fun has been lost. Cinema here is only seen as an appendage to a huge educational apparatus which has taken such a firm hold on film that everything fantastic and 'subversive' – that which heightens the cinematic experience – has evaporated under the dictates of educational intent."

It is true that educational aspects had taken on immense proportion. Film professional, Barbara Krämer, from the Berlin Institute for Media Education remembers: "We always invited a group of educators to the selection screenings. Our aim was to get teachers to include screenings in their daily teaching activities and to evaluate the films with their pupils. That is also why we provided material in advance. We also wanted to find out more about what effect films have on children. We asked the teachers to send us a record of discussions of how the children had related to the films. We also set up an infrared video camera in the cinema to capture the children's reactions. The resulting images were analysed, along with recordings made during discussions after the screenings, in our foyer. It was all extremely complicated and not to be repeated long term."

The question is in fact just how much the children themselves had benefited from the children's film program. In 1979 there were already heated discussions about this. "The educational 'surplus value' which can be drawn from the event, has almost reduced the children to objects. The disproportionately educationalist approach leaves one wondering whether it was intended more for the children or for the teachers. It is characteristic that the children do not have the right of speech in the long chain of preparatory measures." *(Beate Seeßlen-Hurler, "Filmbeobachter" no. 5 / March 1979)*

It took some time for children to gain their voice at the Berlinale Kinderfilmfest.

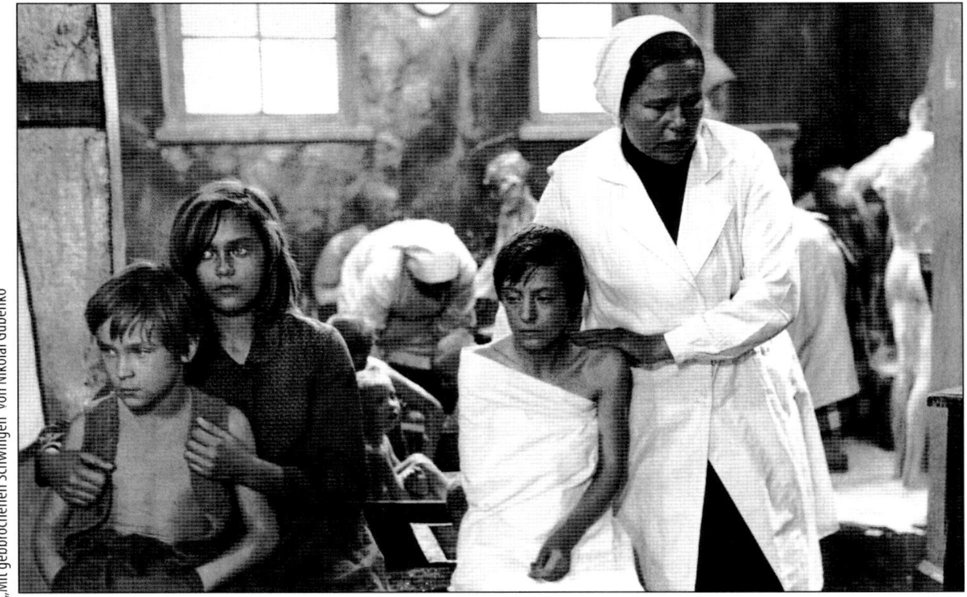

„Mit gebbrochenen Schwingen" von Nikolai Gubenko

"With Broken Wings" by Nikolai Gubenko

VORSTADT-KROKODILE

Der Film von Wolfgang Becker war der zweite bundesdeutsche Beitrag im Programm des Kinderfilmfestivals der Berlinale und stand etwas im Schatten von Haro Senfts Produktion „Ein Tag mit dem Wind". Dass selbst die festivaleigenen Publikationen nicht den Kern der Aussage dieses mutmachenden Kinderfilms trafen, kritisierte Kai Albrecht in „Die Wahrheit" vom 27. 2. 1979 und führte an: *„In der Information wird er kurzerhand zum ‚Krimi für*

Die Krokodile an ihrem Treffpunkt
The crocodiles at their meeting place

Kinder' zurechtgebogen. Zentrales Motiv ist jedoch, dass Kinder, in diesem Fall gehören dazu behinderte und ausländische Kinder, sich gegenseitig kennen- und schätzenlernen."

Der Autor Max von der Grün – ermuntert durch den Erfolg seines Kinderromans „Vorstadtkrokodile" – erarbeitete das Drehbuch für diesen Film. Er entwickelte den Stoff aus den eigenen Erfahrungen heraus, die er als Vater eines behinderten Kindes gemacht hatte: *„Ein Rollstuhlfahrer ist ein Ärgernis, man hat zwar für seine traurige Lage Verständnis, besser aber ist, er bleibt in seinen vier Wänden."*

„Vorstadtkrokodile" erzählt von einer Kinderbande. Ihr Erkennungszeichen ist ein Krokodil, und wer dazu gehören will, muss eine Mutprobe bestehen. So auch der zehnjährige Hannes. Er klettert auf das Dach einer verfallenen Ziegelei und gerät in eine lebensgefährliche Situation. Das beobachtet der gleichaltrige Kurt, ein Junge im Rollstuhl, der von den anderen Kindern verspottet wird. Durch seine Geistesgegenwart kann Hannes gerettet werden. Ab jetzt gehören beide Jungen zu den „Krokodilen". Bei Auseinandersetzungen mit drei Jugendlichen kann sich Kurt erneut beweisen. Dadurch merken die anderen, wie sehr sie sich auf ihn verlassen können, und vergessen schließlich Kurts Behinderung.

In einer Filmbesprechung der Landesbildstelle Berlin als Mitveranstalter des Kinderfilmfestivals wurde „Vorstadtkrokodile" Kindern wie Erwachsenen ans Herz gelegt und dabei herausgestellt: *„Das Verhältnis zwischen dem behinderten Rollstuhlfahrer Kurt, der von einem Mädchen gespielt wird, zu den anderen Kindern ist das zentrale Thema des Films. Kurt, der am Anfang (...) nur ‚der Krüppel' oder ‚der Rennfahrer' genannt wird, erkämpft sich (...) die Anerkennung der ‚Vorstadtkrokodile'. (...) Der Film zeigt nicht mitleiderregend die Unmöglichkeiten von Behinderten, sondern er betont die Möglichkeiten. Behinderung erscheint als etwas normales, es ist nicht abschreckend oder angstmachend für die Kinder. Deshalb ist dieser Film sicherlich ein Lehrfilm für den Abbau von Vorurteilen (...) und ein Film, der Mut macht, sich mit dieser Frage auseinanderzusetzen."*

BRD / *Federal Republic of Germany*
1978

Stabliste / *Crew*
Regie / *Director*:   Wolfgang Becker
Buch / *Script*:   Max von der Grün
nach seinem
gleichnamigen
Kinderbuch /
adapted from his
children's book of
the same name
Kamera / *Camera*:   Werner Kurz
Schnitt / *Editor*:   Jean-Marc
  Lesguillons
Musik / *Music*:   Jörg Meier

Suburban Crocodiles

The second Kinderfilmfest entry to come from the German Federal Republic was made by Wolfgang Becker. This film stood somewhat in the shadow of Haro Senf's "A Day With the Wind". In "Die Wahrheit" of 27.2.1979, Kai Albrecht criticized the fact that the festival's own publication did not get to the heart of what this film expressed: "In the information the film comes across as a 'children's thriller'. However, the central theme is that children, including in this case handicapped and foreign children, find out about and learn to value each other."

Die "Vorstadtkrokodile" vier Jahre später

The "Suburban Crocodiles" – four years later

Author Max von der Grün, encouraged by the success of his children's novel "Suburban Crocodiles", wrote the script for the film. In developing the material he used his own experience of being the father of a handicapped child: "It is an irritating fact for people in wheelchairs that although there is a certain amount of sympathy for their sad situation, it is much preferred that they stay within their own four walls."

"Suburban Crocodiles" tells the story of a gang of children. Their logo is a crocodile and anyone wishing to belong to the group has to undergo a test of courage. The same goes for ten-year-old Hannes. By climbing onto the roof of an old run down brickworks, he puts himself into a dangerous situation. Same-aged Kurt who sits in a wheelchair and has always been teased by the other children, sees what is happening. It is his presence of mind which saves Hannes. From then on both boys belong to the "Crocodiles". Kurt gets to prove himself once again during a quarrel with three youths. The others see just how much they can depend on him and forget his handicap.

In a film discussion amongst the then co-organisers of the Kinderfilmfest from the Institute for Media Education, it was decided that this film wins the hearts of both children and adults. They pointed out that: "The central theme of the film is the relationship between the handicapped Kurt who sits in a wheelchair and is played by a girl, and the other children. Kurt, who at the beginning (…) is nick-named 'the cripple' or 'the rally driver', desparately wants the 'Suburban Crocodiles' to acknowledge him. (…) The film does not ask for sympathy by showing what handicapped people cannot do. Rather, it emphasises the possibilities they have. Being handicapped is seen as normal. Therefore it is a film that can help break down prejudices (…) and a film which encourages these questions to be dealt with."

Darsteller / *Cast*

Kurt	Birgit Komanns
Kurts Vater	Eberhard Feik
Kurts Mutter	Rosel Zech
Hannes	Thomas Bohnen

Produktion /
Production: WDR, Köln

Sammys
Super-T-Shirt

"'Sammys Super-T-Shirt' ist ein ganz in der Tradition des englischen Kinderkrimis stehender Beitrag. (...) Bis auf den doch etwas moralischen Schluss ist hier Jeremy Summers ein Superman-Film für Kinder gelungen, der geschickt Spannung und Komik verbindet, ohne in spekulative Effekte abzurutschen", schrieb Rolf-Rüdiger Hamacher in der "Filmkorrespondenz" Nr. 3/79.

Im Mittelpunkt des Films steht der 12-jährige Sammy. Er ist für sein Alter viel zu klein, deshalb träumt er davon, wenigstens als Sportler der Größte zu sein und so die Anerkennung seiner Mitschüler zu finden.

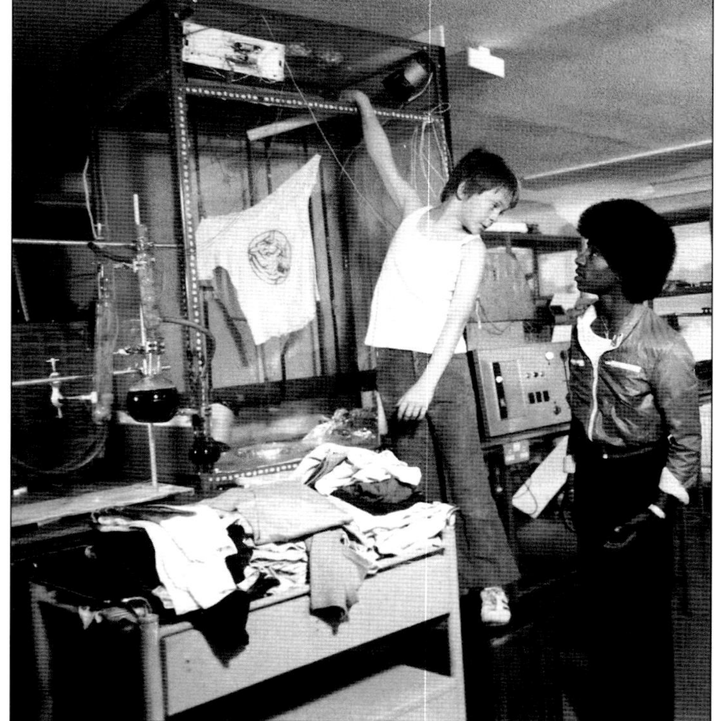

Sammy und Marvin im Forschungslabor (v.l.n.r.)

Sammy and Marvin in the laboratory

Zusammen mit seinem Freund Marvin trainiert er jeden Tag. Dazu zieht Sammy immer sein Tiger-T-Shirt an, denn das – so glaubt er – bringt ihm Glück. Durch einen Zufall gerät das T-Shirt in ein Forschungslabor, wird unzerstörbar gemacht und erhält tatsächlich magische Kräfte. Die Wissenschaftler sind begeistert und wollen das Wunder-Shirt behalten. Eine wilde Jagd beginnt, doch dank der Superkräfte des T-Shirts können Sammy und Marvin die Verfolger abschütteln. Dabei bemerken die Jungen, dass die Zauberkraft von Zeit zu Zeit nachlässt. Schließlich tritt Sammy zu einem Sportwettkampf an und wird von seinem T-Shirt wieder einmal im Stich gelassen. Kurz entschlossen zieht Sammy das T-Shirt aus und gewinnt aus eigener Kraft.

"'Sammys Super-T-Shirt' aus Großbritannien (...) ist ein schwächerer Zweitaufguss des letztjährigen Kinder-Science-Fiction-Films, Glitzerball'", meinte Bettina Schroeter-Kleist im "Tagesspiegel" vom 11.3.1979, schätzte aber die Stimmung im Festival-Kino sehr positiv ein: *"Die Jagd der Diebe auf das Hemd, seine Zurückerbeutung machte dem Publikum offensichtlich großen Spaß."*

In den Protokollen der Landesbildstelle Berlin wurde seitens der Pädagogen – wie oft in den Anfangsjahren des Kinderfilmfestivals – betont, dass für die Kinder *"die Anspannung durch andauernde Angsterzeugung fast nicht auszuhalten"* war. In einer weiteren Filmbesprechung allerdings wurden auch die Qualitäten dieses englischen Kinderkrimis hervorgehoben: *"Die überaus lebhafte, spaßige Handlung wird durch die Momente der ,Superkraft' noch verstärkt. Die Musik passt zum Film, und es gibt sogar einen wiederholt eingespielten Song (...), der sich leicht einprägt. Er verstärkt die Augenblicke, in denen sich Sammy kräftig und anerkannt fühlt."*

Großbritannien / *Great Britain*
1977

Stabliste / *Crew*
Regie / *Director:* Jeremy Summers
Buch / *Script:* Frank Godwin,
  H. MacLeod
  Robertson
Kamera / *Camera:* Norman Jones
Schnitt / *Editor:* Chris Barnes
Musik / *Music:* Harry Robinson

SAMMY'S SUPER T-SHIRT

"'Sammy's Super T-Shirt' follows in the footsteps of traditional English children's crime films. (…) With the exception of the somewhat moralistic ending, Jeremy Summers has created a successful 'Superman film' for children, cleverly combining tension and humour without resorting to spectacle", *wrote Rolf-Rüdiger Hamacher in the "KinderJugendfilmKorrespondenz" no. 3/79.*

Centre of the film is the 12-year-old Sammy. Being much too small for his age, he dreams of being acknowledged by his classmates if he becomes a great sportsman. Every day he trains with his friend Marvin. For this he always wears his tiger t-shirt, believing it will bring him good luck. The t-shirt accidentally ends up in a research laboratory where it is made indestructible and receives actual magic powers. The scientists are excited and want to keep the amazing t-shirt. There is a wild chase but thanks to the power of the t-shirt, Sammy and Marvin are able to escape their pursuers. The boys notice that the magic powers are slowly beginning to weaken. Finally Sammy takes part in a sport competition but is abandoned once again by his t-shirt. He suddenly decides to take off his t-shirt and wins under his own strength.

"'Sammy's Super T-Shirt', from Great Britain, (…) is a weaker second coming of last year's children's science fiction film 'The Glitterball'", *wrote Bettina Schroeder-Kleist in the "Tagesspiegel" of 11. 3. 1979. However she saw that the film was positively received in the cinemas:* "The thieves' hunt for the shirt and managing to get it back, was huge fun for the audience."

Educationalists of the Berlin Institute for Media Education emphasised, as they had often done in the earlier Kinderfilmfest years, that the children "were hardly able to cope with the almost continuous feeling of fear created." *In further discussions however they praised the good qualities of the British children's thriller:* "The thoroughly lively, funny plot is strengthened by the 'super-power' moments whereby the figure of Sammy is somewhat distorted by the use of snapshot imagery. The music suits the film, and there is even a catchy song, which strengthens the moment when Sammy feels strong and acknowledged."

Darsteller / *Cast*	
Sammy	Reggie Winch
Marvin	Lawrie Mark
Mr. Trotter	Julian Holloway
Mr. Becket	Richard Vernon
Produktion /	
Production:	The Children's Film Foundation Limited, London

Neuer Titel, neue Regeln

Mit dem neuen Leiter der Internationalen Filmfestspiele Berlin, zu dessen Verantwortungsbereich auch der Kinderfilm gehörte, wurde das „Kino für Leute ab sechs" zunächst einmal umgetauft in „Kinderfilmfest". *„Als ich nach Berlin kam"*, erinnert sich Moritz de Hadeln, *„habe ich sofort entschieden, das Kinderfilmfestival weiter fortzusetzen, aber es innerhalb der Berlinale zu verstärken. Es war damals sehr berlinisch, es musste internationaler werden. Und vor allem sollte es nicht eine Abteilung des Schulwesens sein, sondern zu einem festen Teil der Filmfestspiele werden. Das bedeutete, dass es nach den Regeln der Filmfestspiele läuft: andere Auswahl der Filme, Jurys, Preise, normaler Publikumszugang."*

Eine Preisvergabe wurde 1980 noch nicht eingeführt, aber die Filmauswahl oblag zum ersten Mal einigen Mitarbeitern beziehungsweise der Auswahlarbeitsgruppe der Internationalen Filmfestspiele, der allerdings auch der Pädagogische Referent der Landesbildstelle Berlin, Ansgar Wicher, angehörte. Außerdem hatte sich das Reglement geändert. Für das Kinderfilmfest galten nun die gleichen Richtlinien wie für den Berlinale-Wettbewerb. So konnten nur noch *„lange Spielfilme in 35mm-Format, die innerhalb von 12 Monaten vor Beginn des Festivals produziert wurden und innerhalb von 12 Monaten – außerhalb des Ursprunglandes – noch nicht in einem deutschsprachigen Land kommerziell ausgewertet wurden"*, ins Programm genommen werden. Vorrang hatten dabei *„völlig neue Filme und solche, die noch nicht an einer anderen internationalen Veranstaltung teilgenommen haben"*.

Durch die Veränderungen ergaben sich eine Menge organisatorischer Schwierigkeiten, vor allem im Vorfeld des Kinderfilmfestivals. So bemängelte Dagmar Dorsten in der Zeitung „Die Neue" vom 21. 2. 1980, *„dass unter Moritz de Hadeln die Erfahrungen der ersten beiden Jahre keineswegs genutzt wurden, sondern dass man jetzt beim Nullpunkt neu anfängt. (…) Die Auswahl, die getroffen wurde, ist nicht besser und nicht schlechter als in den vergangenen Jahren, jedoch war sie diesmal mit nur 21 Filmen, aus denen elf ausgewählt wurden, besonders klein."*

Von den elf Produktionen kamen zwei aus der ČSSR, zwei aus der UdSSR, eine aus der DDR. Der sowjetische Film „Sturm auf dem Festland", der das Festival eröffnete, wurde mit großem Beifall bedacht. Er spielt im Jahre 1913, in der letzten Phase des russischen Zarenreiches, und erzählt von der vergeblichen Suche eines Jungen nach Gerechtigkeit. Australien war mit dem Animationsfilm „Der kleine Übeltäter" von Yoram Gross vertreten, Kanada mit „Hank und die wilden Pferde", in dem ein Mädchen die Hauptrolle spielt, und Großbritannien wieder mit einem Kinderkrimi. Aus den skandinavischen Ländern wurden zwei Produktionen vorgestellt, wobei der schwedische Beitrag „Ich bin Maria" eine außerordentliche Beachtung fand.

Zum ersten Mal konnte auch ein Kinderfilm aus der Türkei gezeigt werden. „Das Baby" von Ihsan Yuce erzählt, wie ein 14-jähriger Junge in dem für ihn fremden Instanbul um seine Existenz kämpfen muss. *„Technisch nicht gerade das Nonplusultra zeigt der Film dennoch interessante Einblicke in das Leben und die Situation Jugendlicher in einem für uns immer noch fremden Land."* (Peter Fitzke, „zitty" Nr. 5 / 1980)

New Name, New Rules

The new festival director, Moritz de Hadeln, responsible also for the children's film section, immediately changed the name "Cinema for people aged six and up" to "Kinderfilmfest". He remembers: "When I arrived in Berlin, I immediately decided to continue the Kinderfilmfest. I also wanted to strengthen its position within the Berlinale. In those days it was still very Berlin orientated and needed to become more international. I didn't want the Kinderfilmfest to remain a department of the education system. Rather, that it became a fully fledged section of the Berlinale. It had to run according to festival regulations, with new selection criteria, juries, awards and public accessibility."

The presentation of awards was not yet introduced in 1980. Presiding over the film selection was the International Film Festival selection commission, to which Ansgar Wicher, educational advisor from the Institute for Media Education, also belonged. The regulations changed so that the Kinderfilmfest was subject to the same rules as the Main Competition. In order to be considered for selection, feature films, "must exist in 35mm format, must have been produced within the last 12 months, have only been screened within their country of origin and not have been evaluated in a German speaking country." *Priority would be given to,* "the latest films which have never been screened at an international event." *These developments caused some problems for the organisation of the Kinderfilmfest. Dagmar Dorsten complained in "Die Neue" of 21. 2. 1980:* "Under Moritz de Hadeln's direction, the experiences of the previous two years have not been considered at all. Rather the festival has completely started from scratch. (…) The selection isn't better or worse than in previous years. However this time only 21 films were entered, of which a relatively small program of eleven was selected."

Two of the eleven productions came from Czechoslovakia, two from the Soviet Union, one from the German Democratic Republic. The Soviet film "Storm on Mainland", which opened the Kinderfilmfest, was met with enthusiasm. This film takes place in 1913, during the end phase of the Tsarist era. It tells the story of a boy's unsuccessful search for justice. Australia was present with the animation film "The Little Convict" by Yoran Gross and Canada with "Wild Horse Hank" in which a girl plays the lead. Great Britain's presence was once again felt, with a children's crime film. Two productions from Scandinavian countries were presented. Of these, the Swedish film "I'm Maria" came across extremely well. For the first time a film from Turkey could be presented. "The Baby" by Ihsan Yuce tells the story of a 14 year old boy who has to fight for his existence in Istanbul, for him a foreign city. "Although this film is not technically top, it provides a sensitive insight into the life of a youth in a country which is foreign to us." *(Peter Fitzke, "zitty" no. 5/1980)*

West German films were lacking in this year's Kinderfilmfest. The film "The Children from No. 67" was – according to the producer's wishes – screened in the Internationales Forum des jungen Films section and this brought criticism. In the "Kinder-JugendfilmKorrespondenz" no. 1/1980, Hans Strobel wrote: "The program would have been more attractive if suitable films from other festival sections had been integrated into the Kinderfilmfest. The Forum film 'The Children from No. 67' by Usch

Ein bundesdeutscher Beitrag war auf dem Kinderfilmfest allerdings nicht zu sehen. Auf ausdrücklichen Wunsch der Produzenten wurde der Film „Die Kinder aus Nr. 67" ins Programm des Internationalen Forums des jungen Films genommen was auf breite Kritik stieß. So machte Hans Strobel in der „KinderJugendfilmKorrespondenz" Nr.1/1980 den Vorschlag: *„Das Angebot könnte attraktiver gestaltet werden, wenn passende Filme aus anderen Sektionen des Festivals in das Kinderfilmfest-Programm integriert würden. Dazu hätte sich der Forums-Film ,Die Kinder aus Nr. 67' von Usch Barthelmeß-Weller und Werner Meyer, der vom Leben der Kinder in einem Berliner Hinterhaus ein halbes Jahr vor und ein halbes Jahr nach der Machtergreifung durch die Nazis handelt, angeboten. Gleichzeitig könnten durch solche koordinierten Veranstaltungen wichtige Erfahrungen für die Arbeit mit dem Kinderfilm gesammelt werden."*

Insgesamt aber wurde das Programm des Kinderfilmfestes 1980 als *„überwiegend erfreulich"* eingeschätzt. *„Mit wenigen Ausnahmen zeigte diese dritte ,Kinder-Berlinale' Filme von beachtlicher Qualität, die dem jugendlichen Publikum Spaß machten, die Mitgefühl erweckten und zum Denken anregten"*, schrieb Dieter Freiburghaus im „Spandauer Volksblatt" vom 2. 3. 1980.

Neben den Vorführungen in der Landesbildstelle Berlin und in den Kinos „Cinema Paris" und „Allegro" gab es noch besondere Veranstaltungen für Schulklassen, in denen die Filme des Festivals an den Vormittagen wiederholt wurden. Außerdem wurde in Zusammenarbeit mit dem Deutschen Trickfilmverband ein Workshop durchgeführt, bei dem Kinder durch eigenes Ausprobieren die unterschiedlichen Formen der Animation kennen lernen konnten. Die Idee zu diesem „Kinderwerklachen", wie er sich nannte, kam von Moritz de Hadeln: *„Angeregt wurde ich durch ein Kinderfilmfestival in Lausanne, das leider nur zwei oder drei Jahre existiert hat. Dort wurden nicht nur Filme gezeigt, sondern auch Workshops organisiert, wo Kinder malen und mit Video kleine Animationsfilme drehen konnten. Die Animation wurde dort von dem bekannten Schweizer Trickfilmmacher Ernest Ansorge, einem der wenigen, die damals Animationsfilme mit Sand gemacht haben, durchgeführt. Die sind ziemlich leicht auch für Kinder zu machen. Leider konnte Ernest Ansorge selbst nicht nach Berlin kommen, aber er schickte uns Material und Filme von Kindern. Der Workshop fand in der damaligen Galerie der Filmfestspiele in der Budapester Straße statt, er wurde durchgeführt von acht Trickfilmern und ist auch ziemlich gut gelaufen. Das Sterben dieser Aktion war dann eine Entscheidung des damaligen Intendanten der Festspiele GmbH, Dr. Eckhardt, der mir klipp und klar gesagt hatte, dass so etwas nicht zu den Aufgaben der Filmfestspiele gehört. Das war das Ende dieses Experiments."*

Nach nunmehr drei Jahren hatte sich das Kinderfilmfestival als fester Bestandteil der Berlinale etabliert. Die Veränderungen – das war inzwischen allen Beteiligten klar – brachten die Notwendigkeit mit sich, darüber nachzudenken, ob nicht zukünftig die Organisation des Kinderfilmfestes in einer Hand konzentriert werden sollte. Das wurde u. a. auch in der „KinderJugendfilmKorrespondenz" Nr.1 / 1980 gefordert: *„Zur Aufhebung der angesprochenen Mängel braucht das Kinderfilmfest einen in der Festspielorganisation verankerten, verantwortlichen und engagierten Mitarbeiter, ähnlich den anderen Sektionen.*

Der erste Trickfilm-Workshop für Kinder bei der Berlinale

The first animation film workshop for children at the Berlinale

Um auch die Bedeutung des Kinderfilms herauszustellen, sollte außerdem eine Pressekonferenz stattfinden und Filmemacher und -produzenten der ausgewählten Filme zur Berlinale eingeladen werden."

Einige dieser Vorschläge sollten bereits im kommenden Jahr aufgegriffen werden.

Barthelmeß-Weller and Werner Meyer, which tells of children living in a backyard of a Berlin apartment building six months after the Nazis came to power, would have been suitable for this. The coordination of such events would greatly enrich the practice of working with children's films." *The films of the 1980 Kinderfilmfest were predominantly well received. In the "Spandauer Volksblatt" of 2. 3. 1980, Dieter Freiburghaus wrote:* "The 3rd Berlinale Kinderfilmfest has shown films of outstanding quality, with little exception. The youthful public had fun and could identify with them — and they were made to think."

As well as screenings at the Berlin Institute for Media Education and in the "Cinema Paris" and "Allegro" cinema, extra morning repetitions for school classes were established. An animation film workshop was also organised, in conjunction with the German Animation Film Club ("Deutscher Trickfilmverband"). The aim was to encourage children to try out various animation techniques for themselves. This children's workshop ("Kinderwerkladen") was initiated by Moritz de Hadeln. "I was inspired by a children's film festival in Lausanne which unfortunately only existed for two years. Parallel to film screenings there, workshops were also organised where children could make drawings which were then transposed by video into little animation films. The transformation was organised by Swiss film-maker Ernest Ansorge, one of the few people then working with the sand animation technique. These sand animations are also fairly easy for children to work with. Ernest Ansorge was unfortunately not able to be present in Berlin but he did send us material and films made by children. The workshop which took place in the former film festival gallery in Budapester Strasse was run by eight animation film-makers — and was quite successful. The death blow for this project came from the director of the Berliner Festspiele GmbH, Dr. Eckhardt. He informed me in no uncertain terms that such a workshop was not the business of the Berlinale. That was the end of the experiment."

The Kinderfilmfest had established itself as permanent fixture of the Berlinale after only three years. It was clear to all those concerned that as a result of the changes which had taken place, a discussion about the future of the Kinderfilmfest's organisation was necessary. "In order to raise the status of the Kinderfilmfest, it should be organised by a responsible and engaged person with a strong Berlinale base, — just like other festival sections. Children's films would receive more recognition if press conferences took place to which film-makers and producers of selected films were invited to participate," *was written in the "KinderJugendfilmKorrespondenz" no. 1 / 1980.*

Several of these suggestions were to be followed up in the following year.

Hier entsteht ein Zeichentrickfilm

An animation film in creation

Ich bin Maria
JAG ÄR MARIA

*„Ich habe oft überlegt, ob es wirklich nötig ist, mit solch
schwerer Hand zu arbeiten, so unnatürlich und gezwungen
eine Kindersprache zu benutzen, wenn man einen Kinderfilm macht",* meinte der schwedische Regisseur Karsten
Wedel in einem Gespräch. In seinem Film „Ich bin Maria"
bleibt er dicht an den Problemen seiner Hauptfigur und stellt
diese ohne Beschönigungen dar. Diese mutige Herange-
hensweise, typisch für skandinavische Kinderfilmproduk-
tionen, brachte ihm beim Festival in Berlin einen riesigen
Erfolg. Seine Arbeit wurde durchgängig gelobt und als etwas
Besonderes hervorgehoben: *„‚Ich bin Maria' lässt viele
andere Kinderfilme des Programms eigenartig kindisch und
lächerlich erscheinen – das heißt: Probleme, die dort über-
gangen, zugedeckt oder durch Gags weggewischt werden,
bleiben hier real."*

("Kino für Leute ab sechs. Bericht der Landesbildstelle
Berlin", 1981)

Liselotte Hjelm als Maria

Liselotte Hjelm as Maria

Im Mittelpunkt des Films steht die 12-jährige Maria aus
Stockholm. Sie wird zu Verwandten in eine Kleinstadt geschickt, weil sich ihre Mutter nicht um sie kümmern kann.
Mit dem spießigen Lennart und seiner Frau Maj-Britt
kommt Maria überhaupt nicht klar. Bei einem Spaziergang
lernt sie einen alten, ziemlich verwahrlosten, merkwürdigen
Mann kennen: Jon. Jon malt phantastische, ausdrucksstarke Bilder. Maria ist beeindruckt von ihm und entwickelt eine Nähe
zu Jon, vor allem als sie erfährt, welch' tragisches Schicksal der erlitten hat. Bei einem Unfall verlor er Frau und Kind. Über
diesen Verlust ist Jon nie hinweggekommen. Maria besucht den alten Mann, wann immer sie kann, obwohl Maj-Britt es ihr
verbietet.

Inzwischen hat man Jon als Künstler entdeckt und die Medien stürzen sich auf ihn. Als ein Fernsehteam aufdringlich in
seine Welt eindringt, reagiert er aggressiv und wirft die Kamera aus dem Fenster. John muss ins Altersheim. Maria begleitet
ihn und kehrt – erwachsener und um viele Erfahrungen reicher – zu ihrer Mutter zurück.

Als *„der Spitzenfilm"* wurde die schwedische Produktion von Dagmar Dorsten in „Die Neue"
vom 21. 2. 1980 eingeschätzt: *„Es ist ein intensiver, stiller Film, dem ich gerne und mit Spannung folgte."*

Und Peter Fitzke berichtete in der „zitty" Nr. 5 / 80, dass bei einer Vorbesichtigung des
Films die Anwesenden spontan applaudierten. Er hob in seiner Kritik hervor: *„Die Geschichte
wird offen und überzeugend, von Dramaturgie und Kamera immer aus der Sicht Marias erzählt,
ihre Probleme und Empfindungen werden liebevoll ohne falsches Pathos, für mein Gefühl sehr
‚kindgemäß' erzählt."*

Auch Hans Strobel meinte im „Filmbeobachter" Nr.6 / 80, dass „Ich bin Maria" *„ein alters-
entsprechender Film"* ist, der *„die Darstellung einer heilen Welt"* vermeidet.

Schweden / *Sweden* 1979

Stabliste / *Crew*
Regie / *Director*: Karsten Wedel
Buch / *Script*: Karsten Wedel
        Peter Zeitlincer
Kamera / *Camera*: Rune Ericsson
Schnitt / *Editor*: Karsten Wedel

I'm Maria

"I have often wondered whether it is really necessary to work with a heavy hand and to use such an unnatural and forced child's language when making children's films," *stated Swedish director Karsten Wedel in a discussion. In his film "I'm Maria", he sticks with the problems of his main figure, portraying them without gloss. Typical of Scandinavian children's films, this plucky method brought him much success at the Berlin festival. His work was highly praised and regarded as very special."* "I'm Maria' makes other films in the children's programme seem exceptionally childish and ridiculous. Problems which are otherwise ignored, whitewashed or glossed over with funny gags, stay real in this film."
("Cinema for children from six years of age. Institute for Media Education report", Berlin 1981)

The 12-year-old Maria from Stockholm takes the centre of the film. She has been sent to relatives in a small town because her mother cannot look after her. Maria cannot get along with the old-fashioned Lennart and his wife Maj-Britt. While going for a walk she meets Jon, a neglected, old man. Jon paints amazing, expressive pictures. He impresses Maria who develops a fondness for him, especially when she discovers the tragic fate he has suffered. He has lost his wife and child through an accident. Although Maj-Britt forbids it, Maria visits the old man whenever she can.

In the meantime Jon has been discovered as a great artist and he falls prey to the media. When a camera team aggressively disturbs his private world, he throws the camera out of the window. Jon is forced into and old-age home. Maria accompanies him there and then returns to her mother, enriched by her many new experiences.

Darsteller / *Cast*	
Maria	Liselotte Hjelm
Jon	Peter Lindgren
Mutter	Claire Wikholm
Produktion /	
Production:	Svenska
	Filminstitutet,
	Stockholm /
	Drakfilm,
	Treklövern

The Swedish production was tipped as "front-runner" *by Dagmar Dorsten in "Die Neue" of 21.2.1980.* "It is an intense, quiet film which I enjoyed with excitement."

Peter Fitzke reported in "zitty" no. 5/80 that there was spontaneous applause in a pre-screening of the film. He added "The camera work and dramaturgy are open and convincing and the story is expressed through Maria's eyes. In my opinion, her problems and her perceptions are lovingly portrayed for children, without false pathos."

In the "Filmbeobachter" no. 6/80, Hans Strobel also maintained that "I'm Maria""is a film suitable for children" which avoids "the presentation of a hallow world."

DES HENKERS BRUDER

„Der DDR-Streifen ‚Des Henkers Bruder' (…) über die Abenteuer eines Bauernjungen im 16. Jahrhundert gehörte zu den wenigen Lichtblicken des diesjährigen Kinderfilmfestivals", war im „Tagesspiegel" vom 9. 3. 1980 zu lesen.

Walter Becks Film wurde damals als positives Beispiel für die Auseinandersetzung mit historischen Themen ge-

Christoph und Jakob im Kerker (v.r.n.l.)

Christoph and Jakob in the dungeon

schätzt und fand in der Presse sowie bei den Medienpädagogen große Beachtung. In einer Filmbesprechung der Landesbild-stelle Berlin hieß es: *„An solchen Filmen wird deutlich, was den Geschichtsunterricht in den Schulen (…) oft so unerquicklich macht: die mangelnde Sinnlichkeit."*

„Des Henkers Bruder" erzählt von der Bundschuh-Bewegung im 16. Jahrhundert. Der Bauernsohn Christoph Herlinger lebt in bitterer Armut. Sein Bruder Jakob verdingt sich in der Stadt als Henker, dadurch wird die Familie von den Dorfbewohnern verachtet. Eines Tages werden Christoph und seine Freunde von Gefolgsleuten des Burggrafen überfallen. Sie wehren sich erfolgreich, doch dafür erfahren sie eine schreckliche Bestrafung. Das Haus der Herlingers wird in Brand gesetzt, und Christophs ganze Familie kommt ums Leben.

Christoph schwört Rache. Da erfährt er von einem Geheimbund zum Sturz der Fürstenherrschaft und schließt sich diesem an. Bei der Erfüllung eines wichtigen Auftrages gerät Christoph in die Hände der Soldaten. Als er von denen in den Kerker gesteckt wird, steht er plötzlich seinem Bruder Jakob gegenüber. Dessen Pflicht verlangt, den Gefangenen zu foltern, aber die Gefühle zu seinem Bruder treiben ihn in einen Konflikt. Als sich Jakob am Ende gegen Christoph stellt, kommt es zu einer heftigen Auseinandersetzung. Christoph bedroht seinen Bruder und kann sich schließlich den Weg in die Freiheit erkämpfen. Es gelingt ihm, zu den aufständischen Bauern zurückzukehren, und mutig zieht er mit ihnen in den Kampf gegen Ungerechtigkeit und Ausbeutung.

„Wie alle Kinderfilme aus der DDR ist auch ‚Des Henkers Bruder' sehr aufwändig produziert. Kinderfilme werden in den CEFA-Studios genauso ernst genommen wie die Produktionen für Erwachsene. Der Film bemüht sich in Ausstattung und Detailgenauigkeit sehr um eine realistische Darstellung (…). Damit unterscheidet er sich allerdings auch wohltuend von Hollywood-Kostümfilmen zu historischen Themen", hieß es in der Broschüre „Kino für Leute ab sechs" der Landesbildstelle Berlin. Allerdings wurde dort eingeschätzt, dass *„die Verhältnisse so gezeigt werden, (…) wie sich die materialistischen Historiker von heute die Zusammenhänge vorstellen"*. Das bemängelte auch Dieter Freiburghaus in seiner Kritik im „Spandauer Volksblatt" vom 26.2.1980: *„Aus der DDR kam ‚Des Henkers Bruder' (…), eine Art Western (…) mit jugendlichem Helden, verzweifelten Bauern, bösen Herren (…) und viel Fahnensymbolik. Die Kinder gingen mit, denn Spannung und Dramatik stimmten. Wenn allerdings am Ende eine Mutter zu ihrem begeisterten Jungen sagte: ‚Da müssen wir uns noch mal ein wenig darüber unterhalten', kann man dem nur zustimmen."*

DDR / *GDR* 1979

Stabliste / *Crew*
Regie / *Director*: Walter Beck
Buch / *Script*: Brigitte Kirsten, Gudrun Deubener
Kamera / *Camera*: Günter Heimann
Schnitt / *Editor*: Ilse Peters
Musik / *Music*: Günther Fischer

The Hangman's Brother

"The East German film 'The Hangman's Brother' (...), about the adventures of a farm-boy in the 16th century, is a ray of hope in this year's Kinderfilmfest", *was written in the "Tagesspiegel" of 9. 3. 1980.*

Walter Beck's film was valued for the way it dealt with an historical theme and it was praised by the press as well as by media educationalists. In a film discussion at the Berlin Institute for Media Education, was stated: "Such films reveal what makes school history lessons so unexciting – the lack of sensuality."

"The Hangman's Brother" takes place in the 16th century, during the time of the farmers' rebellions. Christoph Herlinger, a farmer's son, is living in extreme poverty. His brother Jakob earns his living in the city as a hangman and because of this the family is disrespected by the villagers. One day Christoph and his friends are attacked by the local lord's henchmen. They manage to defend themselves but as a result fall victim to a terrible punishment. The Herlinger's house is burnt down and Christoph's whole family is killed.

Christopher swears revenge. He joins up with a secret group which wants to bring down the monarchy. As he is carrying out an important mission, Christoph is captured by soldiers. When they throw him into the dungeons, he is confronted by his brother. Jacob's duty is to torture the prisoners but the feelings he has for his brother confuse him. When Jacob finally opposes Christoph there is a heavy dispute. Christoph threatens his brother and eventually finds his way to freedom. He succeeds in getting back to the rebellious farmers and courageously proves himself with them in the fight against injustice and exploitation.

"As with all East German children's films, 'The Hangman's Brother' is extravagantly produced. The East German Film Studios take children's films as seriously as films for adults. Great care is taken with the realistic presentation of precise details and with design. (...) That is where this film differs from well-meaning Hollywood period films," *was written in the brochure "Cinema for people aged 6 and up", produced by the Institute for Media Education. They also stated that* "the attitudes and the context are portrayed through the eyes of today's historical materialists." *Dieter Freiburghaus was slightly critical in the "Spandauer Volksblatt" of 26. 2. 1980:* "The GDR film 'The Hangman's Brother' is a kind of western, (...) with young heroes, frustrated farmers, evil lords (...) and much flag-waving. The children were engrossed and it was exciting and dramatic. One is forced to agree with a mother who in the end said to her excited son: 'We had better talk about this.'"

Darsteller / *Cast*

Christoph	Frank Grunwald
Henker Jakob	Holger Mahlich

Produktion /
***Production*:** DEFA-Studio für Spielfilme, Potsdam-Babelsberg

Vielfalt und Flair

„Ende November 1980 fing ich an", erinnert sich Gaby Sikorski, die erste Leiterin des Kinderfilmfestes, *„mir wurde mein Büro gezeigt, Unterlagen gab es überhaupt keine, Vorbereitungen für das kommende Kinderfilmfest waren noch nicht getroffen. Aber ich erhielt unheimlich viel Unterstützung vom Festivalleiter Moritz de Hadeln. Seine Sekretärin stand mir mit wichtigen Ratschlägen zur Seite, und überhaupt bekam ich aus allen Abteilungen Hilfe. So stampfte ich in einer sehr kurzen Zeit das Festival aus dem Boden."*

1955 in Berlin geboren, begann Gaby Sikorski nach dem Abitur, Archäologie zu studieren. Während des Studiums baute sie eigenverantwortlich im Bali-Kino unter Manfred Salzgeber, der seit 1980 auch verantwortlich für die Informationsschau der Berlinale war und später die Sektion „Panorama" leitete, ein Kinderfilmprogramm auf. Durch ihn kam sie zu den Internationalen Filmfestspielen.

Obwohl Gaby Sikorski durch ihre vorherige Tätigkeit gute Kontakte zur Presse, zu den Kinoleuten in Berlin und der bundesdeutschen „Kinderfilmszene" hatte, war ihr Einstieg wie *„ein Sprung ins kalte Wasser"*.

Erschwerend kam hinzu, dass die Landesbildstelle Berlin die Mitarbeit an der Vorbereitung und Durchführung des Kinderfilmfestes für 1981 abgelehnt hatte. Diese Entscheidung hing vor allem mit dem ein Jahr zuvor geänderten Auswahlverfahren zusammen, an dem die Landesbildstelle nur noch partiell beteiligt war. In einem „Bericht über die Zusammenarbeit mit den Internationalen Filmfestspielen Berlin" vom 31.7.1980 bemängelten die Verantwortlichen der Landesbildstelle, dass es sich nun *„mehr oder weniger um organisatorische Zuarbeit (Kartenreservierungen und Verteilung, Kinobetreuung) für die eher wirtschaftlich begründeten Ziele der Filmfestspiele"* handele. Weiter hieß es in dem Schreiben: *„Der mit dem Festivalcharakter verbundene Zeitdruck lässt sich offensichtlich nicht vermeiden. Folgerungen:*
– keine angemessene Auswahl für ein gutes Kinderprogramm
– keine sachgerechte Bearbeitung der fremdsprachigen Filme
– unzureichende Präsentation dieser Filme für das Kinderpublikum
– keine ausreichenden Möglichkeiten zur Vorbereitung der Sozialpädagogen und der Betreuung und Nachbereitung für die Kindergruppen."

Die Presse reagierte auf den Rückzug der Landesbildstelle unterschiedlich. Während die „KinderJugendfilmKorrespondenz" Nr. 6/2 '81 forderte, dass die Kooperation *„im Interesse des Kinderfilms"* wieder fortgesetzt werden sollte, kommentierte Manfred Hobsch in der „zitty" Nr. 5/1981 den Ausstieg so: *„Damit fehlen in diesem Jahr die sonst immer zwischen den Vertretern der Landesbildstelle und den Mitgliedern des Auswahlgremiums der Berlinale ausgetragenen Diskussionen über Quantität und Qualität der gezeigten Kinderfilme: Abgesehen von diesem oft überflüssigen Gerangel der Vorjahre, trifft der Verlust des*

Variety and Flair

The first Kinderfilmfest director, Gaby Sikorski, remembers: "I began at the end of November. I was shown to my office. There were no documents to guide me and preparations for the forthcoming festival had not yet begun. However the festival director, Moritz de Hadeln, was extremely supportive. His secretary gave me important advice and individual departments were very helpful. In a very short time we managed to create a festival from nothing."

Born in 1955, Gaby Sikorski studied archeology. She then initiated a children's film program at the "Bali" cinema, working under Manfred Salzgeber who had been responsible for the "Informationsschau" line-up at the Berlinale since 1980 and would later become director of the "Panorama" section.

Her earlier activities had enabled Gaby Sikorski to establish contact with the press and with the Berlin film scene as well as with the West German children's film industry. However she describes the beginning as "jumping in at the deep end".

It was even more difficult because the Berlin Institute for Media Education refused to participate in the preparation and reali-sation of the 1981 Kinderfilmfest. This decision was mainly due to the change in previous selection procedures, which had resulted in only the partial involvement of the institute. In a "Report on the Cooperation with the Berlin International Film Festival" of 31. 7. 1980, the Institute for Media Education complained that they had been virtually reduced to "an organisational position (ticket reservation and distribution and taking care of the cinemas) for a festival with predominantly economic concerns. Together with the characteristic pressure of time unavoidably connected with the festival, this has the following consequences:
– unsuitable selection of the children's film program
– inappropriate adaption of the foreign language films
– insufficient presentation of these films for the young audiences
– inadequate preparation for the educators who take care of the young children's needs, both before and after the screenings"

Press reactions to the Berlin Institute for Media Education's retreat were varied. While the "KinderJugendfilmKorrespondenz" no. 6/2 '81 demanded that the cooperation continue "in the interest of children's films", *Manfred Hobsch wrote:* "This means that the usual discussions between the Institute for Media Education and the Berlinale concerning the quality and quantity of the children's films to be screened are lacking: despite an often superfluous wrangle in previous years, the loss of the institute as screening location creates great difficulties for the afternoon progamming. As always, a variety of locations in different suburbs is desirable."

In issue 2/81 of "Medien und Erziehung", Kurt Johnen wrote: "The organisers of the Kinderfilmfest must have been worn out by lengthy discussions on selection and criteria. Above all they were critical of the whole educational fuss. Children should not be denied the enjoyment of watching films. The festival director regards the educational aspect as less important. The concept behind this is to create cinema access for high quality children's films."

Gaby Sikorski was primarily concerned to lend the Kinderfilmfest more festival flair. "Just like adults, children should receive the full cinematic experience – with the same expenditure and sense of celebration. High quality films and top technical facilities are important as well as all the usual trimmings – from comfortable seats and the curtain to the opening gong. The Kinderfilmfest should also become more glamourous and dignified. With special festival guests, the press, photographers, interviews with the children, all that sort of thing."

The Kinderfilmfest opening alone created a sensation. The West German film "The Red Stocking" celebrated its premier to a sold-out Ufa-Palast. When the director Wolfgang Tumler, actress Inge Meysel and her young partner Julie Tumler appeared

Spielortes Landesbildstelle einschließlich der Vormittagsvorführungen schon recht hart, denn eine möglichst große Anzahl von Spielorten in den unterschiedlichsten Stadtteilen ist nach wie vor wünschenswert."

Und im Heft 2/81 der „Medien und Erziehung" bemerkte Kurt Johnen: *„Die Veranstalter des Kinderfilmfestes waren wohl der langwierigen Diskussion um Auswahl und Kriterien müde geworden, und sie kritisierten vor allem die pädagogische Betulichkeit. Den Kindern soll der Spaß am Kinogucken nicht vermiest werden. Der Nutzen der pädagogischen Arbeit wird von der Leiterin des Kinderfilmfestes (...) als zu gering eingestuft. Hinter diesen Überlegungen steht das Konzept, dem anspruchsvolleren Kinderfilm den Weg ins Kino zu erleichtern."*

In der Tat ging es Gaby Sikorski darum, dem Kinderfilmfest mehr Festivalcharakter zu verleihen: *„Kinder sollten – genau wie Erwachsene – Kino total und prall erleben dürfen, mit dem gleichen Aufwand und der gleichen Festlichkeit. Dazu gehörte neben der Qualität der Filme auch eine gute Vorführung mit allem, was Kino ausmacht: bequeme Sitze, der Vorhang, der Gong. Außerdem sollte das Kinderfilmfest mehr Würde, mehr Glamour bekommen. Mit Festivalgästen, mit Presse, mit Fotografen, mit Kinderinterviews, eben mit allem Drum und Dran."*

Schon allein die Eröffnung des Kinderfilmfestes erregte Aufsehen. Im ausverkauften Ufa-Palast feierte der bundesdeutsche Beitrag „Der rote Strumpf" seine Premiere. Als dann Regisseur Wolfgang Tumler, Inge Meysel und ihre junge Partnerin Julie Tumler auf der Bühne erschienen, wurden sie mit stürmischem Applaus empfangen.

Mit zwölf Produktionen aus zehn Ländern konnte das bisher umfangreichste Kinderfilmprogramm der Berlinale präsentiert werden. Neben Australien, Dänemark und Schweden, der UdSSR sowie der ČSSR war zum ersten Mal Japan mit einem Beitrag vertreten: „Gratuliere, Mama" von Kazunari Takeda erzählt von der zwölfjährigen Yuko, die darum kämpft, dass sich die Mutter mehr Zeit für sie und ihren kleinen Bruder nimmt. Aus den Niederlanden kam Karst van der Meulens Film „Die Bande von nebenan", der *„sich als Abschluss-Bonbon entpuppte",* wie Dagmar Dorsten am 4.3.1981 in der Zeitung „Die Neue" schrieb. Die DDR hatte sich aus „festivalpolitischen" Gründen vollständig von der Berlinale zurückgezogen, weshalb auch beim Kinderfilmfest kein DEFA-Film gezeigt werden konnte.

„Insgesamt repräsentierte das Kinderfilmprogramm eine qualitative Vielfalt: Unterschiedlichste Themen wurden filmisch behandelt, und auch formal knüpften die Filmemacher an verschiedenste Traditionen der einzelnen Filmländer an bzw. entwickelten neue Formen oder beschäftigten sich mit neuen Inhalten. Aus dem insgesamt guten Programm ragten zwei Filme heraus: ‚Manganinnie' und ‚Das Märchen von Hans und Marie' (...) Der neue Zeichentrickfilm (...) des international bekannten Trickfilmregisseurs Karel Zeman beschreibt in einer Art Entwicklungsroman die Geschichte von Hans, der von drei Zwergen, die jeweils die Weisheit, die Bosheit und den Schalk verkörpern, begleitet wird." (Hans Strobel, „KinderJugendfilmKorrespondenz" Nr. 6/2 '81)

Das Kinderfilmfest wartete in seinem vierten Jahr mit mehreren Neuerungen auf. Nicht nur, dass vor dem Festival Sichtungsveranstaltungen für die Presse stattfanden, in den beiden Spielstellen Ufa-Palast am Kurfürstendamm und Thalia-Kino in Lankwitz startete man auch eine Publikumsaktion. Auf vorbereiteten Fragebögen wurden die Kinder aufgefordert, sich dazu zu äußern, was ihnen am Film besonders gut und was nicht so gut gefallen hat. Regen Zuspruch fand auch die erste Pressekonferenz des Kinderfilmfestes, auf der die Regisseure Wolfgang Tumler und Karst van der Meulen, Clara Burckner vom Basis-Filmverleih sowie Walter Grassmann, Vorstandsmitglied des „Fördervereins Deutscher Kinderfilm e.V." über die aktuelle Situation des Kinderfilms diskutierten.

on stage, they were met with wild applause. With twelve productions from ten different countries, it was the most extensive Kinderfilmfest program presented at the Berlinale to date. Alongside entries from Australia, Denmark, Sweden, the Soviet Union and Czechoslovakia, Japan was present for the first time with "Congratulations, Mama" by Kazunari Takeda. The film tells the story of twelve-year-old Yuko who tries to get her mother to spend more time with her children. Dutch director Karst van der Meulen's film "The Kids Next Door" was described by Dagmar Dorsten in the newspaper "Die Neue" of 4. 2. 1981 as "the closing treat". The German Democratic Republic had totally withdrawn from the Berlinale "on political grounds". That is why no East German Film Studios (DEFA) productions were screened at the Kinderfilmfest.

"The children's film line-up is qualitative and extensive. Contrasting themes have been dealt with and the film makers have employed the formal film imagery associated with their particular countries and developed new forms and content. Outstanding in an otherwise excellent program were the two films: 'Manganinnie' and 'The Tale of Hans and Maria'. (…) The new animation film by the internationally recognised director Karel Zeman shows the development of young Hans who learns about wisdom, wickedness and mischievousness from three dwarves."
(Hans Strobel, "KinderJugendfilmKorrespondenz" no. 6/2 '81)

In its fourth year, the Kinderfilmfest underwent several changes. For the first time, press screenings took place before the festival and public interaction was initiated at the Ufa-Palast and Thalia cinemas. The children were asked to fill out questionaires stating what they liked and what they didn't like about a film. The first press conference, whereby director Wolfgang Tumler, Karst van der Meulen, Clara Burckner of Basis Film Distribution and Walter Grassmann, executive member of the German support organisation for children's film ("Förderverein Deutscher Kinderfilm e. V") discussed the situation in the children's film industry, was a great success.

„Die Kinder vom Blauseegebirge" aus Schweden

"The Children from Blue Lake Mountain" from Sweden

Manganinnie

Blickt man auf die frühe Geschichte des Kinderfilmfestes zurück, ist es erstaunlich, dass dieses Festival von Anfang an Filme aus der ganzen Welt nach Berlin geholt hat. So konnten nicht nur Produktionen aus Europa und den USA präsentiert werden, sondern auch aus Asien, Kanada und Australien. 1981 liefen gleich zwei australische Beiträge: „Fatty Finn" von Maurice Murphy und John Honeys Film „Manganinnie".

„Manganinnie" erzählt von der ungewöhnlichen Freundschaft zwischen einem sechsjährigen Mädchen und einer Aboriginal-Frau.

Die Handlung spielt in Tasmanien im Jahre 1830, in einer Zeit also, als Australien und die tasmanische Insel von den Briten erobert wurde. Joanna, die jüngste Tochter eines britischen liberalen Siedlers, geht in der Wildnis verloren. Sie begegnet der Ureinwohnerin Manganinnie. Manganinnie, die Hüterin des Feuers, ist auf der Suche nach ihren Stammesleuten, die bei einem Angriff einer britischen Reitertruppe zerstreut wurden. Zunächst sind sich die beiden sehr fremd. Aber in der gemeinsamen Bewältigung der Gefahren, die die Natur trotz all ihrer Schönheit birgt, finden sie zueinander und gewinnen tiefes Vertrauen. Joanna erlernt von Manganinnie die Bräuche und Riten ihres Stammes, insbesondere den Feuerkult. Doch dann wird Manganinnie von weißen Abenteurern angeschossen. In der Vorahnung des Todes bringt sie Joanna zu den Eltern zurück. Noch in derselben Nacht stirbt die junge Frau. Joanna bahrt Manganinnie in der Scheune auf und zündet diese an. Zum Erstaunen ihrer Eltern bestattet sie ihre Freundin nach dem Brauch der Aborigines und ermöglicht Manganinnie durch das Feuer eine Heimkehr zu ihrem Volk.

„Ich finde, dass das mal ein ganz anderer Film ist. Er war interessant. Die Gegensätze von unserem Glauben und Manganinnies Glauben sind sehr gut dargestellt worden", schrieb die elfjährige Susanne, während Dorothea, neun Jahre alt, meinte: *„Mir hat alles gefallen: die schöne weite Landschaft, und wie sich die beiden kennengelernt haben. Das Ende war traurig und schön."*
Die elfjährige Csilla war fasziniert von *„den Sitten, das Leben dieser Menschen und wie sie das Feuer gehütet haben"*.

Das Besondere an dem Film wurde auch von der Presse hervorgehoben:
„Die Bilder dieses Films bleiben nicht hinter den Intentionen seiner Geschichte zurück. Gary Hansens Bildgestaltung macht aus ‚Manganinnie' einen poetischen Film. (...) Mawuyul Yanthalawuy und Anna Ralph spielen mit beeindruckendem Einfühlungsvermögen diese beiden Repräsentanten zweier Welten."
(Albert Schwarzer, „KinderJugendfilmKorrespondenz" Nr. 24/4 '85)

„Was diesen Film so hervorragend macht, ist der Verzicht auf viele Dialoge, denn die beiden (Joanna und Manganinnie – d. Red.) *sprechen nicht dieselbe Sprache. Und so muss die Verständigung über Gesten laufen, was für die zuschauenden Kinder bedeutet, dass sie bei diesem Film viel über die Bilder erkennen und lernen."*
(Manfred Hobsch, „zitty" Nr. 5/81)

Australien / *Australia* 1980

Stabliste / *Crew*
Regie / *Director*:   John Honey
Buch / *Script*:   Ken Kelso
nach dem gleichnamigen Roman von / *adapted from novel of the same name by*   Beth Robert's
Kamera / *Camera*: Gary Hansen
Schnitt / *Editor*:   Mike Woolveridge
Musik / *Music*:   Peter Sculthorpe

MANGANINNIE

Looking back on the earlier history of the Kinderfilmfest, it is remarkable that the festival had managed to bring films from around the world to Berlin. Not only productions from Europe and the USA had been presented, but also from Asia, Canada and Australia. In 1981 there were two Australian entries: "Fatty Finn" by Maurice Murphy and John Honey's film, "Manganinnie".

Anna Ralph in the role of Joanna and Mawuyul Yanthalawuy as Manganinnie

"Manganinnie" is about the unusual friendship between a six-year-old girl and an Aboriginal woman.

The story takes place in Tasmania in the year 1830, at a time when the island was being taken over by the British. Joanna, the youngest daughter of a liberal British settler, gets lost in the wilderness. She meets the Aboriginal woman, Manganinnie, who is the guardian of the fire. Manganinnie is looking for her tribe which has been dispersed by an attack made by the British cavalry. At first the two are very foreign to each other. However, together they overcome the daily dangers presented by the seemingly beautiful nature. They learn to trust and respect each other. Manganinnie teaches Joanna the customs and rituals of her tribe, especially the cult of fire. Then Manganinnie is wounded by white adventurers. Sensing death, Joanna brings her back to her own home. That night, the young woman dies. Joanna lays her out in the stable and sets fire to it. Her parents are amazed to discover that she has buried Manganinnie according to tribal custom. The fire will enable her to return to her people.

"This is a really different film. It was interesting. The contrast between our beliefs and Manganinnie's beliefs is very well shown," *wrote eleven-year-old Susanne, while Dorothea, 11 years old, thought:* "I liked everything: the beautiful wide landscape, and how the two got to know each other. The ending was sad but beautiful."

The eleven-year-old Csilla was fascinated by "the rituals, the life of those people and how they were the guardians of the fire."

The press emphasized what is special about this film. "The film's images do not hide behind its intentions. Gary Hansen's imagery makes a poetic film out of 'Manganinnie'. (...) Mawuyul Yanthalawuy and Anna Ralph represent both worlds with impressive sensitivity."
(Albert Schwarzer, "KinderJugendfilmKorrespondenz" no. 24/4 '85)

"This film does so well in its renunciation of dialogue. They both *(Joanna and Manganinnie -ed.)* speak the same language. They make themselves understood with gestures, which means that the children in the audience recognize and learn much through the imagery."
(Manfred Hobsch, "zitty" no. 5/81)

Darsteller / *Cast*

Manganinnie	Mawuyul Yanthalawuy
Joanna	Anna Ralph

Produktion /
Production: Tasmanian Film Corp., Hobart

DER ROTE STRUMPF

„Die Stimmung im Ufa-Film-palast erinnert an einen Kindergeburtstag. Jubel, Trubel allenthalben. Als der Vorhang sich nach Wolfgang Tumlers ‚Der rote Strumpf' herabsenkt, bricht tosender Beifall aus. Die Hauptdarsteller (...) betreten die Bühne, das Publikum wird aufgefordert, Fragen zu stellen. Zunächst schüchternes Schweigen. Dann eine helle Klein-Mädchen-Stimme, an Inge

Meysel gerichtet: ‚Sind Sie in Wirklichkeit auch so verrückt wie in diesem Film?'", berichtete Margarete von Schwarzkopf am 20. 2. 1981 für „Die Welt". *„Selten (...) gab es einen so guten deutschen Beitrag zu sehen wie Tumlers heiter-besinnliche Studie der Freundschaft zwischen einem jungen Mädchen und einer alten, etwas sonderbaren Frau. Der Film sollte Schule machen.'*

„Der rote Strumpf" widmet sich denjenigen, die in unserer Gesellschaft auch heute noch gern dem Blick der Öffentlichkeit entzogen werden, den gebrechlichen, etwas verwirrten und verschrobenen Alten. Maria Panacek ist 78 Jahre alt, leidet unter Verfolgungsangst und hat ihre „kleinen Macken". Auffällig mit einem roten und einem schwarzen Strumpf bekleidet, läuft sie durch die Straßen und stiehlt bei ihren Spaziergängen auch hin und wieder eine Tafel Schokolade. Eines Tages wird sie von der neunjährigen Mari beobachtet. Unbefangen geht das Mädchen auf die alte Frau zu und die beiden freunden sich an. Mari möchte Frau Panacek helfen und sie aus der psychatrischen Anstalt herausholen. Als sie die alte Frau bei sich zu Hause versteckt, kommt es zu einem Konflikt mit Maris Eltern.

„Kinder und alte Menschen haben sehr viel gemeinsam", meinte Inge Meysel nach der Premiere des Films. *„Ihre Sprache ähnelt einander. Und sie glauben noch oder schon wieder an Wunder."* Die Rolle der Frau Panacek gehörte damals zu den schönsten, die der Schauspielerin in den letzten Jahren angeboten wurden. Sie – wie das gesamte Film-Team – war froh, dass alle Vorführungen vom „Roten Strumpf" beim Kinderfilmfest ausverkauft waren und mehrere zusätzliche eingeplant werden mussten.

Die Festivalleitung, die erstmals eine Umfrageaktion durchführte, erhielt zu diesem Film ausgesprochen viele Zuschriften und Kinderzeichnungen.

„Mir hat gefallen, dass Mari mit einer Frau zusammen war, die sozusagen aus dem ‚Irrenhaus' stammte. Und auch, dass Mari so nett auf die Frau einging und sie immer tröstete, obwohl die Eltern dagegen waren."
Nina, 11 Jahre

„Der Film war sehr lustig, spannend und interessant. Frau Panacek war besonders lustig. Ich fand gut, dass sie sich jeden Tag eine Tafel Schokolade nehmen durfte."
Stephan, 10 Jahre

BRD / *Federal Republic of Germany*
1980

Stabliste / *Crew*

Regie / *Director*:	Wolfgang Tumler
Buch / *Script*:	Elfie Donnelly
nach ihrem gleichnamigen Roman / *based on her novel of the same name*	
Kamera / *Camera*:	Petrus Schloemp
Schnitt / *Editor*:	Peter Przygodda
Musik / *Music*:	Eberhard Weber, Rainer Brüninghaus

The Red Stocking

"The atmosphere at the Ufa-Filmpalast is like a children's birthday party. Jubilation, hustle and bustle everywhere. Loud cheers break out as the curtain comes down for Wolfgang Tumler's 'The Red Stocking'. The leading actors (...) step onto the stage, the public is asked for questions. At first there is a shy silence. Then a small girl's voice directed at Inge Meysel: 'Are you really as crazy as in the film?'" – *reported M. v. Schwarzkopf on 20. 2.1981 in "Die Welt".* "There has seldom been such a good German entry as Tumler's hilariously contemplative study of a friendship between a young girl and an old, somewhat strange woman. The film should be a lesson."

In einer Drehpause: Inge Meysel, Regisseur Wolfgang Tumler mit Tochter Julie

During a break in the shoot: Inge Meysel, director Wolfgang Tumler with daughter Julie

"The Red Stocking" is dedicated to those who are still today ignored by officialdom, namely frail, somewhat confused and eccentric old people. Maria Panacek is 78 years old. She suffers from a persecution complex and is a "little nuts". Conspicuously dressed up in one red and one black stocking, she wanders around the streets and now and then steals a block of chocolate. One day the nine-year-old Mari observes her. She unashamedly goes up to the old lady and they become friends. Mari wants to help Mrs. Panacek get out of the psychiatric institution. When she hides the woman at her place there is trouble with Mari's parents.

"Children and old people have much in common", *said Inge Meysel at the film's premiere.* "Their language is similar and they still – or once again – believe in miracles." *The role of Mrs. Panacek was one of the most wonderful offered to actresses in recent years. She – and the whole film team – were thrilled that the screenings of "The Red Stocking" at the Kinderfilmfest were sold out and that more had to be planned.*

Darsteller / *Cast*

Mari	Julie Tumler
Maria Panacek	Inge Meysel
Maris Mutter	Ulrike Bliefert
Maris Vater	Peter Bauer

Produktion /
Production: Aspekt-Telefilm, Berlin / ZDF, Mainz

The festival management organised an opinion poll for the first time and received many letters and drawings for this film:

"I liked it that Mari was together with the old lady who came from a so-called 'nuthouse'. And also that Mari was so nice to the old lady and always comforted her, although her parents were against it."
Nina, 11 years old

"The film was very funny, exciting and interesting. Frau Panacek was especially amusing. I found it good that she was allowed to take a block of chocolate every day."
Stephan, 10 years old

Vergleiche und Forderungen

„Ein doppeltes Kino-Fest für Knirpse" heißt die Überschrift eines Artikels im „Volksblatt Berlin" vom 11. 2. 1982, der auf das kommende Kinderfilmfestival der Berlinale aufmerksam machen sollte. Und tatsächlich präsentierte das Kinderfilmfest im fünften Jahr seines Bestehens zwei Programme – das „offizielle" und die Retrospektive „Kinderfilme aus der DDR – Aus 30 Jahren DEFA-Produktion".

Eröffnet wurde das Kinderfilmfest im Ufa-Palast mit einer bundesdeutschen Produktion, mit „Bananen Paul" von Richard Claus. Insgesamt wurden von 40 eingereichten Beiträgen elf Spielfilme aus zehn Ländern ausgewählt. Schweden war vertreten mit der Astrid-Lindgren-Verfilmung „Rasmus und der Vagabund", Norwegen mit dem Abenteuerfilm „Der Junge im Baum" und Dänemark mit Søren Kragh-Jacobsens „Gummi-Tarzan". Aus der ČSSR kamen „Ein Klecks ins Märchen" und „Nur so ein bisschen vor sich hinpfeifen", aus der UdSSR wurde das Märchen „Das schwarze Huhn oder die unterirdischen Bewohner" vorgestellt und aus der DDR „Der Dicke und ich" von Karl-Heinz Lotz. Für die Älteren wurden „Freund oder Feind", ein Film aus Großbritannien, der im Zweiten Weltkrieg spielt, und „Der alte Bärenjäger" aus Japan ins Programm genommen. Auch aus der Türkei war wieder ein Beitrag zu sehen: „Ibo und Güllüsah", über den Dagmar Dorsten in der „zitty" Nr. 5 / 1982 schrieb: *„ein buntes Verwirrspiel um eine große Liebe, oft sehr komisch und unterhaltsam in orientalisch-epischer Breite. Eine kulturpolitische Analyse wäre sicher interessant; Regisseur Atif Yilmaz sitzt z.Zt. in Junta-Haft."*

Zudem organisierte Gaby Sikorski, die Leiterin des Kinderfilmfestes, noch während des Festivals kurzfristig die Sonder-vorführungen von zwei polnischen Produktionen. Sie waren zu spät in Berlin eingetroffen, so dass sie im offiziellen Programm nicht mehr berücksichtigt werden konnten. Der Film „Die roten Schlangen" („CZERWONE WEZE") von Wojciech Fiwek erzählt aus der Sicht einer Zwölfjährigen von den sozialen Auseinandersetzungen im Polen der 30er Jahre, während „Das Lücken-maul" („KVAMCZUCHA") von Regisseurin Anna Sokolowska die Konflikte eines jungen Mädchens auf dem Wege zum Erwachsenwerden schildert.

Zum ersten Mal wurde das offizielle Programm des Kinderfilmfestes von einer Jury bewertet. 1982 über-nahm UNICEF die Schirm-herrschaft für das interna-tionale Kinderfilmfestival der Berlinale und stellte eine unabhängige Fachjury zusammen, die einen Freis sowie lobende Erwähnun-gen an einzelne heraus-ragende Filme vergeben konnte. *„Der Spielraum die-ser Jury war allerdings durch die Tatsache begrenzt, dass sie keine mit Geldmitteln verbundenen Preise vergeben konnte, sondern lediglich (...) ideelle Auszeichnungen; dennoch ein hoffnungsvoller Ansatz, dem ein weiterer Ausbau zu wünschen ist."*
(Hans Strobel, „KinderJugendfilmKorrespondenz" Nr. 10 / 2 '82)

Der Jury gehörten in diesem Jahr Annette Kaltenbach vom Kinder- und Jugendfilmzentrum in der Bundesrepublik Deutschland, Regisseur Haro Senft als Vertreter vom Förderverein Deutscher Kinderfilm e.V., Ansgar Wicher von der Landes-

Kinder erwarten mit Spannung den Film

Children excitedly awaiting a film

Comparisons and Demands

An article in the "Volksblatt Berlin" of 11. 2. 1982 which drew attention to the forthcoming Kinderfilmfest was titled "A double-banger film festival for the little ones". The 5th Kinderfilmfest consisted of two programs – the "official" and the retrospective line-up "Children' Films from the German Democratic Republic – 30 years of East German Film Studio ('DEFA') Production". A West German production, "Banana Paul" by Richard Claus, opened the Kinderfilmfest at the Ufa-Palast. Of the 40 submitted films, a total of eleven features from ten countries had been selected for screening. Sweden was present with the film version of Astrid Lindgren's story "Rasmus and the Tramp", Norway with the adventure film "The Boy in the Tree" and Denmark with Søren Kragh Jacobsen's "Rubber Tarzan". "A Splotch in the Fairytale" and "Just a Little Whistle" came from Czechoslovakia and the fairytale "The Black Hen or Underground Dwellers" had been produced in the Soviet Union. The East German film "Paunch and I" by Karl-Heinz Lotz and two films for older children, "Friend or Foe" – a British film set in World War Two – and the Japanese contribution "The Old Bear Hunter" were also screened. Turkey was once again present with "Ibo and Güllüsah". In "zitty" no. 5 / 1982 Dagmar Dorsten described this film as "a crazy confused story about a great love, often very funny and entertaining, in epic oriental style. A cultural-politico analysis would be interesting – at this time the director Atif Yilmaz is sitting in a military prison."

During the festival, Kinderfilmfest director Gabi Sikorski spontaneously organised special screenings of two Polish productions. Their late submission for selection had meant they could no longer be considered for the official program. The film "Czermone Weze" ("The Red Snake") by Wojciech Fiwek portrays civil disputes in Poland in the 1930's, seen through the eyes of a twelve year old. "Kvamczucha" ("The Liar") by Anna Sokolowska is the coming of age story of a troubled young girl.

For the first time the Kinderfilmfest films were judged by a Jury. UNICEF, patron of the Berlinale Kinderfilmfest since 1982, brought an independent jury of experts together, whose purpose was to award outstanding films. "However, the jury did not really have much scope because they did not make cash awards. Their prizes were of a more idealistic quality. Despite this it was a hopeful start which could develop positively." *(Hans Strobel "KinderJugendfilmKorrespondenz" no. 10/2 '82)*

Members of this year's jury included: Annette Kaltenbach of the German children's film centre ("Kinder-und Jugendfilmzentrum in der Bundesrepublik Deutschland"); director Haro Senft, representing the support organisation for German children's films ("Förderverein Deutscher Kinderfilm e.V."); Bernt Lindner of the institute for scientific and educational films ("Institut für Film und Bild in Wissenschaft und Unterricht") and UNICEF representative Ulrich Schmid. They awarded the UNICEF Prize to "Rubber Tarzan". Special Mentions went to "Banana Paul" "because of its relevance to present times and the originality of its story" *and to Toshio Gotoh's film "The Old Bear Hunter",* "because of its good direction".

At the award ceremony the Jury criticised the Kinderfilmfest. Amongst other things, they complained about "the unsatisfactory quality of most films in the program and the lack of entries from the third world. We cannot understand why such

bildstelle Berlin, Bernt Lindner vom Institut für Film und Bild in Wissenschaft und Unterricht und Ulrich Schmid als Vertreter des Deutschen Komitees für UNICEF an. Sie zeichneten „Gummi-Tarzan" mit dem UNICEF-Preis aus und bedachten „Bananen-Paul" *„wegen seiner Gegenwartsbezogenheit und Originalität der Geschichte"* sowie Toshio Gotohs Film „Der alte Bärenjäger" *„wegen seiner guten Regieleistung"* mit einer lobenden Erwähnung.

Bei der Preisverleihung verlas die Jury außerdem eine kritische Einschätzung des Kinderfilmfestes. Darin wurde u.a. *„die unbefriedigende Qualität der meisten Filme des Programms und das Fehlen von Beiträgen aus der Dritten Welt"* bemängelt. *„Auch ist nicht verständlich, warum z.B. Filme wie ‚Die Geschichte von Kim Skov' aus Dänemark, ‚Der Verrat' aus Norwegen oder ‚Der einfältige Mörder' aus Schweden, die in anderen Programmbereichen des Festivals gezeigt wurden, keinen Eingang in das Filmprogramm für Kinder gefunden haben."* Außerdem meinte die Jury, dass die Auswahlkriterien, die keine Kurzfilme und keine Filme für Jugendliche zuließen, erweitert werden müssten. Ihre Einwände provozierten bei der Festspielleitung ein erneutes Nachdenken über das Reglement des Kinderfilmfestes.

Auf ein außerordentlich reges Interesse stieß die Retrospektive „Kinderfilme aus der DDR – Aus 30 Jahren DEFA-Produktion", die von der Stiftung Deutsche Kinemathek mit Unterstützung des Staatlichen Filmarchivs der DDR vorbereitet wurde. Die elf Filme, zu denen neben den Märchenverfilmungen „Das kalte Herz" von Paul Verhoeven aus dem Jahre 1950 und „Wie heiratet man einen König", 1969 von Rainer Simon gedreht, auch drei Arbeiten von Heiner Carow gehörten, wurden auch in der Landesbildstelle Berlin gezeigt. Zum Programm gehörten ferner „Die Fahrt nach Bamsdorf" von 1956, Helmut Dziubas „Mohr und die Raben von London", die Gegenwartsfilme „Der tapfere Schulschwänzer" von Winfried Junge, Herrmann Zschoches „Philipp, der Kleine" und „Das Pferdemädchen" von Egon Schlegel. Mit „Die Söhne der Großen Bärin" kam ein sogenannter „Indianerfilm" zur Aufführung. Eine Auswahl von Trickfilmen sowie die beiden Dokumentarfilme „Kinder von Nord-Ost" und „Lerchenlieder" rundeten das Programm ab.

Anlässlich der Retrospektive fand ein Podiumsgespräch mit dem Regisseur Heiner Carow und dem Direktor des Staatlichen Filmarchivs der DDR, Wolfgang Klaue, statt. Davon angeregt veröffentlichten mehrere Fachzeitschriften Aufsätze über die Kinderfilmproduktion in der DDR. So war z.B. im „Filmbeobachter" Nr. 3/82 zu lesen: *„In allen Genres des DDR-Kinderfilms (...) fällt auf, dass man in der DDR beim Kinderfilm keinen qualitativen Unterschied zum Drehen eines Erwachsenenfilms macht. Zwischen 1950 und 1981 entstanden rund 120 Kinderfilme. Gegenwärtig produziert die DEFA jährlich sechs bis acht Spielfilme für Kinder: Im Vergleich zur gesamten Filmproduktion der DDR liegt der Kinderfilm bei 20% der Spielfilme."*

Ein zweites Podiumsgespräch widmete sich der Situation des Kinderfilms in der Bundesrepublik. Anlass war die massive Streichung von Mitteln zur Kinderfilmförderung. Im Anschluss an diese öffentliche Diskussion wurde von den anwesenden Filmemachern, Journalisten und Fachleuten aus den verschiedensten Bereichen der Kinderfilmarbeit eine Pressemitteilung unter dem Motto „Der Kinderfilm ist tot – Es lebe der Film für Kinder" verfasst: *„Wir fordern die Gleichstellung des neuen deutschen Kinderfilms. Wir wollen Filme machen, Erfahrungen sammeln, Kinder beim Sehen unserer Filme beobachten, damit wir lernen, für wen wir Filme machen. Wir fordern, dass die Mittel zur Kinderfilmförderung nicht reduziert, sondern erweitert werden"*, hieß es da, und an anderer Stelle: *„Wir sind es leid, ständig von der Notwendigkeit des deutschen Kinderfilms reden zu müssen, anstatt Filme machen zu können. Es wirft ein bezeichnendes Licht auf die Armseligkeit der kulturellen Landschaft, dass bei uns Filmemacher um etwas kämpfen müssen, was bei unseren Nachbarn eine Selbstverständlichkeit ist."*

„Nur so ein bisschen vor sich hinpfeifen" von Karel Smyczek

From "Just a Little Whistle" by Karel Smyczek

films as 'The Story of Kim Skov' from Denmark, 'The Betrayal' from Norway and 'The Simple Minded Murderer' from Sweden were screened in other sections and were not made available for the Kinderfilmfest program." *The jury also stated that the selection criteria should be extended to include shorts and youth films. This criticism inspired the Berlinale directors to rethink the festival regulations.*

There was a great interest in the retrospective line-up "Children's Films from the German Democratic Republic — 30 years of East German Film Studios ('DEFA') Production". This program was organised with the support of the German film museum and archive ("Stiftung Deutsche Kinemathek") and the East German government film archive ("Staatliches Filmarchiv"). Eleven films, including the fairytale film "The Cold Heart" by Paul Verhoeven (1950), "How to Marry a King" by Rainer Simon (1969) and three films by director Heiner Carow were all screened at the Berlin Institute for Media Education. "The Trip to Bamsdorf" (1956), Helmut Dziuba's "Moor and the Raven from London", as well as the more recent films "The Courageous Truent" by Winfried Junge, Hermann Zschoches " Philipp the Small" and "Horse Girl" by Egon Schlegel were also included alongside "the real Indian film": "The Sons of the Great Bear". The program was complete with a line-up of animation films and the two documentaries "The Children from the North-East" and "The Larks' Songs".

On the occasion of the retrospective, a panel discussion took place between director Heiner Carow and the director of the East German government film archive, Wolfgang Klaue. Inspired by this, several East German journals published essays on the production of children's films in their country. Written in the "Filmbeobachter" no. 3/82: "It is noticeable in the German Democratic Republic, that there is no differentiation made between making films for children and making films for adults. Between 1950 and 1981 around 120 children's films were produced. At present the East German Film Studios ('DEFA') produce between six and eight features for children. That is 20 % of the total feature film production in East Germany."

A second panel discussion was dedicated to the children's film situation in the German Federal Republic. This was provoked by massive cuts in the funding of children's films. At the end of this discussion, film makers, journalists and various film experts formulated a press release to the motto: "Children's films are dead — long live films for children!" *They added,* "We want equal rights for new German children's films. We want to make films, to gather experiences, observe children's reactions to our films and thereby get to know for whom we are making them. We argue that funding should not be cut but increased. We are fed up with discussing the German children's film situation instead of making films. That we have to fight for something which is so self-understood by our neighbours — this throws a light on the poverty of our cultural environment."

„Die Reise nach Sundevit" von Heiner Carow

From "The Journey to Sundevit" by Heiner Carow

Gummi-Tarzan
GUMMI TARZAN

1982 war Regisseur Søren Kragh-Jacobsen das erste Mal zu Gast beim Kinderfilmfest in Berlin. In Dänemark hatte er sich bereits mit seinem Debüt, dem Jugendfilm „Willst du meinen hübschen Bauchnabel sehen?" (1978), einen Namen gemacht, und auch sein zweiter Film „Gummi-Tarzan", der sich an Kinder richtet, brachte ihm große Anerkennung. Schon damals zeichnete sich ab, dass Søren Kragh-Jacobsen mit seinen Arbeiten richtungsweisend für den Kinder- und Jugendfilm werden sollte.

Alex Svanbjerg in der Rolle des Ivan Olsen

Alex Svanbjerg in the role of Ivan Olsen

„Gummi-Tarzan" wurde in Berlin begeistert aufgenommen. Die UNICEF-Jury, erstmalig für das Kinderfilmfest berufen, zeichnete ihn *„als einen hervorragenden Film für Kinder"* aus und begründete ihre Entscheidung mit den Worten: *„Der Film ist eine überzeugende und ermutigende Darstellung der Selbstfindung eines in Schule und Elternhaus in seiner Individualität nicht anerkannten Kindes."*

Im Mittelpunkt steht der kleine und schmächtige Ivan Olsen. Von seinen Mitschülern wird er gehänselt und zum Prügelknaben gemacht. Ivan wehrt sich nicht, sondern zieht sich immer mehr in sich zurück. Weder mit seiner Mutter, noch mit dem Vater kann der Junge über seine Probleme reden. Im Gegenteil! Der Vater wünscht sich, dass sein Sohn groß, stark und tapfer ist – so wie Tarzan. Aber aus Tarzan macht sich Ivan überhaupt nichts.

Doch dann lernt Ivan den Kranführer Ole kennen, und der versucht den Jungen stark zu machen: „Jeder kann etwas gut, man muss es nur herausfinden!" Mit seiner Hilfe gelangt Ivan in eine Traumwelt, in der er sich an allen rächen kann, die ihn quälen. Zurück in der Wirklichkeit findet er die Kraft und den Mut, so zu sein, wie er ist, bis er schließlich von den anderen akzeptiert wird.

„Ein Film gegen herkömmliches männliches Rollenverhalten, gegen Erwartungshaltungen und Unverständnis; das alles sehr lustig erzählt, wobei besonders die Traumsequenzen Slapstick-Charakter haben", schrieb Sabine Rieden in „Die Tageszeitung" vom 16. 2. 1982, und Thomas Thiel bemerkte im „Filmfestjournal" Nr. 10 / 82: *„Søren Kragh-Jacobsen versteht es, sich sehr einfühlsam auf die Person des Ivan einzulassen und seine äußeren und inneren Konflikte präzise nachzuzeichnen. Dieses Gespür für die Gefühlswelt von Kindern und Jugendlichen hat er bereits in seinem (...) ersten Spielfilm bewiesen."*

Dieses Gespür, diese Sensibilität für Kinder und Jugendliche zeichnen bis heute Søren Kragh-Jacobsens Filme aus. In regelmäßigen Abständen wurden seine Arbeiten beim Kinderfilmfest, aber auch im Wettbewerb der Berlinale, so z.B. „Die Insel in der Vogelstraße" oder „Mifune – Dogme 3" gezeigt.

Dänemark / *Denmark* 1981

Stabliste / *Crew*

Regie / *Director*:	Søren Kragh-Jacobsen
Buch / *Script*:	Søren Kragh-Jacobsen
nach der Erzählung von / *based on a story by*	Ole Lund Kierkegards
Kamera / *Camera*:	Dan Laustser
Schnitt / *Editor*:	Anders Refn
Musik / *Music*:	Kennet Knudsen

Rubber Tarzan

Director Søren Kragh-Jacobsen was a guest at the Berlin Kinderfilmfest for the first time in 1982. He had already made a name for himself in Denmark with his debut feature, "Wanna See My Beautiful Navel?" (1978). His second film, which was intended more for children, then brought him much recognition. It was already evident that Søren Kragh-Jacobsen's work had set an example for films for children and young people.

"Rubber Tarzan" was received excitedly in Berlin. Appointed for the first time in the history of the Kinderfilmfest, the UNICEF Jury described it as "an outstanding children's film" and justified their decision with, "The film is a convincing and encouraging portrayal of how a child who is not recognised for his individuality in school and at home, finds himself."

Centre of events is Ivan Olsen, a slip of a boy. He is teased and bullied by his school mates. Ivan does not defend himself and withdraws more and more into his own world. He is not able to talk with his father or his mother about his problems. Quite the opposite. The father wants a son who is strong and brave – like Tarzan. But Ivan has absolutely no interest in Tarzan.

He then gets to know the crane driver, Ole, who tries to make him strong. "Everyone has a talent, you just have to find out what it is!" With Ole's help, Ivan discovers a dream world where he can defeat anyone who tries to torment him. Back in reality, Ivan finds the strength to be how he is and the others eventually accept him.

"This film is against standard male behaviour, expectations and misunderstandings. The story is told with great humour, whereby the dream sequences have a slapstick quality", *wrote Sabine Rieden in the "Tagesspiegel" of 16. 2. 1982. In the "Film-festjournal" no. 10 / 82 Thomas Thiel remarked that,* "Søren Kragh-Jacobsen manages to get very close to the figure of Ivan and precisely depicts what is going on inside and outside of the boy. This sensitivity towards the feelings of children and young people was already noticeable in his first feature."

This flair and sensitivity for the world of children and young people still exists today in Søren Kragh-Jacobsen's films. His work has regularly received awards at the Kinderfilmfest and been screened in the Berlinale Main Competition, e.g. "The Island on Bird Street" and "Mifune – Dogme 3".

Søren Kragh-Jacobsen gibt Regieanweisungen zu „Gummi-Tarzan"

Søren Kragh-Jacobsen giving instructions to "Rubber Tarzan"

Darsteller / *Cast*

Ivan Olsen	Alex Svanbjerg
Ivans Vater	Peter Schrøder
Ole	Otto Brandenburg

Produktion /
Production: Metronome
Productions A / S,
Valby

Ein Klecks ins Märchen
KAŇKA DO POHÁDKY

Regisseur Ota Koval war bereits 1978 mit dem Film „Jakub", den er zusammen mit Jaroslava Vošmiková gedreht hatte, zu Gast beim Kinderfilmfestival. Während „Jakub" die Geschichte eines Jungen erzählt, der sich mit der Vergangenheit seines Vaters auseinandersetzen muss, knüpft dieser Film an die Traditionen der tschechischen Märchenproduktionen an.

„Ein Klecks ins Märchen" verbindet das reale Leben in der Großstadt mit einer phantastischen Welt der Wunder. Die achtjährige Vendulka lebt in Prag. Immer, wenn sie von der Schule nach Hause kommt, erwartet sie der Kassettenrecorder mit Anweisungen ihres Vaters. So auch zu ihrem Namenstag, doch zudem erhält sie ein wunderschönes Märchenbuch, Illustriert von dem bekannten tschechischen Maler und Autor Josef Lada. Nur der schwarze Tintenklecks auf der einen Seite stört Vendulka. Als sie ihn berührt, wird sie auf einmal fortgetragen in das Atelier des Künstlers. Dort bewundert sie seine vielen Bilder und entdeckt, dass sie diese lebendig machen kann.

Von nun an begibt sich Vendulka regelmäßig in die bunte Ladasche Märchenwelt. Auch ihren Bruder Ondra nimmt sie mit. Zusammen erleben sie die verrücktesten Abenteuer und freunden sich mit den Märchenfiguren an. Ein großes Durcheinander entsteht, als sie diese mit in ihre Welt nehmen ...

Ota Koval beleuchtet auf humorvolle Weise die Nachteile einer hochtechnisierten Gesellschaft und benennt deren Defizite, wie z. B. die fehlende Wärme oder Geborgenheit, die gerade Kinder immer wieder zu spüren bekommen. Die Botschaft des Films und die phantasievolle, trickreiche Gestaltung der Märchenebene überzeugte kleine wie große Festivalbesucher.

„Der Film lebt vor allem durch seine aufwendige, liebevoll gestaltete Ausstattung. Sämtliche Bilderbuchszenen wurden im Atelier gedreht, während die Szenen der Gegenwartswelt im realen modernen Großstadtmilieu angesiedelt sind. Dieses Nebeneinander ergibt interessante und lustige Kontraste von oft erstaunlicher Wirkung", schrieb Bernt Lindner in einer Filmbesprechung des Institutes für Film und Bild in Wissenschaft und Unterricht.

Kritisiert wurde aber das merkwürdige Ende des sonst so stimmigen Films: *„Allerdings ist fraglich, ob der Schluss (...) — das Märchenbuch mit dem Klecks ist überflüssig geworden, die Eltern holen die Kinder im schicken Auto (...) ab und zeigen wohl damit ihre Hinwendung zu den Kindern — die befriedigende Antwort ist."*
(Christel Strobel, „KinderJugendfilmKorrespondenz" Nr. 10 / 2 '82)

ČSSR/ *Czechoslovakia* 1981	
Stabliste/ *Crew*	
Regie/ *Director*:	Ota Koval
Buch/ *Script*:	Jiři Melíšek,
	Milan Pavlík
Kamera/ *Camera*:	Ivan Šlapeta
Schnitt/ *Editor*:	Zdeněk Stehlík
Musik/ *Music*:	Luboš Fišer

A Splotch in the Fairy Tale

Ota Koval's film "Jakub", which he made together with Jaroslava Vošmiková, had already been screened at the Kinderfilmfest of 1978. While "Jakub" tells the story of a boy coming to terms with his father's history, this film picks up the thread of the traditional Czech fairytale film.

"A Splotch in the Fairy Tale" sets the realism of the city together with a fantastic wonder-world.

The eight-year-old Vendulka lives in Prague. Each day when she comes home from school, her father's recorded instructions await her on the cassette player. It's the same on her name day. Then she also receives a wonderful fairy tale book, illustrated by Czech painter and author, Josef Lada. The black ink splotch on one of the pages puzzles Vendulka. When she touches it, she is transported to the artist's studio. There she marvels at his many pictures and realises that she can make them come to life. From then on Vendulka makes regular journeys to Lada's colourful fairytale world. She also takes her brother, Ondra, with her. They experience the wildest adventures together and befriend the fairytale figures, causing great confusion when they bring them into their own world...

With profound humour, Ota Koval portrays the disadvantages of a highly technological society where children repeatedly experience a lack of warmth and security. The film's message and the imaginative, artful design of the fairytale world were convincing for both younger and older festival visitors.

"Above all, the film comes alive through its complex, lovingly created design. All of the fairytale scenes were shot in the studio and the actual world was set within a realistic city-scape. These parallel worlds provide interesting and humorous contrasts, often with remarkable effect," *wrote Bernt Lindner in a film discussion at the Institute for Scientific and Educational Films. However, the strange end in an otherwise well made film was criticised.* "It is however questionable whether the closing scene — where the fairytale book with the ink-splotch has become redundant and the parents collect the children in a fancy car, thereby showing their concern for them — is a suitable outcome."
(Christel Strobel, "KinderJugendfilmKorrespondenz" no. 10 / 2 '82)

Regisseur Ota Koval

Director Ota Koval

Darsteller / *Cast*

Vendulka	Žaneta Fuchsová
Ondra	David Rydl
Josef Lada	Josef Patočka

Produktion /
Production: Film Studio
Barrandov, Praha

Zwei Jurys, fünf Auszeichnungen, viel Lob

„Das Kinderfilmfest hat sich in den sechs Jahren seines Bestehens zu einem festen Bestandteil der Internationalen Filmfestspiele Berlin entwickelt. Schritt für Schritt – wenn auch nicht ohne Rückschläge – hat es sich und dem Kinderfilm internationale Anerkennung verschafft. (...) In diesem Jahr wurde das Langfilm-Programm mit Kurzfilmen ergänzt. Außerdem wurde die unterbrochene Zusammenarbeit mit der Landesbildstelle Berlin reaktiviert. Diese insgesamt positive Entwicklung wäre ohne die filmverständige Festivalleitung und sachkundige Leiterin des Kinderfilmfestes Gaby Sikorski – unterstützt von einem Auswahlgremium – nicht möglich gewesen", war im März 1983 im Heft 14 der „KinderJugendfilmKorrespondenz" über das gelungene 6. Kinderfilmfest der Berlinale zu lesen. Und wirklich konnte Gaby Sikorski mit einigen Neuerungen aufwarten, abgesehen von dem sehr umfangreichen und vielfältigen Programm. Dafür hatte sie zusammen mit einer Auswahlgruppe, der der Journalist Manfred Hobsch und die Schauspielerin Dorothea Holloway sowie Barbara Krämer von der Landesbildstelle Berlin angehörten, mehr als 40 Filme gesichtet. Sie wählten 15 Spiel- und sechs Kurzfilme aus insgesamt 13 Ländern aus.

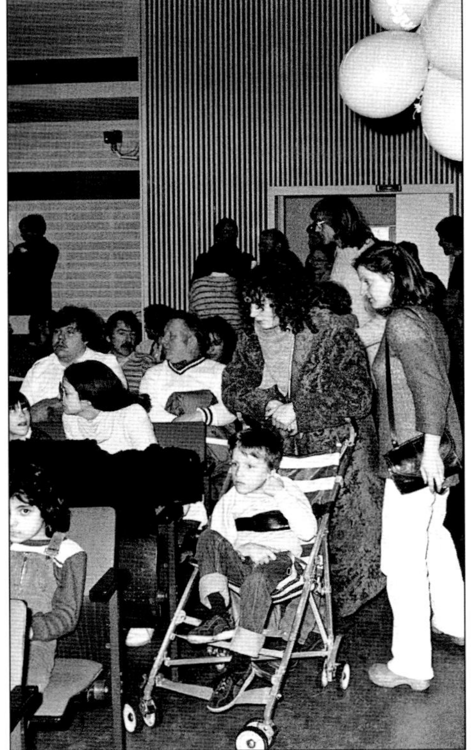

„Ein Trend, der allgemein in Berlin zu beobachten war: Fast überall sind die Kinderfilm-Macher weg vom klassischen Märchen, von der konventionellen Erzählweise", berichtete Inge Bongers am 2. März 1983 im Deutschlandfunk über das Kinderfilmfest, *„ihre Filme haben einen Bezug zur Wirklichkeit, ohne dass die Kinder deshalb mit den unbewältigten Problemen der Erwachsenen überhäuft würden."* Dabei hob sie in der Sendung „Kultur heute" zwei Beiträge besonders hervor: Thorsten Näters Debütfilm „Der steinerne Fluß" sowie „Der Zappler" von Wolfram Deutschmann, der den Versuch eines spastisch gelähmten Jungen zeigt, von seiner Umwelt akzeptiert zu werden. *„Durch einen tatsächlich behinderten Hauptdarsteller, der den jugendlichen Zuschauern nichts ‚vormachen' muss, gewinnt der Film an Überzeugungskraft und atmosphärischer Dichte, die kaum ihre Wirkung auf die Zuschauer verfehlen. Deutschmann hat sich dabei durchaus dramaturgischer und filmischer Standards bedient, die sich am Unterhaltungskino orientieren und sein jugendliches Publikum dadurch bei der Stange halten. Aber er vermittelt ihm auf diese kluge Weise Erkenntnisse, die auf jeden Fall über 70 Filmminuten hinausreichen dürften."*

In der Presse wurde positiv besprochen, dass 1983 das Programm um Kurzfilme erweitert wurde. Dabei konnte sich besonders der in origineller Collage-Technik gefertigte Animationsfilm „Der Tönesammler" großer Beliebtheit erfreuen. Die kanadische Trickfilmmacherin Lynn Smith sollte auch in späteren Jahren mit ihren Arbeiten immer wieder Aufsehen erregen. Außerordentlich viel Beachtung fanden außerdem die DEFA-Produktion „Sabine Kleist, 7 Jahre", „Lukas" aus der ČSSR, „Im Land der Leichtfüße" aus Mexiko und „Tante Tao", der auch der Festivalleiterin sehr am Herzen lag. So sagte sie in einem Interview in der „zitty" Nr. 5 / 1983: *„‚Tante Tao' aus der VR China ist ein Erstlingswerk von einer ganz jungen Regisseurin, und ich hab*

Inside the cinema at the Institute for Media Education

Two Juries, Five Awards, Much Praise

"Over the last six years since it began, the Kinderfilmfest has developed into a steady component of the Berlin International Film Festival. Gradually and not without setbacks, it has succeeded in establishing international recognition for the children's film industry. This year the feature film program was rounded off with a line-up of shorts and cooperation with the Institute for Media Education was reactivated. These positive developments would not have been possible without the film expertise of the Berlinale director and the experience of Kinderfilmfest director Gaby Sikorski and her selection commission," was a comment on the successful 6th Kinderfilmfest, in the "KinderJugendfilmKorrespondenz" no. 14 / 1983.

With several fresh developments and an extensive and multifaceted film program, Gaby Sikorski had reason to celebrate. Together with her selection commission, consisting of journalist Manfred Hobsch, actress Dorothea Holloway and Barbara Krämer, film advisor from the Institute for Media Education, she viewed more than 40 films from which 15 features and six shorts from 13 countries were selected.

In a report about the Kinderfilmfest broadcast by the German radio station, "Deutschlandfunk", on 2nd March 1983, Inge Bongers stated "The move away from the classical fairytale genre and from conventional storytelling is noticeable here in Berlin. Film makers are turning to reality without overburdening children with problems of the adult world. *"In the program "Kultur Heute", a journalist praised two productions in particular: Thorsten Näter's debut "The Stone River" and "The Fidget" by Wolfram Deutschmann which portrays how a young spastic boy searches for acceptance within his environment.* "The fact that the young actor is actually disabled and does not have to pretend, gives the film its dense atmosphere and strength of conviction. This does not escape the audience. Deutschmann does not shy away from entertainment, using dramatic techniques to captivate the young viewers. Cleverly arranged insights keep the audience in suspense for the whole 70 minutes."

The press approved the move to include short films in the program of 1983. A unique film made with the collage technique, an animated short called "The Sound Collector", could thereby be seen and greatly enjoyed. This film's Canadian director, Lynn Smith, often drew attention with her new films in years to come. "Sabine Kleist, 7 Years Old", from the East German Film Studios ("DEFA"), won huge recognition as well as the Czechoslovakian production, "Luke" and a special favourite of the festival director, "In the Country of the Light-Footed People", made in Mexico. Gaby Sikorski explained in an interview for "zitty" no. 5 / 1983 that, "'Aunty Tao' from the people's Republic of China has been made by a very young director. I have never seen a film portraying the current state of things there in such an unconstrained manner. This is the first time we have been able to screen a film from that country, and that is very special." *"God's Gift", from Upper Volta, had already been screened in other festivals and could therefore only be screened out of competition. This film tells the story of a young orphan boy whose mother lost her life in the wilderness. Suspecting her to be a witch, the villagers had driven her away.* "This is a typical example of a film which cannot really be described as purely for children. It is for people with humane sensibilities, of all ages," *wrote Hans Strobel in "KinderJugendfilmKorrespondenz" no. 14 / 2 '83.*

noch keinen Film von dort gesehen, der so ungezwungen mit der dort herrschenden Realität umgeht. Und dass wir zum ersten Mal einen Film aus der VR China da haben, ist an sich schon etwas Besonderes." Der Beitrag „Das Geschenk Gottes" aus Obervolta konnte – da er auf anderen Festivals schon gelaufen war – nur außer Konkurrenz gezeigt werden. Er schildert das Schicksal eines Waisenjungen, dessen Mutter in der Wildnis umgekommen ist. Verdächtigt als Hexe war sie von den Dorfbewohnern vertrieben worden. *„Dieser Film zählt zu den typischen Beispielen, für die die Bezeichnung ,Kinderfilm' in einem eingegrenzten Sinne nicht zutrifft – ein Film, der für alle Altersstufen, die sich eine menschliche Sensibilität erhalten haben, geeignet ist"*, schrieb Hans Strobel in der „KinderJugendfilmKorrespondenz" Nr. 14 / 2 '83.

Der Film war auch der Auslöser für ein Sonderprogramm in der Landesbildstelle Berlin, bei dem vor allem 16mm-Produktionen, die das Reglement des Kinderfilmfestes nicht zuließ, gezeigt wurden. Damit war die Landesbildstelle erneut in das Kinderfilmfest eingebunden. *„Dass wir dann doch wieder zusammengearbeitet haben, war das Verdienst von Gaby Sikorski. Sie kam auf uns zu und wir haben uns gefreut. Seitdem gab es auch nie wieder Probleme mit den Filmfestspielen, die hatte ich eher im eigenen Haus"*, so die Filmreferentin Barbara Krämer.

1982 gab es beim Kinderfilmfest zum ersten Mal eine Fachjury auf Veranlassung von UNICEF, dem Schirmherrn des Festivals. Neben der UNICEF-Jury wurde nun eine zweite von CIFEJ, dem Centre International du Film pour l'Enfance et la Jeunesse, berufen. Dieser gehörten 1983 Elke Ried aus der Bundesrepublik Deutschland, Kati Ranódy aus Ungarn und Menno van der Molen aus den Niederlanden an. Sie vergaben den CIFEJ-Preis an „Sabine Kleist, 7 Jahre" und sprachen dem spanischen Film „Der Dickkopf" sowie dem Wettbewerbsbeitrag „Der Zappler" eine lobende Erwähnung aus. „Der Zappler" bekam außerdem eine lobende Erwähnung von der UNICEF-Jury. Deren Mitglieder Ulrich Schmid und Regine Schallenberg aus der Bundesrepublik Deutschland, Sten Åke Hedström aus Schweden, Henk van Beere aus den Niederlanden und Marta Borchertova aus der ČSSR vergaben ihren Hauptpreis an den tschechischen Spielfilm „Lukas". Nach der Preisverleihung verkündeten die Jurys: *„Wir begrüßen, dass die Festivalleitung das Programm durch die Aufnahme von Kurzfilmen, die gerade für kleine Kinder von besonderer Bedeutung sind, bereichert hat, und hoffen, dass dieses Angebot in Zukunft repräsentativ erweitert wird."*

Das sechste Jahr des Kinderfilmfestes der Berlinale war also ein ausgesprochen erfolgreiches Jahr. Nur zu Recht hätte sich Gaby Sikorski zufrieden zurücklehnen können. Doch das vermögen bekanntlich engagierte Festivalleiter und -leiterinnen nicht. Nach ihren Wünschen für die Zukunft befragt, antwortete sie der Journalistin Dagmar Dorsten: *„Ich möchte, dass noch viel mehr Kinder von sich aus ins Kino kommen. Natürlich ist es sehr schön, wenn auch viele Gruppen kommen, aber die sollen dann bitteschön das Kinogehen genießen dürfen und nicht anschließend einen Aufsatz drüber schreiben müssen! – Und ich würd' wünschen, dass mehr Familien mit ihren Kindern ins Kino kämen, denn ich seh' unsere Aufgabe auch darin, nicht nur ,wertvolle' Filme unter die Leute zu bringen, sondern auch ein bisschen Kommunikation zwischen Kindern und Erwachsenen zu fördern."* („zitty" Nr. 5 / 1983)

„Die Rebellion der Vögel" aus Spanien

"The Rebellion of the Birds" from Spain

This film was the trigger for a special film program of 16 mm productions at the Berlin Institute for Media Education. Until this time the regulations had restricted screening of this format. Thus, the institute was reintegrated into the Kinderfilmfest. "It is due to Gaby Sikorski that cooperation was renewed. We were happy that she approached us. After that there were no more problems with the film festival – our problems were rather of an internal nature," *remembers film advisor Barbara Krämer.*

At the suggestion of the festival's patron UNICEF, an international jury of film experts was instigated. And the second CIFEJ ("Centre International du Film pour l'Enfance et la Jeunesse") Jury was also nominated. In 1983 this jury consisted of Elke Ried (Federal Republic of Germany), Kati Ranody (Hungary) and Menno van der Molen (the Netherlands). They presented the CIFEJ Prize to "Sabine Kleist, 7 Years Old" and two films, "Pighead" and "The Fidget", were awarded Special Mentions. "The Fidget" also received a Special Mention from the UNICEF Jury. The members of this jury were Ulrich Schmid and Regine Schallenberg (Federal Republic of Germany), Sten Åke (Sweden), Henk van Beere (the Netherlands) and Marta Borchertova (Czechoslovakia). They presented their main award to the Czechoslovakian film "Luke". After the award ceremony, the juries announced: "We welcome the festival directors' decision to include short films and hope that this will continue. Short films are of particular importance to small children."

The 6th Kinderfilmfest was very successful and Gaby Sikorski could have rested on her laurels. However, dedicated festival directors are not well known for this. When asked by journalist Dagmar Dorsten about the future, she replied: "I wish that many more children would go to the cinema of their own initiative. Of course it is great when school groups attend, but they should be able to enjoy the experience and not have to write an essay about it afterwards! I also wish that more families with children would attend. For me our role is not only to make quality films available for everyone but also to encourage more communication between children and adults." *("zitty" no. 5 / 1983)*

SABINE KLEIST,
7 JAHRE

1982 konnte bereits eine frühere Arbeit des DDR-Regisseurs Helmut Dziuba beim Kinderfilmfestival präsentiert werden. Sein Film „Mohr und die Raben von London" lief in einer Retrospektive. Nun wurde seine neueste Produktion „Sabine Kleist, 7 Jahre" für den Wettbewerb des 6. Kinderfilmfestes ausgewählt.

Sabine Kleist lebt nach dem Unfalltod ihrer Eltern in einem Kinderheim. Die Erzie-

herin Edith ist für sie zu einer Art Ersatzmutter geworden. Doch dann verlässt Edith, weil sie ein Kind erwartet, das Heim. Die neuerliche Trennung von einem Menschen, den sie liebt, löst eine unerwartete Reaktion bei Sabine aus. Sie flieht aus dem Heim und zieht zwei Tage und zwei Nächte durch Berlin. Dabei entdeckt das Mädchen ein Stück von der Welt, trifft z.B. eine Zirkustruppe oder beobachtet eine Beerdigung. Vor allem aber ist Sabine auf der Suche nach Geborgenheit. Sie möchte Menschen finden, denen sie sich anschließen kann. Am Ende kehrt sie, versöhnt mit Edith und mit vielen neuen Erfahrungen, ins Kinderheim zurück.

Helmut Dziubas Film hinterließ beim Festivalpublikum einen tiefen Eindruck und wurde in der Presse zumeist sehr positiv besprochen. So schrieb Carla Rhode in ihrem Festivalbericht für den „Tagesspiegel" vom 27. 2. 1983: *„Identifikationsfiguren für die Zuschauerkinder sind natürlich Kinder, wobei die Jungen in der Überzahl sind. Mädchen tauchen nur als jüngere Schwestern oder Freundinnen auf und spielen dabei keine so wichtigen Rollen. Mit Ausnahmen natürlich, von denen eine so großartig ist, dass sie gleich am Anfang besprochen werden soll. Es handelt sich um (...) ,Sabine Kleist, 7 Jahre'. (...) Der Film hat viele (...) poetisch-realistische Szenen und beweist damit wieder einmal die Könnerschaft von Helmut Dziuba, der schon mit ,Ede und Unku' (1980 – d. Red.) einen so vielversprechenden Film gedreht hatte."*

Marko Fried lobte in seiner Rezension die darstellerische Leistung von Petra Lämmel: *„Dieses faszinierende Gesicht, in dem die Realität sich so schillernd widerspiegelt und das Kummer und Leid, aber auch Freude und Spaß noch ganz ungebrochen ausdrücken kann, vergisst man so schnell nicht."* („Die Wahrheit" vom 26. / 27. 2. 1983)

Den Kindern, besonders den älteren, ging Sabines Geschichte sehr nahe:
„Es hat mir gefallen, dass es ein sehr gefühlvoller Film war. Überall hat man der Sabine gesagt, geh zu deinen Eltern, und keiner hat gemerkt, dass sie jemanden haben will, der sie lieb hat." Silke, 12 Jahre

„Sabine Kleist, 7 Jahre" erhielt den Preis der CIFEJ-Jury. Persönlich entgegennehmen konnte ihn Regisseur Helmut Dziuba nicht. Ihm wurde erst einige Tage später von DEFA-Mitarbeitern nebenbei mitgeteilt, dass sein Film beim Kinderfilmfest in Berlin ausgezeichnet worden ist.

DDR / *GDR* 1982

Stabliste / *Crew*
Regie / *Director*: Helmut Dziuba
Buch / *Script*: Helmut Dziuba
Kamera / *Camera*: Helmut Bergmann
Schnitt / *Editor*: Barbara Simon
Musik / *Music*: Christian Steyer

Sabine Kleist, 7 Years Old

The GDR director Helmut Dziuba's earlier film, "Moor and the Raven from London", had already been presented in the Retrospective of 1982. His new production, "Sabine Kleist, 7 Years Old", was then selected for the competition programm of the 6th Kinderfilmfest.

Sabine Kleist has been living in a children's home since her parents died in a car accident. There the caregiver Edith has become a kind of substitute mother for the girl. The recent separation from her loved ones has stirred up an unexpected reaction in Sabine. She runs away from the home and spends two days and nights wandering around Berlin. She thereby discovers new worlds, such as meeting up with a circus group and observing a funeral. Above all Sabine is searching for security. She wants to find people she can join up with. Finally she returns to the home and to Edith, with her many new experiences.

Regisseur Helmut Dziuba – seit 1992 Berater bei der Filmauswahl für das Kinderfilmfest – mit Renate Zylla

Director Helmut Dziuba – Kinderfilmfest selection advisor since 1992 – with Renate Zylla

Helmut Dziuba's film greatly impressed the festival public and was for the most part positively received by the press. Thus Carla Rhode wrote in her festival report in the "Tagesspiegel" of 27. 2. 1983: "Children are identification figures for the young audiences, whereby boys are in the majority. Girls only appear as younger sisters or girlfriends and don't really play a major role. With the exception of course of someone who is so fantastic that she should be mentioned right from the start, namely (…) 'Sabine Kleist, 7 Years Old'. (…) The film has many poetic-realistic scenes which once again prove Helmut Dziuba's skillfulness. He has already made the very promising film 'Ede and Unku' *(1980 – Ed.)*."

In his review, Marko Fried praised Petra Lämmel's acting: "One does not easily forget this fascinating face which iridescently reflects reality, worry and sorrow as well as joyfulness and fun, without interruption." *("Die Wahrheit" of 26 / 27. 2. 1983)*

The story touched the children, especially the younger ones:

"I liked it that the film was full of feelings. Everywhere people told Sabine that she should go to her parents but nobody noticed that she wanted someone who loved her."

Silke, 7 years old

Darsteller / *Cast*

Sabine	Petra Lämmel
Edith	Simone von Zglinicki
Produktion / *Production:*	DEFA-Studio Für Spielfilme, Potsdam-Babelsberg

"Sabine Kleist, 7 Years Old" received the CIFEJ Jury Prize. Director Helmut Dziuba was not personally able to attend. He was only incidentally informed by his East German Film Studio colleagues that the film had received an award at the Berlin Kinderfilmfest.

Lukas
LUKÁŠ

„‚Lukas' von Otokar Kosek ähnelt so gar nicht dem, was man landläufig viele Jahre lang unter einem typischen Kinderfilm ver- stand", schrieb Margarete von Schwarzkopf in der „Neuen Ruhr-Zeitung" vom 23. 3. 1983 und meinte da- mit die realistische Darstel- lung der Probleme eines Jungen, dessen Vater dem Alkohol verfallen ist. Auch für die tschechische Kinder- filmproduktion, berühmt für ihre phantasievollen Mär-

chenfilme, war das ein Novum, zumal hier ein Tabuthema für die damalige Zeit aufgegriffen wird.

Der 12-jährige Lukas lebt mit seinen Eltern und dem fünf Jahre jüngeren Bruder Kuba in einem kleinen Dorf. Die Familie hat gerade das Nötigste zum Leben, und trotzdem vertrinkt der Vater das bisschen Geld, das übrig bleibt. Lukas hat sich nicht nur um Kuba zu kümmern, er muss auch schwere Arbeiten übernehmen. Abends kann er oft nicht schlafen, aus Angst dass sein Vater wieder betrunken nach Hause kommt. Dann setzt es oft noch Schläge. Von seinen Mitschülern wird Lukas gehän- selt. Nur der Lehrer hat Verständnis für den Jungen und versucht, ihm zu helfen. Er spricht mit dem Vater, der auch Besse- rung gelobt. Doch bald schon geht er wieder ins Wirtshaus. Da beschließt Lukas, von zu Hause wegzugehen ...

„Ein ernster und empfindsamer Film für und über Kinder, deren Leben von den Erwachsenen in schwere Bedrängnis gebracht wird", war in der „KinderJugendfilmKorrespondenz" Nr. 11 / 3 '82 zu lesen, und Carla Rhode verwies im „Tagesspiegel" vom 27.2.1983 auf die Aktualität dieses Films: *„Sehr überzeugend wird der Beziehung des Jungen zu seinem Vater (...) nachge- gangen und damit endlich ein Thema aufgegriffen, mit dem sich Kinder tagtäglich auseinandersetzen müssen. (...) Wie richtig, dass der Film keine Lösung anbietet, sondern nur das Dilemma des Jungen in sehr ernst zu nehmender Weise schildert."*

Auch die Kinder waren von Otokar Koseks Film zutiefst berührt. So schrieb die 12-jährige Anja-Kathrin an die Festivalleitung: *„Ich fand sehr gut, dass mal gezeigt wurde, wie es den Kindern und den Müttern geht, wenn die Väter trinken. Ich fand auch sehr gut, dass man, obwohl so wenig gesprochen wurde, genau die Gefühle von Lukas verstanden hat. Blöd fand ich die beiden Jungen, die Lukas immer geärgert haben. Schließlich kann er ja nichts für seinen Vater."*
Und die elfjährige Astrid meinte: *„Man konnte sich so gut in den Lukas hineinversetzen."*

„Lukas" erhielt den Preis der UNICEF-Jury und wurde 1997 nochmals für die Retrospektive des 20. Kinderfilmfestes „Special Choice" ausgewählt.

ČSSR / *Czechoslovakia* 1982

Stabliste / *Crew*
Regie / *Director*: Otakar Kosek
Buch / *Script*: Petr Křenik,
Otakar Kosek
Kamera / *Camera*: Jiři Kolin
Musik / *Music*: Vadim Petrov

Luke

"'Luke' by Otokar Kosek does not come close to what we have come to understand as a typical child's film," wrote Margarete von Schwarzkopf in the "Neue Ruhr-Zeitung" of 23. 3. 1983. She meant the realistic portrayal of a boy whose father has been ruined by alcohol. It was also a novelty for the Czechoslovakian children's film industry, already famous for its fairytale films. Particularly because the film tackles a taboo theme of those times.

The children are once again confronted by their father's violence

The 12-year-old Luke lives with his parents and five years' younger brother, Kuba, in a small village. Despite the fact that the family is only surviving on bare necessities, the father drinks away what little remaining money there is. Luke not only has to look after Kuba, he also takes on heavy work. He is often unable to fall asleep at night in the fear that his father will once again come home drunk. That's when the beatings start. Luke is often teased by his classmates. The teacher is the only one who has sympathy for him and he tries to help. He speaks to the father who promises to improve his ways. However he soon returns to the inn. Then Luke decides to run away...

"A serious and sensitive film for and about children whose lives are threatened by the deeds of adults," *could be read in the "KinderJugendfilmKorrespondenz no. 11/3 '82. In the "Tagesspiegel" of 27. 2. 1983, Carla Rhode referred to the film's acuteness.* "The boy's relationship with his father is very convincing. At last, a theme has been taken up which children have to face daily (...) How right that the film supplies no solution but just portrays the boy's dilemma in all its seriousness."

The children were also deeply moved by Otakar Kosek's film. Thus the 12-year-old Anja-Kathrin wrote to the festival organisers, "I found it really good that it was shown how it is for the children and the mothers when the fathers drink. I also found it very good that Luke's feelings could be well understood although not much was said. After all, he can't do anything about his father."

The eleven-year-old Astrid was of the opinion that, "You could really imagine what it is like to be Luke."

"Luke" received the UNICEF Prize and was selected to screen once again in the retrospective "Special Choice" of the 20th Kinderfilmfest.

Darsteller / *Cast*

Lukas	Daniel Vychopěn
Vater	Ján Mistrik
Lehrer	Petr Pelzer
Produktion /	
Production:	Filmstudio
	Gottwaldov, Prag

Applaus für Liv Ullmann

„Filme für Kinder, so glauben wir, sind mindestens ebenso wichtig wie die Filme für die erwachsenen Zuschauer. Auch Kinder möchten im Kino interessante, lustige, spannende und auch traurige und dramatische Geschichten erleben, über die sie mit Freunden sprechen und nachdenken können. (...) Das Kinderfilmfest ist da hoffentlich ein guter Anlass für die jungen Film-fans, viele neue Filme zu entdecken, die dann später auch vielleicht im Kino zu sehen sein werden", hieß es 1984 in der Vorbe-merkung zum Programmheft des Kinderfilmfestes, unterschrieben von Festivalleiter Moritz de Hadeln und Gaby Sikorski. Präsentiert wurden in diesem Jahr 16 Spielfilme und fünf Kurzfilme aus insgesamt 15 Ländern, ein umfangreiches Programm also. Die ganzen zehn Tage über waren die Vorstellungen in den drei Spielstätten, dem Ufa-Palast am Kurfürstendamm, dem „Alhambra" im Wedding und der Landesbildstelle Berlin, ausverkauft. Der Andrang war sehr groß. Trotzdem wurde das Pro-gramm in der Presse allgemein nur als guter Durchschnitt bewertet. So meinte zum Beispiel Oliver Tolmein am 18. 3. 1984 im „Deutschen Allgemeinen Sonntagsblatt": *„Die Glanzlichter fehlten auf diesem 7. Kinderfilmfest. (...) Es fehlten die nicht so perfekt gemachten Arbeiten aus armen Ländern, die sich mit dem Alltag dort auseinandersetzen",* während Angelika Kleeblatt in den „Aachener Nachrichten" vom 21. 2. 1984 schrieb: *„Gezeigt wird, was Spaß bringt — erlaubt ist, was gefällt. Nichts mehr ist zu spüren vom ‚erhobenen Zeigefinger', mit dem nach wissenschaftlichen Gesichtspunkten ‚Botschaften' weitergegeben werden."*

Eröffnet hatte das Kin-derfilmfest die Schauspiel-erin Liv Ullmann, Botschaf-terin für UNICEF und in dem Jahr auch Präsidentin der Internationalen Jury der Berlinale, mit dem Wunsch: *„Gute Filme sollten Kindern helfen, morgen eine bessere Welt zu schaffen." „Es war faszinierend, wie die Kinder auf Liv Ullmann reagierten",* erinnert sich Gaby Sikorski, *„sie waren ganz still. Sie kannten ja die berühmte Schauspielerin nicht, aber durch ihre Ausstrahlung und die Art ihrer Rede waren sie ganz ergriffen."* Danach öff-nete sich der Vorhang im Ufa-Palast für den US-amerikanischer Beitrag „Kidco — Die jungen Profis". Dieser Film löste eine — in der Geschichte des Kinderfilmfestes einmalige — Kontroverse aus. So beschwerten sich Christel und Hans Strobel in der „KinderJugendfilmKor-respondenz" Nr. 18 / 2 '84: *„Ein ausgesprochenes Ärgernis allerdings war die Eröffnungsveranstaltung mit (...) ‚Kidco'. Den im Sinne von UNICEF um Verständnis für die Probleme der Kinder in der Dritten Welt geprägten Begrüßungsworten durch Liv Ullmann (...) folgte ein Film mit glorifizierten kapitalistischen Wertvorstellungen. (...) Wie dieser Kinderfilm in Einklang mit dem Reglement gebracht werden kann, sei dahingestellt. (...) Das Argument, dass sich die kleinen Zuschauer bei diesem Film*

Liv Ullmann nach der Eröffnung des Kinderfilmfestes

Liv Ullmann after the Kinderfilmfest opening ceremony

Applause for Liv Ullmann

"We believe that films are just as important for children as for adults. Children also want to see interesting, funny, exciting, sad and dramatic films. They like thinking about them and discussing them with their friends. The Kinderfilmfest aims to provide young film-fans with the opportunity to see many new films. We hope they will also get to see these films again in the cinemas," *stated Gaby Sikorski and Festival Director Moritz de Hadeln in the introduction of the Kinderfilmfest program broschure. This time an extensive program of 16 features and five shorts from 15 countries was presented. The screenings at the three cinemas – Ufa-Palast on the Kurfürstendam, Alhambra in Wedding and the Landesbildstelle Berlin – were booked out for the whole ten days. There was a huge rush. Despite this, the press claimed that the program was mediocre. Whereby Oliver Tolmein wrote in the "Deutsches Allgemeines Sonntagsblatt" of 18. 3. 1984:* "Nothing was exceptional at this year's Kinderfilmfest. (…) There was a lack of imperfectly made films from poorer countries, portraying everyday life." *Angelika Kleeblatt wrote in the "Aachener Nachrichten" of 21. 2. 1984:* "The films are enjoyable – you are allowed to like them. Gone are the days of educational messages loaded with scientific viewpoints."

The Kinderfilmfest was opened by the ambassador for UNICEF, actress Liv Ullmann. In the same year she was also president of the Berlinale International Jury. She stated: "Good films should help children create a better world for tomorrow." *Gaby Sikorski remembers:* "It was fascinating how the children reacted to Liv Ullmann. They were totally still. They didn't know who the famous actress was but they were taken by her charisma and her way of talking."

Then the curtain went up at the Ufa-Palast for the US film "Kidco". This film created a controversy singular to the history of the Kinderfilmfest. In the "KinderJugendfilmKorrespondenz" no. 18/2 '84, Hans and Cristel Strobel complained: "The opening ceremony with the film 'Kidco' was very irritating. UNICEF representative, Liv Ullmann, made a loaded speech about the problems of children in the third world. Then along came a film glorifying capitalism. How this film got past the festival regulations remains to be seen. In the face of a sorry effort to propagate the 'American way of life' and the ruthlessness and egoism of the Reagan era, the argument that the young audience enjoyed this film is intolerable."

The Kinderfilmfest director judged the film to be a "small sensation". *Carla Rhode praised it as* "one of the funniest films of the festival" *in the "Tagesspiegel" of 19. 2. 1984 and Oliver Tolmein maintained that the film* "is a well told story with smooth images and cheap humour." *He was mostly irritated by the film's message:* "Try hard and you will succeed, you will win if you are supposed to and the most important thing is profit." *("Deutsches Allgemeines Sonntagsblatt" 18. 3. 1984)*

Kultursenator Volker Hassemer, Gaby Sikorski und Moritz de Hadeln bei der Publikumsparty

Senator of Cultural Affairs, Volker Hassemer, with Gaby Sikorski and Moritz de Hadeln at a party thrown for the audience

amüsierten (...) ist angesichts eines Machwerks, das den ,american way of life for children' propagiert und die Rücksichtslo-sigkeit und den Egoismus einer Reagan-Ära widerspiegelt, unhaltbar."

Von der Leiterin des Kinderfilmfestes selbst war dieser Film als „kleine Sensation" eingestuft worden, Carla Rhode hob ihn im „Tagesspiegel" vom 19. 2. 1984 als *„einen der witzigsten Filme dieses Festivals"* hervor, während Oliver Tolmein ihn als eine *„in schlichten Bildern mit billiger. Witzeinlagen erzählte Geschichte"* einschätzte. Am meisten ärgerte ihn das Fazit dieses Films: *„Wer wagt, gewinnt, wer will, der soll, was zählt, ist Profit."* („Deutsches Allgemeines Sonntagsblatt" vom 18. 3. 1984)

Bemerkenswert war in diesem Jahr der hohe Anteil an bundesdeutschen Produktionen. Insgesamt vier Filme konnten beim Kinderfilmfest ihre Premiere feiern: „Flussfahrt mit Huhn" von Arend Agthe, der zweite Spielfilm von Thomas Draeger, „Lisa und die Riesen", die türkisch-deutsche Koproduktion „Gülibik", in deren Mittelpunkt der sechsjährige Ali und sein Hahn Gülibik stehen, sowie „Echt tu matsch" von Claus Strigel und Bertram Verhaag. Letzterer war nicht nur ein Publikumsrenner, sondern wurde auch in der Presse hochgelobt. *„Anders als andere Versuche, Schule im Zusammenhang mit Schulstreichen, Klassenfeten und ersten amourösen Abenteuern darzustellen, setzt sich der Film (...) engagiert und radikal mit dem schulischen Alltag auseinander. Gezeigt wird eine Utopie, ein Versuch, das bisherige Schulmodell umzukehren. Schüler organisieren ihren Unterricht selber und beschäftigen sich nur noch mit den für sie interessanten Themen. (...) Der Film zeigt ohne moralischen Zeigefinger, dass gewaltfreie und interessenorientierte Formen schulischer Erziehung und Bildung möglich sind, die genügend Raum zur Entfaltung von Kreativität lassen"*, schrieb Michael Bloech im Heft 2/84 der „Medien und Erziehung". Einen Preis allerdings erhielt „Echt tu matsch" nicht.

Monique Grégoire (Frankreich), Predrag Golubović (Jugoslawien) und Elke Ried (BRD) von CIFEJ zeichneten Jürgen Haases „Gülibik" aus, mit der Begründung: *„Der Film zeigt die Entwicklungsphase eines Jungen, in der er seinen Lebensraum bewusst erfährt. Durch die große Authentizität werden Gefühle und Stimmungen nachvollziehbar und in ihrer universellen Bedeutung erkennbar. Die Aussage des Films korrespondiert mit den Zielen der CIFEJ, indem er einen wichtigen Beitrag zur internationalen Verständigung liefert."* Die UNICEF-Jury, der – neben Ulrich Schmid – Kati Ranódy aus Ungarn, Mieczyslaw Lewandowski aus Polen, Ilse Losa aus Portugal und Christoph Gött aus der Bundesrepublik Deutschland angehörten, vergab ihren Preis an den finnischen Wettbewerbsbeitrag „Pessi und Illusia" von Heikki Partanen. Eine lobende Erwähnung sprach sie dem Film „Der Junge, der verschwand" aus Dänemark aus, weil er sich *„dem weltweit verbreiteten Problem der Vernachlässigung und Vereinsamung unserer Kinder"* widmet. Regisseur Ebbe Nyvold erzählt hier von dem Schicksal des 13-jährigen Jonas, der von zu Hause wegläuft, weil er die bedrückende Atmosphäre in seiner Familie nicht mehr aushält.

„Dies ist einer der schönsten Filme auf dem diesjährigen Kinderfilmfest", schrieb Marco Fried in der Zeitung „Die Wahrheit" vom 25. 2. 1984 und lobte dabei *„das hohe Maß an Authentizität und Einfühlungsvermögen"*, durch das sich dieser Film auszeichnet.

Alles in allem sorgte das 7. Kinderfilmfest für regen Zuspruch seitens des Publikums und – gewollt oder ungewollt – für reichlich Schlagzeilen.

Nicole Kidman in "Bush Christmas"

Nicole Kidman in „Weihnachten im Busch"

A remarkable number of West German productions took part in this year's festival. A total of four films celebrated their premiers at the Kinderfilmfest:"Rivertrip with Hen" by Arend Agthe; Thomas Draeger's second feature, "Lisa and the Giants"; the German-Turkish co-production, "Gülibik", where the six-year-old Ali plays the lead with his hen "Gülibik"; "Too Much, Man" by Claus Strigel and Bertram Verhaag. The latter was not only a public favourite, it was also highly praised by the press. "Unlike other films dealing with schoolboy pranks, class parties and first love, this film radically and passionately confronts daily life at school. In an attempt to change the school system, the film portrays a utopia. Pupils organise their own lessons according to what interests them. Without being overly moralistic, the film shows that an inspiring and nonviolent form of education can make way for creativity," *wrote Michael Bloech in "Medien und Erziehung" issue 2/84. "Too Much, Man" did not however receive an award.*

Monique Grégoire (France), Predrag Golubović (Yugoslavia) and CIFEJ representative Elke Ried (German Federal Republic) awarded Jurgen Haases'"Gülibik" on the following grounds: "The film shows the development process of a boy who is consciously coming to terms with his environment. The depiction of feelings and moods is authentic and the message is universal, corresponding to the aims of CIFEJ. The film contributes to international understanding."

The UNICEF Jury, which consisted of Ulrich Schmidt (UNICEF representative) Kati Ranody (Hungary), Mieczyslaw Lewandowski (Poland), Ilse Losa (Portugal) and Christoph Gött (Federal Republic of Germany), awarded the Finish film "Pessi and Illusia" by Heikki Partanen. A Special Mention was awarded to "The Boy Who Disappeared" from Denmark because it was dedicated to "the worldwide problem of neglected and lonely children." *The director Ebbe Nyvold tells of the fate of thirteen-year-old Jonas who runs away from home because he can't stand the repressive atmosphere within his family.* "It is the best film at this year's Kinderfilmfest", *wrote Marco Fried in the newspaper "Die Wahrheit" of 25. 2. 1984. He also praised the film's* "authenticity and empathy".

The 7ᵗʰ Kinderfilmfest stirred up public reaction and made headlines – whether it intended to or not.

„Otto ist ein Nashorn", Regie: Rumle Hammerich

From "Otto is a Rhino" by Rumle Hammerich

Pessi und Illusia
PESSI JA ILLUSIA

Während Kinderfilme aus Skandinavien von Anfang an auf dem Kinderfilmfest eine große Rolle spielten, konnten Produktionen aus Finnland nur selten präsentiert werden. Umso erfreulicher war es, dass gerade aus diesem Land ein Film kam, der durch seine phantastische Bilderwelt zutiefst beeindruckte, aber auch heiße Diskussionen hervorrief.

„Pessi und Illusia" ist nach einer Geschichte von Yrjö Kokko entstanden. Yrjö Kokko war Offizier im Zweiten Weltkrieg und dichtete von der Front aus für seine Kinder ein Märchen. Diese Tatsache bildet im Film den äußeren Rahmen und wird immer wieder in Beziehung zu der märchenhaften Geschichte gesetzt. Darin trifft der Gnom Pessi die Elfe Illusia im Zauberwald. Sie ist ein Kind des Lichts und kommt vom Regenbogen. In ihrer ersten Nacht im Wald stutzt ihr der böse Spinnenmann die Flügel, und so kann Illusia vor dem hereinbrechenden Winter nicht mehr fliehen.

Mit dem ersten Schnee kommt auch der weiße Tod, der Pessi und Illusia bedroht. Pessi kann den weißen Tod besiegen, wird dabei aber schwer verletzt. Nur frische Beeren der Eberesche können ihn heilen. Bedeckt mit dem Fell des weißen Todes zieht Illusia los, um die Beeren zu suchen.

Während der Offizier sich dieses Märchen ausdenkt, kommen ihm immer wieder Zweifel, wie er es enden lassen soll. Die Grausamkeit des Krieges überschattet die Welt der Phantasie. Aber dann bekommt die Geschichte doch einen Schluss: Es ist Frühling, Pessi ist wieder gesund und Illusia bleibt für immer bei ihm.

Als der Krieg vorbei ist, kann der Offizier zu seiner Familie zurückkehren.

Der Film war sehr gut", schrieb die 12-jährige Frederike an die Festivalleitung, *„am besten haben mir der Regenboger, das Zuhause von Illusia und die Aufnahmen vom Wald gefallen".* Iris, neun Jahre alt, war von *„den hübschen und lustigen Kostümen"* begeistert, und die achtjährige Constanze fand alles toll, *„nur den Krieg nicht".* Diese Meinung teilten viele andere Kinder.

„Pessi und Illusia" erhielt den Preis der UNICEF-Jury mit der Begründung, dass er *„mit Fantasie und künstlerischer Ästhetik für Kinder das Recht auf Frieden fordert".*

Dazu schrieben Christel und Hans Strobel in der „KinderJugendfilmKorrespondenz" Nr. 18 / 2 '84: *„Diese Absicht zeichnet zwar den Film besonders aus, nur macht er es in seiner formalen Struktur dem Zuschauer schwer, die Botschaft immer eindeutig zu erkennen."*

Marco Fried meinte dagegen in der „Wahrheit" vom 21. 3. 1984: *„Dieser wunderschön fotografierte, die jüngsten Zuschauer intellektuell fordernde Film von Heikki Partanen (...) vermittelt spannend und spielerisch, ja tänzersich philosophische Grundeinsichten von der Dialektik des Lebens."*

In Finnland wurde „Pessi und Illusia" übrigens noch im selben Jahr mit dem „Jussi", dem finnischen Oscar, ausgezeichnet.

Finnland/ *Finland* 1983

Stabliste / *Crew*

Regie / *Director*:	Heikki Partanen
Buch / *Script*:	Erkki Mäkinen, Riitta Rautoma, Jorma Kairimo, Heikki Partanen
nach einer Geschichte von / *adapted from a story by*	Yrjö Kokko
Kamera / *Camera*:	Henrik Paersch
Schnitt / *Editor*:	Riitta Rautoma
Musik / *Music*:	Kari Rydman

Pessi and Illusia

While children's films from Scandinavia had played a big role in the Kinderfilmfest from the very beginning, Finnish films were seldom seen. All the better that a film from this country arrived which deeply impressed with its imaginative imagery and inspired heated discussions.

"Pessi and Illusia" is based on a story by Yrjö Kokko, an officer in the Second World War who wrote a fairy tale for his children from the front lines. This fact provided the framework for the film and is

Der Spinnenmann

The spider-man

constantly set into the fairy tale story. The gnome Pessi meets the elf Illusia in a magic forest. She is a child of light and comes from the rainbow. During her first night in the forest the evil spider man breaks her wing so that Illusia is not able to flee from the oncoming winter. With the first snow comes the white death and this is what threatens Pessi and Illusia. Pessi is able to defeat the white death but is heavily injured in the process. Only the fresh berries of the mountain ash can heal him. Covered with the white death's hide, Illusia sets out to find the berries.

While the officer is working out the story, he has increasing doubts as to how it should end. The horror of the war is overshadowing the world of fantasy. Eventually the story receives its ending. It is Spring, Pessi is healthy again and Illusia is going to stay with him forever.

For the officer the war is over and he can return to his family.

"The film was very good," *the twelve-year-old Frederike informed the festival organisation.* "I liked the rainbow best of all as well as Illusia's home and the shots of the forest." *The nine-year-old Iris was captivated by* "the pretty and funny costumes", *and the eight-year-old Constanze found everything great,* "but not the war". *Many other children were also of this opinion.*

Darsteller/ *Cast*

Jorma Uotinen
Annu Marttila
Sami Kangas
Eija Ahvo

Produktion/
Production: Partanen &
Rautoma, Helsinki

"Pessi and Illusia" received the UNICEF Prize on the grounds that "with its imaginative and artistic aesthetic it supports the child's rights to live in peace." *Christel and Hans Strobel wrote in the "KinderJugendfilmKorrespondenz" no. 18/2'84,* "The film's aim makes it outstanding. However the form often makes it difficult for the viewer to identify the message."

M. Fried opposed this in the "Wahrheit" of 21. 3. 1984. "Heikki Partanen's beautifully photographed film poses an intellectual challenge for the youngest viewers. With its exciting, playful, even dancing philosophy it transports the basic reasons for existence."

In the same year, "Pessi and Illusia" was awarded with Finland's Oscar, the "Jussi".

Die „Flussfahrt mit Huhn" beginnt

The "Rivertrip with Hen" begins

FLUSSFAHRT MIT HUHN

Als Arend Agthe mit seinem ersten langen Spielfilm zum 7. Kinderfilmfest eingeladen wurde, war er in der bundesdeutschen Kinderfilmlandschaft kein Unbekannter mehr. Bis dahin hatte Arend Agthe hauptsächlich für das Fernsehen gearbeitet. Durch seine unkonventionellen Produktionen, die ohne erhobenen Zeigefinger gemacht waren, verband man mit seinem Namen eine gewisse Hoffnung für den neuen deutschen Kinderfilm.

In „Flussfahrt mit Huhn" geht es um ein Ferienabenteuer. Die elfjährige Johanna wird zu ihrem Opa und Cousin Robert geschickt. Robert lehnt seine Cousine ab, und so fühlt sich das Mädchen recht einsam. Doch dann kommt Johanna hinter die geheimen Pläne von Robert. Der will gemeinsam mit Freunden eine Flussfahrt mit Opas Ruderboot, der „Rosa Nord", starten und weserabwärts den Zugang zum Meer entdecken. Notgedrungen wird Johanna mitgenommen. Ein Huhn „zur Abschreckung gegen den Klabautermann" geht auch mit auf die Reise. Als der Großvater das Verschwinden seiner Schützlinge entdeckt, macht er sich auf, sie zu suchen. Obwohl er ihnen immer dicht auf der Spur ist, schafft er es nicht, die Kinder einzuholen. So müssen sie sich, als große Gefahr droht, allein helfen.

„Der ganze Film war spannend und lustig, und an alle, die mitgespielt haben, ein großes Kompliment. Am besten hat mir der Opa gefallen, er war Weltmeister im Lustigsein", schrieb der zehnjährige Bastian begeistert, und der 12-jährige Markus meinte: *„Alles hat mir gefallen, besonders die Abenteuer!"*

Auch in der Presse gab es positive Stimmen:

„‚Flussfahrt mit Huhn' ist ein Glücksfall für das Kinderkino (und leider noch immer ein Ausnahmefall), frei von allem pädagogischen Ballast, nur den Träumen, der Phantasie und der Spielfreude der Kinder verpflichtet – und wahnsinnig spannend. Tausche hundert Pumuckels gegen ein einziges Huhn." (Alfred Holghaus, „tip" Nr. 23 / 84)

„Abgesehen von der etwas schwerfälligen Exposition ein spannender und humorvoller Kinderfilm mit kräftigen, glaubwürdigen Figuren, einer guten Geschichte und einfallsreicher Auflösung, voller Slapstickkomik, aber nicht ohne Poesie. (...) Ein Film, der zeigt, wie der Alltag zum Abenteuer und das Abenteuer zum Alltag werden kann."
(Karl Klusen, „film-dienst" Nr. 7 / 84)

BRD / *Federal Republic of Germany*
1993

Stabliste / *Crew*
Regie / *Director*: Arend Agthe
Buch / *Script*: Arend Agthe
Kamera / *Camera*: Jürgen Jürges
Schnitt / *Editor*: Yvonne Kölsch
Musik / *Music*: Matthias Raue,
Martin Cyrus –
eine Tanit
Musikproduktion

Rivertrip with Hen

Arend Agthe was no new-comer to the realm of German children's films when he received an invitation for his first feature to participate in the 7th Kinderfilmfest. Until then he had worked primarily for television. His unconventional, non-judgmental productions had already resulted in the connection of his name with a hope for better things to come in the German children's film industry.

"Rivertrip with Hen" is a holiday adventure story. The eleven-year-old Johanna has been sent to her grandfather, and cousin Robert. Robert rejects his cousin and the girl feels very alone. Johanna then discovers Robert's secret plan. He and his friend want to make a trip down the river to discover the river-mouth, in grandfather's rowing boat, "Pink North". Johanna is forced to go with them. A hen, which is supposed to "scare off the bogeyman", also goes along for the ride. When grandfather discovers that his charges have disappeared he goes out looking for them. Although he is on their heels, he does not succeed to catch up. They have to save themselves, just as grandfather had warned.

Hans Beerhenke als Großvater in „Flussfahrt mit Huhn"

Hans Beerhenke as grandfather in "Rivertrip with Hen"

"The whole film was exciting and funny. Congratulations to everyone involved. I liked the grandfather best of all. He was a world master in being funny", *wrote ten-year-old Bastian with enthusiasm, whereby 12-year-old Markus wrote:* "I liked it all, especially the adventure!"

Darsteller / *Cast*	
Johanna	Julia Martinek
Robert	David Hoppe
Opa	Hans Beerhenke
Produktion / *Production*:	Frankfurter Filmwerkstatt / Hessischer Rundfunk

The press was also positive in their opinion:

"'Rivertrip with Hen' is a stroke of luck for children's cinema but unfortunately still an exception. It is free of educational clutter and full of children's dreams, fantasy and playfulness. It is also extremely exciting. I would swap one hundred 'Pumuckels' for a single hen." *(Alfred Holighaus, "tip" no. 23 / 84)*

"Despite the somewhat awkward exposition, an exciting and funny children's film with strong, believable figures, a good story and an imaginative resolution, full of slapstick and not without poetry. (...) A film which shows how the every-day can become adventurous and how the adventurous can become every-day." *(Karl Klusen, "film-dienst" no. 7 / 84)*

Einsprecher sind wie Diplomaten

Dreizehn Spielfilme und zehn Kurzfilme aus fünfzehn Ländern hatte Gaby Sikorski zusammen mit Manfred Hobsch, Dorothea Holloway und Barbara Krämer für das 8. Kinderfilmfest ausgewählt, dazu den 63-minütigen Animationsfilm „Samson & Sally", der im Sonderprogramm vorgestellt wurde. *„Sehr lohnend und stilistisch breit gefächert also das diesjährige Angebot"*, schrieb Carla Rhode in der „zitty" Nr. 4/85 und ließ dieser Einschätzung eine kritische Anmerkung folgen: *„Es sollte Ansporn sein, den Kinderfilm wieder mit mehr Aufmerksamkeit zu betrachten und sollte auch ruhig all diejenigen beschämen, die den Kinderfilm in unserem Lande unterdrücken."* Ausgangspunkt ihrer Kritik – und der vieler anderer Journalisten – waren die zuungunsten des Kinderfilms veränderten Förderungsrichtlinien des Bundesministeriums des Innern (BMI), die u.a. zur Folge hatten, dass 1985 nicht eine einzige bundesdeutsche Produktion auf dem Kinderfilmfest gezeigt werden konnte. Lediglich eine deutsche Beteiligung gab es. So hatte der Sender Freies Berlin (SFB) zur Finanzierung des niederländischen Films „Loch in der Grenze" beigetragen und die deutschsprachigen Kino- und Fernsehrechte erworben.

Mit diesem Wettbewerbsbeitrag, der sich an Kinder ab 12 Jahren richtet, wurde das Kinderfilmfest eröffnet. Fast wäre es zu einem kleinen Skandal gekommen. So berichtete Gerd Weißner in der „taz" vom 25.2.1985: *„,Ich möchte euch gerade bei diesem Film empfehlen', so Berlins Schulsenatorin Hanna-Renate Laurien zur Eröffnung des 8. Kinderfilmfestes, ,ich möchte euch (...) empfehlen, euer Leben zu vergleichen mit dem Leben der Kinder dort.' Die Empfehlung war eine Warnung – vorgetragen in dem Ton, den viele Kinder aus der Schule kennen: Ich möchte euch empfehlen, die Hausaufgaben diesmal ordentlich zu machen. Die Warnung galt der (...) sehr nüchtern und realistisch ins Bild gesetzten Aus-reißer-Geschichte ,Loch in der Grenze' (...) Dass man Kinder so leicht nicht für dumm verkaufen kann, musste Senatorin Laurien erfahren, als sie im Weiteren Ausgewogenheit ankündigte: ,Ihr werdet aber auch Filme über Tiere und Märchen sehen.' Die lieben Kleinen (...) hatten noch die Nachricht mit Fassung aufgenommen, dass Astrid Lindgren (,Ronja, die Räubertochter') wegen Grippe nicht erscheinen könne. Mit Johlen, Pfiffen und Buh-Rufen dagegen quittierten sie die Verheißung der heilen Tier- und Märchenwelt."*

„Ronja, die Räubertochter" („RONJA RÖVARDOTTER") in der Regie von Tage Danielsson wurde im Wettbewerb der Berlinale gezeigt, was die Presse sehr bedauerte. Allgemein aber wurde das Programm des Kinderfilmfestes als „prall" und von guter Qualität eingeschätzt. Neben „Loch in der Grenze" fand auch der Doppelpreisträger „Busters Welt" von Bille August eine starke Beachtung. Ebenfalls wurde dem ersten Spielfilm des indischen Regisseurs Nripen Ganguli „Bhombol Sardar", der französischen Produktion „Die kleine Bande" und dem Film „Ciske, der kleine Halunke" von Guido Pieters große Aufmerksamkeit zuteil. Der niederländische Regisseur Pieters erhielt für seine Arbeit eine lobende Erwähnung von der UNICEF-Jury.

„Das 8. Kinderfilmfest Berlin brachte für jedes Alter und jeden Geschmack des zukünftigen Kino-Publikums etwas", resümierte Jane Faber in der „Berliner Morgenpost" vom 26.2.1985, *„schade, dass an Wochentagen nicht noch mehr Kinder von diesem großen Angebot Gebrauch gemacht haben. Schreckten sie die (...) eingesprochenen Dialoge? Dabei sollte aber ein besonderes Lob den Synchronsprechern gelten, die mit Liebe und Geduld auch schwierige ausländische Beiträge für alle verständlich machten."*

Regisseur Guido Pieters unterwegs in Berlin
A night out in Berlin for director Guido Pieters

Dialogue-Speakers are like Diplomats

Together with Manfred Hobsch, Dorothea Holloway and Barbara Krämer, Gaby Sikorski selected thirteen feature films and ten short films from fifteen different countries for the 8th Kinderfilmfest. Special screenings of a 63 minute long animation film, "Samson and Sally", were also planned. Carla Rhode wrote in "zitty" no. 4/85: "This years' program offers a stylistically wide spectrum. It should be an incentive to pay more attention to children's films and put to shame all those in this country who suppress them." *The fact that the Ministry of Internal Affairs had changed the funding regulations for children's film-making provoked her criticism, as well as that of many journalists. The changes had meant that not a single West German film could be screened at the Kinderfilmfest of 1985. Germany had a share in only one production. The "Sender Freies Berlin" (SFB) had contributed to the making of the Dutch film "Crossing the Line". They had also procured the rights for German speaking countries.*

The opening of the Kinderfilmfest was celebrated with this film, which was aimed at children from the age of 12. There was a small scandal, as reported by Gerd Weißner in the "taz" of 25. 2. 1985: "At the opening of the 8th Kinderfilmfest Berlin's Senator for Schools, Hanna-Renate Laurien, announced, 'I recommend that you compare your own life with those children's.' This warning was delivered in a school masterly tone, which the children knew only too well: Make sure to do your homework properly this time! It only served to validate the very sober and realistic runaway story of 'Crossing the Line'. Senator Laurien was forced to realise that children are not so stupid when she announced that: 'You are also going to see films about animals, and fairytales.' The sweet little children were just getting over the news that Astrid Lindgren (Ronja, the Robber's Daughter) had the flu and would not be attending. As a result of the promised animal and fairytale world, they booed, whistled and jeered."

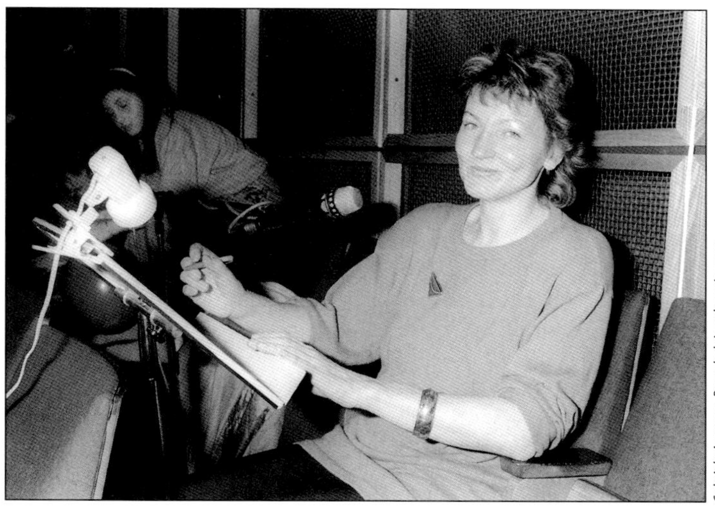

Gabriele Auensen-Borgelt beim Einsprechen

Gabriele Auensen-Borgelt doing the voice over

"Ronja, the Robber's Daughter" (RONJA RÖVARDOTTIR), directed by Tage Danielsson, was to be screened in the Main Section of the Berlinale, much to the regret of the press. However, the Kinderfilmfest program was generally seen as rich and of a high quality. "Crossing the Line", the double prize-winner "Buster's World" by Bille August, Indian director Nripen Ganguli's debut feature "Bombol Sardar", the French production "The Little Gang" and "Ciske the Rat" by Guido Pieters — awarded a Special Mention by the UNICEF Jury — were all greatly admired.

"The 8th Kinderfilmfest has succeeded in offering something to future cinema-goers of all ages and tastes," *wrote Jane Faber in the "Berliner Morgenpost" of 26. 2. 1985.* "It is a pity that more children cannot make use of what is being offered on weekdays. Are they put off by the voice-over? Whereby a big compliment should go to the speakers who manage to make even the most difficult of foreign films understandable for everyone."

Das Einsprechen der in Originalfassung vorgeführten Filme war von Anfang an eine Besonderheit des Kinderfilmfestivals der Berlinale. *„Die Form des Einsprechens musste neu gefunden werden"*, erinnert sich die Filmreferentin Barbara Krämer, *„für die Erwachsenen waren die Filme bei der Berlinale untertitelt, oder es wurden die Dialoglisten direkt simultan eingesprochen. Beides ging für Kinder nicht. Es musste ein Text gefunden werden, der alles beinhaltete, nichts vorweg nahm und kindgerecht war. Die Einsprecher mussten auf das Publikum reagieren können, wenn zum Beispiel Lacher waren oder Unruhe hochkam. Da gab es auch Einsprecher, die versagt haben. Später hatte Gaby Sikorski versucht, Schauspieler zu finden, die sicher in der Rede waren und genug Routine und Selbstverständnis hatten, um auf die Kinder eingehen zu können."*

Gabriele Auensen-Borgelt, die ja von Beginn an dem Kinderfilmfest verbunden war und bis heute vor allem skandinavische Filme einspricht, erzählte: *„Anfänglich war das ein Provisorium, damit die Filme überhaupt gezeigt werden konnten. Schwierig war bereits die Aussteuerung zwischen dem Originalton des Films und dem des Einsprechers. In einem Kino zum Beispiel gab es so eine Art Nachhall, da hörte man die eigene Stimme über die Anlage zeitlich versetzt. Heute ist die Technik so gut, dass man auch die Art des Einsprechens so richtig perfektionieren kann. Früher wurde der Text oft über den Dialog gesprochen, jetzt versucht man, die Übersetzung in die Dialogpausen zu setzen, die schmiegt sich dann richtig ein in den Film. Und der Zuschauer erlebt etwas ganz Einzigartiges: Er bekommt die Originalsprache und die Originalstimmung mit und versteht gleichzeitig alles, was dort gesprochen wird. Schön ist es, wenn die Kinder nach einer Vorführung fragen, wie es kommt, dass die Leute im Film so gut deutsch sprechen. Wenn die Kinder also gar nicht gemerkt haben, dass dort jemand ständig übersetzt hat."*

Die Dialoglisten werden in der Regel nicht wortwörtlich übersetzt, sondern manchmal etwas verknappt, manchmal etwas freier übertragen. Auf jeden Fall muss die Einsprache dem Rhythmus des Films angepasst werden. Bei einer witzigen Stelle zum Beispiel muss die eingesprochene Pointe mit der im Film zeitlich zusammenfallen, damit der Gag nicht verloren geht. Natürlich wird das Einsprechen vorher direkt am Film geprobt. *„Die Premiere im Festivalkino ist trotzdem immer eine kitzlige Angelegenheit"*, meint Gabriele Auensen-Borgelt, *„denn eine gute Einsprache beweist sich erst im Zusammenspiel mit den Zuschauern. Es ist eben eine eigene Art des Sprechens. Einerseits darf man nicht die schauspielende Person nachahmen, andererseits darf man nicht zu sachlich sein. Es ist ein Zwischending, eine der Stimmung nachempfundene Art, die Worte zu betonen. Man ist so eine Art Diplomat, ein Vermittler zwischen zwei Welten: dem Film und dem Publikum."*

„Loch in der Grenze" mit Marcel Kunst, Daan Dillo und Nicky Schuitemaker

„Crossing the Line" with Marcel Kunst, Daan Dillo and Nicky Schuitemaker

The live voice-over of films screened in original version was a speciality of the Kinderfilmfest from the very beginning. Film advisor Barbara Krämer remembers: "The form of the voice-over had to be re-created. For adults, Berlinale films were shown with subtitles or with a simultaneous translation. Both methods were not suitable for children. A text had to be created especially for the children, which included everything and left nothing out. The speakers had to be able to react when the viewers were restless or when they were laughing at something. Some speakers failed at this. Gaby Sikorski later tried to find actors for the job who were practiced speakers and had enough self-confidence to be open to the children."

Gabriele Auensen-Borgelt , a dialogue-speaker of predominantly Scandinavian films, who has been connected with the Kinderfilmfest from the very start, explained: "In the beginning it was an improvisation so that the films could be screened at all. The balance between the voice-over and the original sound proved to be difficult. For example, in one of the cinemas there was an echo, which meant that you heard your own voice through the sound system in a time delay. Technical equipment is so good these days that it has become possible to perfect the art of the voice-over. We used to speak the text directly over the original dialogue but these days we try to deliver it more during the pauses so that the words sit comfortably. Then the audience has an amazing experience: they are able to take in both the original language and atmosphere and simultaneously understand everything being said. It is really wonderful after a screening when the children ask how the actors could speak such good German. In those cases they hadn't taken any notice at all that the film was being constantly translated."

The dialogues are not usually translated word for word. Sometimes they are shortened or more freely transposed. The script for the voice-over has to fit into the film's rhythm. For example, in a humorous scene the text has to be set to the situation so that the joke does not get lost. Despite the fact that the voice-over is always rehearsed directly with the film, Gabriele Auensen-Borgelt maintains that: "The premier in the festival cinema is always a little nerve-wracking because a voice-over is only good when the audience comes into play. It is a special way of delivery. On the one hand you shouldn't copy the actors, on the other hand you should not become too objective. It is a cross between placing an emphasis on the words and giving the voice the right feeling. You become like a diplomat, a mediator between two worlds: the film and the audience."

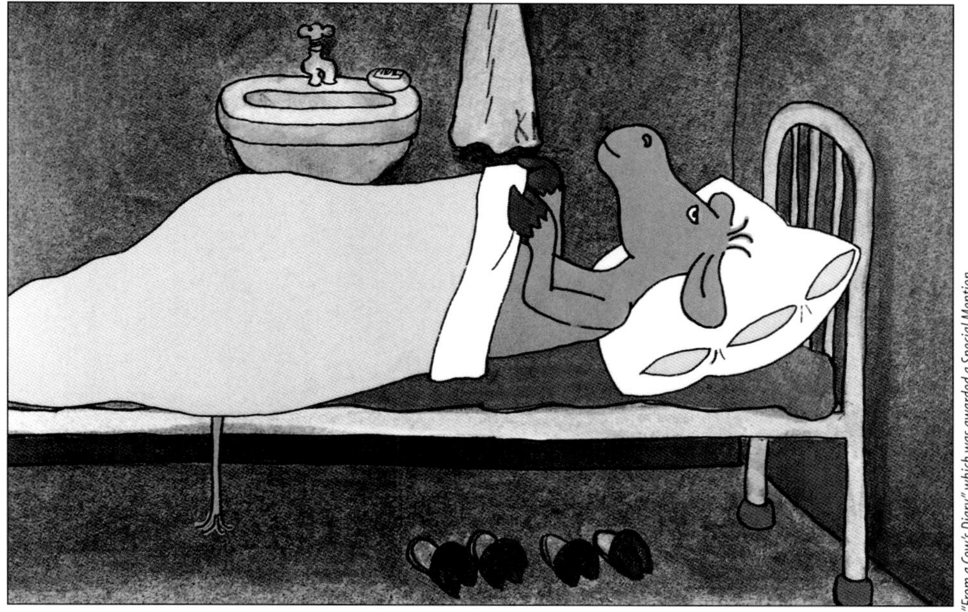

„Aus dem Tagebuch einer Kuh", bedacht mit einer lobenden Erwähnung

"From a Cow's Diary", which was awarded a Special Mention

Busters Welt
BUSTERS VERDEN

Einige Jahre schon hatte der Däne Bille August als Kameramann in Schweden gearbeitet, bevor er 1978 mit „Flitterwochen" seine Karriere als Regisseur begann. „Busters Welt" war sein dritter Spiel- und sein erster Kinderfilm. Bei diesen Produktionen, die in Dänemark mehrere Auszeichnungen erhielten, arbeitete er mit dem Autor Bjarne Reuter zusammen.

Im Mittelpunkt von „Busters Welt" steht ein elfjähriger Junge, der es nicht leicht hat: Buster. Seine Eltern haben wenig Geld, und so verdient er sich etwas als Botenjunge dazu. Bei den Gleichaltrigen findet Buster kaum Beachtung, denn er fällt ständig aus der Rolle und kann noch nicht einmal Fußball spielen. Auch seine Schwester Ingeborg wird wegen ihrer Gehbehinderung von den anderen Kindern gemieden und oft von dem älteren Lars gehänselt. Buster verteidigt seine Schwester und so beginnt ein regelrechter Kampf zwischen Lars und ihm.

Buster ist nicht nur mutig, er kann auch zaubern. Und das tut er unentwegt. Die Zauberei hilft ihm, mit seinen Problemen zurechtzukommen. Eines Tages schafft er es dann sogar, mit seinen witzigen und phantasievollen Zauberkunststücken das Herz seines geheimen „Schwarms" Joanna zu erobern.

Bille Augusts tragisch-komischer Film war der „Renner". *„Würde man die Kinder nach ihrem Liebling unter den Beiträgen des 8. Kinderfilmfestivals befragen, hätte gewiss der dänische Film ‚Busters Welt' große Chancen, einen goldenen ‚Teddy' zu gewinnen"*, mutmaßte Margarete von Schwarzkopf in „Die Welt" vom 25. 2. 1985, *„dieser Film bezauberte, weil er die Kinderträume und die Wirklichkeit der Kinderwelt poetisch verbindet, was im Kino immer noch das schönste ist."*

Und die Kinder selbst meinten:
„Ich fand alles gut, Busters tolle Zaubertricks und wie er immer seiner Schwester geholfen hat."
Tina, 9 Jahre
„Es war alles toll: Die Zaubereien und dass alle Geschichten von Buster gut ausgegangen sind. Ich habe viel gelacht."
Clemens, 9 Jahre
„Am besten hat mir gefallen, wie gut sich Buster gegen Lars wehren konnte und wie er seine Schwester vor ihm beschützt hat. Der Film war lustig, er hat mir einfach sehr gut gefallen."
Juliane, 12 Jahre

Eine Kinderjury wurde erst ein Jahr später berufen. Auszeichnungen erhielt „Busters Welt" aber von der UNICEF- und der CIFEJ-Jury.

Auch für Renate Zylla nimmt „Busters Welt" bis heute einen besonderen Platz ein und ist ihrer Meinung nach ein „Muss" für alle, die einen Film für Kinder produzieren wollen.

Dänemark/ *Denmark* 1984

Stabliste/ *Crew*
Regie/*Director*: Bille August
Buch/*Script*: Bjarne Reuter
nach seiner gleichnamigen Geschichte /*based on his story of the same name*
Kamera/*Camera*: Fritz Schrøder
Schnitt/*Editor*: Thomas Gislason
Musik/*Music*: Bo Holten, Nanna

Buster's World

The Dane Bille August had already worked for several years as a cameraman in Sweden before beginning his career as director with "Honeymoon". "Buster's World", was his third feature and his first film for children. He worked together on all of these productions with writer Bjarne Reuter. The films received several awards in Denmark.

Buster, an eleven-year-old boy whose life isn't easy,

Mads Bugge Andersen als Buster mit seiner Schwester Ingeborg

Mads Bugge Andersen as Buster and his sister Ingeborg

is the central focus of "Buster's World". Money is scarce for his parents and he works as a messenger boy to earn a bit extra. Buster does not get much acknowledgment from his peers because he never really fits into the mould and he can't even play football. His sister Ingeborg is avoided by the other children because of her walking disability and she is often teased by the older boy, Lars. Buster stands up for his sister and thus a full scale war develops between him and Lars. Buster is not only brave, he is also an incessant magician. Magic helps him deal with his problems. One day he manages to win the heart of his secret love, Joanna, with the help of a funny and imaginative magic trick.

Bille August's tragic comedy was a "hot tip". "If you had asked the children at the 8th Kinderfilmfest which film was their favourite, no doubt they would have favoured the Danish film 'Buster's World' to win a golden 'teddy'", *suggested Margarete von Schwarzkopf in "Die Welt" of 25. 2. 1985.* "This film enchants with a poetic combination of childlike dreams and the children's real world – still the greatest mix in cinema."

The children themselves wrote:

"Everything was good, Buster's great tricks and how he always helped his sister."
Tina, 9 years old

"It was all great. The magic tricks and that all Buster's stories turned out well. I laughed a lot."
Clemens, 9 years old

"I liked it best of all how well Buster stood up to Lars and how he protected his sister from him. The film was funny. I just liked it."
Juliane, 12 years old

The Children's Jury was first called up in the following year. However "Buster's World" received awards from the UNICEF and the CIFEJ Juries.

Renate Zylla also highly values "Buster's World". She maintains that this film is obligatory for anyone interested in producing children's films.

Darsteller / *Cast*	
Buster	Mads Bugge Andersen
Ingeborg	Katarina Stenbeck
Joanna	Digne Dahl Madsen
Produktion / *Production*:	Crone Film Produktion, Lyngby/Det Danske Filminstitut, København

Die kleine Bande
LA PETITE BANDE

The children begin their adventure

„Außer Konkurrenz läuft ein völlig ungewöhnlicher französischer Film ohne Sprache", kündigte Marco Fried Michel Devilles Beitrag in „Die Wahrheit" vom 23. 2. 1985 an, *„eine rasante Folge lustiger und ernster Einfälle gegen die Gleichschaltung aller Menschen, mit paradiesisch überhöhtem Ende"*.

Die Kinder starten ihr abenteuerliches Unternehmen

Nach der Vorführung im Ufa-Palast meldeten sich die Kinder zu Wort. *„‚Die kleine Bande' hat mir am besten gefallen, weil es ein Stummfilm war"*, schrieb die neunjährige Juliane, und auch dem zehnjährigen Sören hatte am Film besonders gut gefallen, *„dass man sich den Text dazu denken konnte". „Ich finde, das ist der beste Film, den ich je gesehen habe"*, meinte die zehnjährige Nicole, fügte aber einschränkend hinzu: *„Und wenn der Film mit Sprache wäre, würde er bestimmt noch besser sein!"*

Michel Deville, seit 1958 vor allem bekannt als Regisseur von Komödien, legte mit „Die kleine Bande" seinen ersten Kinderfilm vor. Die Idee zu diesem Projekt kam ihm, als er in einer Zeitung gelesen hatte, dass 1979 acht Kindern aus England gelungen war, heimlich über den Ärmelkanal nach Frankreich einzureisen. Zwischen der Arbeit an den Filmen „Stille Wasser" (1981) und „Gefahr im Verzug" (1984) schrieb er zusammen mit Gilles Perrault das Drehbuch.

Zu den Filmfestspielen 1985 konnten dann gleich zwei Filme von Michel Deville präsentiert werden: „Gefahr im Verzug" lief im Berlinale-Wettbewerb, „Die kleine Bande" im Programm des 8. Kinderfilmfestes.

Ohne Dialoge wird von der abenteuerlichen Fahrt einer Kinderbande, bestehend aus vier Jungen und drei Mädchen im Alter zwischen sieben und zehn Jahren, erzählt. Die Kinder leben in England und wollen der Langeweile und der Öde des Alltags entfliehen. Als blinde Passagiere in einem Autolastzug versteckt schmuggeln sie sich am Zoll vorbei und überqueren den Ärmelkanal. In Frankreich bringen sie eine ganze Kleinstadt durcheinander. Damit ziehen sie den Ärger der Erwachsenen auf sich. Eine turbulente Verfolgungsjagd beginnt, wobei die Jungen und Mädchen fast immer geschickt entwischen können, bis einige gekidnappt und sogar einem Experiment mit der „Maschine des Alterns" unterzogen werden. Doch die Phantasie der Kinder und ein paar Wunder helfen ihnen immer wieder, sich zu befreien. Schließlich kehrt die kleine Bande nach Hause zurück und beginnt, die nächste Abenteuerreise zu planen.

„In diesem Universum, das zwischen Poesie und Burleske wechselt, hat Michel Deville die Seite der Kinder gewählt. Er hält sich immer nahe bei ihnen und lehrt sie die Schönheit dieser Lebenslust, die er als zentrales Thema in den meisten seiner anderen Filme behandelte. (...) Michel Deville ist spürbar vom Abenteuergeist der Kindheit bezaubert, von der Naivität ihres Blicks und vom Reichtum ihrer Phantasie, mit der sie die Wissenschaftler zur Verzweiflung bringen, die sich pedantisch an ihre angewandte Psychologie klammern."
(Raymond Lefèvre, in: „50 Kinderfilm-Klassiker". Remscheid 1995)

Frankreich / *France* 1983

Stabliste / *Crew*
Regie / *Director*:   Michel Deville
Buch / *Script*:   Gilles Perrault
Kamera / *Camera*:   Claude Lecomte
Schnitt / *Editor*:   Raymonde Guyot
Musik / *Music*:   Edgar Cosma

The Little Gang

"A totally unusual French film without language is being screened out of competition," *wrote Marco Fried about Michel Deville's entry in "Die Wahrheit" of 23.2. 1985.* "A snappy piece with funny and serious ideas, which goes against the grain – and a heavenly, excessive ending." *After the screening in the Ufa-Palast, the children offered up their opinions.* "I liked 'The Little Gang' because it was a silent film," *wrote the nine-year-old Julie. The ten-year-old Sören especially liked,* "that you could think out the text yourself."

"It is the best film that I have ever seen. And if the film had language it would surely be even better!" *wrote the ten-year-old Nicole.*

Well known as a director of comedies since 1958, Michel Deville created his first children's film with "The Little Gang". The idea for this project was born when he read a newspaper article about eight children who secretly travelled across the channel from England to France in 1979. Parallel to working on the two films "Still Water"(1981) and "Danger in Delay" (1984), Deville wrote the film-script for "The Little Gang", together with Gilles Perrault.

At the Berlin International Film Festival of 1985, two films by Michel Deville were simultaneously presented. "Danger in Delay" was screened in the Main Competition and "The Little Gang" appeared in the Kinderfilmfest.

The story of the adventurous journey of a children's gang, consisting of four boys and three girls aged between seven and ten, is told without dialogue. The children live in England and want to escape from the boredom and desolation of everyday life. They stow away in a car transporter and manage to smuggle themselves past customs and across the English Channel. They create chaos in a French town which makes the adults angry. A turbulent chase follows, whereby the girls and boys manage to get away until some of them are kidnapped and become subject to an experiment with "The Aging Machine". However the children's fantasy and a couple of miracles help them to once again get free. Finally the little gang returns home and starts planning its next adventure.

Die kleine Bande entwischt den Gendarmen

The little gang getting caught by the gendarme

Darsteller/*Cast*

Yveline Ailhaud
Michel Amphoux
Roland Amstutz
Pierre Ascaride

Produktion/
Production: Hamster Productions/ Gaumont/FR 3/ Elefilm/Stand'Art Productions

"In a universe oscillating between poetry and the burlesque, Michel Deville has chosen the side of the children. He always stays close to them and teaches them the beauty of life-energy, a central theme in most of his other films.(…) Michel Deville is obviously bewitched by the children's spirit of adventure, by the naivety of their glance and the richness of their fantasy, which they use to bring down the scientists pedantically clinging on to their applied psychology."

(Raymond Lefèvre in "50 Kinderfilm-Klassiker". Remscheid 1995)

Kinder entscheiden

Fünf Jahre hatte Gaby Sikorski das Kinderfilmfest der Berlinale geleitet und diesem Festival einen unverkennbaren Charakter verliehen. 1985 entschied sie sich dann, für UNICEF zu arbeiten. Die Leitung übernahmen nun zwei Personen: der 34-jährige Manfred Hobsch, Redakteur beim Berliner Stadtmagazin „zitty", und die 1955 geborene Medienpädagogin Renate Zylla.

Manfred Hobsch hatte bis dahin nicht nur regelmäßig über die Situation des Kinderfilms im In- und Ausland berichtet, sondern gehörte schon seit mehreren Jahren zur Auswahlkommission des Kinderfilmfestes. Renate Zylla hatte zunächst Sozialarbeit studiert und als Jugendberaterin für ausländische Kinder gearbeitet, später ein Studium der Diplompädagogik mit dem Schwerpunkt Medien absolviert und verschiedene Projekte beim Kinder- und Jugendfilmzentrum in der Bundesrepublik Deutschland realisiert.

Die erste Kinderjury

The first Children's Jury

„Wir wollten es schaffen", erinnert sich Manfred Hobsch an das Jahr 1986, „dass das Kinderfilmfest noch mehr Aufmerksamkeit bekommt. Weniger, was die Besucherzahlen betraf, denn da hatte Gaby Sikorski ein hervorragendes System aufgebaut, sondern wir wollten stärker die Presse heranziehen, wollten erreichen, dass auch über diese Sektion der Berlinale regelmäßig berichtet wird. So führten wir zum Beispiel tägliche Pressekonferenzen ein, die allerdings nie so richtig angenommen wurden. Dass wir dann eine Kinderjury ins Leben gerufen haben, war der absolute Knüller. Wir sind förmlich von den Medien überrollt worden und mussten uns sogar Gedanken machen, wie wir die Kinder schützen können."* Die Forderung nach mehr Mitbestimmung der Kinder gab es ja schon länger. Nun endlich konnten elf Mädchen und Jungen im Alter von zehn bis 14 Jahren den besten Spielfilm mit einem Preis auszeichnen. *„Wegen der Abstimmung musste es eine ungerade Zahl sein"*, erzählte Renate Zylla, *„wir entschieden uns für elf, in Anlehnung an die Internationale Jury des Wettbewerbs."* Sie stand damals übrigens der Einberufung einer Kinderjury skeptisch gegenüber: *„Ich befürchtete, dass wir die Kinder mit dieser Forderung, den Besten zu ermitteln, unter Druck setzen und ihnen dabei viel von dem genießenden Wahrnehmen verloren gehen könnte."* Angst allerdings, dass die Kinder ihrer Aufgabe nicht gerecht werden, hatte Renate Zylla zu keinem Zeitpunkt. Von der Souveränität, mit der die jungen Juroren ihre Aufgabe erfüllten, waren nicht nur die Journalisten begeistert, sondern auch die Betreuerinnen Ulrike Haase, Martina Hey und Sabine Süß. Sie berichteten in der „KinderJugendfilmKorrespondenz" Nr. 26/2 '86: *„Die anfängliche Koketterie, mit der die Kinder sich den Interviews stellten, wandelte sich angesichts der oftmals gleichbleibenden Fragestellungen in erstaunliche Professionalität, mit den Pressevertretern umzugehen. In dieser Hinsicht jedenfalls stellten sie ihre Selbstständigkeit und eine gewisse Kritikfähigkeit unter Beweis."* Die eigentliche Juryarbeit aber schätzten sie sehr kritisch ein: *„Auffällig war, dass sie nur bedingt in der Lage waren, die Qualität der Filme zu beurteilen, die sich nicht an ihre Altersgruppe richteten (Filme für Fünf- bis Achtjährige). Um ihrem eigenen Alter gemäß ernst genommen zu werden, mussten sie sich offensichtlich auf diese Weise abgrenzen.*

Children Decide

Gaby Sikorski had been the director of the Berlinale Kinderfilmfest for five years and had given the festival its distinctive character. In 1985 she decided to work for UNICEF. The direction was then taken over by two people: the 34 year old Manfred Hobsch, editor at the Berlin magazine "zitty", and the media educationalist Renate Zylla, born in 1955.

Manfred Hobsch had not only reported about the state of the children's film industry both nationally and internationally, he had also been a member of the Kinderfilmfest selection commission for several years. Renate Zylla had studied to become a social worker and had some experience as a youth advisor for foreign children. She had then completed a diploma in media education and worked on several projects for the West German children's film centre ("Kinder-und Jugendfilmzentrum in der Bundesrepublik Deutschland").

Closing press conference: Manfred Hobsch, a Children's Jury member and Ulrich Gregor

"We wanted the Kinderfilmfest to gain more recognition," *remembers Manfred Hobsch.* "Gaby Sikorski had already catered for large audiences with some excellent concepts, so that was not our problem. Rather we wanted to get the press to pay attention and report regularly about this festival section. We initiated daily press conferences, which didn't really take off. We also introduced the Children's Jury and that was a sensation. We were literally overrun by the press and had to work out a way of protecting the Children's Jury members." *Pressure to let children have more say had existed for some time. Now, finally, a jury consisting of eleven boys and girls between ten and fourteen were able to present an award for the best feature film.* "There had to be an odd number of jury members for the vote casting, just like the International Jury of the Main Competition," *explained Renate Zylla. In those days she was sceptical about calling up a Children's Jury.* "I was afraid that it would put the children under too much pressure to have to choose the best film and that all the fun would go out of it." *At no point however did Renate Zylla doubt whether the children would be able to live up to their task. Journalists were excited by the sovereign way in which the children undertook their duties. The three people who were responsible for looking after them – Ulrike Haase, Martina Hey and Sabine Süß – were also quite impressed. They reported in the* "KinderJugendfilmKorrespondenz" *no. 26/2 '86:* "At first the children were shy in interviews but they quickly became amazingly professional in dealing with the often repeated questions asked by the press. In this respect they proved their independence and a certain amount of critical judgement." *They were however quite critical about the jury work:* "We noticed that the children were only in the position to assess the quality of films which were not aimed at their own age group. (Films for five to eight year olds). They had obvious limits when it came to the appropriate assessment for their peers. The children strongly demanded realism in the most contrasting of contexts. This meant that they judged some filmic details, which they could not relate to their own lives, as improbable. They could not accept or appreciate unrealistic design elements, e.g. in fairytale films." *However this criticism was made relative by the children's decision. The first Children's Jury presented their award to an Irish film, Bill Miskelly's "The End of the World Man", which was also honoured by the UNICEF Jury. As well, the eleven children awarded a Special Mention to "Bokuchan's Battlefield", which also received the CIFEJ Prize and a Special Mention from the UNICEF Jury.*

"It is really great that there is a Children's Jury this year," *13-year-old Stephan wrote to the Kinderfilmfest.* "Adults can't usually judge what is good for children and after all the films are made for children. However the prize of 1,500 DM which the children have to award, is ridiculous." *This cash prize had been endowed by the Berlin Senator for Youth and Family Affairs,*

Entschieden forderten die Kinder in unterschiedlichstem Zusammenhang Realitätsnähe. Dabei galten ihnen allerdings auch solche Filmdetails als unwahrscheinlich, die ihnen aufgrund anderer Lebensverhältnisse fremd sein mussten. Auch waren sie nicht bereit, unrealistische Elemente, wie zum Beispiel in Märchenfilmen, als Gestaltungsmittel zu würdigen und zu akzeptieren." Diese Einschätzung wird jedoch durch die Entscheidung der Kinder relativiert. So vergab die erste Kinderjury ihren Preis an den irischen Film „Mister Weltuntergang" von Bill Miskelly, der zugleich auch von der UNICEF-Jury ausgezeichnet wurde. Eine lobende Erwähnung sprachen die e f Kinder „Bokuchans Kampf" aus. Diese japanische Produktion erhielt außerdem den CIFEJ-Preis und eine lobende Erwähnung von UNICEF.

„Ich finde es sehr gut, dass es dieses Jahr eine Kinderjury gibt", schrieb der 13-jährige Stephan an das Kinderfilmfest, *„Erwachsene können meist nicht über den Geschmack der Kinder urteilen und die Filme sind ja wohl für Kinder gedreht. Doch der Preis von 1.500 DM, den die Kinderjury zu vergeben hat, ist lächerlich."* Diese Dotierung ermöglichte die Berliner Senatorin für Jugend und Familie, Cornelia Schmalz-Jacobsen. Zur Eröffnung des Kinderfilmfestes bemerkte sie in ihrer Rede: *„Eigentlich hätten wir schon früher darauf kommen können, denn es ist doch mehr als naheliegend, dass auch diejenigen die Filme bewerten, für die sie bestimmt sind. Damit die Kinderjury von Erwachsenen noch mehr anerkannt wird, habe ich einen Kinderfilmpreis gestiftet und ich glaube, die Kinder der Jury wissen, dass sie in den nächsten Tagen eine ganz wichtige Aufgabe haben."* Die niedrige Dotierung brachte dem Senat viel Kritik ein. So war im „Deutschen Allgemeinen Sonntagsblatt" vom 9.3.1986 zu lesen: *„Wie wenig die wirtschaftlichen Probleme des Kinderfilms (…) ernst genommen werden, zeigt auch die Stiftung eines Preises durch die Berliner Senatorin für Jugend und Familie (…). Damit die dieses Jahr erstmalig arbeitende Kinderjury mehr vergeben konnte als nur eine Ehrenurkunde, stiftete die Senatorin (…) einen Preis, dotiert mit 1.500 DM. Eine Summe, die derart lächerlich gering ist, dass sie auf die Kinderfilmer fast wie eine Verspottung wirken musste. Wenn schon ein Geldpreis, dann sollte er so dotiert sein, dass dadurch ein Schritt hin zu einer Produktion möglich wird. Und wenn er nur ausreicht, um das Exposé für ein Drehbuch schreiben zu können', mokierten sich einige der Betroffenen."*

Insgesamt 16 Spielfilme und vier Kurzfilme konnten beim 9. Kinderfilmfest trotz der Kürze der Vorbereitungszeit präsentiert werden. Ein stattliches Angebot, bei dem aufgrund des Reglements der bundesdeutsche Beitrag „Küken für Kairo" leider außer Konkurrenz lief. Das wurde sehr bedauert. So schrieb Carla Rhode im „Tagesspiegel" vom 16. 2. 1986: *„Die Wettbewerbsstatuten bringen es mit sich, dass nur Filme im 35mm-Format zugelassen werden. Nur wenige Länder leisten sich aber noch eine aufwändige, teure Kinderfilm-Produktion, die Staaten des Ostblocks sind da beispielhaft. Deshalb wäre es sicher sinnvoll, wenn die Festivalleitung, also auch Moritz de Hadeln, solche Beschränkungen in Hinsicht auf das weit größere Angebot an 16mm-Filmen aufhebt.*

Die engagierte Arbeit von Manfred Hobsch und Renate Zylla wurde von allen Seiten anerkannt. Sie hatten Bewährtes aufgegriffen und weitergeführt, neue Ideen eingebracht und konnten nun – gestärkt durch die gesammelten Erfahrungen – das Kinderfilmfest zu seinem zehnten Jubiläum führen.

„Küken für Kairo" von Arend Agthe

"Chicks for Cairo" by Arend Agthe

Cornelia Schmalz-Jacobsen. At the Kinderfilmfest Opening Ceremony she stated: "Actually we should have thought about the idea of a Children's Jury sooner. It is more than appropriate that those for whom the films are intended get to judge them. So that this jury receives more recognition from adults, I have donated a cash prize. I believe that the members of the jury are aware that they have a very important task to fulfil over the next days." *The relatively small donation brought the senate much criticism. Written in the "Deutsches Allgemeines Sonntagsblatt" of 9. 3. 1986 was:* "The donation of a cash prize by the Berlin Senator for Youth and Family Affairs just goes to show how the critical economic situation of the children's film industry is not taken seriously. (…) The senator donated a cash prize of 1,500DM, to enable the Children's Jury to award more than just a certificate. This is such a ridiculously small sum that it could almost be seen as a practical joke. If a cash award is to be made then it should be enough to encourage the production of a new film. If only to write an expose for a new film-script."

Despite the shortage of time to organise the festival, a total of 16 feature films and four shorts were presented at the 9th Kinderfilmfest. It was a royal offer, although the festival regulations meant that West German film "Chicks for Cairo" could only be screened out of competition. To the regret of many. Thus Carla Rhode wrote in the "Tagesspiegel" of 16. 2. 1986: "The regulations of the Main Competition decree that films may only be screened in 35mm format. Few countries are able to afford expensive children's film productions — the lands of the Eastern Block for example. Therefore it would make sense if the festival directors, including Moritz de Hadeln, would agree to lift restrictions to allow for the offer of 16mm films."

Manfred Hobsch and Renate Zylla received wide recognition for their dedicated work. They had taken up and continued with well-tried concepts, they had initiated new ideas and with their newly gained experiences and they were now in the position to steer the Kinderfilmfest towards its tenth jubilee.

„Der dritte Drache", ein Scienefictionfilm aus der ČSSR

"The Third Dragon", a science-fiction film from Czechoslovakia

Mister Weltuntergang

Mit dem zweiten Spielfilm des nordirischen Regisseurs und Produzenten Bill Miskelly, der ansonsten hauptsächlich TV-Serien und Dokumentarfilme gedreht hat, wurde das 9. Kinderfilmfest eröffnet.

"Mister Weltuntergang" wurde in Berlin gleich zweimal ausgezeichnet: mit dem Preis der Kinderjury und dem UNICEF-Preis. Die inter-

Die Kinder verteidigen ihr Gelände

The children defend their terrain

nationale Jury war besonders angetan davon, dass der Film *"in verständlicher Weise Kindern zeigt, dass sie aktiv auf die Gesellschaftlichen Zustände Einfluss nehmen können"*.

Elf Jahre später präsentierte Renate Zylla die nordirische Produktion noch einmal in der Retrospektive "Special Choice". Bill Miskelly konnte diese Wiederaufführung nicht mehr erleben – er verstarb im Jahr 1991.

Im Mittelpunkt des Films, den der Regisseur seinen Töchtern gewidmet hat, stehen Paula und deren Freundin Clare. "Mister Weltuntergang" – so nennen die beiden einen Sektenprediger, der in den Straßen von Belfast das baldige Ende der Welt verkündet. Der Mann ist ihnen unheimlich, und wie sich später herausstellt, nicht ohne Grund.

Treffpunkt der Mädchen ist das verwilderte Stück Brachland ganz in ihrer Nähe. Doch ihr geheimer Rückzugsort ist bedroht, denn hier soll ein Parkhaus entstehen. Paula ist empört. Zusammen mit ihren Freunden startet sie eine Unterschriftenaktion, organisiert ein Gespräch mit dem Bürgermeister und wird sogar von einer TV-Reporterin interviewt. Aber das alles nützt nichts, denn hier geht es um Bauspekulationen, bei denen auch Mister Weltuntergang seine Hände im Spiel hat. Als die Bulldozer auf dem Gelände anrücken, versperren die Kinder ihnen den Weg. Einen Baustopp können sie aber nicht erreichen. Erst durch einen glücklichen Zufall kann das Waldstück gerettet werden: Paulas kleiner Bruder entdeckt eine geheimnisvolle Höhle, die sich als prähistorisches Grab erweist. Ein Lokaltermin wird einberufen, der Bau gestoppt und die Machenschaften zwischen dem Sektenprediger und den zuständigen Politikern werden aufgedeckt.

"In dem irischen Film ‚Mister Weltuntergang' wird politische Wirklichkeit nicht ausgespart. Er ist erstaunlich realistisch inszeniert (...) und bezieht die gegenwärtige politische Situation Nordirlands mit patrouillierenden Soldaten und Bemerkungen der Kinder über ihre Konfessionen mit ein", schrieb Carla Rohde im "Tagesspiegel" vom 16. 2. 1986. Für sie war die Produktion *"eine der wichtigsten und schönsten Beiträge dieses an guten Filmen gar nicht so armen Festivals"*. Und "Die Wahrheit" vom 15. 2. 1986 hob hervor: *"Die Geschichte ist mit viel Witz, Charme und Spannung (...) inszeniert, ohne in einen Abklatsch vieler englischer Vorbilder à la ‚Verbrecherjagd durch Kinder' steckenzubleiben."*

Auch von den Publikumskindern gab es ausgesprochen viele positive Zuschriften. Der 13-jährige Stephan fand besonders gut, *"dass die Hauptdarsteller Mädchen sind und nicht, wie in anderen Filmen, Jungen. Außerdem hat mir gefallen, dass der Film die Situation in Belfast gestreift hat."*

Irland / *Ireland* 1985

Stabliste / *Crew*
Regie / *Director*:   Bill Miskelly
Buch / *Script*:   Marie Jackson
Kamera / *Camera*: Seamus Deasy
Schnitt / *Editor*:   Maurice Healy
Musik / *Music*:   John Anderson

THE END OF THE WORLD MAN

The 9th Kinderfilmfest opened with the second feature of a director and producer from Northern Ireland, Bill Miskelly. Until then he had mainly worked on TV series and documentary films.

"The End of the World Man" received both the Children's Jury Award and the UNICEF Prize whilst in Berlin. The International Jury was particularly impressed that the film "clearly showed how children can actively take part in and influence what is happening in society".

Eleven years later, Renate Zylla presented this Northern Irish production again in the "Special Choice" retrospective. Bill Miskelly was unfortunately unable to experience the rerun as he had passed away in 1991.

Bill Miskelly

Bill Miskelly

Paula and her friend Clara are the central figures of the film which was dedicated by the director to his own daughters. "The End of the World Man" is the name they give to a priest of a sect who preaches in the streets of Belfast that the world is going to end. The girls think the man is weird and as it turns out, not without reason.

The girls' meeting place is a nearby piece of wasteland. However, their hiding place is threatened by a plan to turn it into a park-house. Paula is angry. Together with her friend, she starts a petition, organises a discussion with the mayor and is even interviewed by a television reporter. But this doesn't help much because its about building speculation and the mysterious "End of the World Man" is also somehow involved. When the bulldozer advances upon the terrain, the children block its way. But they do not succeed in putting a halt to the construction. The piece of forest can only be saved by a stroke of luck. Paula's brother discovers a secret cave which turns out to be a prehistoric grave. A visit to the scene of the crime is ordered and the plot between the priest and the politicians is exposed.

"Political reality is not spared in the Irish film 'The End of the Wold Man'. It is astonishingly realistically created (...) and encompasses the present situation in Northern Ireland, with patrolling soldiers and the children's remarks about their religious confessions," *wrote Carla Rhode in the "Tagesspiegel" of 16. 2. 1986. For her this film was* "one of the most important in a festival where there was no lack of good films." *"Die Wahrheit" of 15. 2. 1986 stressed,* "The story is presented with much humour, charm and excitement (...) without being stuck in an imitation of the typical English 'children nab the gangsters' genre."

The children who saw the film in Berlin were also overwhelming in their positive reactions.

The 13-year-old Stephan found it particularly good, "that the main actors are girls and not, as in every other film, boys. Besides that I liked it that the film touched upon the situation in Belfast."

Darsteller / *Cast*	
Paula	Leanne O'Malley
Clare	Claire Weir
Mister Weltuntergang	John Hewitt
Produktion / *Production*:	Aisling Films Productions, Belfast

Bokuchans Kampf
BOKUCHAN NO SENJOU

Die Rivalen Makino und Minamoto

In seinem Schwarz-Weiß-Film setzt sich der 1935 in Takasaki geborene Regisseur Yutaka Osawa mit Kindheitserlebnissen auseinander, die seine Generation stark geprägt haben. Nach der authentischen Erzählung von Tsuguo Okuda be-

Makino and Minamoto, the rivals

richtet er beispielhaft von dem Schicksal der 500.000 Kinder, die in Japan während des Zweiten Weltkrieges ihr Zuhause verlassen und in Evakuierungslagern leben mussten. Die Zustände in diesen Lagern waren katastrophal, es herrschte große Not und Gewalt. Die Kinder hatten den Erwachsenen gegenüber einen bedingungslosen Gehorsam zu leisten, untereinander aber lebten sie ihre angestauten Aggressionen aus und terrorisierten sich gegenseitig.

Minamoto, von allen Bokuchan genannt, kommt im Juni 1944 in solch ein Lager und wird vom Lehrer zum Gruppenführer bestimmt. Er soll dafür sorgen, dass seine Gruppe die beste von ganz Japan wird. Doch die Jungen, die ihm unterstehen, haben keinen Respekt vor ihm.

Ein anderer Gruppenführer ist Makino. Er und seine Anhänger terrorisieren die Jüngeren. Makino hegt einen tiefen Hass gegen Bokuchan, weil der ganz offensichtlich der Liebling des Lehrers ist. Immer mehr wird Bokuchan Zielscheibe von Makinos Terror, doch er hat nicht den Mut zurückzuschlagen. Als Makino Bokuchan dazu zwingt, seinen eigenen Urin zu trinken, verliert er jegliche Anerkennung und seine Jungs wechseln zum „Stärkeren" über.

Bokuchan erfährt, dass sein Vater im Krieg gefallen ist und seine Mutter während eines Bombenangriffs verletzt wurde. Zum ersten Mal trifft Bokuchan eine Entscheidung für sich ganz allein: Er will heimlich in seine Heimatstadt Osaka zurückkehren. Als sich Makino ihm in den Weg stellt, ist er bereit zu kämpfen. Die Jungen ringen miteinander, bis sie die Kraft verlässt. In der Erschöpfung wird ihnen all ihr Leid bewusst und sie erkennen, dass sie beide ein schweres Los zu tragen haben. Makino hilft Bokuchan schließlich, das Lager zu verlassen.

„Mit Sorgfalt und Ernsthaftigkeit wird am Beispiel der Entwicklung eines Kindes der Einfluss von Krieg und Fanatismus gezeigt. Beeindruckend stellt der Film die Probleme Heranwachsender in einer konfliktbeladenen Umgebung dar, die sowohl historische wie aktuelle Bedeutung haben. Insbesondere die Beziehungen zwischen Kindern und Erwachsenen überzeugen durch ihren Realismus. Die starke Persönlichkeit der Hauptfigur ist ein Appell zum Kampf für den Frieden", lautete die Begründung der CIFEJ-Jury für ihren Preisträger. Yutaka Osawas Film erhielt außerdem eine lobende Erwähnung der Kinderjury, bei der er *„einen großen Eindruck"* hinterlassen hatte, und eine lobende Erwähnung der UNICEF-Jury: *„Der Film verdeutlicht den verzweifelten Versuch eines Kindes, Krieg und Gewalt seine eigene Menschlichkeit entgegenzusetzen."*

„Bokuchans Kampf" wurde 1997 noch einmal in der Retrospektive „Special Choice" des Kinderfilmfestes gezeigt und konnte – elf Jahre später – erneut das Publikum in seinen Bann ziehen.

Japan / *Japan* 1985

Stabliste / *Crew*

Regie / *Director*:	Yutaka Osawa
Buch / *Script*:	Yoko Yamamoto, Yutaka Osawa
nach der Geschichte „Bokuchan's War" / *based on the story „Bokuchan's War"* von / *by*	Tsuguo Okuda
Kamera / *Camera*:	Shun Yamamoto
Schnitt / *Editor*:	Jun Nabeshima
Musik / *Music*:	Masao Hario

Bokuchan's Battlefield

When he made this black and white film, director Yutaka Osawa, born in Takisaki in 1935, dealt with the childhood experiences which had characterised his generation. Based on an authentic story by Tsuguo Okuda, the film takes up the fate of 500,000 Japanese children who left home during the Second World War and were forced to live in evacuation-camps. The conditions in these camps were catastrophic and hunger and violence ruled. The children were forced to unconditionally obey the adults who were in command of them. Amongst themselves they lived out their pennt-up aggression and terrorised each other.

Im Schlafsaal: Erneute Attacke von Makino

In the dormitory: a fresh attack by Makino

Minamoto, nicknamed Bokuchan, arrives at such a camp in 1944, where he is selected by a teacher as group leader. He is supposed to make sure that his group becomes the best in Japan. However, his boys do not have any respect for him.

Makino is another group leader. He and his followers terrorise the younger ones. Makino has a deep hate of Bokuchan because he is obviously the teacher's favourite. Bokuchan is constantly the victim of Makino's aggression but he doesn't possess the courage to hit back. When Makino forces Bokuchan to drink his own urine, he loses respect and the boys change sides to the "stronger ones". Bokuchan finds out that his father has fallen in the war and that his mother has been injured in a bombing raid. For the first time he makes a decision of his own. He wants to secretly return to Osaka, his home-city. When Makino stands in his way, he is prepared to fight. The boys wrestle with each other until neither has the strength to go on. In their exhaustion they both become conscious of their shared suffering and realise that they both have a heavy burden to carry. Finally, Makino helps Bokuchan leave the camp.

"The development of a child at the mercy of war and fanaticism is carefully and seriously depicted. It is impressive how the film portrays both the current and the historical problems of growing up in a conflict loaded environment. The relationships between adults and children are especially convincing in their realism. The leading character's strong personality is a call in the fight for freedom," *were the grounds for the CIFEJ Jury's decision to award the film. Yutaka Osawa's film also received a Special Mention from the Children's Jury because it left* "a great impression", *and a Special Mention from the UNICEF Jury because:* "The film portrays a child's desperate attempt to oppose war and violence to his own person."

"Bokuchan's Battlefield" was screened eleven years later in "Special Choice", the retrospective of 1997, when it once again succeeded in captivating the public.

Darsteller / *Cast*	
Minamoto	Takanori Kurumagi
Makino	Daijiro Nakamura
Minamotos Mutter	Yumiko Fujita
Produktion / *Production*:	Kobushi Production, Tokio

Starkes Schweden – spanisches Chaos

„Was 1978 als ‚Versuch' gestartet wurde, nämlich im Rahmen der Berliner Filmfestspiele auch ‚Kino für Leute ab sechs' zu zeigen, das ist inzwischen längst zur lieben Tradition geworden", schrieb Margarete v. Schwarzkopf in der Zeitung „Die Welt" zum zehnten Jubiläum des Kinderfilmfestes. *„Allem Gerede zum Trotz, dass der Kinderfilm weltweit in einer Krise stecke, (...), gehört gerade diese Sektion seit Jahr und Tag zu den erfolgreichsten Veranstaltungen der Berlinale. Es ist ein Fest mit eigenem Wettbewerb und einem ständig wachsenden Publikum."* Anlässlich dieses Jubiläums erschien die Dokumentation „10 Jahre Kinder-FilmFest 1978-1987. Filme und Ereignisse". Für die Kinder hatten sich Manfred Hobsch und Renate Zylla eine Überraschung ausgedacht: Alle Zehnjährigen durften während des Festivals kostenlos in die Vorführungen. Außerdem wurde zur Eröffnung ein riesiges Kinderfest mit Zauberern, Clowns und Gauklern veranstaltet.

In seinem zehnten Jahr zog das Kinderfilmfest in die Urania. Dieser neue Festivalort war zunächst umstritten, zumal Gerüchte kursierten, dass dieser Umzug nicht ganz freiwillig erfolgt war. Weil die Platzkapazität im Ufa-Palast nicht mehr ausreichte, suchte man nach einem größeren Haus am Kurfürstendamm. *„Dem zweitmächtigsten Kinopächter Berlins, Max Knapp, ist der gerade fertiggestellte Gloria-Palast viel zu schade, um ihn einem Kinderpublikum zu öffnen. Er war nicht bereit, das ideal gelegene Haus dem Kinderfilmfest zur Verfügung zu stellen, das nun mit der abgelegenen Urania vorlieb nehmen muss",* berichtete Carla Rhode im „Tagesspiegel" vom 22.2.1987. Doch die Urania hatte auch ihre Vorteile, vor allem gab es dort wesentlich mehr Platz und Bewegungsfreiheit für die Kinder. *„Mehr Platz heißt auch mehr Möglichkeiten: Einen Kindertreffpunkt gibt es jetzt, wo die Zuschauer den Machern Löcher in den Bauch fragen können",* schrieb Christian Walther im „Spandauer Volksblatt" vom 24.2.1987 und stellte dabei fest, dass dieses Gesprächsangebot von den Kindern begeistert angenommen wurde.

21 Filme aus 16 Ländern hatte die Auswahlkommission, zu der neben Manfred Hobsch und Renate Zylla auch wieder Dorothea Holloway und Barbara Krämer gehörten, für das Programm zusammengestellt. Dafür wurden mehr als 40 Filme gesichtet, übrigens eine geringe Anzahl im Vergleich zu heute. *„Unter den Bedingungen damals hätte sich die Auswahlgruppe niemals 200 Filme ansehen können",* erklärt Manfred Hobsch im Nachhinein. *„Die formalen Abläufe waren ja viel schwieriger. Früher sind zur Sichtung Filmkopien transportiert worden, die mussten durch den Zoll und es dauerte lange, bis die in Berlin ankamen. Wir wiederum mussten in der Landesbildstelle extra einen Vorführer bestellen und die Kopien dorthin bringen, da war*

richtig was los, nur damit vier Leute einen Film begutachten können. Heute werden auf dem normalen Postweg Videos oder DVDs verschickt. Das Kinderfilmfest war noch zu jung, als dass die Filmemacher von sich aus ihre Arbeiten eingereicht hätten. Das kam erst später."

1987 gab es eine besonders hohe Beteiligung der skandinavischen Länder. Von dort kamen sieben Produktionen. Schweden

A Strong Sweden and a Spanish Chaos

"'Cinema for People aged six and up', which began as an experiment in 1978 as part of the Berlin International Film Festival, has long since become a tradition," *commented Margarete v. Schwarzkopf in the newspaper "Die Welt", on the occasion of the 10th jubilee of the Kinderfilmfest.* "Despite all the gossip that the children's film industry is in a crisis worldwide, this particular section has become the most successful event of the Berlinale since the beginning of time. It is a festival with its own competition and an ever increasing public." *The jubilee gave rise to the publication of a documentation describing the films and events of ten years of the Kinderfilmfest. Manfred Hobsch and Renate Zylla had also thought up a special surprise for the children. All ten-year-olds were to be admitted into the screenings free of charge. To celebrate the opening they also organised a huge children's party with magicians, clowns and acrobats.*

The Kinderfilmfest moved to the Urania cinema in its tenth year. This new festival venue was controversial to begin with, due to some rumours that the move had not been completely voluntary. Because the capacity of the Ufa-Palast had no longer been sufficient it had become necessary to find a larger venue on the Kurfürstendamm. "Max Knapp, the second largest cinema owner in Berlin, couldn't bring himself to open his newly completed Gloria Palast for the children. He wasn't prepared to make this ideally situated venue available. The Kinderfilmfest had to make do with an outsider, the Urania," *reported Carla Rhode in the "Tagesspiegel" of 22. 2. 1987. However the Urania did have its advantages. There the children had more space and freedom to move.* "More space means more possibilities: a children's meeting point now exists, where the children can ask questions of the film-makers until the cows come home," *wrote Christian Walther in the "Spandauer Volksblatt" of 24. 2. 1987. She also discovered that the children reacted positively to the offer of discussion.*

<table>
<tr>
<td>

The selection commission, which once again consisted of Manfred Hobsch, Renate Zylla, Dorothea Holloway and Barbara Krämer, selected a total of 21 films from 16 countries for the film program. They considered more than 40 films, relatively few compared with today. "The selection commission could never have viewed 200 films under those condi-

</td>
<td>

</td>
</tr>
</table>

tions," *explains Manfred Hobsch in retrospect.* "The formal procedures were much more difficult. In those days the films were sent for selection viewing as prints and they had to be cleared through customs. So it took a long time until they arrived in Berlin. Our part was to specially organise a projectionist to come to the Institute for Media Education as well as the transport of the prints from the airport. Things really had to happen so that a mere four people could judge a film. These days videos or DVDs are sent by post. The Kinderfilmfest was still too young for the film-makers to present their own work. That came later."

With seven productions, the participation of Scandinavian countries was particularly high in 1987. Sweden presence was strongly felt with four films: the opening film, "Jim and the Pirates", two short films, "A Saturday in North Carolina" and "The art of surviving if you are a little worm" and the cheekily funny animation film "Ratty" by Lennart Gustafsson, a director who would enrich the Kinderfilmfest with his fantastic films for many years to come. The Norwegian film "Night Voyage" and the

war mit vier Beiträgen vertreten: mit „Jim und die Piraten", der das Kinderfilmfest eröffnete, den beiden Kurzfilmen „Ein Samstag in North Carolina" und „Überlebenstraining eines Regenwurms" sowie dem witzigen, frechen Zeichentrickfilm „Ratty" von Lennart Gustafsson. Dieser Regisseur sollte das Kinderfilmfestival auch in Zukunft mit seinen phantasievollen Filmen bereichern. Einen starken Eindruck hinterließen ebenfalls der dänische Film „Ballerup Boulevard", der schildert, wie eine 13-Jährige darum kämpft, nicht am sozialen Abstieg ihrer Familie zu zerbrechen, und „Nachtreise" aus Norwegen. Zu den Publikumslieblingen gehörte der spanische Film „Cain" von Manuel Iborra. Die Journalistin Marianne Mielke hat ihre erste Einsprache noch lebhaft vor Augen: *„,Cain' erzählt von einem Jungen, der in einer chaotischen Familie aufwächst, mit einem sehr chaotischen Großvater und einer chaotischen Mutter. Nach den Ferien kommt er in eine chaotische Schule mit einem völlig überforderten Lehrer, verliebt sich in das schönste Mädchen aus der Klasse, und zum Schluss ist dann völliges Chaos. Die Mutter bekommt ein Kind und Cain besucht sie mit der ganzen Klasse und dem Großvater im Krankenhaus. Dieser Film sprang sofort in mein Herz, er spiegelte ein Lebensgefühl wieder, das ich so nicht kenne, aber ganz toll finde. Es war mein erster Film, den ich einsprechen durfte, ich war sehr aufgeregt und hatte Angst vor einer Szene, in der alle durcheinander redeten. Dann kam die Weltpremiere in der Urania. Die Spanier waren mit der ganzen Filmfamilie angereist: Produzent, Regisseur und Schauspieler. Alle waren so aufgeregt wie ich, kamen zu mir nach hinten, redeten auf mich ein, umarmten mich, drückten mir die Daumen, es war chaotisch. Genauso wie im Film."*

Das Programm des 10. Kinderfilmfestes, für das nun auch 16mm-Filme zugelassen waren, galt als „anspruchsvoll" und „problembewusst". So beschrieb Hans Strobel als neue Tendenz: *„Im Vergleich zum Jahr 1986, da Filme wie ‚Gritta vom Rattenschloss' und ‚Mister Weltuntergang' (...) eindeutige Filme für Kinder von 6 bis 10 waren (...), waren in diesem Jahr auffallend viele für ältere Kinder (ab 12) besonders geeignete Filme im Programm. Dazu zählten ‚Ballerup Boulevard', ‚Henri', ‚Nachtreise', ‚Spiele für Kinder im schulpflichtigen Alter'. Es gab Stimmen, die diese Filme als ungeeignet für ein Kinderfilmfestival halten. Sicherlich sind die genannten Beispiele keine (...) typischen Kinderfilme; trotzdem gehören sie in ein Kinderfilmfest-Programm, das Wert auf Qualität legt. (...) Die genannten Filme nehmen die Kinder ernst, ohne sie zu überfordern. Eine solche Programmgestaltung ist andererseits unter dem Aspekt interessant und wichtig, als damit 9- bis 12-Jährigen Inhalte und Gestaltungsformen vermittelt werden, die Lust auf das Sehen von Filmen machen, die für Kinder gedacht sind, also zum Genre Kinderfilm gehören."* („KinderJugendfilmKorrespondenz" Nr. 30 / 2 '87)

Die Kinderjury, für die sich über 400 Mädchen und Jungen beworben hatten, vergab ihren in diesem Jahr nun mit 3.000 DM dotierten

Glückliche Preisträger aus Kanada: Robert Meunier (3.v.l.) und Michèle Bischoff (r.)

The lucky winners from Canada: Robert Meunier (3rd from left) and Michèle Bischoff (on the right)

Preis an den kanadischen Wettbewerbsbeitrag „Henri". Die Mitglieder der UNICEF-Jury, Kerstin Allroth Denck aus Dänemark, Hans-Henning Borgelt (Bundesrepublik Deutschland), Piet Geelhoed aus den Niederlanden, Beate Hanspach (DDR) und Kristian Suda aus der ČSSR, zeichneten „Spiele für Kinder im schulpflichtigen Alter" aus, während der CIFEJ-Preis an den griechischen Film „Der Baum, den wir verletzten" ging.

Danish entry "Ballerup Boulevard" also made a big impression. It tells the story of how a 13-year-old girl fights to save her family from ruin. One of the public favourites was the Spanish film "Cain" by Manuel Iborra. The journalist Marianne Mielke remembers her very first voice-over for this film. "'Cain' is the story of a boy growing up in a chaotic family, with a very chaotic grandfather and a chaotic mother. After the holidays, he goes to a chaotic school, where he falls in love with the most beautiful girl and in the end there is complete chaos. The mother gives birth and Cain visits her in hospital, along with the whole class and his grandfather. This film immediately won a place in my heart. It reflects a kind of feeling for life unfamiliar to me, but which is really appealing. It was my first film as dialogue-speaker and I was particularly nervous about one scene where everyone talks at once. Then there was the film's world premier at the Urania. The Spaniards arrived with the whole film-family: producer, director and actors. We were all equally excited. They came up to the back where I was sitting, gave me advice, embraced me, crossed their fingers for me – it was chaotic, just like in the film."

Praise for the film program of the 10th Kinderfilmfest came from all directions. Now including 16 mm films, it was described as "demanding" and "consciously dealing with problems". Hans Strobel described the new tendency: "Compared to 1986 where films such as 'Gritta from the Rat's Castle' and 'The End of the World Man' were definitely for children aged from 6 to 10, this year's program offers noticeably more for older children (from 12 years of age). Examples of these are: 'Ballerup Boulevard', 'Henri', 'Night Voyage' and 'Games for School Children'. Some say that such films are not suitable for a Kinderfilmfest. Certainly they are not typical examples of children's films. Despite this they have a place in a Kinderfilmfest which values quality. The films take the children seriously without being over-demanding.

They mediate form and content, creating in the 9 to 12 year olds the desire to see films which are intended for them and because of that belong to the children's film genre. That makes a program such as this interesting and important." *("KinderJugendfilmKorrespondenz" no. 30/2 '87)*

400 children had applied to become a member of this year's Children's Jury, which presented the Canadian entry "Henri" with its main award and a cash prize of 3,000 DM. The UNICEF Jury members – Kerstin Allroth-Denck from Denmark, Hans Henning-Borgelt (Federal Republic of Germany), Piet Geelhoed from the Netherlands, Beate Hanspach (German Democratic Republic) and Kristian Suda from Czechoslovakia – awarded their prize to "Games for School Children". The CIFEJ Jury Prize went to the Greek film "The Tree We Hurt".

„Nachtreise"

"Night Voyage"

Spiele für Kinder im schulpflichtigen Alter
IGRY DLJA DETEJ ŠKOL'NOGO VOZRASTA

Im Heim: Marie nimmt sich der kleinen Anne an

In the home: Marie "adopts" Little Anne

Diesen Spielfilm der estnischen Regisseure Lejda Lajus und Arvo Icho trug der Delegierte der Berlinale für osteuropäische Filme, Hans Joachim Schlegel, an das Kinderfilmfest heran.

"Spiele für Kinder im schulpflichtigen Alter" gehört neben Rolan Bykows „Die Vogelscheuche" zu den Schlüsselfilmen der sowjetischen Kinder- und Jugendfilmproduktion, die bereits im beginnenden Prozess der "Glasnost", der politischen Öffnung in der UdSSR Mitte der 80er Jahre, um eine realistische und kritische Sicht auf die bestehenden Verhältnisse bemüht waren. *„Was heute in filmgeschichtlichen Betrachtungen gern vergessen wird"*, meint Hans Joachim Schlegel, *„ist die Tatsache, dass wesentliche Impulse für eine ungeschminkte Darstellung der Probleme in der sowjetischen Gesellschaft in der zweiten Hälfte der 80er Jahre aus dem Kinder- und Jugendfilmbereich kamen. Dort wurden Schicksale und Lebensgeschichten behandelt, die mit dem Idealbild einer durch die kommunistische Erziehung geprägten Jugend wenig zu tun hatten."*

So stehen Heimkinder, die aus verwahrlosten Elternhäusern kommen, im Mittelpunkt des Films „Spiele für Kinder im schulpflichtigen Alter". Auch die 16-jährige Marie wird in ein Heim eingeliefert. Ihr Vater ist Alkoholiker, ihre Mutter lebt nicht mehr. An die rauhen Umgangsformen und brutalen „Spiele" ihrer neuen Umgebung kann sie sich nicht gewöhnen. Nach einem missglückten Selbstmordversuch bemüht sie sich, auf ihre Weise mit den Heimzuständen fertigzuwerden. Durch Zufall liest sie die Akten der anderen Kinder und erfährt, welch deprimierendes Schicksal die hinter sich haben. Nach und nach entwickelt Marie Verständnis für deren aggressives Verhalten und ist bereit, Verantwortung für ein besseres Zusammenleben zu übernehmen.

„Das überzeugendste Bespiel für die realistische Darstellung sowohl der Innen- als auch der Außenwelt von Kindern und Jugendlichen kommt in diesem Jahr aus der UdSSR", vermeldete Werner Gerber in „Die Wahrheit" vom 24. 2. 1987, und im Stadtmagazin „zi-ty" vom 25. 2. 1987 wurde der Wettbewerbsbeitrag als *„ein mutiges und ungeschönt-differenziertes Gesellschaftsbild"* hervorgehoben.

Großen Anklang fand diese außergewöhnliche Produktion vor allem auch beim Festivalpublikum.

So schrieb die 12-jährige Annika in einem Brief an das Filmfest-Team:

„Es wurden Probleme gezeigt, die auch bei uns im alltäglichen Leben sehr häufig sind. Und es wurde deutlich, dass man mit solchen Problemen fertig werden kann. Irgendwie hat der Film meine Gefühle sehr bewegt. Man konnte sich in die Personen hineinversetzen, man hat das Mädchen richtig gut verstanden."

„Spiele für Kinder im schulpflichtigen Alter" wurde mit dem UNICEF-Preis ausgezeichnet.

UdSSR / *USSR* 1986	
Stabliste / *Crew*	
Regie / *Director*:	Lejda Lajus
	Arvo Icho
Buch / *Script*:	Mraija Šeptunova
nach Motiven des Romans „Die Adoptivmutter" von / *based on the theme of the novel "The Adoptive Mother" by*	S. Rannamäa
Kamera / *Camera*:	Arvo Icho
Schnitt / *Editor*:	Ot Louw
Musik / *Music*:	Lepo Sumera

Games for Schoolchildren

Berlinale delegate for East European film, Hans Joachim Schlegel, discovered this film by Estonian directors Lejda Lajus and Arvo Icho for the Kinderfilmfest. Rolan Bykow's "The Scarecrow" and "Games for Schoolchildren" are crucial amongst Soviet films for children and young people. These films critically and realistically portray what was happening in the mid 1980's, when "Glasnost" was causing the Soviet Union to begin opening to the world. Hans Joachim Schlegel comments:

Marie wird von der Miliz aufgegriffen

Marie is captured by the militia

"When considering film history it is readily overlooked that it was in fact children's and young people's productions which gave impulse to the bare portrayal of the problems of Soviet society during the second half of the 1980's. The portrayal of individual fates and life-stories clearly showed that the idealistic vision which arose out of the Communistic upbringing had in fact nothing to do with the young people."

Neglected children living in a home are the centre of "Games for Schoolchildren". The 16-year-old Marie is one of them. Her father is an alcoholic and her mother is dead. She cannot get used to the rough manners and brutal "games" in her new environment. After an unsuccessful suicide attempt, she tries to adapt to the home's conditions in her own way. She accidentally reads the other children's records and discovers their depressing histories. Marie finally begins to understand why they are so aggressive and is willing to take on responsibility for a better coexistence.

"The most convincing example for the realistic presentation of both the internal and external world of children and teenagers comes from the Soviet Union this year," *reported Werner Gerber in "Die Wahrheit" of 24.2.1987. The magazine "zitty" of 25.2.1987 pointed out that the competition entry was "a brave and uncompromisingly differentiated depiction of society."*

Above all, this unusual production found great resonance with the festival audiences.

Twelve-year-old Annika wrote in a letter to the festival team:

"Problems were shown which are also common in our everyday lives. And it was clearly shown that you can get over these problems. The film somehow managed to stir up my feelings. You could put yourself in the place of the people and you could really understand the girl."

"Games for Schoolchildren" was receiver of the UNICEF Prize.

Darsteller / Cast

Marie	Monika Jarv
Robby	Hendrik Toompere
Tauri	Tauri Tallermaa
Katrin	Katrin Tamlecht

Produktion /
Production: Tallinfilm, Tallin
(Estnische SSR)

PINGU

Bereits schon vor der Eröffnung des 10. Kinderfilmfestes hatte der kleine Pinguin „Berlinale-intern" seinen Siegeszug angetreten: In der Auswahlkommission, in der Filmverwaltung und auch während der Pressevorführungen redete man nur von einem: Pingu!

Der siebeneinhalb-minütige Knetfigurenfilm war als Pilotprojekt für eine geplante Serie entstanden. Otmar Gutmann, 1937 geboren und seit Mitte der 70er Jahre als freischaffender Trickfilmer tätig, hatte „Pingu" für das Schweizer Fernsehen produziert. Er ahnte damals nicht, dass sein Film und die Figur Pingu einmal weltberühmt werden und sich dem ein gewaltiges Merchandisingkonzept anschließen sollten.

Hier in Berlin watschelte der zehn Zentimeter große Pinguin aus Knete das erste Mal auf internationalem Parkett, sprich über die Leinwand eines internationalen Festivals. Mit seinen unberechenbaren Ideen, seinem Witz und seinem kindlichen Charme begeisterte er das große wie kleine Publikum und „brachte" die Kinderjury dazu, ihm eine lobende Erwähnung auszusprechen.

Dem kleinen Pingu ist langweilig. Zwar hat die Mutter ihn beauftragt, das Ei weiter auszubrüten, solange sie weg ist, doch das alles macht ihm wenig Spaß. Um seine Laune aufzubessern, schaltet er den Plattenspieler ein. Durch die laute Musik fängt das Ei an zu tanzen und im Iglu geht es drunter und drüber. Pingu hat seine liebe Not, alles wieder ins Lot zu bringen, bevor die Eltern nach Hause kommen.

Ohne Dialog, mit pfiffiger Musik, treffenden Geräuschen und köstlichen Quieklauten des Pinguins wird untermalt, was geschieht.

„Der Film war witzig!!!" – meinte die neunjährige Anna, der fünfjährigen Jana gefiel am meisten, *„wie das Ei herumtobte"*, und die achtjährige Irina malte alles auf, was sie besonders toll fand: das Iglu, Pingu mit Roller und Pingu mit dem Ei.

1991 nahm Pingu nochmals das Festivalpublikum für sich ein. Vorgeführt wurden die beiden Episoden „Pingu: Der Großvater" und „Pingu: Das Konzert". Nach dem Tod von Otmar Gutmann, dem Erfinder des kleinen Pinguins, verlor die Figur an Seele. Trotzdem – Pingu lebt weiter und überrascht die jungen Fernsehzuschauer in der ganzen Welt mit seinen Einfällen. In Deutschland wurde die Serie erstmals 1994 im ZDF ausgestrahlt.

Kurzfilme waren ab 1983 beim Kinderfilmfest zu sehen, seit 1985 bilden sie auch einen eigenen Wettbewerb. Während die kurzen Animationsfilme zunächst als Vorfilme liefen, präsentierte Renate Zylla sie ab 1991 in speziellen Programmblöcken. Damit wurde dieser Kategorie gebührender Respekt gegeben, und zugleich erhielten nun auch jüngere Kinder die Möglichkeit, das Kinderfilmfest zu besuchen. Seit diesem Zeitpunkt schenkte auch die Presse den Kurzfilmen mehr Beachtung und räumte ihnen in ihren Berichten über das Kinderfilmfestival einen festen Platz ein.

Pingu, der Star

Pingu, the star

Schweiz/ *Switzerland* 1986

Stabliste/ *Crew*
Regie/ *Director*: Otmar Gutmann
Buch/ *Script*: Otmar Gutmann
nach einer
Vorlage von/
*based on
an idea by* Edda Brühlmann
Kamera/ *Camera*: Otmar Gutmann
Schnitt/ *Editor*: Uschi Meyer
Musik/ *Music*: Antonio Conde
Hauptzeichner/
Head animator: Gerald Mücke

Pingu

Even before the opening of the 10th Kinderfilmfest, the little penguin was seen by insiders as a sure-winner. At the selection commission, the film department and even during the press screenings, the only thing talked about was Pingu!

The seven-and-a-half minute long clay animation was created as a pilot project for a series. Otmar Gutmann produced Pingu for Swiss television. Born in 1937, he had been working as independent animation film maker since the mid-seventies. At that time he had no idea that his film and the Pingu figure would become world famous and that they would become part of a giant merchandising concept.

The ten centimetre tall penguin waddled on international parquet for the first time in Berlin, with its projection onto the screen of an international festival. He captivated both young and old with his unpredictable ideas, his humour and child-like charm. He convinced the Children's Jury to award him a Special Mention.

Otmar Gutmann auf der Pressekonferenz

Otmar Gutmann at the press conference

Little Pingu is bored. His mother has ordered him to stay sitting on the egg as long as she is gone, but it's not so much fun. To improve his mood, he turns on the record player. The loud music makes the egg start dancing and the whole igloo begins to shake. It's now up to Pingu to quickly bring the house in order before his parents come home.

Peppy music, effective noises and the penguins' delightful squeaks underline what is happening, without the use of dialogue.

"The film was funny!" wrote the nine-year-old Anna. The five-year-old Jana liked it best "how the egg was romping around", and five-year-old Irina made drawings of everything which particularly impressed her – the igloo, Pingu with his scooter and Pingu with the egg.

In 1991 Pingu once again won over the festival public. This time the two episodes, "Pingu: The Grandfather" and "Pingu: The Concert" were screened. After the death of Otmar Gutmann, founder of the small penguin, the figure lost its soul. Despite this, Pingu lived on and continued to surprise young television audiences around the world with his ideas. The series was first screened in Germany in 1983 by the television channel, ZDF.

Darsteller/*Cast*

Trickfiguren aus
Plastilin/
*Clay-animated
figures*

Produktion/
Production: Fernsehen DRS,
Zürich

From 1983, short films could be seen in the Kinderfilmfest. Since 1985 they had their own competition. At first the animated shorts appeared before features but as of 1991 Renate Zylla decided to present them in special programme blocks. The category thereby received more respect and recognition and the youngest audiences had the chance to visit the Kinderfilmfest. Since then, the press has been paying more attention to short films and gave them a place of honour in their articles.

In elf Tagen um die ganze Welt

Unter der Überschrift *„David und Michaela locken in drei Kinos"* war in der „BZ" kurz vor dem Start der Berlinale zu leser :*„Der zehnjährige David, Sohn des Berliner Grafikers Volker Noth, lacht zusammen mit seiner gleichaltrigen Schulfreundin Michaela auf dem Plakat, das für das 11. Kinderfilmfest der Berlinale aufmerksam macht."* Volker Noth, der ab 1977 für die Grafik der Internationalen Filmfestspiele verantwortlich war, hatte von Anfang an auch die Sektion Kinderfilm mit seinen lebendigen Entwürfen „versorgt".

Zur Eröffnung wurde in Anwesenheit der Schauspielerin Ursela Monn als Vertreterin von UNICEF und der Senatorin für Jugend und Familie Cornelia Schmalz-Jacobsen der DEFA-Film „Hasenherz" von Gunter Friedrich gezeigt, der am Ende des Festivals gleich zwei Preise erhalten sollte. Das war ein guter Einstieg und machte neugierig auf das Gesamtprogramm des Kinderfilmfestivals. *„Abenteuer , Märchenfilme, Action und Zeichentrick, Probleme mit den Erwachsenen und dem eigenen Erwachsenwerden, viele Tiere, Szenen zum Lachen und Weinen: Das diesjährige Kinderfilmfest bietet die Qual der Wahl. Insgesamt stehen 22 Filme aus 15 Län-*

Erste Pressekonferenz für Renate Zylla, neben ihr Hans Helmut Prinzler

The first press conference for Renate Zylla, next to her Hans Helmut Prinzler

dern zur Auswahl. Alle Kontinente sind vertreten", schrieb Birte Lock im Heft 4 / 88 der „zitty". *„Auch wenn die Qualität der Filme, die zur Auswahl standen, nicht gerade berauschend gewesen ist, so weist Renate Zylla (...) immer wieder auf das breite Spektrum der Themen und die Vielfältigkeit der Machart hin."* Hervorgehoben wurden von Birte Lock zwei Filme: „Kenny" von Claude Gagnon und der *„dokumentarische Spielfilm"* „Die andere Seite des Flusses" von Mohamed Abbazi. Damit war hier zum ersten Mal eine Produktion aus Marokko zu sehen. „Die andere Seite des Flusses", der nach jahrelangem Verbot nun in Marokko öffentlich vorgeführt werden durfte, begleitet den achtjährigen Said auf seinem Weg durch die Elendsviertel von Rabat und zeigt in langen Einstellungen und ohne viele Dialoge die Schattenseiten dieses Landes.

Aus Indien kam der Film „Robin Hood Junior" von Tapan Sinha, der von der UNICEF-Jury mit einer lobenden Erwähnung bedacht wurde. In Vertretung des Regisseurs war der Produzent Ram Avtar Jalan angereist und stellte sich nach den Vorstellungen den Fragen der Kinder. Der „Tagesspiegel" berichtete davon am 17. 2. 1988: *„,Warum spielen in dem Film denn so wenig Frauen mit?' will ein Mädchen nach dem Kinofilm von dem Gast aus Indien wissen (...). Der Produzent lächelt freundlich in seiner cremefarbenen Stehkragenjacke und verspricht, beim nächsten Film würden sicherlich mehr Frauen mitspielen; außerdem falle dem Berliner Mädchen das Manko doch sicher nur auf, weil es selbst ein Mädchen sei. Doch auch ein Junge (...) hat Einwände zur Rolle von Mädchen und Frauen in dem gestern im Humboldtsaal der Urania gezeigten Kinderfilm."* Ram Avtar Jalan, der vorrangig die Filme von Tapan Sinha produziert, nahm sich die Kritik der Kinder zu Herzen. So erzählte Renate Zylla: *„Pam Avtar Jalan hatte sich auch die schriftlichen Kindermeinungen zu ,Robin Hood Junior' schicken und übersetzen lassen. In dem Film ,Die wundersame Perle', der 2001 gezeigt wurde, ist er dem Wunsch der Kinder nachgekommen: Hier spielt ein Mädchen die Hauptrolle. Der indische Produzent erzählt bis heute von dieser Erfahrung. Gerade erst im Februar 2002 meinte er bei uns im*

Around the World in Eleven Days

Just before the film festival began, there was an article in the "BZ" newspaper: "David and Michaela invite you to three cinemas. On a poster drawing attention to the 11th Kinderfilmfest, David, the 10-year-old son of graphic-designer, Volker Noth, is laughing together with his schoolmate, Michaela." *The Berlinale's resident graphic-artist, Volker Noth, had supported the Kinderfilmfest with his lively designs right from the very start.*

Present at the Kinderfilmfest opening were the actress and UNICEF representative, Ursela Monn and the Senator of Youth and Family Affairs, Cornelia Schmalz-Jacobsen. The opening film ,""The Coward" by Gunter Friedrich, came from the East German Film Studios ("DEFA") and ended up with two awards. It was a good start and made people curious as to the quality of the film line-up. "Adventure, fairytale, live-action and animation, problems with adults, the problems of growing up, many animals, scenes to laugh and to cry at — this year's Kinderfilmfest offers plenty of choice. Altogether 22 films from 15 countries are on offer. Every continent is represented," *wrote Birte*

Lock in "zitty", issue 4/88. "Even though the quality of the films entered for selection was not particularly uplifting, Renate Zylla repeatedly draws attention to the wide range and the variety of form." *Birte Lock mentions two films in particular: Claude Gagnon's "Kenny" and the "documentary feature" by Mohammed Abbazi, "The Other Side of the River". This was the first film from Morocco ever to be seen at the Kinderfilmfest. It had been banned in its own country for many years, and public screenings had only just been permitted. The film accompanies the eight-year-old Said on his way through a ghetto in Rabat. The country's darker side is portrayed in long takes and with very little dialogue.*

A film from India, "Robin Hood Junior" by Tapan Sinha, received a Special Mention from the UNICEF Jury. The film's producer Ram Avtar Jalan who represented the film in Berlin answered the children's questions after the screenings. On 17. 2. 1988, the "Tagesspiegel" reported: "'Why are there so few women in the film?' a girl asked the guest from India after the screening. (...) The producer, dressed in a cream coloured jacket with a stand-up collar, made the promise that more women would surely have a role in his next film. He also maintained that this lack had seemed obvious to the child who had asked the question, because she was a girl. However there was a boy who also had reservations concerning the roles of girls and women in the children's film screened yesterday in the Urania." *Ram Avtar Jalan who predominantly produced Tapan Sinha's films took the children's criticisms to heart. Renate Zylla explains:* "Ram Avtar Jalan asked us to send the children's written opinions for 'Robin Hood Junior' and he arranged for them to be translated. In his film 'The Magic Pearl' which was screened in 2001 he fulfilled the children's wish and a girl plays the lead. The Indian producer still talks about this experience. In February 2002, in our festival office, he told the American director Peter Markle:'Wait and see what happens when you get the children's written opinions for your film.' The director just laughed:'Yes, perhaps I shall have to recut 'Virginia's Run'!"

Office zu dem amerikanischen Regisseur Peter Markle: ,Warte mal ab, was passiert, wenn du die Kindermeinungen zu deinem Film hast. Der lachte nur: ,Ja, vielleicht muss ich dann ,Virginias Rennen' neu schneiden!'"

Außerdem hinterließen zwei Animationsfilme einen nachhaltigen Eindruck. Zum einen „Tunnel zum Paradies" des Dänen Jannik Hastrup, der sich mit der Zeit nach einem Atomkrieg auseinandersetzt, zum anderen die Independent-Produktion „Der tapfere kleine Toaster" von Jerry Rees. *„Der Film ist eine Parabel auf Freundschaft und Treue, die hier abseits von Klischees auf originelle und witzige Weise variiert wird"*, schrieb Richard Alexander in „Die Welt" vom 23.2.1988. Wieland Speck vom Panorama-Programm der Berlinale hatte diesen amerikanischen Zeichentrickfilm auf einer Reise entdeckt und dem Kinderfilmfest ans Herz gelegt. Dort wurde er zum Publikumsliebling gekürt und fand dann nach dem Festival den Weg in die deutschen Kinos.

Ab 1988 führte Renate Zylla die Leitung des Kinderfilmfestes allein weiter. Manfred Hobsch hatte beschlossen, sich wieder ganz und gar seiner Arbeit als Redakteur beim Stadtmagazin „zitty" zu widmen. So fuhr sie allein zu ihrer ersten Sichtungsreise nach Stockholm. Was in anderen Sektionen der Berlinale üblich war, nämlich im Ausland nach neuen Filmen zu recherchieren, wurde nun auch der Leitung des Kinderfilmfestes ermöglicht. *„Zunächst war es für mich ein eigenartiges Erlebnis, vor Ort die Filme zu sichten, wusste ich doch nicht, wie ich mich verhalten sollte, wenn ich nicht ganz von einem Film überzeugt war. Letztendlich aber habe ich dann doch direkt gesagt, den Film will ich, aber der geht nicht aus den und den Gründen"*, erinnert sich Renate Zylla. Sie brachte von ihrem Besuch beim Schwedischen Filminstitut Allan Edwalls Spielfilm „Die Piraten vom Mälarsee" und den kurzen Zeichentrickfilm „Herr Bohm und der Hering" von Peter Cohen und Olof Landström mit. *„Herr Bohm ist ein Kauz (...): Hochintelligent, voller Fragen an die Wirklichkeit und mit ausgeprägtem Interesse für das kleinste Detail seines Alltags. Und er hat Mut zum Experiment, zu einem durchaus spektakulären in diesem Falle"*, schrieb die „taz" am 17.2.1988. Dieser phantasievolle und hintergründige Wettbewerbsbeitrag erhielt nicht nur eine obende Erwähnung von der CIFEJ-Jury, sondern auch den UNICEF-Preis als bester Kurzfilm.

Einziger Wermutstropfen beim 11. Festival war die Tatsache, dass bereits das zweite Jahr nicht ein bundesdeutscher Beitrag präsentiert werden konnte. Diesen Umstand nahm die Jugendsenatorin Cornelia Schmalz-Jacobsen zum Anlass, um sich im „Spandauer Volksblatt" vom 23.2.1988 kritisch zur Situation des Kinderfilms in der Bundesrepublik zu äußern: *„Dahinter steckt eine Einstellung zu Kindern, die in ihrer Gleichgültigkeit in erheblichem Widerspruch zu vielen Sonntagsreden steht. ,Die Jugend, unsere Zukunft' oder ,unser wichtigstes Kapital' – von wegen! Wer sein künstlerisches Tun ausschließlich oder vorwiegend auf Kinder ausrichtet, der ist bald abgestempelt als ein Künstler zweiter Wahl. (...) Wer für Kinder produziert, erhält weniger Honorar und weniger Prestige, es gibt weniger Öffentlichkeitsarbeit und geringere Etatmittel und beim Fernsehen die schlechtere Sendezeit."*

Auch im kommenden Jahr sollte sich der bundesdeutsche Film auf dem Kinderfilmfest rar machen.

Two animation films left a big impression: "Subway to Paradise" by the Danish director Jannik Hastrup, about the aftermath of an atomic war and "The Brave Little Toaster" by Jerry Rees. "The film is a parable about friendship and faithfulness, humorously told, with no hint of cliché," *wrote Richard Alexander in "Die Welt" of 23. 2. 1988. Wieland Speck of the Panorama section had discovered the film on a trip and recommended it to the Kinderfilmfest. "The Brave Little Toaster" went on to become an audience favourite and after the festival it was screened in German cinemas.*

Der indische Robin Hood

Robin Hood from India

From 1988 Renate Zylla fully took over the reigns of the Kinderfilmfest. Manfred Hobsch had decided to give full concentration to his work as editor of the city magazine, "zitty". Thus Renate Zylla made her first selection trip to Stockholm. Travelling to other countries to make research for films was already standard for other sections of the Berlinale and now it had been made possible for the Kinderfilmfest director. "Viewing a film on location was a strange experience at first, especially when I was not particularly convinced by it and didn't quite know how I should react. In the end I learned to be direct and to say either that I wanted a film or that I didn't want it, for such and such a reason." *The visit to the Swedish Film Institute enabled her to secure Allan Edwall's "The Pirates of Lake Mälaren" and the short animation film "Mr. Bohm and the Herring" by Peter Cohen and Olof Landström.* "Mr. Bohm is an oddball (...). He is highly intelligent, full of questions about reality and has exceptional interest in the smallest details of everyday life. And he likes to experiment – in this case it is quite spectacular," *wrote the "taz" on 17. 2. 1988. This imaginative and profound entry received a Special Mention from the CIFEJ Jury as well as the UNICEF Award for the best short film.*

The fact that this was the second year running where there were no entries from the Federal Republic of Germany left a bitter taste. This situation brought a critical comment from Cornelia Schmalz-Jacobsen, in the "Spandauer Volksblatt" of 23. 2. 1988: "An attitude towards children is what lies behind this. All those Sunday speeches are meaningless 'The youth, our future' or 'our best investment' – my foot! Whoever strives to make art predominantly for children is automatically labeled a second-class artist. (...) Whoever produces for children receives less payment and prestige. There is less publicity, a smaller budget and bad transmission slots."

In years to come, West German films continued to be a rarity at the Kinderfilmfest.

Kenny

Auf die Idee, einen Spielfilm über und mit Kenny Easterday zu drehen, kam der japanische Produzent Kiyoshi Fujimoto, der sich in seinem Land für Menschen mit Behinderungen engagierte und selbst schon zwei Filme über behinderte Kinder gedreht hatte. *„Bei der ersten Begegnung mit dem Produzenten hatte ich noch gesagt: Nein, so einen Film*

Kenny Easterday

Kenny Easterday

drehe ich nicht", erzählte Regisseur Claude Gagnon Detlef Berentzen in einem Interview. *„Doch dann bekam ich die Fotos von Kenny, ebenso die Dokumentarfilme über ihn. Ich schaute sie an und sagte zu mir: Oh, was für ein großartiges Gesicht! Aber ich wollte immer noch nicht. Ich kämpfte mit dieser Idee. Ich konnte nicht schlafen. (...) Dann sah ich immer wieder diese großen Augen. Schließlich wollte ich Kenny treffen. Und als ich ihn dann zum ersten Male sah, war es klar: Wow, mit dem mache ich einen Film."*

Der 13-jährige Kenny hat weder Beine noch einen Unterleib. Vor der Arbeit mit Claude Gagnon war der Junge bereits mehrmals mit Filmteams in Berührung gekommen. Immer wieder wurden Dokumentarfilme über ihn und seine Behinderung gedreht. Doch dabei spielte nie der Alltag oder das Zusammenleben in der Familie eine Rolle, geschweige denn die Gefühle des Jungen. Gerade das interessierte den kanadischen Regisseur: *„Wie wurde Kenny so, wie er ist? Durch Menschen, die ihn unterstützten. Aber ihn auch seine eigenen Dinge tun ließen."*

So konzentriert sich Claude Gagnon auf die Probleme in der Familie einerseits und andererseits auf die Reaktionen der Umwelt, mit denen Kenny klarkommen muss.

Der Zuschauer braucht Zeit, um sich an den Anblick von Kennys Körper zu gewöhnen. In der Inszenierung wird er aber weder bedauert noch idealisiert. Er kann so sein, wie er ist. *„Ein Junge, der mit seiner Behinderung lebt, (...) und der es ablehnt, Prothesen zu tragen, die ihn erst zu einem Behinderten machen. Er fühlt, dass dieses Gehgestell nur den Mitmenschen etwas nützt, weil sie dadurch vor seinem Anblick bewahrt würden. (...) Kennys Spontaneität und Selbstsicherheit machen es leicht, sich mit ihm zu beschäftigen. Je näher man Kenny kennenlernt, wie er unbekümmert und lebenslustig, aber auch traurig und nachdenklich sein kann, umso weiter tritt die Körperbehinderung zurück, wird unwichtig."*
(Hans Strobel, „KinderJugendfilmKorrespondenz" Nr. 34 / 2 '88)

„Kenny" hatte beim Kinderfilmfest einen solchen Erfolg, dass alle Vorführungen ausverkauft waren. Neben Filmenthusiasten wurde dieser Film vor allem auch von behinderten Kindern und Erwachsenen begeistert aufgenommen. Auf deren Wunsch hin kam es spontan zu einer zusätzlichen Vorführung. Während des ganzen Festivals stand Claude Gagnon im Mittelpunkt, er wurde vom Publikum regelrecht bestürmt und gefeiert. Sein Film erhielt den Preis der CIFEJ-Jury.

USA, Kanada, Japan / *USA, Canada, Japan* 1987

Stabliste / *Crew*
Regie / *Director*: Claude Gagnon
Buch / *Script*: Claude Gagnon
Kamera / *Camera*: Yudai Kato
Schnitt / *Editor*: André Corriveau
Musik / *Music*: François Dompierre

THE KID BROTHER

It was Japanese producer Kiyoshi Fujimoto who had the idea to make a film about Kenny Easterday. He himself had already been working with the handicapped and completed two films about handicapped children. Director Claude Gagnon told interviewer Detlef Berentzen: "When I first met the producer I said that I would never make such a film. Then I received Kenny's photos and the documentary films about him. I looked at them and thought to myself: What a great face! But I still didn't want to do it. I fought with the idea. I couldn't sleep. (...) I kept seeing those big eyes. Eventually I wanted to meet Kenny. When I saw him for the first time it was clear: Wow, I am going to make a film with him."

The 13-year-old Kenny has neither legs nor an abdomen. He had already been in contact with several film-teams before the work with Claude Gagnon. Documentaries about him and his disabilities had often been made. However his everyday life and his family had never played a role, not to mention the boy's feelings. That is just what interested the Canadian director: "How has Kenny become who he is? Through the people who have supported him and who let him do his own thing."

Claude Gagnon thus concentrated on the problems within the family on one hand and the reactions of the environment which Kenny has to deal with, on the other.

Audiences need time to get used to Kenny's body. In the production he is neither idealised nor made an object of pity. He can be who he really is: "A boy who lives with his handicap, (...) who rejects artificial limbs which would in turn really hinder him. He feels that the walking frame is only useful for his fellow people because it protects them from seeing him. (...) Kenny's spontaneity and the trust he has in himself enable one to enter his world. The more you get to know Kenny, his joyfulness and his carefreeness, his thoughtfulness and his sadness, the less important his physical handicap seems to become."
(Hans Strobel, "KinderJugendfilmKorrespondenz" no. 34 / 2 '88)

Claude Gagnon nimmt die CIFEJ-Medaille entgegen

Claude Gagnon receiving the CIFEJ award

Darsteller / *Cast*

Kenny	Kenny Easterday
Sharon	Caitlin Clarke
Sharon Kayr	Liane Curtis
Jesse	Zack Grenier

Produktion /
Production: Yoshimura /
Gagnon,
Montreal / Kinema
Amerika Co. Ltd.,
New York

"Kenny" was so successful at the Kinderfilmfest that every screening was booked out. As well as film enthusiasts, handicapped adults and children were really excited about the film. To fulfill their wish, an extra screening was spontaneously organised. Claude Gagnon stood in the limelight throughout the whole festival. He was thoroughly stormed and celebrated by the public. His film received the CIFEJ Jury Prize.

HASENHERZ

Als das 11. Kinderfilmfest mit dem Beitrag aus der DDR eröffnet wurde, herrschte eine ausgelassene Stimmung in der Urania. Nach der Vorführung bestürmten die Kinder Regisseur Gunter Friedrich mit ihren Fragen. Am meisten interessierte sie — neben technischen Details — die Hauptdarstellerin Bettina Hohensee, die Janni: „Wie alt ist sie wirklich?", „Wie kam sie zum Film?" und „Warum

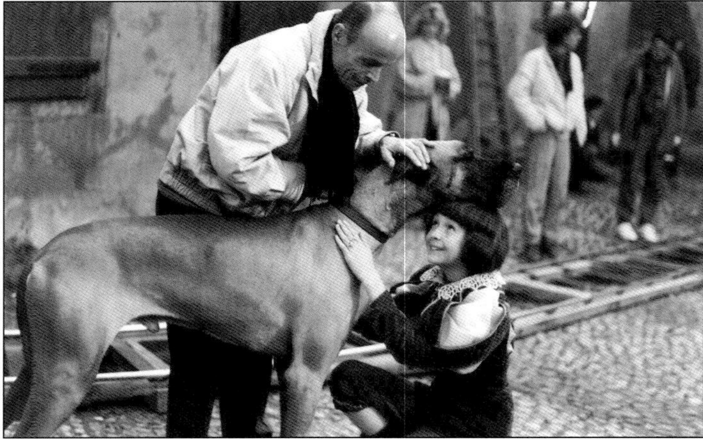

ist sie nicht hier, wo sie doch in Berlin wohnt?" Mit der Ausrede, dass das Mädchen in den Ferien sei, wollten sich die Kinder aber nicht zufrieden geben. Sie waren sichtlich enttäuscht.

„Hasenherz" ist eine Film-im-Film-Geschichte und greift dabei ein Thema auf, das besonders Kinder ab neun Jahren sehr bewegt.

Ein Regisseur ist auf der Suche nach einem Jungen für die Hauptrolle in seinem Märchenfilm. Ausgerechnet die 13-jährige Janni hat er sich ausgesucht. Janni fühlt sich als „hässliches Entlein" und wird zu ihrem Kummer ständig für einen Jungen gehalten. Verständlich, dass sie überhaupt keine Lust verspürt, einen Prinzen zu spielen. Doch dann packt sie der Ehrgeiz und sie beginnt in ihrer Rolle im Film eine Herausforderung zu sehen. Bei den Dreharbeiten lernt sie über ihren eigenen Schatten zu springen und sich mehr und mehr zuzutrauen. Auch im wirklichen Leben verändert sich einiges. Janni findet eine Freundin und verliebt sich zudem in deren großen Bruder.

Gunter Friedrichs Film fesselt Kinder in zweierlei Hinsicht. Das wusste auch die Kinderjury zu schätzen. Sie wählte „Hasenherz" zu ihrem Preisträger mit der Begründung: *„In diesem Film werden die Probleme eines Mädchens, das oft für einen Jungen gehalten wird, gut dargestellt. Das hat uns fasziniert, weil viele von uns in diese Situation geraten können. (...) Jannis schauspielerische Leistung im ‚echten' Film sowie im ‚Film im Film' hat uns begeistert und überzeugt. Durch diese ‚Film im Film'-Idee konnte man sehr gut sehen, wie ein Film entsteht. Auch das hat uns zu unserer Wahl gebracht."*

Ähnlich begeistert äußerten sich die Publikumskinder, allerdings bemängelten sie:
„Das im sonst so realistischen Film unrealistische, schmalzige, geschmacklose Ende hat mir überhaupt nicht gefallen."
Anja, 13 Jahre

„Dieses furchtbar kitschige Happy-end war unerträglich. Warum zum Teufel ließ sich Janni die Haare lang wachsen? (...) Und die Moral von der Geschicht, kurze Haare stehen einem Mädchen nicht?"
Alexander, 14 Jahre

Auch in der Presse gab es kritische Stimmen. So stellte z.B. Birte Lock in der „zitty" Nr. 4 / 88 die Moral der Films in Frage: *„Wer sich Mühe gibt, der erreicht auch, was er will — und ein hübsches Mädchen im Rock ist allemal was besseres als ein burschikoses in abgetragenen Jeans",* während sich Carla Rhode im „Tagesspiegel" vom 14.2.1988 etwas vorsichtiger ausdrückte: *„Verblüffend allerdings ist der märchenhafte Schluss. Ob er überhaupt an diesen realistischen Film passt, ist hoffentlich Stoff für viele Diskussionen."*

DDR / *GDR* 1987

Stabliste / *Crew*
Regie / *Director*:   Gunter Friedrich
Buch / *Script*:   Anne Gossens
Kamera / *Camera*:   Hans Heinrich
Schnitt / *Editor*:   Ilona Thiel
Musik / *Music*:   Bernd Wefelmeyer

Bettina Hohensee, die Janni, mit Volkmar Kleinert als Regisseur Berger

Bettina Hohensee as Janni with director Berger, played by Volkmar Kleinert

The Coward

High spirits ruled in the Urania when this East German film opened the 11th Kinderfilmfest. After the screening the children assaulted director Gunter Friedrich with questions. Apart from the technical details, they were mostly interested in the leading actress Bettina Hohensee, who played Janni. "How old is she really?", "How did she get to be in the film?" and "Why isn't she here if she lives in Berlin?" The children were not happy with the excuse that she had holidays. They were obviously disappointed.

Gunter Friedrich at the shoot of "The Coward"

"The Coward" is a film-in-film story and takes up a theme which stirs up children especially from the age of nine.

A director is searching for a boy to play the main role in his fairytale film. Of all people he chooses the 13-year-old Janni. The girl feels like an "ugly duckling" and it worries her that she is always mistaken for a boy. Understandably she does not feel really inspired to play a prince. Then her sense of ambition takes over and she begins to see the challenge presented by the role. During the shoot she learns to jump over her own shadow and get more trust in herself. In her real life some things also begin to change. Janni finds a girlfriend and falls in love with the older brother.

Gunter Friedrich's film is doubly gripping. The Children's Jury valued this. They voted "The Coward" for the first prize because, "The problems of a girl who is often mistaken for a boy are well portrayed in this film. That fascinated us because many of us could be faced with this situation. (…) Janni's acting in the 'real' film as well as in the 'film-in-film' excited us and was convincing. The 'film-in-film' idea gave us a good understanding of how a film is made. That also influenced our choice."

The children's audience were similarly excited, with some reservations.

"I did not like the unrealistic, soppy, tasteless ending in an otherwise realistic film."
Anja, 13 years old

"This terrible, kitsch happy end was unbearable. Why on earth did Janni grow her hair long? (…) And the moral of the story, doesn't short hair suit girls?"
Alexander, 14 years old

There was also a critical voice amongst the press. Birte Lock questioned the film's moral in "zitty" no. 4/88. "If you try hard, you can attain what you want — and a pretty girl in a skirt is much better than a pert girl in old jeans." Carla Rhode was a little more careful in the "Tagesspiegel" of 14. 2. 1988 with, "The fairytale ending is perplexing. Whether it suits this realistic film will hopefully inspire much discussion."

Darsteller / *Cast*	
Janni	Bettina Hohensee
Sabine	Charlotte Bastian
Sebastian	Clemens Ziesenitz
Regisseur Berger	Volkmar Kleinert
Produktion / *Production*:	DEFA-Studio für Spielfilme, Potsdam-Babelsberg

Ein Check von Maria Schell

Am 11. Februar wurde das Kinderfilmfest mit einem großen Torten- und Gummimäuse-Buffett in der Urania eröffnet. Der Regierende Bürgermeister von Berlin, Walter Momper, und die Schauspielerin Maria Schell als Vertreterin von UNICEF gaben den Startschuss für das 12. Festival. Renate Zylla denkt zurück: *„Maria Schell hatte einen kleinen Zettel mit Notizen vorbereitet, doch als sie auf der Bühne stand und dieses lebendige Publikum von 900 Kindern vor sich sah, warf sie ihre Stichworte über den Haufen. In freier Rede begann sie weit auszuholen, war irgendwann beim Universum angelangt, und als wahrscheinlich niemand mehr verstand, worum es eigentlich ging, wurde Maria Schell konkret: Sie lobte einen Preis aus, den sie mit ihrem privaten Geld dotierte. Das Besondere daran war, dass die Kinderjury damit ihren zweiten Favoriten auszeichnen sollte. ,Der erste hat die Ehre, der zweite hat das Geld!' waren ihre Worte. Das Publikum und auch die anwesende Presse waren etwas irritiert, ob man das für bare Münze nehmen konnte. Doch gleich nach der Veranstal-*

tung unterschrieb die Schauspielerin einen Check über 5000 DM, und somit gab es für den zweiten Preis mehr als für den mit Senatsgeldern ausgestatteten ersten."

Zwei Preisträger ermitteln zu können, war für die Jury-kinder natürlich ein Glück, denn bei dem umfangreichen 89er Programm sollte ihnen ohnehin die Auswahl sehr schwer fallen. 27 Produktionen, davon 15 Spielfilme und 12 Kurzfilme, waren zu begutachten. Insgesamt 100 Filme hatten die Festivalleiterin und ihre Auswahlkommission dafür gesichtet.

„Auffallend beim 12. Kinderfilmfest in Berlin war das Feh-len des traditionellen Märchenfilms – ein Indiz dafür, dass die gegenwärtige Märchenfilmproduktion nicht die Qualität hat, um sie auf einem internationalen Festival zu präsentieren. Im Gegensatz dazu war die Mehrzahl der Filme von sozialem und gesellschaftlichem Bewusstsein geprägt. Neben gut gemachten Unterhaltungsfilmen beherrschten Filme, die sich mit Alltags-szenen und Alltagsgeschichten beschäftigen, das diesjährige Angebot", schätzte Hans Strobel in der „KinderJugendf ImKor-respondenz" Nr. 38 / 2 '89 ein und hob hervor, dass dabei Filme über Kindheiten in Lateinamerika einen Schwerpunkt bildeten. Neben der peruanischen Produktion „Juliana" von der Grupo Chaski gelangte auch der Film „Straßenkinder" aus Venezuela, in dem sich ein Junge aus „guten Verhältnissen" mit obdachlosen Kindern anfreundet, zur Aufführung. Der schwedische Beitrag „Zug in den Himmel" spielt in Ecuador und erzählt von der Suche eines Waisenkindes nach seinen Eltern.

Zum ersten Mal konnte ein Film aus dem Iran präsentiert werden – „Der Schlüssel" von Ebrahim Foroozesh, der – so Renate Zylla – zunächst der Auswahlgruppe, dann der Presse und nicht zuletzt dem Publikum eine neue Welt eröffnete. Hans Strobel nannte ihn eine Überraschung: *„Fast ohne Dialoge wird eine einfache, aber zunehmend spannende Geschichte entwi-ckelt. Ein fünfjähriger Junge (...) soll auf seinen gerade im Krabbelalter befindlichen Bruder aufpassen. (...) Um die abgesperrte Wohnungstür zu öffnen und Hilfe holen zu können, macht sich der Fünfjährige auf die Suche nach dem Schlüssel, der irgendwo in der Wohnung deponiert ist. Gebannt und voller Anteilnahme verfolgten die Kinder im Kino diesen wortlos-dramatischen, ganz auf seine Bilder vertrauenden Film."* Dieser Produktion sollten zukünftig noch einige beeindruckende iranische Filme fol-gen.

Aus den sozialistischen Ländern kamen zwei berührende sowjetische Filme: „Die Puppe" von Isaak Fridberg und „Mein Haus auf grünen Hügeln", der außer Konkurrenz lief und die Geschichte eines kleinen kasachischen Jungen erzählt, der in ein

Maria Schell Presents a Check

The Kinderfilmfest opened on 11 February, with a huge buffet of cakes and jelly babies. Berlin's mayor, Walter Momper and the UNICEF representative and actress Maria Schell gave the "go" for the 12th festival. Renate Zylla remembers: "Maria Schell had made notes but as she stood on the stage and saw the 900 children, she threw them away. She began to speak freely, going all over the place and landing at some time with the universe. Just when probably nobody at all understood what she was saying, she became concrete. She promised to donate an award from her own private money. What was so extraordinary was that the children's jury should present this award to their second favourite film.' The first gets the honour, the second gets the money!' were her words. The audience and the press were irritated as to whether the promise really meant cash money. However straight after the event the actress signed a check for 5,000 DM and with this the second prize was worth more money than the first prize which was funded by the senate."

It was lucky that the children could award two awards because the program of 1989 was very extensive and would prove difficult to judge. They had to view a line-up of 27 films – 15 features and 12 shorts. The festival director and her selection commission had viewed a total of 100 productions.

"There was an obvious lack of traditional fairytale

„Der Schlüssel" aus dem Iran

From the Iranian film "The Key"

films at the 12th Kinderfilmfest, indicating that this genre no longer has the necessary quality for an international film festival. In contrast, a high proportion of films consciously portrayed relevant social issues. This year there was a mixture of well made entertaining films and prevailing productions depicting everyday scenes and problems," *wrote Hans Strobel in the "Kinder-JugendfilmKorrespondenz" no. 38/2/89. He also stressed that films about childhood in Latin America were a focal point. The Peruvian production "Juliana" by the Grupo Chaski and the Venezuelan film "Street Kids", in which a boy from a "good home" makes friends with some homeless children, participated. The Swedish entry, "Train to Heaven", takes place in Ecuador and tells the story of how an orphan searches for his parents.*

A film from Iran was presented for the first time. According to Renate Zylla, "The Key" by Ebrahim Foroozesh opened up new horizons for the selection commission, the press and the audiences. Hans Strobel called it a surprise: "A simple and increasingly exciting story is developed almost without words. A five-year-old boy, (...) has to look after his younger brother who has just learnt to crawl. (...) In order to open the locked front door and get help, the five-year-old has to search for the key which is hidden somewhere in the house. The children were totally spellbound and full of sympathy and followed this wordless film, which places absolute trust in its images." *This production was the forerunner for many Iranian productions to come.*

Of the socialist countries, there were two moving productions from the Soviet Union: "The Doll" by Isaak Fridberg and "My House on the Green Hills" which screened out of competition and tells the story of a little boy from Kazakhstan who is put into a boarding school. Czechoslovakia had three features and two shorts in competition, Yugoslavia was present with "Sunflower"

Internat gesteckt wird. Die ČSSR war mit drei Spiel- und zwei Kurzfilmen vertreten, Jugoslawien mit „Sonnenblumen" von Jovan Rančič und die DDR mit „Kai aus der Kiste" nach einem Kinderbuch aus den 20er Jahren sowie mit dem Silhouetten-film „Die große Reise der alten Schildkröte".

Aus der Bundesrepublik Deutschland konnte lediglich ein Kurzfilm gezeigt werden – „ABC" von Alexandra Schatz. Der einzige mögliche Beitrag „Bodo" von Gloria Behrens, war zum Zeitpunkt des Festivals noch nicht fertiggestellt.

Zu den Favoriten der Kinder gehörten Søren Kragh-Jacobsens Kriminalfilm „Goldregen" und „Mein Vater wohnt in Rio" aus den Niederlanden. Darin unternimmt das Mädchen Liesje alles, um seinen Vater, der in Rio leben soll, besuchen zu können, bis es erfahren muss, dass er in Wahrheit im Gefängnis sitzt. Die Premiere in Berlin und damit seinen ersten Besuch beim Kinderfilmfest hat Regisseur Ben Sombogaart nicht vergessen: *„Die gesamte Crew war angereist, auch unsere neunjährige Hauptdarstellerin Wenneke mit ihren Eltern. Zum ersten Mal sahen wir den Film auf einer großen Leinwand – und was für eine breite Leinwand das war in der Urania. Mindestens 1.000 Menschen saßen im Saal. Eine schönere Weltpremiere hätte man sich nicht wünschen können. Mitten im Film überrollten Wennekes Vater die Emotionen. Die Filmgeschichte, das ganze Drumherum, die gespannte Stille im Kino, die Reaktionen der Kinder – das setzte ihm so zu, dass er beschloss, im Foyer eine Zigarette zu rauchen. (...) Abspann. Der Vorhang senkte sich. Das Licht ging an. Rührung, Tränen, Applaus, viel Applaus. Und Blumen und Kameras und Interviews ... und ein Cognac im Café Einstein. Mein erster Spielfilm ‚Mijn Vader woont in Rio' hatte Erfolg. Aufge-regt fuhren wir zurück in die Niederlande, wo wir keinen Verleiher hatten finden können, der den Film mit mehr als nur zwei Kopien herausbringen wollte. Wir hatten hart gekämpft, um das Geld für den Film zusammenzubekommen, und fest daran geglaubt, dass es auch in den Niederlanden möglich sein müsste, anspruchsvolle Filme für Kinder zu machen. Skandinavien war unser großes Vorbild. Aber ohne Verleiher kein Publikum, ohne Publikum keine Premiere. Dann kam der Anruf. Renate. Ob wir morgen wieder in Berlin sein könnten. Wir hatten den Preis der Kinderjury gewonnen. Ein Bär, ein echter Berliner Bär! Morgens um fünf fuhren wir in Amsterdam los, mittags um eins waren wir wieder in Berlin. Ich hatte Bauchschmerzen – die Nerven und viel zu viel Kaffee. Im Presse-zentrum musste ich drin-gend auf die Toilette und verpasste fast die Preisver-leihung. Die Neuigkeit reiste uns voran. Selbst die größte niederländische Zeitung hat-te ein Foto von Wenneke auf der Titelseite. ‚Mijn Vader woont in Rio' war entdeckt. Verleiher begeisterten sich. Großes Lob der Filmjour-nalisten. ‚Mijn Vader woont in Rio' wurde ein Riesener-folg ... in den Niederlanden. Wir konnten weitermachen mit unseren folgenden Pro-jekten ... mit ausländischen Produzenten."*

Die neunjährige Wenneke in „Mein Vater wohnt in Rio"

The nine-year-old Wenneke in "My Father Lives in Rio"

by Jovan Rančič and from the German Democratic Republic came "Kai in the Box" – based on a children's book from the 1920's – and the silhouette-film "The Turtle's Long Journey".

Only the short film "ABC" by Alexandra Schatz represented West Germany. The only other possibility had been "Bodo" by Gloria Behrens but that had not been completed in time for the festival.

The children's favourites were Søren Kragh-Jacobsen's crime film "Shower of Gold" and "My Father Lives in Rio" from the Netherlands. In this film Liesje tries everything possible to be able to visit her father who lives in Rio. Then she discovers that her father is in fact in jail. Director Ben Sombogaart will never forget his first visit to the Kinderfilmfest where his film was premiered. "The whole film crew came, including the leading actress Wenneke and her parents. We saw the film for the very first time on a big screen – and what a big one the Urania has. At least 1,000 people were sitting in the cinema. I could not have wished for a more wonderful premier. In the middle of the film Wenneke's father was overcome by emotions. The film's story and everything that was happening, the intense quiet in the cinema, the children's reactions – it was all too much for him and he had to go and smoke a cigarette in the foyer. Credits. The lowering of the curtain. Lights go on. Stirring, tears, applause, much applause. And flowers and cameras and interviews …and a cognac at Café Einstein. My first feature film 'My Father Lives in Rio' had been a success. Excited, we drove back to the Netherlands where there had been trouble finding a distributor willing to release the film with more than two prints. We had fought hard to finance the film in the firm believe that it must be possible to produce quality films for children in the Netherlands. Scandinavia had been our role model. Without a distributor, no audience. Without an audience, no premier. Then came the phone call. Renate. Whether we could return to Berlin tomorrow. We had won the Children's Jury Award. A bear, a real Berlin bear!

We drove off from Amsterdam at 5 a.m. and arrived in Berlin at noon. My stomach ached – nerves and too much coffee. At the press conference I had to suddenly go to the toilet and almost missed the award ceremony. The news travelled ahead of us. Even the largest Dutch newspaper had a photo of Wenneke on the front page. 'My Father Lives in Rio' had been discovered. Film journalists were full of praise. 'My Father Lives in Rio' became a huge success…in the Netherlands. We could continue with our new projects … with foreign producers."

Ben Sombogaarts Publikum

Ben Sombogaart's audience

Juliana
JULIANA

Der Spielfilm ist eine Produktion der „Grupo Chaski", die sich 1982 in Peru mit dem Ziel gegründet hat, kritische und künstlerisch hochwertige Filme für das peruanische Fernsehen zu produzieren und damit einen Gegenpol zu dem fast ausschließlich US-amerikanisch geprägten Programm zu schaffen. 1984 wurde die Gruppe mit ihrem Film „Gregorio" auch international bekannt. Bei einem Erfahrungsaustausch zwischen Filmemachern der Dritten Welt und hiesigen Fernsehanstalten lernte die ZDF-Redakteurin Bärbel Lutz-Saal die „Grupo Chaski" kennen. Es entstand die Idee zu „Juliana".

Das Kinderfilmfest wurde durch das ZDF auf dieses spannende Projekt aufmerksam, verfolgte seine Entwicklung und kämpfte schließlich darum, den Film präsentieren zu können.

Erzählt wird hier von den Straßenkindern in Lima. In einem Elendsviertel lebt die 13-jährige Juliana zusammen mit ihrer Mutter und dem stets betrunkenen Stiefvater. Meist ist das Mädchen auf dem Friedhof. Dort trifft es sich mit Freundinnen und verdient sich ein paar Pfennige. Nach Hause geht Juliana nur, wenn es unbedingt sein muss. Ihr Bruder Clavito ist bereits weggelaufen und arbeitet für Don Pedro. Dieser beherbergt eine ganze Kinderbande, die er zum Geldverdienen in die Stadt schickt. Juliana will sich dieser Gruppe anschließen, doch Don Pedro nimmt nur Jungen. Nach einem Streit mit dem Stiefvater schneidet sie sich kurzerhand die Haare ab und stellt sich als Julian bei Don Pedro vor. Von nun an gehört sie dazu. Doch als Juliana entdeckt, dass Don Pedro Kinder zum Stehlen zwingt und als Drogenkuriere missbraucht, rebelliert sie gegen das Unrecht. Zum ersten Mal wehren sich die Kinder. Sie schlagen Don Pedro und seinen Adjudanten in die Flucht. Von nun an bestimmen sie ihr Leben selbst.

„Die Mitglieder der Grupo Chaski (...)haben die Slums am Rande Limas und das Leben der Kinder dort in eindringlichen dokumentarischen Bildern festgehalten. Alle Darsteller, bis auf Julio Vega in der Rolle des Don Pedro, sind Laien und kommen aus den Elendsquartieren. Sie spielen ihre eigenen Geschichten. Und sie sind es auch, die diesem Film seine Kraft geben; Lebensfreude und Mut, ein Gefühl für Freiheit und Würde. (...)Die Regisseure Fernando Espinoza und Alejandro Legaspi erreichen (...) eine filmische Intensität und einen persönlichen Zugang, wie es nur selten gelingt."
(Albert Schwarzer in: „50 Kinderfilm-Klassiker". Remscheid 1995)

„Juliana" wurde beim 12. Kinderfilmfest mit dem UNICEF-Preis ausgezeichnet. Aber auch bei den Kindern fand dieser peruanische Film großen Anklang.

„Das war endlich einmal ein Film, in dem sich ein Mädchen etwas ausgedacht hat und es auch durchführte."
Katharina, 12 Jahre

„Mir hat gefallen, wie ausdrucksstark Juliana gespielt hat und welch anspruchsvolles Thema der Regisseur gewählt hat."
Miriam, 10 Jahre

Peru / *Peru* 1989

Stabliste / *Crew*

Regie / *Director*:	Fernando Espinoza, Alejandro Legaspi (Grupo Chaski)
Buch / *Script*:	René Weber (Grupo Chaski)
Kamera / *Camera*:	Dany Gavidia
Schnitt / *Editor*:	Roberto Aponte
Musik / *Music*:	José Barcenas

Juliana

This feature was produced by the "Grupo Chaski" which established itself in Peru in 1982 with the aim of producing high quality films for Peruvian television and thereby provide a counterpart to the almost exclusive US-American program. The group then received international attention for its production, "Gregorio", in 1984. ZDF editor Bärbel Lutz became acquainted with the "Grupo

The children make a stand, lead by Julian(a)

Chaski" in an exchange between film-makers of the third world and local television institutions. The idea for "Juliana" was developed.

It was through the German television station ZDF that the Kinderfilmfest noticed this exciting project. They followed its progress and eventually fought to be able to present it.

It is the story of street children in Lima. The 13-year-old Juliana lives in a ghetto together with her mother and constantly drunk step-father. The girl is mostly at the graveyard where she meets with her girl-friends and gets to earn a few pennies. She only goes home if absolutely necessary. Her brother Claudio has already run away and works for Don Pedro who is sheltering a whole gang of children. He sends these children into the city to work for him. Juliana wants to become part of this group but Don Pedro takes only boys. After a fight with her step-father she impulsively cuts her hair short and presents herself to Don Pedro. From that point on she belongs there. However Juliana discovers that Don Pedro is forcing children to steal and work as drug runners and she rebels against the injustice. The children defend themselves for the first time. They force Don Pedro and his followers to flee and begin to take control of their own lives.

"The members of the Grupo Chaski have portrayed the slums in the outskirts of Lima and the life of the children there with penetrating documentary images. The actors, with the exception of Julio Vega who plays Don Pedro, are amateurs from the slums. They play themselves. It is these people who give this film its power; joyfulness, courage and a feeling for freedom and honour. (…) The directors Fernando Espinoza and Alejandro Legaspi have attained (…) a rare filmic intensity and access to the personal."
(Albert Schwarzer in "50 Kinderfilm-Klassiker". Remscheid 1995)

Darsteller / *Cast*

Juliana	Rosa Isabel Morfino
Clavito	Edwardo Centeno
Don Pedro	Julio Vega
Produktion / *Production:*	Stefan Kaspar / Grupo Chaski, Lima in Kooperation mit dem ZDF

"Juliana" was awarded the UNICEF Prize at the 12th Kinderfilmfest. The film also received great praise from the children.

"At last a film where a girl thinks something up and carries it through."
Katharina, 12 years old

"I liked it how expressively Juliana played her role and the demanding theme chosen by the director."
Miriam, 10 years old

Die Puppe
KUKOLKA

Das Spielfilmdebüt von Isaak Fridberg löste damals – trotz der bereits einsetzenden „Perestroika" – große Diskussionen im sowjetischen Filmverband aus. So war es auch nicht einfach, diesen Film für das Kinderfilmfest zu bekommen.

„Die Puppe" setzt sich mit dem Leistungssport und dessen Folgen für die Persönlichkeitsentwicklung von Kindern auseinander. Damit berührte er in der damaligen Sowjetunion ein absolutes Tabuthema.

Svetlana Zasypkina, die Hauptdarstellerin in „Die Puppe"

Svetlana Zasypkina, leading actress in "The Doll"

Erzählt wird die Geschichte der 16-jährigen Tatjana, dargestellt von der Leistungssportlerin Svetlana Zasypkina. Seit ihrem siebenten Lebensjahr lebt Tatjana in einem Internat und wird nach einem ausgeklügelten Trainingsprogramm zu einer Leistungsturnerin „hochgezüchtet". Und tatsächlich erringt sie die Goldmedaille bei den Weltmeisterschaften. Doch dann zieht sich das Mädchen einen Rückgratschaden zu und seine Karriere ist abrupt beendet.

Tatjana kehrt nach Hause und damit in einen ganz normalen Alltag zurück. Sie, die bisher immer die Erste und Beste war und auch sein musste, kommt mit ihrem neuen Leben nicht zurecht. In der Schule versucht sie, mit unfairen Mitteln ihre einstige Macht auszuspielen. Als sie sich damit nicht durchsetzen kann, richtet sie ihre Aggressionen gegen sich selbst, indem sie die gefährlichsten Turnübungen bis zur Selbstzerstörung betreibt.

„Die Puppe" wurde von den Verantwortlichen des Kinderfilmfestes ab 12 Jahre empfohlen. Der Film hinterließ nicht nur bei den älteren Kindern einen großen Eindruck. Er nahm mit seiner Ernsthaftigkeit und der interessanten Bildsprache , wie z.B. den harten Schwarz-Weiß-Aufnahmen am Anfang, in denen kleine Mädchen zu Kunstturnerinnen getrimmt werden, auch die Erwachsenen für sich ein. So erhielt „Die Puppe" den Preis der CIFEJ-Jury mit der Begründung: *„Das Portrait einer jungen Elitesportlerin verdeutlicht in herausragender Weise das universelle Problem eines Kindes, das von der Gesellschaft benutzt und dadurch seiner Kindheit beraubt wurde. Der psychologische Konflikt des Mädchens, sich in dieser Gesellschaft zurechtzufinden, und die Unfähigkeit der Gesellschaft, es aufzunehmen, müssen in einer Tragödie enden. Der Film ist ein Appell für das Recht der Kinder auf eine ungestörte Entwicklung der Persönlichkeit und macht dies durch seine emotionale Wirkung für Kinder, Jugendliche und Erwachsene nachvollziehbar."*

Und die UNICEF-Jury bedachte die sowjetische Produktion mit einer lobenden Erwähnung, in der sie vor allem hervorhob: *„Der Film zeichnet sich durch seine künstlerische Komposition und hervorragende Inszenierung aus."*

UdSSR / *USSR* 1988

Stabliste / *Crew*
Regie / *Director*: Isaak Fridberg
Buch / *Script*: Isaak Fridberg, Igor Ageev
Kamera / *Camera*: Vladimir Nachabcev
Musik / *Music*: Eduard Artemev

The Doll

Despite the impending "Perestroika", Isaak Fridberg's debut feature triggered huge discussions at the Soviet Film Club. That is why it was not easy to obtain this film for the Kinderfilmfest.

"The Doll" deals with the consequence that competitive sports have on children's personal development. The film thereby touched upon a theme which was absolutely taboo in the Soviet Union at that time.

It is the story of the 16-year-old Tatjana, portrayed by young sportswoman Svetlana Zasypkina. She has lived in a boarding school since she was seven. There she has been "highly bred" in a clever training programme for com-

Tatjana und ihr Trainer vor dem Wettkampf

Tatjana and her trainer before the competition

petitive gymnasts. She even succeeds in winning the gold medal at the world championships. However, due to a spinal injury her career suddenly comes to an end. Tatjana returns home and to everyday life. She had always been the greatest and now she cannot come to terms with her new life. At school she tries to maintain her power by unfair means. When she realises she cannot pull it off, she turns her aggression inwardly and practises the most dangerous gymnastic exercises to the extent of damaging herself.

"The Doll" was recommended from the age of 12 years at the Kinderfilmfest. It made a big impression, not only on the older children. The seriousness of the issue and the interesting images – for instance the black and white shots at the beginning where the girl is being moulded into a gymnast – were also rivetting for adult viewers. Thus "The Doll" received the CIFEJ Jury Prize on the grounds that: "The portrait of the young elite-sportswoman clearly reveals a problem which children have everywhere: Society abuses them and robs them of their childhood. The girl's psychological conflict – having to come to terms with society, and society's inability to accept her – had to end in tragedy. The film is a call for the child's right to develop personally, without interference. The film's emotional impact enables children, teenagers and adults to understand this."

The UNICEF Jury awarded a Special Mention to the Soviet production, emphasising that: "The film is outstanding for its artistic composition and remarkable design."

Darsteller / *Cast*

Tatjana	Svetlana Zasypkina
Lehrerin	Irina Metlickaja

Produktion / *Production*:	Mosfilm, Moskau

Das 13. – Ausnahmezustand!

Bernd Rüdiger Mann (Bezirksfilmdirektion Berlin/Ost), Anne Klein, Renate Zylla und Beate Hanspach bei der Eröffnung

Bernd Rüdiger Mann (East Berlin film-supervisor), Anne Klein, Renate Zylla and Beate Hanspach at the festival opening

Seit November 1989 herrschte in einem Berlin ohne Mauer der Ausnahmezustand oder besser gesagt: ein Zustand der Ausnahmen. Die Welle der Begeisterung und der glücklichen Fassungslosigkeit schwappte auch auf die Internationalen Filmfestspiele über. In ihrem 40. Jahr wurde die Berlinale zum ersten Mal in beiden Teilen der Stadt veranstaltet. So feierte das Kinderfilmfest zwei Eröffnungen: die eine, wie gewohnt, mit einem spektakulären Auftakt in der Urania, diesmal mit Ponyreiten, Pferdequiz und viel Musik, die andere fand in einem Kino in Ostberlin statt. Beate Hanspach erinnert sich: *„Als ehrenamtliche Präsidentin des Nationalen Zentrums für Kinderfilm und -fernsehen der DDR, Mitglied der CIFEJ, sollte ich mich darum kümmern. Gemeinsam mit Renate Zylla wurden bereits am 4. Dezember 1989 im Büro von Moritz de Hadeln die Weichen gestellt. Gesucht wurde ein großes Kino, in dem das volle Programm wie in der Urania laufen konnte. Das Kino Colosseum im Prenzlauer Berg, bekannt für Kinderfilmpremieren, bot sich an. Dort bejubelte am 11. Februar ein euphorisches Publikum die festliche Wiederholung des Eröffnungsfilms ‚Ich und Mama Mia'. Viele Kinderfilmkollegen kamen, viele Neugierige und dazwischen Kinder, die zum ersten Mal einen dänisch-sprachigen Film mit englischen Untertiteln und deutscher Einsprache sahen."* Auch die Eröffnungsgäste, der Publizist Franz Alt als Vertreter von UNICEF, die Senatorin für Frauen, Jugend und Familie, Anne Klein, das dänische Filmteam sowie Moritz de Hadeln und Renate Zylla pendelten an diesem Tag zwischen den beiden Spielstätten. *„Nie werde ich vergessen, wie 1990 das Kinderfilmfest im Kino Colosseum und damit zum ersten Mal auch im Ostteil der Stadt stattfand"*, schrieb Lissy Bellaiche vom Dänischen Filminstitut in einem Brief anlässlich des 25. Kinderfilmfest-Jubiläums, *„es war eine unglaubliche Begrüßung, die uns dort erwartete! Wirklich eine wundervolle, bewegende Erfahrung! Die Organisatoren hatten getan, was in ihrer Macht stand, um uns gebührend zu empfangen, und die Kinder im Kino warteten schon ungeduldig mit leuchtenden Augen. Sie waren begeistert von dem Film. Nach der Vorführung gab es dann die Gelegenheit all die Fragen loszuwerden, die ihnen auf den Lippen brannten. Umringt von Kindern saßen wir auf der Bühne, sie waren kaum noch zu bremsen."*

Auch der traditionelle Stammtisch des Kinderfilmfestes wurde aus aktuellem Anlass im „Osten" veranstaltet. *„Es war ein absoluter Ausnahmezustand an der Grenze. Die DDR-Grenzer standen an gewohnter Stelle, schienen aber nicht mehr so recht handlungsbefugt zu sein. Ich bin mit meinen Gästen zum ersten Mal ‚schwarz' gefahren, weil ich nicht mit dem Wechselgeld zurecht kam"*, erzählte Renate Zylla. *„Es gab typisch deutsches Essen: Eisbein. Meine Gäste aus Japan und Taiwan waren am Ende ihrer Vorstellung von dem, was man in der westlichen Kultur zu sich nimmt."* Getroffen hatte man sich in Berlin-Mitte im

Number 13 – A State of Emergency

A state of emergency, or rather a state of exceptional circumstance, existed in a Berlin when the wall went down in November 1989. The wave of excitement and a happy sense of shock spilled over onto the international film festival. For the first time in 40 years, the festival was to take place in both parts of the city. The Kinderfilmfest celebrated with two openings. As usual, there was a spectacular kick-off at the Urania, this time with pony-rides, a horse quiz and loud music. The other opening took place in a cinema in East Berlin. Beate Hanspach remembers: "As honorary President of the National Children's Film and Television Centre in East Germany, it was my job to organise this. The way was cleared on 4 December, in a meeting together with Renate Zylla in Moritz de Hadeln's office. We had to find a large cinema like the Urania, which could screen the whole program. The Colosseum cinema in Prenzlauer Berg, already well known for its screening of children's films, was an obvious choice. On 11 February a euphoric audience cheered to the repetition screening of 'Me and Mama Mia'. Many film branch colleagues attended the screening as well as those who were just curious to see what was going on. Amongst them, children who were able to see a film in the Danish language, with German voice-over and English subtitles for the first time in their lives." *Opening guest Franz Alt (publicist and UNICEF representative), Anne Klein (Senator for Women, Youth and Family Affairs) and the Danish film team commuted between the two venues that day, along with Moritz de Hadeln and Renate Zylla.* "I will never forget the Kinderfilmfest of 1990 which took place for the first time in the Colosseum and in the eastern part of Berlin," *wrote Lissy Bellaiche of the Danish Film Institute.* "We were given an unbelievable welcome. It was a wonderful and moving experience! The organisers had done everything within their power to make us feel comfortable and the children waited patiently in the cinema with glowing eyes. The film really excited them. After the screening they were given the opportunity to ask all their impatient questions. We sat on the stage surrounded by children. They just couldn't be stopped."

Im Colosseum

At the Colosseum

A meeting place in a restaurant was arranged on the occasion of the first Kinderfilmfest in East Berlin. "There was a state of emergency on the border. The East German border guards stood there in their usual way but this time they didn't seem authorized to act. For the first time I rode on the underground with my guests without paying because I couldn't deal with the money," *explained Renate Zylla.* "There was typical German food: pickled knuckle of pork. The imagination of my guests from Taiwan and Japan was stretched to the limit when they saw what is traditionally consumed in the west." *The meeting*

Regisseur Yang Li-Kuo und seine Agentin

Director Yang Li-Kuo with his agent

Restaurant „Zur letzten Instanz" an der historischen Stadt-
mauer. *„Die Gaststätte war krachend voll"*, berichtete Beate
Hanspach, *„der Stab von ‚Feriengewitter', Berlinalebeitrag der
DDR, spendierte eine Saalrunde. Wer wollte, legte noch was
drauf. Das Bier kostete 80 Pfennige. Ostgeld wog leicht in
jenen Tagen. Vergessen waren die Querelen mit unterschiedlichsten Reise- und Visaregelungen und alle organisatorischen
Turbulenzen in der noch geteilten Stadt. Wir stießen an auf die
Zukunft des Kinderfilms."*

Bei einem ersten informellen Treffen während des 13.
Kinderfilmfestes ging es dann zur Sache: Filmemacher und
Kinderkinoinitiativen aus der DDR und der Bundesrepublik
Deutschland diskutierten über die Zukunft des deutschen
Kinderfilms. *„Im Mittelpunkt stand der Meinungsaustausch
darüber, wie die Tradition der DDR-Kinderkinematographie (in
Kino und Fernsehen) auch unter den zu erwartenden neuen
Bedingungen mit den Kinderfilmaktivitäten in der Bundes-
republik verbunden, erhalten und ausgebaut werden kann.
Denn auf beiden Seiten wurden Befürchtungen geäußert,
dass dieses über die Jahrzehnte hinweg engagiert aufgebaute
Kulturgut unter rein marktwirtschaftlicher Orientierung stark gefährdet ist"*, berichtete die „KinderJugendfilmKorrespondenz"
in Heft 42 / 2 '90.

21 Produktionen aus 18 Ländern, dazu zwei Spielfilme außer Konkurrenz konnten in diesem Jahr vorgestellt werden. Zum
ersten und einzigen Mal war ein Kinderfilm aus Taiwan dabei. „Geschwister aus den Teebergen" ging allen ans Herz. Im Mittelpunkt des Films steht der künstlerisch begabte Junge Ah-Ming, der auf dem Land in armen Verhältnissen lebt. Der
einzige, der sein Maltalent erkennt und fördert, ist der junge Kunstlehrer. Erst nach dem frühen Tod Ah-Mings erlangen die
Bilder des Jungen eine wirkliche Anerkennung. Renate Zylla denkt an *„eine wunderbare Begegnung"* im Kindertreff zurück:
*„Ein etwa sieben Jahre altes Mädchen wandte sich schluchzend und mit Tränen in den Augen an den Regisseur Yang Li-Kuo.
‚Musstest du auch so weinen, als du deinen Film gesehen hast?' fragte es ihn. Yang Li-Kuo war so ergriffen von dieser Frage, holte
das Mädchen nach vorn, umarmte es und schenkte ihm ein Tape mit der Filmmusik. So etwas hatte er selbst in Taiwan noch nicht
erlebt."* „Geschwister aus den Teebergen" erhielt eine der beiden lobenden Erwähnungen der UNICEF-Jury.

Ihren Hauptpreis vergab sie an den iranischen Beitrag „Der Fisch" von Kambuzia Partovi, während die Vertreter der CIFEJ
„Verschiedene Welten" aus Dänemark auszeichneten. Die Jurykinder entschieden sich für Karst van der Meulens spielerisch-
turbulente Komödie „Kunst und Flickwerk". Ihr sprachen sie den ersten Preis zu, *„weil er all das zeigt, was wir nicht machen
dürfen und das, was uns manchmal gar nicht erst einfallen würde. Gut gefallen hat uns auch die Filmmusik und die einfalls-
reiche Ausstattung".* Die österreichische Produktion „Tunnelkind" von Erhard Riedlsperger bekam den zweiten Preis der Kinderjury.

Obwohl er nicht zu den Preisträgern gehörte, hatte der kanadische Film „Manuel" tiefen Eindruck hinterlassen. Erzählt
wird hier von der Freundschaft zwischen dem 12-jährigen Manuel, einem rebellischen Jungen, und dem alten Juan, der im
Spanischen Bürgerkrieg gegen die Franco-Faschisten gekämpft hat. Ungewöhnlich ist hier die Einflechtung von historischen
Dokumentaraufnahmen, überzeugend das Spiel der beiden Hauptdarsteller Nuno Da Costa als Manuel und Francisco Fabal
als Juan. Regisseur François Labonté war nun bereits das zweite Mal zu Gast beim Kinderfilmfest. 1987 stellte er hier seinen
Film „Henri" vor und konnte den ersten Preis der Kinderjury mit nach Hause nehmen.

place was in the restaurant "Zur letzten Instanz", next to the historical wall in Berlin-Mitte. "It was absolutely packed," claimed *Beate Hanspach. "The crew of 'Stormy Holiday', the East German entry for that year, shouted a round of drinks. One round followed another. The beer cost 80 Pfennig. East German money wasn't worth much in those days. The difficulty to obtain visas, the turbulence of the organisation in a still divided city— everything was forgotten. We made a toast to the future of children's films."*

Things became more serious at the first informal meeting of the 13th *Kinderfilmfest where film-makers and children's film officials from East and West Germany came together to discuss the future of children's film. "Central theme of this discussion was how the tradition of the East German children's film industry (cinema and television) could be maintained and developed under the influence of its expected new alliance with West German children's film professionals. Both sides feared that the commercial orientation of the west could have a bad affect upon a cultural asset which had taken decades to build up," reported the "KinderJugendfilmKorrespondenz" no. 42/2 '90.*

This year's program consisted of 21 productions from 18 countries. Additionally, two feature films were to be screened out of competition. A film from Taiwan was selected for the very first time. "Ice-Dew Flower" won everybody's hearts. Centre of this film is the talented boy Ah-Ming who is living in the country, in poverty. The only other person aware of the boy's ability to paint is his young art teacher. Ah-Ming's pictures are not truly recognised until after his death. Renate Zylla thinks back on "a wonderful moment" at the children's meeting point after the film's premier. "A girl of around seven years tearfully approached the director, Yang Li-Kuo.'Did you also have to cry when you saw your film?' she asked. Yang Li-Kuo was so moved by the girl's question that he beckoned to her, embraced her and gave her a cassette of the film's soundtrack. *He had never experienced anything like it in Taiwan.""Ice-Dew Flower" received one of the two UNICEF Jury Special Mentions.*

The man award of this Jury went to the Iranian film "The Fish", by Kambuzia Partovi. The CIFEJ Jury presented its award to "A World of Difference" from Denmark. The jury children made a decision for Karts van der Meulen's playfully turbulent comedy, "At Stalling Speed" "because it portrays everything which we aren't allowed to do and which we wouldn't even dream of doing. We also liked the music and the imaginative design." The Austrian production "Tunnel Child" by Erhard Riedlsperger received the Children's Jury Second Prize.

Although it did not receive an award, the Canadian film "Manuel" left a deep impression. It is the story of a friendship between the rebellious 12-year-old Manuel and old Juan who had fought against the Franco-fascists in the Spanish Civil War. Historical documentary footage is unusually interwoven and both main actors, Nuno Da Costa as Manuel and Francisco Rabal as Juan, are very convincing. The director, François Labonté, was Kinderfilmfest guest for the second time. He had already attended in 1987 where his film "Henri" was awarded with the Children's Jury Prize.

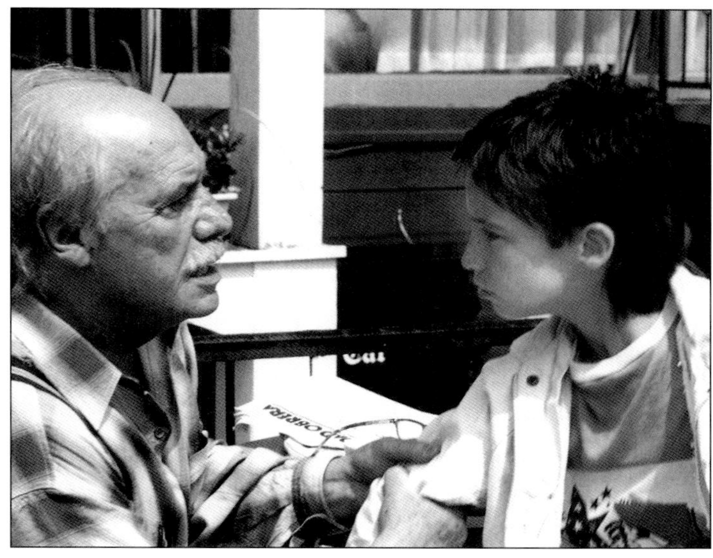

Der kanadische Film „Manuel"

The Canadian film "Manuel"

TUNNELKIND

Diesen Debütfilm von Erhard Riedlsperger brachte Festivaldirektor Moritz de Hadeln von einer Filmauswahlreise aus Wien mit.

Renate Zylla nahm seine Empfehlung gern an, denn österreichische Produktionen gab es selten beim Kinderfilmfest zu sehen. Doch vor allem war sie beeindruckt, wie ernsthaft und einfühlsam sich hier mit einem politischen Thema auseinandergesetzt wird.

Erhard Riedlsperger begann mit der Arbeit an „Tunnelkind" zu einer Zeit, als kaum ein Mensch daran glaubte, dass die Mauern in Deutschland und in den osteuropäischen Ländern fallen könnten. Bei Fertigstellung des Films gab es die Mauern, zumindest die sichtbaren, nicht mehr. Und trotzdem hat die Geschichte nichts an ihrer Gültigkeit verloren.

„Tunnelkind" spielt im Jahre 1969, kurz nach der Zerschlagung des „Prager Frühlings", an der Grenze zwischen der Tschechoslowakei und Österreich. Dort, in einem Dorf auf der österreichischen Seite, lebt die 13-jährige Julia. Seit dem Tod ihres Vaters spricht sie mit niemandem mehr. Dafür sitzt sie oft stundenlang an Briefen, die sie an ihren Vater richtet. Bei einer Mutprobe, zu der sie von den Dorfkindern herausgefordert wird, entdeckt das Mädchen einen Tunnel, der ins „Feindesland" führt. Doch der „Feind", ein älterer Mann in Uniform, verrät Julia nicht. Er heißt Roman und arbeitet als Vermesser bei den tschechischen Grenztruppen. Zwischen den beiden entwickelt sich eine enge Freundschaft. Nach und nach beginnt Julia wieder zu sprechen. Damit weitere heimliche Treffen möglich sind, entwickeln die beiden einen Plan, wie man die Grenze verwundbar machen kann. Doch einige Tage später ist die Baustelle geräumt und Roman fort ...

„‚Tunnelkind' prägt sich mit seinen intensiven, klaren Bildern ins Gedächtnis ein, wirkt noch lange nach, lässt Fragen aufkommen zum politischen Hintergrund des Films", schrieb Hans Strobel in der „KinderJugendfilmKorrespondenz" Nr. 42 / 2 '90, während Manfred Hobsch dort in seiner Kritik die starke Rolle von Julia hervorhob: „Silvia Lang als Julia trägt diesen Film, ihre Sehnsüchte und ihre Träume, ihre Verweigerung und ihr Aufbruch bestimmen die Geschichte."

Auch die Kinderjury war beeindruckt von der ergreifenden Handlung und von der schauspielerischen Leistung: „Wir fanden, dass die Hauptdarstellerin ihre Rolle sehr gut gespielt hat und genau ihre Gefühle darstellen konnte, dies lange Zeit sogar, ohne dabei zu reden."

„Tunnelkind" wurde von den elf Jungen und Mädchen der Jury mit dem zweiten Preis ausgezeichnet.

Österreich / *Austria* 1990

Stabliste / *Crew*

Regie / *Director*:	Erhard Riedlsperger
Buch / *Script*:	Erhard Riedlsperger, Peter Zeitlinger
Kamera / *Camera*:	Peter Zeitlinger
Schnitt / *Editor*:	Veronika Putz
Musik / *Music*:	Michael Mautner

Tunnel Child

Festival director Moritz de Hadeln brought this film, Erhard Riedlsperger's first feature, back from a selection trip to Vienna and Renate Zylla readily accepted his recommendation. Austrian productions were a rarity for the Kinderfilmfest. Above all she was most impressed by the sensitive and serious way in which the political theme was dealt with.

Erhart Riedlsperger started to work on "Tunnel Child" at a time when hardly anybody believed that the wall in Germany and the East European countries could possibly come down. By the time the film was finished the visible walls did not exist any more. However the film still had great relevance.

"Tunnel Child" is set in 1969, on the border between Czechoslovakia and Austria. It takes place shortly after the shattering events of the "Prague Spring". The 13-year-old Julia is living in a village on the Austrian side. Since her father died she has not spoken a word to anyone. Instead she sits for hours and writes letters to her father. During a test of courage forced upon her by the village children, Julia discovers a tunnel leading to "enemy land". The "enemy", an old man in uniform, does not betray her. His name is Roman and he works as a surveyor with the Czech border control. They develop a close friendship. Julia slowly begins to speak. To enable further secret meetings, the two develop a plan how to weaken the border. However some days later the building site has been cleared and Roman is gone ...

"'Tunnel Child' is memorable for its intensive, clear images. It leaves a lasting impression and one is left wondering about the political background", wrote Hans Strobel in the "KinderJugendfilmKorrespondenz" no. 42/2'90. At the same time Manfred Hobsch emphasized the strength of Julia's role: "Silvia Lang as Julia carries this film. Her longing and her dreams, her disobedience and her departure, define the story."

Darsteller / *Cast*

Julia	Silvia Lang
Roman	Josef Griesser
Mutter	Claudia Martini
Alexander	Volker Fuchs

Produktion / *Production*:	Teamfilm Produktion, Wien

The Children's Jury was also impressed by the gripping plot and the acting: "We found that the actress played her role very well. She could show her true feelings for a long time without saying a word."

"Tunnel Child" was runner-up for the eleven boys and girls from the jury.

Ich und Mama Mia
MIG OG MAMA MIA

Unter dem Titel „Tarzan Mama Mia" wollte das dänische Multitalent Erik Clausen – er ist Maler, Schauspieler, Bühnenautor, Zirkusdirektor und vor allem Filmregisseur – seinen sechsten Spielfilm herausbringen. Aufgrund von Urheberrechtsfragen aber musste er auf den Namen Tarzan im Titel verzichten. „Ich und Mama Mia" hieß der Film dann beim 13. Kinderfilmfest, später fand die deutsche Verleihfirma, dass der Titel „Das Pony im ersten Stock" werbewirksamer sei.

Dieser Film erzählt von der elfjährigen Rikke, die zusammen mit ihrem Vater in einer Kopenhagener Hinterhofwohnung lebt. Rikke hat es schwer. Sie muss mit dem Tod ihrer Mutter fertig werden und für den überforderten Vater den Haushalt machen. Oft träumt sie von früher, als die Familie noch zusammen war, und sie träumt von einem eigenen Pferd. Das gewinnt sie eines Tages bei einem Preisausschreiben. Mit aller Kraft setzt sie durch, dass das Island-Pony bei ihr bleiben darf, und findet dabei die skurilsten Verbündeten.

„Ungewöhnlich bei dieser Film-Komödie ist die Auswahl der Kinder-Darsteller. Sie alle wirken sehr natürlich, ob nun die schielende Protagonistin Rikke oder ihre Freundin Birgit mit ihren hervorstehenden Schneidezähnen, beide weisen lebensnahe und liebenswerte Schönheitsmakel auf", schrieb Martina Hey in einer Kritik für die Landesbildstelle Berlin und berichtete über die Arbeit des Regisseurs mit den Kindern: *„Um der Sprache und Ausdrucksweise von Kindern im Film gerecht zu werden, hat Erik Clausen bei den Dreharbeiten die Szenen zwar vorgegeben, doch sollte jedes Kind alles mit eigenen Worten spielen. Was dabei herausgekommen ist, beschreibt der Regisseur selbst: ‚wundervolle Genialität, die spontan herausbricht und die so selten im Film oder im Theater zu sehen ist'."*

„Ich und Mama Mia" erhielt von der UNICEF-Jury eine lobende Erwähnung und war der Publikumsliebling 1990.

Christina Haagensen as Rikke with her Tarzan

„Die ganze Geschichte, die Rikke da erlebt hat, ist toll! Weil ich mir nämlich auch so sehr ein Pferd wünsche. Der Film war auch so witzig. Er war wie ein Traum und trotzdem so, als wenn ich das alles wirklich erleben könnte."
Susanne, 9 Jahre

„Bei dem Film gefiel mir, dass Ludvig gar kein Bauerntölpel war und am Ende von den Kindern nicht mehr schlecht behandelt wurde, und dass der Uhrmacher aufgehört hat zu saufen."
Ole, 10 Jahre

„Dass Rikke so viele Freunde hat, die ihr helfen, mit dem Pferd Tarzan zu leben, fand ich gut. Keiner schimpft, alles ist so friedlich! Dass viele Kinder im Kino über den armen Ludvig und den Uhrmacher gelacht haben, finde ich nicht gut. Vielleicht hätte der Regisseur das etwas besser machen können."
Hans, 11 Jahre

Dänemark / *Denmark* 1989

Stabliste / *Crew*
Regie / *Director*: Erik Clausen
Buch / *Script*: Erik Clausen
Kamera / *Camera*: Morten Bruus
Schnitt / *Editor*: Leif Axel Kjeldsen

Me and Mama Mia

Multi talented Danish director Eric Clausen – who is also painter, actor, stagewriter and circus-director – originally wanted to call his sixth feature "Tarzan Mama Mia". However he was forced to do without the name Tarzan in the title because of copyright. The film was presented at the 13th Kinderfilmfest under the name of "Me and Mama Mia". The German distributors later found the title "The Pony on the First Floor", to be more commercial.

The film is about eleven-year-old Rikke who lives together with her father in a back-yard flat in Copenhagen. Rikke doesn't have it easy. She has to come to terms with the death of her mother and do the household chores for her over-stressed father. She often dreams of earlier times when the family was still together, and of having her own horse. One day she wins one in a competition. She does everything within her power so that her Iceland-pony can stay with her, finding the strangest allies in the process.

"The choice of child actors is exceptional in this comedy. They all seem so natural. Both the cross-eyed Rikke and her best friend Birgit, who has buck teeth, display lifelike and lovable blemishes", *wrote Martina Hey in a critique for the Institute for Media Education, Berlin. She also reported about the director's work with the children:* "During the shooting of the film, Erik Clausen described the scenes to the children but let them speak with their own words. This was done to achieve language and expression suitable to children. The director described the result as: 'inspired genius which broke out spontaneously and is seldom seen in either film or theatre.'"

"Me and Mama Mia" received a Special Mention from the UNICEF Jury and was the public favourite of 1990.

"The whole story experienced by Rikke is great! I myself would love to have a horse. The film was also funny. It was like a dream and something which could really happen at the same time."
Susanne, 9 years old

"In this film I liked how Ludvig wasn't really a simpleton and how in the end he wasn't badly treated by the others any more – and that the clock-maker stopped drinking."
Ole, 10 years old

"I liked it that Rikke had so many friends who helped her live together with the horse Tarzan. No one complains, it is all so peaceful. I didn't like it when many children in the cinema laughed about poor Ludvig and the watch-maker. Maybe the director could have done that better."
Hans, 11 years old

Darsteller / *Cast*	
Rikke	Christina Haagensen
Rikkes Vater	Michael Falch
Ludvig	Leif Sylvester Petersen
Uhrmacher	Erik Clausen
Produktion / *Production*:	Nordisk Film Production, Valby / Danmarks Radio & Det danske filminstitut, Kopenhagen

Kunstwerk Kurzfilm

Astrid Henning-Jensen, grand dame of Danish film, with her jury colleagues

„Bis nach Vietnam und China liefen die Drähte (...) heiß. Es ist nicht immer einfach, einen Kontakt herzustellen. Da wählt man eine Telefonnummer in Jakarta und am anderen Ende der Leitung ertönt Beethovens ,Mondscheinsonate'. Schöner kann es einem nicht gesagt werden, hier haben wir jetzt Nacht, dabei ist es bei uns erst Nachmittag. Da ist es schon ein kleiner Erfolg, wenn eine Antwort kommt. Aufregend wird es, wenn man plötzlich direkt miteinander spricht", war im Programmheft des Kinderfilmfestes der Berlinale zu lesen. Und wirklich, in diesem Jahr war der Schwerpunkt des Festivals Asien. Von den 11 Spielfilmen und 10 Kurzfilmen im Wettbewerbsprogramm kamen schon allein drei Produktionen aus der Volksrepublik China. In einer Sondervorführung wurde der japanische Film „Eine kleine Familie" vorgestellt, dem interessanterweise die Geschichte „Oma" von Peter Härtling als Vorlage diente. Eine Besonderheit bildeten der vietnamesische Film „Wanderzirkus" von der Regisseurin Viet Linh und die indonesische Produktion „Der Himmel ist mein Haus" des Regisseurs und Produzenten Slamet Rahardjo Djarot. Es war das einzige Jahr, in dem diese beiden Länder präsent waren. Der Film aus Indonesien wurde mit dem UNICEF-Preis und dem zweiten Preis der Kinderjury ausgezeichnet und handelt von der Freundschaft zweier Jungen aus unterschiedlichem sozialen Milieu. Während Andri aus einer reichen Familie stammt, lebt Gempol in den Wellblechhütten am Rande von Jakarta. Er muss mit dem Verkauf von Altpapier die Eltern unterstützen. Am liebsten möchte Gempol in sein Heimatdorf zurückkehren, bei der Großmutter leben und wieder zur Schule gehen. Als die Hütte seiner Familie von Planierraupen niedergewalzt wird, begibt er sich – unterstützt von Andri – auf den Weg zu seinem wahren Zuhause. *„Der mit Witz gemachte Film, der zugleich einen realistischen Einblick in die gegensätzlichen Welten gibt, in denen Kinder in Indonesien aufwachsen, überzeugt nicht zuletzt durch das Spiel der beiden Jungen"*, schrieben Christel und Hans Strobel in der „KinderJugendfilmKorrespondenz" Nr. 46/2 '91 und informierten darüber, dass Slamet Rahardjo Djarot seinen Hauptdarsteller „Gempol" nach den Dreharbeiten als Adoptivsohn aufgenommen hat.

In ihrer Gesamteinschätzung zum Programm bemerkten sie: *„Während in der Vergangenheit das Kinderfilmfest von Filmen aus der ČSSR (jetzt ČSFR) und der UdSSR mitgeprägt war, gab es in diesem Jahr keinen Beitrag aus diesen Ländern. (...) Es ist zu hoffen, dass dort möglichst schnell erkannt wird, welche Bedeutung Kultur für Kinder hat (...) und Produktionsstrukturen ermöglicht werden, die eine Kinderfilmproduktion am Leben erhalten. Dass die Produktion qualitativer Kinderfilme auf weite Sicht auch eine wirtschaftliche Seite hat, wird in diesen Zeiten zu leicht vergessen. (...) Während in den östlichen Ländern kapitalistische Kurzsichtigkeit die Oberhand zu bekommen scheint, gehen seit Jahren westliche Länder andere Wege. Dazu zählen die skandinavischen Länder, die eines der besten Kinder- und Jugendfilmförderungssysteme haben, und auch ein Land wie Kanada, wo schon seit längerem interessante Kinderfilme entstehen. Zwei Filme repräsentierten diese positive Entwicklung: ,Vincent und ich' von Michael Rubbo, elfter Film in der Reihe ,Märchen für alle' des kanadischen Produzenten Rock Demers, und ,Angel Square' von Anne Wheeler."* „Vincent und ich" gehört mit zu den besten Kinderfilmen der Produktionsfirma ,La Fête" und erhielt beim 14. Kinderfilmfest den ersten Preis der Kinderjury.

Diesmal war auch wieder Griechenland mit einem Kinderfilm vertreten. In „Der Floh" erzählt Regisseur und Drehbuchautor Dimitris Spyrou nach einer wahren Begebenheit die rührende Geschichte eines 12-jährigen Jungen, der allen Wider-

Short Films are Pieces of Art

Martina Hey introduces Ben Sombogaart, director of "The Mouse in the House"

"The lines to Vietnam and China were running hot. (…) It is not always easy to make contact. You dial the number for Jakarta and at the other end of the line you hear Beethoven's 'Moonlight Sonata'. The best is when you hear it's nighttime, whereby here it's still afternoon. It is already a small success when you get an answer at all. It is especially exciting when you suddenly start speaking directly with each other," *was written in the Kinderfilmfest brochure. And the focus of this year's festival was definitely Asia. Of the eleven features and ten shorts in competition, three alone came from China. The Japanese film "A Small Family" was to be screened out of competition and was based on the story "Grandmother" by German author Peter Härtling. Of special quality were the Vietnamese film "Travelling Circus" by Viet Linh and the Indonesian production, "My Sky, My Home", produced and directed by Slamet Rahardjo Djarot. That was the only year in which both these countries have taken part. The Indonesian film was awarded the UNICEF Prize and the Children's Jury Second Prize. It is the story of two boys with different social backgrounds. Andri's family is rich and Gempol lives in a tin shack on the outskirts of Jakarta. He has to support his parents by selling used paper. His greatest wish is to return to his home-village, to live with his grandmother and to go to school again. When a bulldozer flattens the shack, he undertakes, with the help of Andri, to make his way back to his real home. In the "Kinder-JugendfilmKorrespondenz no. 46 / 2 ' 91, Hans and Christel Strobel wrote:* "The film is made with humour and at the same time it provides a realistic impression of the contradictory world in which the children in Indonesia are growing up. Last but not least, the acting of the two boys is totally convincing." *They also wrote that Slamet Rahardjo Djarot adopted his leading actor after the shooting of the film had finished.*

In summing up the program they noted: "Contrary to the past when films from Czechoslovakia (now ČSFR) and the Soviet Union had been dominant, this year there were no entries from these countries to be seen. (…) Hopefully the fact that culture is important for children will soon become apparent there. And hopefully a structure will be created which will keep the children's film industry there alive. These days it is too easy to forget that the production of quality children's films also has its economic side. (…) While economic short-sightedness seems to have got the upper hand in the eastern countries, the western lands have long since taken on another direction. The Scandinavian countries also play a role here. They have one of the best funding systems for films for children and young people. The same goes for Canada, which has been producing interesting children's films for some time. Two films are indicative of this positive development: 'Vincent and Me' by Michael Rubbo, the eleventh film in the line-up, 'Fairytale for All' by Rock Demers and 'Angel Square' by Anne Wheeler." *"Vincent and Me" was one of the best films produced by "La Fête" and won the Children's Jury Prize at the 14th Kinderfilmfest.*

Greece was once again present with a children's film, which was written and directed by Dimitris Spyrou. "The Flea" is based on a true story and movingly portrays a 12-year-old boy who publishes a children's newspaper, against all odds. Dimitris Spyrou was so impressed by the atmosphere in Berlin that he went back to Greece and poured energy into initiating a children's film festival in his own country.

ständen zum Trotz eine Kinderzeitung herausgibt. Dimitris Spyrou war übrigens von der Atmosphäre in Berlin so beeindruckt, dass er mit viel Energie auch in seinem Land ein Kinderfilmfestival ins Leben rief.

1991 entschloss sich Renate Zylla, die Kurzfilme besser zu programmieren. Sie sollten, da sie doch längst einen eigenen Wettbewerb bildeten, aus der undankbaren Position des Vorfilms heraus. Deshalb wurden sie ab jetzt in Programmblöcken zusammengefasst. Diese Entscheidung brachte dem Kurzfilm als eigenständige künstlerische Kategorie eine ihm gebührende Aufmerksamkeit, und sie wurde von den Filmemachern, den Journalisten und nicht zuletzt vom Publikum dankbar angenommen. In diesem Jahr wurde auch der kürzeste Kurzfilm, der je beim Kinderfilmfest lief, präsentiert. Ganze 60 Sekunden, also genau eine Minute, dauerte der niederländische Beitrag „Die Schlafkammer" von Maarten Koopmann. Zunächst ist nur ein kleiner Hut auf einer leeren Fläche zu sehen, Stück für Stück kommt dazu, bis letztendlich eine Schlafkammer entstanden ist: Vincent van Goghs berühmtes Gemälde. Großen Anklang fand auch die Knetfigurenanimation „Creature Comforts" von Nick Park aus einem der erfolgreichsten britischen Studios, der Aardman Animations Ltd. Dieser witzige und freche Fünf-Minüter wurde von der Kinderjury mit einer lobenden Erwähnung bedacht und sollte kurze Zeit darauf einen Oscar bekommen.

Heitere fünf Minuten hatte auch der Brite Graham Ralph zu bieten. Aus seiner Feder stammte der Zeichentrickfilm „Die Spinne im Bad". Dies war sozusagen sein „Kinderfilmfest-Debüt". In den kommenden Jahren sollte er immer wieder mit seinen Arbeiten nach Berlin eingeladen werden. Bis heute ist Graham Ralph dem Festival eng verbunden: *„Als ich das erste Mal nach Berlin kam, empfing mich dort eine eisige Schneedecke, die in einem ausgeprägten Widerspruch zu der warmherzigen Gastfreundschaft von Renate Zylla und ihrem Team, den Organisatorinnen des Festivals, stand. Nachdem ich den größten Teil der Reise damit verbracht hatte, in meinem Mietwagen auf glatten Straßen herum zu schlittern, war die Ankunft im Hotel President eine richtige Wohltat für mich. Um der Premiere von meinem kurzen Pilotfilm ‚Spider in the Bath' beizuwohnen, schlurfte ich also über die Straße zum Kino in der Urania. Sofort fiel mir das tolle junge Publikum auf, das offensichtlich sehr großen Respekt vor den Filmen hatte. Dieser erste positive Eindruck hat sich auch später immer wieder bestätigt. Die Vorstellungen waren gut besucht, und die Filmbegeisterung der jungen Zuschauer war nicht zu übersehen. Worauf ich allerdings nicht gefasst war, waren die entlarvend schlauen Fragen im Kindertreff. Bei einer von ihnen war ich tatsächlich um eine Antwort verlegen, und ich schwor mir, mich beim nächsten Mal besser vorzubereiten! Unvergesslich bleiben mir auch die leckeren Würstchen und die Brötchen, die in der Urania verkauft wurden — ich weiß noch, dass meine Begeisterung dafür bei Renate und ihrem Team für große Belustigung sorgte. Nach dieser ersten, so uneingeschränkt positiven Erfahrung erkor ich Berlin zu meinem Lieblingsfestival und beschloss, meine Filme vorrangig dort einzureichen."*

In 1991 Renate Zylla decided to improve the programming of the short films. They had already had their own competition program for some time and now it was time to separate them from the unfortunate position they had always had, as pre-film to the features. They were now to be blocked together to form separate programs. The decision to separate the short films gave them the independence they deserved. It was heralded by the filmmakers, the journalists and not least of all the audiences. In this year the shortest short film ever to be seen at the Kinderfilmfest was screened. The Dutch entry "The Bedroom" by Maarten Koopmann lasted a whole 60 seconds — exactly one minute. At the beginning only a small hat in an empty space can be seen. Piece by piece the whole picture comes together to form a bedroom — Vincent van Gogh's famous painting. The clay model animation, "Creature Comforts" also went down well. The director of this film was Nick Park, from the well known British animation studio, Aardmann Animations Ltd. Five minutes long, cheeky and funny, Nick Park's film received a Special Mention from the Children's Jury and went on to win an Oscar a short time later.

The British director Graham Ralph also had a hilarious five minutes to offer with the animation film "Spider in the Bath". This was, so to say, his debut at the Kinderfilmfest. In future years he was often to be invited to attend the festival with his work. Graham Ralph is a close accomplice of the Kinderfilmfest, to this very day. "When I first arrived in Berlin I was met by a huge blanket of snow, which was a complete contrast to the warm welcome given by Renate Zylla and her team, the organisers of the festival. Having spent the greatest part of the journey sliding around in a hired car, arriving at the Hotel President was a real pleasure. To catch the premier of my short pilot-film 'Spider in the Bath', I slipped over to the Urania cinema. I was immediately struck by the young public, which obviously had huge respect for the film. This positive impression was to be affirmed again and again. The screenings were packed and you couldn't miss the young audience's excitement. I was thoroughly unprepared for the intelligent, critical questions at the children's meeting point. I was too embarrassed to answer one of them and swore to be better prepared the next time. I will never forget the delicious sausages and beer they served at the Urania — I know that my enthusiasm for them greatly amused Renate and her team. After this first unlimited success I declared Berlin to be my favourite festival and resolved to give it precedence for showing my films."

„Creature Comforts" von Nick Park

"Creature Comforts" by Nick Park

Wanderzirkus
GANH XIÊC RONG

Nur ein Mal konnte das Kinderfilmfest bisher eine Produktion aus Vietnam präsentieren. „Wanderzirkus" wurde von der Berlinale-Sektion „Internationales Forum des jungen Films" an das Kinderfilmfest herangetragen. *Diese eigenwillige Inszenierung machte mich zunächst etwas ratlos",* erinnert sich Renate Zylla,

„doch der in schwarz-weiß gedrehte Film vermittelte auf eine ganz merkwürdige Weise, dass er unheimlich wichtig ist." Lange wurde in der Auswahlkommission diskutiert. Doch das Mitglied Barbara Krämer (Landesbildstelle Berlin) machte sich für die vietnamesische Produktion stark.

Am Ende wurde dieser Film von der UNICEF-Jury mit einer lobenden Erwähnung bedacht.

Die 1952 in Ho Chi Minh-Stadt geborene Regisseurin Viet Linh hatte in Moskau an der Filmhochschule studiert und 1986 ihren ersten Spielfilm gedreht. In „Wanderzirkus" erzählt sie eine Geschichte, die in eine unbestimmte Zeit, in eine Welt voller Not und Armut führt.

Eine Zirkustruppe kommt in ein abgelegenes Dorf. Doch die Menschen dort haben kein Ohr für Musik und Zauberei. Sie leiden Hunger und sind in den Bergen unterwegs auf der Suche nach Gold. So lassen sich die Zirkusleute etwas einfallen: Sie zaubern Reis und verteilen den unter die Zuschauer. Dat, ein Junge aus dem Nachbardorf, ist begeistert und will den Trick lernen. Dabei kommt er dem „faulen Zauber" auf die Spur und entdeckt, dass die Zirkusleute eigentlich vorhatten, das Gold aus den Bergen zu ergaunern. Die Dorfbewohner vertreiben den Wanderzirkus und kommen zu der Erkenntnis: „Wir müssen arbeiten. Es gibt keinen Trick, um etwas zu essen zu bekommen."

„Die eindringlichen Schwarz-Weiß-Bilder machen den Film zu einem außergewöhnlichen und nachdenklich stimmenden Erlebnis", schrieben Hans und Christel Strobel in der „KinderJugendfilmKorrespondenz" Nr. 46/2 '91.

„Wanderzirkus", empfohlen für Kinder ab 11 Jahre, zog nicht nur die Erwachsenen in den Bann. Auch das junge Publikum ließ sich auf diese Reise in eine ihnen völlig fremde Welt ein.

„Der Film hat mir gut gefallen, weil er eine sehr traurige Geschichte erzählt, die wir uns nicht vorstellen können. Am traurigsten fand ich, dass alle Leute die Felder vergaßen und nur noch Gold suchten. Ich konnte kaum hinsehen, als die kleine Schwester vor Hunger weinte. Ich kann die Regisseurin verstehen, dass sie so einen traurigen Film gemacht hat. Ich glaube nicht, dass die Kinder in Vietnam viel lachen können."
Sarah, 10 Jahre

„Ich fand gut, dass man mal sieht, wie leicht Menschen verführbar sind, die in Armut leben und wenig wissen."
Benjamin, 10 Jahre

„Dat hat mir gefallen, weil er nicht nur an sich gedacht hat, sondern an alle im Dorf. Er und seine Schwester haben ein schweres Leben."
Alexander, 9 Jahre

Vietnam / *Vietnam* 1988	
Stabliste / *Crew*	
Regie / *Director*:	Viet Linh
Buch / *Script*:	Pham Thuy Nhan
Kamera / *Camera*:	Dinh Anh Dung
Schnitt / *Editor*:	Thien Hu'o'ng
Musik / *Music*:	Hoang Hiep

Travelling Circus

To this day, the Kinderfilm-fest has only been able to present a single film from Vietnam. "Travelling Circus" was passed on to the Kinderfilmfest by the Berlinale section "International Forum of New Cinema". "At first I was not sure what to do with this unusual production", remembers Renate Zylla, "however, this black and white film has a special way of letting you know that it is extremely important." Members of the selection commission discussed

Große Entspannung bei der Festivalleiterin und der Regisseurin nach der gelungenen Premiere von „Wanderzirkus"

Festival director and film director relax after the successful premier of "Travelling Circus"

this film at length. Barbara Kramer (Berlin Institute for Media Education) stood up strongly for the Vietnamese production, which eventually received a Special Mention from the UNICEF Jury.

Born in Ho Chi Minh City in 1952, director Viet Lin studied at the Moscow Film School and made her first feature in 1952. In "Travelling Circus" she tells a story which takes place at an indefinable time, in a world full of misery and poverty.

A circus arrives in an isolated village. However the people there have no idea of music or magic. They suffer from hunger and are making their way through the mountains to find gold. The circus people have an idea: they share out rice to the audience. Local boy, Dat, is excited and wants to learn the trick. He finds out that foul tricks have been played and that the circus people intend to steal the gold from the mountains. The villagers drive the travelling circus away and come to the conclusion that: "Magic does not bring food. We have to work."

"The forceful black and white images in the film suitably create an unusual, reflective atmosphere," *wrote Hans and Christel Strobel in "KinderJugendfilmKorrespondenz" no. 46 / 2 '91.*

"Travelling Circus", which is recommended from the age of 11, attracted not only adults. Younger audiences were also open for this journey into a foreign world.

"I liked the film because it tells a very sad story which we cannot possibly imagine. The saddest was that the people forgot all about the fields and became obsessed by the search for gold. I could hardly look as the younger sister was crying for hunger. I can understand the director that she made such a sad film. I don't think that children in Vietnam laugh very much."
Sarah, 10 years old

"It was good that the film showed how people who are living in poverty and who know so little can be cheated."
Benjamin, 10 years old

"I liked Dat because he didn't only think of himself, but also everyone in the village. He and his sister have a hard life."
Alexander, 9 years old

Darsteller / *Cast*	
	The Anh
	Thai Ngan
	Bac Son
	Vien Minh
Produktion / *Production*:	Giai Phong Film Studio, Ho Chi Minh City

Lass die Eisbären tanzen
LAD ISBJØRNENE DANSE

Schon mit 15 Jahren begann Regisseur Birger Larsen beim Film zu arbeiten. Damals, 1978, spielte er den schüchternen Teenager Claus, eine Hauptrolle, in Søren Kragh-Jacobsens Film „Willst du meinen hübschen Bauchnabel sehen?". Bei ihm und auch bei Bille August lernte er dann als Regieassistent sein Handwerk.

1991 kam er mit seinem ersten Spielfilm nach Berlin. Auf die Frage wäh-

Unbeholfene Begegnung: Lasse und sein Vater

A clumsy meeting between Lasse and his father

rend der Pressekonferenz, warum aus Dänemark kontinuierlich so gute Filme kommen, antwortete er lachend: *„Wir profitieren davon, dass wir zusammenhalten wie in einer Familie!"*

„Lass die Eisbären tanzen" wurde vom großen und kleinen Festivalpublikum begeistert angenommen.

Im Mittelpunkt des Films steht der 12-jährige Lasse. Er ist mit sich und der Welt zufrieden, nur die Welt, speziell die Lehrer, nicht mit ihm. Zum Glück nimmt ihn sein Vater immer in Schutz. Doch dann zerbricht die Familie. Die Mutter hat einen neuen Mann gefunden, und Lasse muss mit zu ihm ziehen. Der neue Freund der Mutter will aus dem Jungen einen Musterknaben machen. Lasse wird zwar Klassenbester, ist dafür aber sehr einsam. Er sehnt sich nach seinem Vater und findet am Schluss zu ihm und vor allem zu sich selbst zurück.

„Birger Larsen hat das Problem der elterlichen Trennung in amüsanter Weise aus Lasses Perspektive aufgearbeitet", schrieb Silke Bartlick im „FWU Magazin" 2/1991 und berichtete weiter: *„Der Debütfilm dieses jungen Mannes (...) läuft auch im Abendprogramm des dänischen Kinos bereits mit großem Erfolg. Er wurde von zweien der drei Berliner Jurys lobend erwähnt und ist ein weiteres Beispiel für die überzeugende Kinder- und Jugendfilmproduktion der Skandinavier. "*

„Ein veritabler Kinofilm, der die eineinhalb Stunden seiner Laufzeit zu neunzig kurzweiligen Minuten werden lässt", stellte Bernt Lindner in der „KinderJugendfilmKorrespondenz" Nr. 45 / 1 '91 fest. *„Die dabei eingesetzte Dramaturgie ist ungewohnt, anders ausgedrückt: Sie ist unbekümmert (...), nimmt Sprünge und Brüche nonchalant in Kauf und spielt damit, sie drückt aufs Tempo, pfeift auf logische Continuity und setzt lieber auf Überraschung im Szenenablauf und in den Dialogen. „Frechheit siegt', von diesem Motto hat sich Regisseur Larsen offenbar leiten lassen und damit voll auf Risiko gesetzt. Was fast noch erstaunlicher ist: Sein Produzent hat nicht versucht, seine charmante Ecken- und Kanten-Dramaturgie glattzuhobeln. Glückliches Dänemark, wo Unterhaltung im Kino noch kein Schimpfwort ist und nicht als Oberflächlichkeit diffamiert wird! Gespür für Kino steckt dahinter!"*

Dänemark / *Denmark* 1990

Stabliste / *Crew*

Regie / *Director*:	Birger Larsen
Buch / *Script*:	Birger Larsen, Jonas Cornell
nach einem Roman von / *adapted from a novel by*	Ulf Stark
Kamera / *Camera*:	Björn Blixt
Schnitt / *Editor*:	Birger Møller Jensen
Musik / *Music*:	Frans Bak, Bent Fabricius-Bjerre

Dance of the Polar Bears

Director Birger Larsen had already started working with film at the age of 15. In 1978 he played the lead of Claus, a shy teenager, in Søren Kragh Jacobsen's film "Wanna See My Beautiful Navel?". He went on to learn the skills of film making from Kragh Jacobsen and Bille August. In 1991 he came with his first feature to Berlin. During the press conference he was asked why a there is always a continuous flow of quality films coming out of Denmark. He answered with a smile: "We profit from sticking together like a big family!"

"Dance of the Polar Bears" was welcomed approvingly by the younger and older festival-audiences.

Center of the film is the 12-year-old Lasse. He is content with himself and the world, but the world – especially his teachers – is not happy with him. Luckily, his father always takes his side. However the family falls apart, the mother gets a new man and Lasse has to move in with them. The new boyfriend then tries to make a model child out of Lasse who becomes top of the class and consequently very lonely. He longs for his father and in the end finds a way back to him and above all to himself.

"Birger Larsen deals humorously with the problem of separating parents, as seen through Lasse's eyes", *wrote Silke Bartlick in "FWU Magazin" 2/1991. Further:* "This young man's debut feature has already been screened in the evening program of Danish cinemas, with great success. The film received a Special Mention from two of the Berlin Juries and is yet another example of those pleasing Scandinavian productions for children and youth."

Darsteller/*Cast*	
Lasse	Anders Schoubye
Vater	Tommy Kenter
Mutter	Birthe Neumann
Produktion/	
Production:	Metronome Productions A/S, Valby/Det danske filminstitut, Kopenhagen

"A real cinema film. The one and a half hours are no longer than a snappy ninety minutes", *established Bernt Lindner in the "KinderJugendfilmKorrespondenz" no. 45/1'91.* "The dramaturgy is unusual. It is carefree (...), progressing in leaps and bounds, it pressures the pacing, couldn't care less about logical continuity and prefers to create surprises in the order of the scenes and in the dialogues. Director Birger Larsen has taken the full risk of allowing himself to be lead by the motto 'cheek gets you everywhere'. Even more amazing is that his producer did not try and smooth out the charming dramaturgical bumps and jumps. Lucky Denmark, where entertainment in the cinemas is not a dirty word, nor is it looked down upon as superficial. That's true cinema feeling!"

Und immer wieder Dänemark

Ein Jubiläum lag an, das 15.! Und dieses Jubiläum sollte begangen werden mit einer Retrospektive von Filmen aus dem „Kinderfilmland" Nr. 1, aus Dänemark. *„Es lag mir fern"*, erklärte Renate Zylla, *„das zu beklagen, was in den frühen 90ern wegfiel, nämlich der Kinderfilm aus den sozialistischen Ländern, insbesondere aus der ČSSR. Ich wollte das herausstellen, was uns all die Jahre kontinuierlich begleitet hatte und von dem ich mir wünschte, dass es uns auch in Zukunft weiter begleiten wird."* Mit der Unterstützung von Lissy Bellaiche vom Dänischen Filminstitut stellte die Festivalleiterin ein Programm zusammen, das nicht nur die „Highlights" der 70er und 80er Jahre, sondern auch die Anfänge der dänischen Kinderfilmproduktion dokumentierte. So waren in der Retrospektive zum Beispiel der erste Zeichentrickfilm „Das Feuerzeug" von 1946 und die Familienkomödie „Vater von Vieren" aus dem Jahre 1953 zu sehen. Große Beachtung fanden zwei Arbeiten, die mittlerweile zu den Klassikern des Kinderfilms zählen: „Die verdammten Gören" des Filmemacher-Ehepaares Astrid und Bjarne Henning-Jensen von 1947 und „Pao aus dem Dschungel", der 1959 unter der Regie von Astrid Henning-Jensen entstand. Aus der jüngeren Vergangenheit wurden vor allem Produktionen vorgestellt, die schon einmal beim Kinderfilmfest mit großem Erfolg gelaufen waren. So gab es ein Wiedersehen mit Filmen von Søren Kragh-Jacobsen, mit „Otto ist ein Nashorn" von Rumle Hammerich und „Busters Welt" von Bille August.

Aber auch im Wettbewerbsprogramm waren dänische Filme platziert und sollten mit zu den Preisträgern gehören. Zu seinem Jubiläum konnte das Kinderfilmfest eine außergewöhnlich hohe Anzahl von Einreichungen verzeichnen. 190 Titel, davon 104 Spielfilme, hatte die Auswahlkommission, in der – neben Renate Zylla, Manfred Hobsch und Dorothea Holloway – nun erstmalig auch der Regisseur Helmut Dziuba und Barbara Hoffmann von der Landesbildstelle Berlin mitarbeiteten, zu sichten. Schließlich zählten zehn Spielfilme und zwölf Kurzfilme aus dreizehn Ländern zum Festivalprogramm 1992.

Eröffnet wurde das 15. Kinderfilmfest in der ausverkauften Urania mit dem niederländischen Beitrag „Das Taschenmesser". Der Regisseur Ben Sombogaart kam voller Hoffnung nach Berlin: *„Wieder war die ganze Crew dabei, auch der neunjährige Hauptdarsteller Olivier mit seiner Mutter. (...) Die Reaktion des Publikums und der Presse übertrafen unsere kühnsten Erwartungen. Wir dinierten im Café Einstein. Ausgelassen und optimistisch fuhren wir heim. Vielleicht gewinnen wir wieder einen Preis. Der Verleiher wollte den Film mit zehn Kopien herausbringen. (...) Es gab Gerüchte, dass ... Es kam kein Anruf. Keine Renate. Kein Preis. Nichts. Bittere Tränen, Enttäuschung. Aber nicht lange. „Het Zakmes" wurde ein enormer Erfolg im In- und Ausland."* Die Kin-

Denmark – Time and Again

The 15th festival – a jubilee! A retrospective line-up of films from number one children's film country, Denmark, was planned in its honour. "I found it difficult to complain about the fact that children's films from the socialist countries, particularly from the Czech Republic, had become rare in the 1990's. I wanted to point out what had been accompanying us through all those years and what I hoped would continue to accompany us," *declared Renate Zylla. Supported by Lissy Bellaiche of the Danish Film Institute, the festival director composed a program of films that not only included highlights of the 1970's and 1980's but also documented the beginnings of Danish children's film production. For example, "The Tinder Box", the first animation film made in 1946, and the family comedy "Father of Four", made in 1953, could be seen. Two productions which had become children's film classics: "Naughty Little Kids" by the film-making couple Astrid and Bjarne Henning-Jensen and "Pao of the Jungle" made in 1959 by Astrid Henning-Jensen, were greatly praised. There was a dominance of productions, which had more recently had successful screenings at the Kinderfilmfest. Films by Søren Kragh Jacobsen, "Otto is a Rhino" by Rumle Hammerich and "Buster's World" by Bille August could once again be seen.*

Danish films were also screened in competition and would become award winners. The Kinderfilmfest received an extraordinary number of entries for its jubilee program. The selection commission, consisting now of Renate Zylla, Manfred Hobsch and Dorothea Holloway as well as – for the first time – director Helmut Dziuba and Barbara Hoffmann from the Institute for Media Education, considered a total of 190 productions, including 104 features. The festival program of 1992 ended up with ten feature films and twelve short films from thirteen countries.

The 15th Kinderfilmfest opened in a sold out Urania with the Dutch film "The Penknife". Director Ben Sombogaart remembers how he came to Berlin full of hope: "Once again the whole crew was there, including the nine-year-old leading actor, Olivier, with his mother. (…) The reactions of the audiences and the press exceeded our expectations. We dined at Café Einstein.

We returned home relaxed and with optimism. Perhaps we would once again win an award. The distributors wanted to release the film with ten prints. Rumour had it that … There was no phone call. No Renate. No prize. Nothing. Bitter tears, disappointment. But not for long. 'Het Zakmes' was a huge success both nationally and internationally." *This time the Children's Jury had decided for two Asian films. It came as a great surprise when they presented their main award to the Chinese director, Guang Chunlan, for "Drummer from the Houyan Mountains". Their second choice was the Japanese production "The Shimanto*

"Pao of the Jungle", a film by Astrid Henning-Jensen

derjury hatte sich diesmal für zwei Filme aus Asien entschieden. Für viele überraschend vergaben die Kinder ihren ersten Preis an die chinesische Regisseurin Guang Chunlan für „Der Trommler vom Flammenberg", mit dem zweiten zeichneten sie die japanische Produktion „Der Shimanto Fluss" aus. In ihrer Begründung wurde deutlich, wie stark das Interesse der Kinder an fremden Lebensweisen ist:*„Wir haben den Film ‚Der Trommler vom Flammenberg' ausgewählt, weil man eine Menge von der Kultur des Volkes der Uighuren mitbekommt. Besonders die Kostüme, die Volksmusik, das Trommelspiel des Jungen und die Landschaft stachen uns ins Auge."*

Als ein besonders gelungener Film der Londoner Children's Film Unit (CFU) wurde „Howards Handel" vorgestellt. In der CFU, 1981 von Regisseur Colin Finbow gegründet, wurden damals Kinder und Jugendliche an den technischen wie den künstlerischen Produktionsprozessen beteiligt.

Die Bundesrepublik Deutschland war in diesem Jahr mit zwei Koproduktionen – dem russisch-deutschen Märchenfilm „Das scharlachrote Blümchen" und Kai Wessels Kinderfilmdebüt „Das Sommeralbum" – sowie mit dem DEFA-Film „Elefant im Krankenhaus" vertreten. Die Regisseurin Karola Hattop, nicht zum ersten Mal zu Gast beim Kinderfilmfest, konnte jedoch mit ihrer neuen Arbeit nicht so recht überzeugen. So war in der „KinderJugendfilmKorrespondenz" Nr. 50/2 '92 zu lesen:*„Allerdings bleibt ‚Elefant im Krankenhaus' hinter den DEFA-Kinderfilmen, die den internationalen Ruf dieser Sparte ausmachten, zurück. So manche chargenhafte Szene (etwa mit ‚Schwester Isolde' im Krankenhaus, wobei es sich um die Schauspielerin Gudrun Ritter handelt, deren differenzierte Darstellung in Dziubas Film ‚Verbotene Liebe' als couragiert-verständnisvolle Lehrerin noch im Gedächtnis ist) erinnert an die biederen bundesdeutschen Familienfilme der 50er Jahre, deren Zeit eigentlich als überwunden gilt."*

Die Filme aus Skandinavien dagegen bewegten – wie immer – die Gemüter, ob der turbulente schwedische Animationsfilm „Kalle Stropp und der Frosch Bcll – In schwindelnder Höhe", Birger Larsens „Der große Wagen" oder aber „Møv und Funder", das Spielfilmdebüt des dänischen Regisseurs Niels Gråbøl. Darin geht es um die komplizierte Freundschaft zwischen zwei Außenseitern. „Møv und Funder" wurde in der Presse für seine bewegenden ungeschönten Bilder gelobt und erhielt auch beide Preise der internationalen Fachjurys. Die Mitglieder der CIFEJ-Jury, Izchak Choval aus Israel, Vidgis Lian aus Norwegen und Kristin Langer aus der Bundesrepublik Deutschland, begründeten ihre Entscheidung so:*„In seinem Spielfilmdebüt entwickelt Niels Gråbøl eine Geschichte für Kinder mit hoher Professionalität bei der technischen und künstlerischen Realisierung. Der Junge Møv sehnt sich nach einem richtigen Freund. Er trifft auf einen verletzten Straffälligen, dem er helfen will. In der anfangs ungleichen Freundschaft wächst Møv und wird selbstsicherer. Die Geschichte ist universal in dem Sinne, dass Kinder sie weltweit verstehen und nachempfinden können."* Die UNICEF-Jury, der 1992 Yukiko Hibino aus Japan, Valerie Petoné aus Italien, die dänische Vertreterin Anette Pilmark, Zdenek Troska aus der Tschechoslowakei und die deutsche Fernsehredakteurin Dagmar Ungureit angehörten, betonte:*„Der Film erzählt auf anschauliche und nachvollziehbare Weise die ungewöhnliche und menschliche Geschichte der Freundschaft zwischen dem 12-jährigen Møv und dem 22-jährigen Funder. Auf der Suche nach Liebe, Zuneigung, Verantwortung und Würde bieten beide Protagonisten dem Zuschauer ausreichend Identifikationsmuster. Dem Film gelingt es, dramaturgisch professionell in geschickt gebauten Spannungsbögen mit aufregenden wie witzigen Szenen einen kritischen Blick auf heutige Alltagsrealität zu werfen und lässt auf sensible Weise ein Gefühl für Solidarität entstehen."*

„Immer wieder Dänemark" – beinahe ein geflügeltes Wort beim Kinderfilmfest – sollte auch für das kommende Jahr gelten.

River". Their explanation clearly indicated the children's strong interest in foreign countries. "We chose the film 'Drummer from Fire Mountain' because you can learn so much about the people living in the Sinkiang-Uighur area of China. We were particularly enchanted by the costumes, the folk-music, the boy's drumming and the landscape."

"How's Business" was an especially successful film produced by the London Children's Film Unit. The Unit, founded by Colin Finbow in 1981, was then a place where children and teenagers got to participate in technical and artistic production processes.

Germany was present this year with two co-productions: the Russian-German fairytale film, "The Scarlet Flower" and Kai Wessel's debut film for children, "The Summer Album"."An Elephant in Hospital" was produced by the East German Film Studios (DEFA). This was not the first time that director Karola Hattop had participated in the Kinderfilmfest, but her latest film was unconvincing. Written in the "KinderJugendfilmKorrespondenz" no. 50/2 '92:

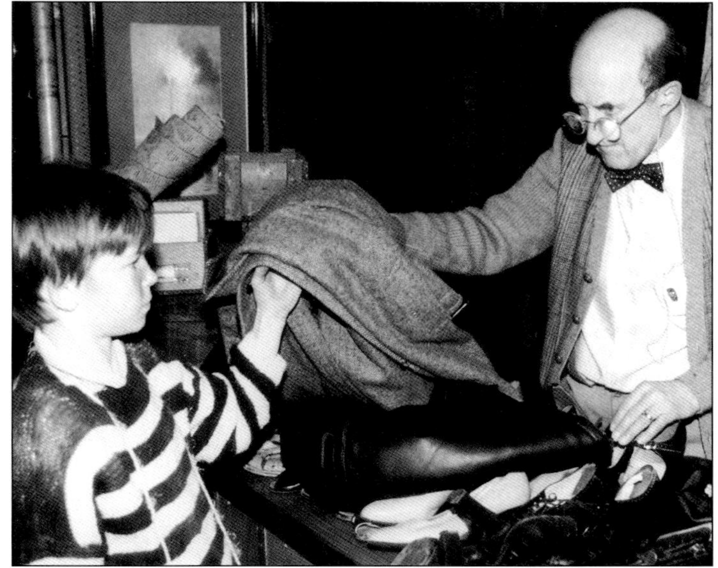

"However 'An Elephant in Hospital' is a far cry from the usual children's films produced by the East German Film Studio, which has made a name for itself in the past. Several scenes (for example 'Sister Isolce' in hospital, whereby it is more about the actress Gudrun Ritter, whose fine portrayal of an understanding teacher in Helmut Dziuba's 'Forbidden Love', stays in the memory) are reminiscent of conservative, outdated West German family films made in the 1950's."

"Howards Handel"

"How's Business"

As usual, Scandinavian films – whether the turbulent Swedish animation film "Charlie Strapp and Froggi Ball – Flying High", Birger Larsen's "The Big Dipper" or the debut feature of Danish director Niels Gråbøl, "The Hideaway" – all succeeded in stirring up feelings. The latter is the story of a complicated relationship between two outsiders. "The Hideaway" was praised in the press for its moving and revealing portrayal and it received the main award from both international juries. The members of the CIFEJ Jury, Izchak Choval from Israel, Vidgis Lian from Norway, and Kristin Langer from West Germany, explained their decision: "In his feature film debut, Niels Gråbøl has made a story for children that is highly professional, both technically and artistically. Young Møv longs for a real friend. He meets a wounded convict who he wants to help. During the initially imbalanced friendship, Møv grows and develops self-confidence. The story is universal in the sense that children all over the world will be able to understand and empathise with it." The UNICEF Jury, consisting of Yukiko Hibino from Japan, Valerie Petoné from Italy, the Danish representative Anette Pilmark and the German television editor, Dagmar Ungureit, stressed that: "The film vividly and clearly portrays the unusual and humane story of the friendship between the 12-year-old Møv and the 22-year-old Funder. Searching for love, closeness, responsibility and dignity, the two protagonists offer the audience much room for identification. The film portrays exciting as well as funny scenes and throws a critical glance on everyday life. The professional dramatic structure cleverly utilizes suspense. It sensitively leaves you with a feeling of solidarity."

"Denmark – Time and Again" – almost a figure of speech at the Kinderfilmfest – would still be valid the following year.

DAS SOMMERALBUM

Josefine mit ihren Brüdern und Freunden auf dem Weg zur höchsten Düne

Josefine with her brothers and friends on the way to the highest sand-dune

Zwei sehr unterschiedliche deutsche Spielfilme waren im Programm des 92er Kinderfilmfestes zu sehen. Während Karola Hattops „Elefant im Krankenhaus", eine der letzten DEFA-Kinderfilmproduktionen, in der Gegenwart spielt, erzählt Kai Wessel eine Geschichte aus dem Jahre 1905. An der kurischen Nehrung in Litauen verlebt die elfjährige Josefine zusammen mit ihrer Mutter und den beiden Brüdern die Sommerferien. Josefine fühlt sich dort sehr allein und von allen ausgeschlossen. Doch dann bekommt sie einen Fotoapparat geschenkt und entdeckt für sich eine ganz neue Welt.

Inspiriert von den Lebenserinnerungen eines französischen Fotografen wollte die Drehbuchautorin Beate Langmaack aufzeigen, wie die Faszination für eine künstlerische Aufgabe Menschen helfen kann, zu sich selbst zu finden. Dabei war ihr, zusammen mit Regisseur Kai Wessel und Kameramann Achim Poulheim, daran gelegen, konsequent in der Zeit um 1900 zu bleiben. Das wird durch die verschiedensten Stilmittel auch wirklich erreicht. So sind die Dialoge in der steifen, etwas hölzern wirkenden Sprache von damals verfasst, als Ambiente dient das ehemalige Ferienhaus von Thomas Mann, also Idylle pur, und eine besondere Farbgebung, erzielt durch ein spezielles Bleichverfahren, verstärkt das Nostalgische dieser Geschichte.

„Der zweite Spielfilm des 1961 geborenen Hamburger Regisseurs Kai Wessel, der für seinen Erstlingsfilm ‚Martha Jellneck' einen Bundesfilmpreis erhielt, überrascht durch eine für einen Beinahe-Debütanten erstaunliche handwerkliche Qualität der Inszenierung", schrieb Reinhard Kleber in der „KinderJugendfilmKorrespondenz" Nr. 50/2'92 und hob vor allem *„die exzellente Fotografie"* sowie die darstellerische Leistung von Hanna Mattes hervor: *„Besonders reizvoll spielt die junge Hanna Mattes, im Film wie im Leben die Tochter der Schauspielerin Eva Mattes, als Josefine. Während die Mutter als steife Gesellschaftsdame zu verhalten agiert, weiß die Tochter auf ihrer Entdeckungsreise ins Reich der fotografischen Bilder durch ihre unbekümmerte Darstellung mitzureißen."*

Interessanterweise fielen die Meinungen der Kinder zu dem Film „Das Sommeralbum" entweder extrem positiv oder extrem negativ aus.

„Eigentlich hat mir alles gut gefallen, besonders dass man sich richtig in die Zeit von früher hineinversetzen konnte."
Katharina, 12 Jahre

„Beim Sehen dieses Films empfand ich keinen richtigen Höhepunkt. Ehrlich gesagt, habe ich mich etwas gelangweilt."
Sarah, 11 Jahre

„Ich fand es gut, dass der Film im Jahr 1905 spielte. Das war mal etwas anderes."
Juliane, 12 Jahre

„Die manchmal so geschwollene Sprache hat mir nicht gefallen. Es hätte auch mehr ‚action' sein können."
Rita, 11 Jahre

Deutschland, Litauen / *Germany, Lithuania* 1991

Stabliste / *Crew*
Regie / *Director*: Kai Wessel
Buch / *Script*: Beate Langmaack
Kamera / *Camera*: Achim Poulheim
Schnitt / *Editor*: Sabine Jagiella
Musik / *Music*: Igor Wassiliewitsch Katjukow

The Summer Album

Two quite different German features were in the programme of the 1992 Kinderfilmfest. While Karola Hattop's film 'An Elephant in Hospital'— one of the last DEFA (East German Film Studio) children's films — took place in the present, Kai Wessel set his story in 1905. Eleven-year-old Josefine passes the summer holidays with her mother and two brothers in a sand-dune landscape in Lithuania. At first she feels very lonely and ignored by the others. Then she receives a camera and discovers a whole new world.

Inspired by the memoirs of a French photographer, scriptwriter Beate Langmaack wanted to show how fascination for something artistic can help people find out about themselves. At the same time she wanted — along with director Kai Wessel and cameraman Achim Poulin — to keep the film set within the early 1900's. Various stylistic techniques helped achieve this. The dialogue is stiff and slightly wooden, reflecting the formality of those times. An idyllic atmosphere is created by the setting in Thomas Mann's former holiday house and the specially created washed out colours create a feeling of nostalgia.

"Hamburg director Kai Wessel, born in 1961, has already received the German Film Award *(Bundesfilmpreis)* for his film debut, 'Martha Jellneck'. Surprisingly enough for an almost beginner, his second feature displays astonishing directing skills", *wrote Reinhard Kleber in "KinderJugendfilmKorrespondenz" no. 50/2 '92. He praised* "the excellent camera work" *as well as Hanna Mattes' acting:* "The young Hanna Mattes plays the role of Josephine, the daughter of Eva Mattes — also in real life — especially well. While the mother is portrayed as a stiff society lady, the carefree daughter manages to draw one into her newly discovered and evolving world of photographic images."

Interestingly enough, the children's written opinions for this film are either very positive or quite negative.

"Actually I liked everything about this film, especially the fact that it took me back to an earlier time."
Katharina, 12 years old

"There was no real climax in watching this film. To tell the truth, I was quite bored."
Sarah, 11 years old

"I did not like the language which was sometimes pompous. There could have been more action."
Rita, 11 years old

Darsteller / *Cast*	
Josefine	Hanna Mattes
Mutter	Eva Mattes
Zacharias	Wanja Mues
Bartholomäus	Jan Hinrichsen
Produktion / *Production*:	Ottokar Runze Filmproduktion, Berlin / Dom Produktions und Vertriebs GmbH, Odessa / NDR, Hamburg

DasTaschen-messer
HET ZAKMES

Regisseur Ben Sombogaart war dem Berliner Kinderfilmfestpublikum kein Unbekannter mehr, als er mit seinem Film „Das Taschenmesser" 1992 zum Festival kam. 1989 wurde sein Spielfilmdebüt „Mein Vater wohnt in Rio" von der Kinderjury mit einem Preis bedacht, zwei Jahre später lief sein Kurzfilm „Die Hausmaus" im Festivalprogramm. Hier spielte Olivier Tuinier erstmals eine Hauptrolle.

Dementsprechend hoch waren die Erwartungen an Ben Sombogaarts zweiten Spielfilm, und sie wurden erfüllt. „Das Taschenmesser" gehörte zwar nicht zu den Preisträgern, war aber der Publikumsliebling des 15. Kinderfilmfestes.

Erzählt wird die Geschichte von dem sechsjährigen Mees, dargestellt von Olivier Tuinier, der sich auf die Suche nach seinem Freund Tim begibt. Tims größter Schatz, ein Taschenmesser, ist versehentlich in Mees Schulmappe gelandet, und nun setzt Mees alles daran, seinem Freund das Messer zurückzugeben. Kein leichtes Unterfangen, denn Tim ist gerade in eine andere Provinz gezogen ...

„Das Taschenmesser" bezauberte kleine wie große Festivalbesucher vor allem durch seinen Witz und Humor, aber auch durch seine Warmherzigkeit. Während nach einer medienpädagogischen Einschätzung der Landesbildstelle Berlin der Film als „reiner Unterhaltungsfilm" bewertet wurde, beurteilte die ZDF-Redakteurin Dagmar Ungureit „Das Taschenmesser" weitaus differenzierter. Sie führte den Erfolg des Films beim Publikum u.a. auf die intensive Arbeit des Regisseurs mit den Kinderdarstellern zurück: „Ben Sombogaart nimmt seine kleinen Darsteller ernst und geht bei den Dreharbeiten auf ihre eigenen Anregungen ein, lässt sie am kreativen Entstehungsprozess teilhaben. Diese Kooperation ist in den Filmen spürbar, denn die Kinder verkörpern ihre Filmfiguren mit großer Sensibilität und vollkommenem Einfühlungsvermögen. (...) Schade ist, dass der Film am Anfang (...) nicht so schnell in Gang kommt. (...) Ansonsten ist ‚Das Taschenmesser' aber ein kurzweiliger, heiterer, auch komischer Film, der gerade die im Kino so oft zu kurz kommende sehr junge Altersstufe anspricht – aber nicht nur diese."
(„KinderJugendfilmKorrespondenz" Nr. 50 / 2 '92)

Die Sechs- und Siebenjährigen machten ihrer Begeisterung Luft, indem sie Bilder malten oder mit Hilfe von Erwachsenen ihre Meinung zu Papier brachten.
„Mir hat gefallen, dass Mees unbedingt das Taschenmesser zurückbringen wollte."
Sascha, 7 Jahre
„Der ganze Film war gut. Besonders wie der Vater an den Fernseher einen Scheibenwischer angebaut hat, und dass Tim und Mees sich im Fernsehstudio getroffen haben, war super."
Kevin, 7 Jahre

Niederlande / *Netherlands* 1991

Stabliste / *Crew*
Regie / *Director*: Ben Sombogaart
Buch / *Script*: Sjoerd Kuijper
Kamera / *Camera*: Reinier van Brummeler
Schnitt / *Editor*: Herman P. Koerts
Musik / *Music*: Karel von Kleist

The Penknife

Director Ben Sombogaart was not unknown to Berlin Kinderfilmfest audiences when he came with his film "The Penknife" to the festival of 1992. The Children's Jury had already awarded his debut feature "My Father lives in Rio" in 1989 and his short film "The House Mouse" screened in the festival two years later. It was in this film that Oliver Tuinier played a leading role for the first time.

The subsequent high expectations were not disappointed. "The Penknife" did not receive an award but it was an audience favourite at the 15th Kinderfilmfest.

It is the story of the 6-year-old Mees, played by Oliver Tuinier, who goes searching for his friend Tim. Tim's greatest treasure, his penknife, has accidentally landed in Mees' schoolbag. Mees does everything possible to return the knife. It's not so easy because Tim has just moved to another province ...

"The Penknife" enchanted both big and small viewers with its wit and humour as well as its warm-heartedness. While a media-educationalist at the Berlin Institute for Media Education judged the film as "purely entertainment", the ZDF editor Dagmar Ungureit was more differentiated in her opinion. She traced the success of the film back to the intensive cooperation between the director and the child actors: "Ben Sombogaart took his young actors seriously and listened to their reactions during the shooting of the film. He let them be part of the creative process. You can really sense this cooperation in the film. The children embody their film-roles with great sensitivity and feeling. (...) It is a shame that the film doesn't really get going sooner. (...) Despite this 'The Penknife' is a snappy, amusing and funny film suitable for the very young – but not only."

("KinderJugendfilmKorrespondenz" no. 50/2'92)

Darsteller/*Cast*

Mees	Olivier Tuinier
Tim	Verno Romney
Mees' Vater	Genio de Groot
Mees' Mutter	Adelheid Roosen

Produktion/
Production: Bos Bros. Film –
TV Productions,
AD Naarden

Six and seven-year-olds expressed themselves with drawings or they asked adults to help them write something down.

"I liked it that Mees wanted to bring back the pocketknife at all costs."
Sascha, 7 years old

"The whole film was good. I especially liked it when the father installed a windscreen-wiper for the television and that Mees and Tim met each other in the television studio."
Kevin, 7 years old

Kinder als „Rasende Reporter"

„Die Suche nach guten Filmen war schwer, das Ergebnis bescheidener und dennoch in vielem eine Herausforderung", so beschreibt Renate Zylla das Jahr 1993, eines der „magersten" in der Geschichte des Kinderfilmfestes. Nur neun Spielfilme und zehn Kurzfilme konnten gezeigt werden. Gründe dafür gab es sicher viele. Auf jeden Fall aber war dies auch Ausdruck eines weltweit schwachen Produktionsjahrganges, zumal man aus den ehemaligen sozialistischen Ländern keine oder nur wenige Kinderfilme zu erwarten hatte. Von vielen wurde bedauert, dass erneut keine Produktion aus Tschechien bzw. der Slowakei eingereicht worden war. Dafür aber beteiligten sich zwei Länder, die gerade erst ihre politische Unabhängigkeit wiedererlangt hatten: Estland und Turkmenistan. „Komm zurück, Lumumba", produziert von den Tallinnfilm Studios, ist eine Kindheitsgeschichte aus den 60er Jahren und beeindruckte vor allem durch die genaue Beschreibung dieser historischen Phase, in der es in der Sowjetunion etwas liberaler zuging. Aus Turkmenistan kam der wohl stärkste Beitrag des 16. Kinderfilmfestes: „Engelchen, mach Freude". Dieser erschütternde Film von Usman Saparov wurde förmlich mit Preisen überhäuft, er erhielt den UNICEF-Preis, den zweiten Preis der Kinderjury und von der CIFEJ-Jury eine lobende Erwähnung. Weitere Preise gingen an die Produktion aus der Volksrepublik China, „Ein Brief vom Himmel", an den dänischen Wettbewerbsbeitrag „Das kahle Gespenst" und an „Wie ein Boot ohne Wasser" aus Frankreich. Hier setzt sich Regisseur Dominique Ladoge mit seiner Kindheit auseinander, in der er einer Welt voller Vorurteile und Fremdenfeindlichkeit gegenüber stand.

„Zirri – das Wolkenschaf", der letzte Kinderfilm, der von der DEFA produziert wurde, eröffnete das Festival. Damit war zum ersten Mal eine Arbeit von Rolf Losansky, einem der renommiertesten Kinderfilmregisseure der ehemaligen DDR, bei der Berlinale zu sehen. Doch leider konnte Rolf Losansky mit diesem Film nicht an seine früheren Erfolge anknüpfen. So schrieb Katja Nele Bode in der „KinderJugendfilmKorrespondenz" Nr. 54 / 2 '93: *„Rolf Losansky besitzt ohne Zweifel großes Gespür für phantasievolle Stoffe. Das konnte man nicht nur bei seinem viel gelobten ,Schulgespenst' miterleben. Bei seinem jüngsten Film (...) hat sich der Filmemacher allerdings verrechnet. So sehr man auch die guten Absichten und das kritische Engagement in diesem Werk spürt, so sehr bleibt beim Verlassen des Kino-Saals ein Gefühl der Unzufriedenheit. (...) Dass ,Zirri' als Ode an die Wolken und an die Schönheit unserer Erde gedacht ist, ist klar. Doch leider springt der Funke nicht über. Und Losanskys moralische Botschaft bleibt irgendwo stecken. Sie hat übrigens auch nicht die Kinder erreicht, die den Film auf dem Berliner Kinderfilmfest sahen; viele reagierten nach der Vorstellung ratlos und wenig begeistert."*

Children as Roving Reporters

"It was difficult to find new films and the result turned out to be modest but challenging," *Renate Zylla describes the year 1993. It was indeed one of the leanest years in the history of the Kinderfilmfest. The program consisted of a mere nine features and ten shorts. Several factors had brought about this scarcity. It had been a weak production year worldwide. Very few films from the former socialist countries had been produced. Once again and to the regret of many, few or no new productions were to be expected from the Czech Republic or Slovakia. To make up for that Estonia and Turkmenistan, both of which countries had recently become politically independent, were invited to take part. The production from the Tallinfilm Studios, "Come Back, Lumumba", is a childhood story which takes place in the 1960's. Its is very impressive because of its exact description of the time when the Soviet Union was becoming more liberal. The strongest entry in this year's Kinderfilmfest came from Turkmenistan. "Little Angel, Make a Joy", by Usman Saparov, was literally overwhelmed by awards. It received the UNICEF Prize, the Children's Jury Second Prize and a CIFEJ Jury Special Mention. Further awards went to the Chinese production, "An Answer from Heaven", as well as to the Danish entry "Jasper's Ghost" and "Like a Boat out of Water" from France. In this film the director Dominique Ladoge tries to come to terms with his own childhood, which had been full of prejudice and animosity towards foreigners.*

Das Kino „Sojus" in Berlin-Marzahn

The Sojus cinema in Berlin-Marzahn

Opening film "Zirri – the Cloud Lamb" was to become the last film from the Eastern Film Studios ("DEFA") to participate in the Kinderfilmfest. The director was Rolf Losansky, one of the most respected East German directors from former East Germany, who was unfortunately unable to match his previous efforts with this film. Katja Nele Bode wrote in the "KinderJugendfilmKorrespondenz" no. 54/2 '93: "There is no doubt that Rolf Losansky has a feeling for fantasy. This is obvious, for example, in his much praised 'Schulgespenst'. However his latest effort is a miscalculation. Although you can sense that the film is well intended, in the end you are left with a feeling of dissatisfaction. It is clear that 'Zirri' is intended as an ode to the clouds and the earth's beauty. Unfortunately it doesn't really ignite. And Losansky's moral message becomes stuck. The children who saw the film at the Kinderfilmfest were at a loss and showed no enthusiasm for the film."

The festival program was once again presented in four different cinemas: the Urania and the Institute for Media Education as usual and the Filmkunst 66 in Charlottenburg and the Sojus in Marzahn. It had long since become customary to spread the Kinderfilmfest out to different suburbs of the city. Now it was time to stretch the concept to various suburbs of the eastern part of the city. In previous years the Colosseum in Prenzlauer Berg and the Toni at Weißensee had been used as venues. Both of these suburbs are part of the inner city area whereby Marzahn was an outer suburb which had been making headlines due

Auch in diesem Jahr wurde das Festivalprogramm in vier Kinos präsentiert: wie immer in der Urania und in der Landes-bildstelle Berlin, außerdem im „Filmkunst 66" in Charlottenburg und im „Sojus" im Bezirk Marzahn. Mit dem Kinderfilmfest in die verschiedenen Stadtbezirke zu gehen, war schon seit langem gang und gäbe. Nun galt es, dieses Konzept auf den Ostteil Berlins auszudehnen. So konnten in den vergangenen Jahren neben dem „Colosseum" im Prenzlauer Berg auch das „Rio" und das „Toni" in Weißensee als Spielstelle gewonnen werden. Diese beiden Bezirke gehören zur Innenstadt, während mit Marzahn ein Außenbezirk gewählt wurde, der aufgrund der dort herrschenden sozialen Spannungen mehrmals in die Schlagzeilen geraten war. Inzwischen ist die Festivalleiterin Renate Zylla von diesem Konzept abgekommen: „In der kurzen Vorbereitungszeit war es nervenaufreibend, immer wieder mit neuen Kinobetreibern zu verhandeln. Zumal die Stadt eins geworden ist und die Familien mit ihren Kindern für dieses Ereignis ganz selbstverständlich reisen. Das Festival hat seit jüngster Zeit feste Standorte: den Zoo Palast, das CinemaxX am Potsdamer Platz und das „Filmtheater am Friedrichshain", das von den technischen Voraussetzungen wie vom Engagement der Mitarbeiter Festivalqualität bieten kann."

1993 war aber noch die Urania der Hauptveranstaltungsort des Kinderfilmfestes. Hier tauchten zwei 13-jährige Jungen auf, sahen sich die Filme an, schrieben bei den Filmgesprächen eifrig mit und machten Interviews. Benjamin Kiesewetter und sein Freund Danny Ojala hatten sich in den Kopf gesetzt, während des Festivals eine tägliche Extra-Ausgabe ihrer Kinder- und Jugendzeitung „Regenbogen" herauszugeben. Für 20 Pfennig verkauften sie die äußerst spannende und informative „Kinderfilmfest Info", die ihnen bald aus der Hand gerissen wurde. Besonders ihre schonungslosen Filmkritiken faszinierten die Journalisten und Fachleute, einige der Rezensionen wurden auch in Fachzeitschriften abgedruckt. So schrieben die beiden über den Film „Das kahle Gespenst" von Brita Wielopolska, der sich auf phantasievolle Weise mit dem Thema „Tod und Sterben" auseinandersetzt: „Für einen realen Film zu ‚gespenstisch'. Für einen Horrorfilm zu märchenhaft und für einen Märchenfilm zu real. Und trotzdem ein guter Film." Mehrere Jahre zog Benjamin engagiert und mit viel Spaß sein Zeitungsprojekt durch.

Das Debüt von Aare Tilk „Komm zurück, Lumumba"

Aare Tilk's debut in "Come Back, Lumumba"

1997 entwickelte der damals 12-jährige Gregor Hochmuth, der ein Jahr zuvor der Kinderjury angehört hatte, eine eigenständige Webseite über das Kinderfilmfest. Inzwischen hat er eine ganze Gruppe junger Kinderfilmfest-Enthusiasten um sich versammelt, die alljährlich die Webseite www.kinderfilmfest.net mit dem Ziel gestaltet, „dem Festival eine attraktivere und umfangreichere Internet-Präsenz (als die offizielle Version unter www.berlinale.de) zu verschaffen. (...) Als ‚Rasende Reporter' sind wir während des Festivals ständig auf Achse und verfassen Kritiken, Interviews und unsere Eindrücke zu den Filmen. Diese stellen wir noch am gleichen Tag ins Internet, und kurz darauf ist auch eine englische Übersetzung abrufbar." Tatsächlich erfreute und erfreut sich diese Informationsmöglichkeit großer Beliebtheit. So kam das Webteam 2002, also fünf Jahre nach der Installierung dieses Projekts, zu der Einschätzung: „Unsere Seiten haben sich in punkto Umfang und Design stets weiterentwickelt und lockten so im vergangenen Jahr während des Festivals eine Rekordzahl von über 10.000 Besuchern (ein Drittel der gezählten Kinderfilmfest-Kinobesucher) aus mehr als 20 Ländern an."

Dass Kinder und Jugendliche das Kinderfilmfest mit eigenen Projekten bereichern wollten und wollen, zeigt unter anderem, wie sehr dieser cineastische Höhepunkt von seinem Publikum angenommen wird.

to social unrest. Renate Zylla has since decided to stop of changing venues each year. "Always having to deal with the new people in charge of the cinemas during the short time we had to prepare the festival was quite nerve wracking. The city had become united and it had become quite normal for families to travel across Berlin with their children for this event. Most recently the festival has been taking place at three permanent venues: Zoo Palast, CinemaxX at Potsdamer Platz and Film-theater am Friedrichshain. The technical facilities and the enthusiasm of the people who run these cinemas are of the appropriate festival standard."

The main cinema in 1993 was still the Urania. At that time two 13-year-old boys appeared on the scene who watched the films, wrote ardently about them and made interviews. Benjamin Kiesewetter and his friend Daniel Ojala got it into their heads to publish a daily edition of the "Regenbogen", their newspaper for children and young people. For only 20 Pfennig they sold the extremely interesting and informative "Kinderfilmfest Info" which soon became so popular that it was literally torn out of their hands. The relentless film critiques were of special interest to journalists and film experts and they were often quoted in various trade journals. Concerning the film "Jasper's Ghost" by Brita Wielopolska, with its imaginative approach to the theme of life and death, they wrote: "It was too 'ghostly' for a realistic film. It was too much a fairytale to be a horror film and too realistic to be a fairytale. Despite all that, the film was good." Over the next years Benjamin Kiesewetter committed himself to keeping his newspaper project going and had a lot of fun in the process.

In 1997 the 12-year-old Gregor Hochmuth, who had been a member of the Children's Jury the year before, developed an independent Kinderfilmfest website. Meanwhile he has brought together a whole group of young Kinderfilmfest enthusiasts, who annually present the website www.kinderfilmfest.net with the aim of "presenting the festival with a more attractive and extensive image than that of the official Berlinale website, www.berlinale.de . As roving reporters during the festival we are constantly on the move, writing up critiques, interviews and our impressions of the films. These appear in the Internet on the same day and shortly after the English translations are available as well." *This source of information has become very popular. Five years after the project had been set up, the team came to the conclusion:* "Our site has developed in terms of design and content and last year attracted a record breaking 10,000 visitors from more than 20 countries – a third of the total Kinderfilmfest audience."

The fact that children and young people wish to enrich the Kinderfilmfest through their own projects shows just how popular this cinematic highlight has become with its audience.

„Wie ein Boot ohne Wasser"

"Like a Boat out of Water"

Engelchen, mach Freude
ANGELOTCHEK, SDELAI RADOST

Entdeckt hatte Renate Zylla die turkmenische Produktion „Engelchen, mach Freude" bei einer Sondervorführung in Rolan Bykovs Zentrum des Jungen Films in Moskau. Obwohl sie wusste, dass dieser Film für Kinder nicht leicht zu verkraften sein wird, holte sie die einzige damals existierende Kopie nach Berlin. Eine richtige Entscheidung, denn „Engelchen, mach Freude" beeindruckte das Publikum und die drei Jurys – die Kinderjury, die UNICEF- und die CIFEJ-Jury – zutiefst.

Der Film spielt zur Zeit des Zweiten Weltkrieges in einem turkmenischen Dorf, in dem sich Mudschuki, deutsche Siedler, niedergelassen haben und friedlich mit den Turkmenen zusammenleben. Als auf Befehl Stalins die deutschstämmigen Erwachsenen nach Sibirien abtransportiert werden, bleiben die Kinder, unter ihnen der fünfjährige Georg, zurück. Für ihn beginnt ein harter Überlebenskampf.

„Ich glaube, dass dieser Film doch mehr für Kinder ist und vor allem notwendig für die Kinder", äußerte Regisseur Usman Saparov in einem Gespräch mit Christel und Hans Strobel. *„Ich möchte sie sensibilisieren dafür, dass es menschliche Güte gibt und dass daneben aber auch eine teuflische Politik existiert. Den Kindern möchte ich ein Gefühl vermitteln für diese Güte, die sich widersetzen muss dem von draußen, was an ‚Nicht-Güte' auf sie zukommt, weil wir als Erwachsene diese Güte nicht mehr besitzen, bei uns sind die Schubfächer leer."*

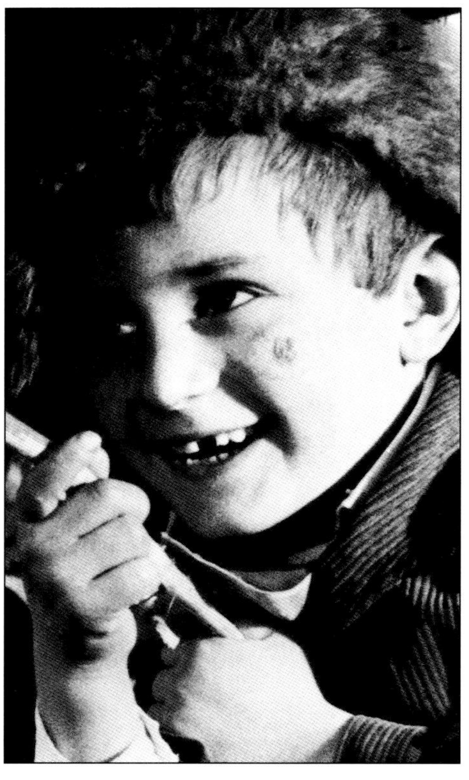

Vova Frank in der Rolle des fünfjährigen Georg

Vova Frank as the 5-year-old Georg

Die Kinder haben die Botschaft verstanden, das zumindest zeigten viele schriftliche Meinungsäußerungen:

„Mir hat gefallen, dass gezeigt wurde, wie schlimm es im Krieg zugeht, und dass der Ärger und die Wut an denen ausgelassen wird, die am wenigsten dafür können: den Kindern."
Laura, 11 Jahre

„Der Film hat mir gefallen, da er realistisch war und man sich gut in die schlimme Lage des Jungen versetzen konnte. Er zeigte auch gut, wie ungerecht die Regierung gegenüber den deutschen Kindern war. Der Junge spielte gut in seiner Rolle."
Céline, 11 Jahre

„Usman Saparov, (...), macht mit seinem Film nachdrücklich deutlich, wie Kinder in den Wirrnissen eines Krieges zerrieben werden, wie Tod, Hunger und der Verlust ihnen nahestehender Menschen eine bis dahin unbeschwerte Kindheit verändern. Und damit ist – wenn wir uns umsehen – ‚Engelchen, mach Freude' hochaktuell und aufrüttelnd zugleich, auch wenn die Handlung im Zweiten Weltkrieg angesiedelt ist."
(Thomas Thiel, „KinderJugendfilmKorrespondenz", Nr. 54/2'93)

Turkmenistan/ *Turkmenistan*
1993

Stabliste/ *Crew*
Regie/ *Director*: Usman Saparov
Buch/ *Script*: Ludmila Papilova, Usman Saparov
Kamera/ *Camera*: Vladislav Shinkin
Schnitt/ *Editor*: Alla Niazova, Ludmila Boutuzova
Musik/ *Music*: Dimitri Rybnikov

Little Angel, Make a Joy

Renate Zylla discovered this production from Turkmenistan during special screenings at Rolan Bykov's Center of Young Films in Moscow. Despite the knowledge that this film would not be easy for children to digest, she brought the only existing copy to Berlin. This was the right decision, because the film, "Little Angel, Make a Joy", greatly impressed the public as well as the three juries: the Children's Jury, the UNICEF Jury and the CIFEJ Jury.

The film takes place during the Second World War in a village in Turkmenistan where German settlers, the "Mudschuki", are living happily together with the local villagers. When Stalin ordered all adults of German descent to be transported to Siberia, the children, including the five-year-old Georg, stay back. For him it is the beginning of a fight for survival.

Director Usman Saparov told Christel and Hans Strobel in an interview: "I do believe that this film is more for children. It is above all necessary for them. I want to sensitize them to the fact that goodness exists, parallel to horrifying politics. I want to convey to them the feeling that they can use the good to oppose anything bad coming from the outside. As adults we do not possess this goodness any more, our drawers are empty."

The children understood this message and expressed themselves with their written opinions:

"I liked the way it was shown how terrible war is and how anger and fury are taken out on those who have the least to do with it, namely the children."
Laura, 11 years old

Darsteller / *Cast*

Georg	Vova Frank
Amelia	Tanya Shriber
Yashka	Sasha Shriber

Produktion /	
Production:	International Rolan Bykov's Centre of Young Films, Moskau / Tourkmenian Centre of Children's Films

"I liked the film because it was realistic and you could put yourself in the place of the boy. It also shows how unjust the government was to the Germans. The boy played his role well."
Céline, 11 years old

"Usman Saparov clearly points out in his film how children are crushed by war and how hunger, death or the loss of those they are close to can change a previously carefree childhood. Even though 'Little Angel, Make a Joy' takes place during the Second World War, it is — when you really consider it — highly current and shocking at the same time."
(Thomas Thiel, "KinderJugendfilmKorrespondenz", no. 54 / 2 '93)

Ein Brief vom Himmel
TIAN TANG HUI XIN

Auf Empfehlung von Bernd Liebner, der als Korrespondent für chinesische Filme das Kinderfilmfest unterstützte, wurde die neueste Produktion der erfahrenen Regisseurin Wang Junzheng ins Wettbewerbsprogramm genommen.

Die Volksrepublik China gehört zu den Ländern, die traditionell großen Wert auf eine kontinuierliche Kinderfilmproduktion legen. Bemerkenswert ist, dass die Regiearbeit von Frauen in China zur Selbstverständlichkeit gehört, während in westlichen Ländern Regisseurinnen immer noch eine Ausnahme bilden.

„Ein Brief vom Himmel" erzählt von der rührenden Beziehung zwischen einem Großvater und seinem sechsjährigen Enkel. Die Eltern des Kleinen arbeiten im Ausland, und so wird der Junge von dem alten Mann betreut. Die beiden führen ein harmonisches, ungezwungenes Leben miteinander, bis die Mutter zurückkehrt und die Erziehung ihres Sohnes übernimmt. Für den kleinen Chenchen beginnt eine schwierige Zeit. Als ihn dann der Großvater für immer verlässt, vertraut der Junge auf die Abmachung, dass er seinem geliebten Opa Briefe in den Himmel schicken kann und auch Post zurückbekommen wird ...

In China lief „Ein Brief vom Himmel" im normalen Kinoprogramm. *„Bisher haben mehr Erwachsene den Film gesehen, und ich habe den Eindruck, dass sie ihn sehr mögen"*, erzählte Regisseurin Wang Junzheng bei ihrem Besuch in Berlin. *„Den Grund sehe ich darin, dass es ein Film ist, der Gefühle freisetzt. Weil in China im derzeitigen Wirtschaftsboom alle so furchtbar beschäftigt sind, ist dieser Film für Erwachsene eine Gelegenheit, zu ihren Gefühlen zurückzufinden."*

Hier in Berlin waren Kinder wie Erwachsene stark berührt von dieser Geschichte, und die CIFEJ-Jury vergab ihren Preis an den Film mit der Begündung: *„Für eine wunderbare, einfache Geschichte über die schwierigen und liebevollen Beziehungen zwischen den Generationen. Kinder und ihre Eltern auf der ganzen Welt können diesen Film verstehen und werden mit ihm lachen und weinen."*

Genau das taten die Kinder in den Vorstellungen, und ihre schriftlichen Äußerungen spiegeln es wieder:

„Ich glaube, ganz viele Leute im Saal haben geheult. Ich auch. Aber viele Stellen waren auch sehr lustig."
Julia, 12 Jahre

„Der Film war traurig und lustig."
Laura, 8 Jahre

„Mir hat gefallen, dass es wie im richtigen Leben war."
Lea-Vanessa, 10 Jahre

„Am besten hat mir gefallen, dass sich Chenchen so gut mit seinem Opa verstanden hat."
Chun-Lan, 11 Jahre

Volksrepublik China/ *People's Republic of China* 1992

Stabliste/ *Crew*
Regie/*Director*: Wang Junzheng
Buch/*Script*: He Guopu
Peter Zeitlinger
Kamera/*Camera*: Yian Junzheng
Schnitt/*Editor*: Liu Fang
Musik/*Music*: Zhang Qianyi

An Answer from Heaven

On the recommendation of Bernd Liebner, Kinderfilmfest advisor for Chinese films, it was decided to include experienced director Wang Junzheng's latest production in competition. The People's Republic of China is one of the countries that have continuously placed great value upon the production of films for children. Also, it is apparently normal for women to work as directors in China whereby this is still an exception in western countries.

"An Answer From Heaven" is the tender story of the relationship between a grandfather and his 6-year-old grandson. The boy's parents work abroad and the older man is entrusted to look after him. Their life together is harmonious and relaxed, until the mother returns and takes over her son's up-bringing. A difficult time begins for little Chenchen. When grandfather leaves forever, the boy puts trust in the arrangement that if he sends messages to his beloved grandpa in heaven, he will receive an answer …

In China, "An Answer From Heaven" was screened in the normal cinema programme. Visiting Berlin, Director Wang Junzheng explained that: "More adults have seen this film up until now and they seem to like it. I believe that is because the film releases feelings. Everyone in China is so busy with the economic boom and this film gives them the opportunity to return to what is going on inside." *In Berlin adults as well as children were very moved by the story and the CIFEJ Jury presented it with an award because:* "It is a wonderful, simple story about a difficult and loving relationship between the generations. Children and adults in the whole world can understand this film and they will laugh and cry with it."

That is exactly what the children expressed at the screenings as well as in their written opinions:

"I believe that many people in the cinema cried. But there were also funny parts."
Julia, 12 years old

"I liked that it was just like in real life."
Lea-Vanessa, 10 years old

"The best thing was that Chenchen and his grandfather understood each other so well."
Chun-Lan, 11 years old

Darsteller / *Cast*

Chenchen   Shi Chen
Großvater   Li Ding

Produktion /
Production: Chinesisches
Kinderfilmstudio
Beijing

Warten auf Sophia Loren

„Nehmt Euer Leben selbst in die Hand – das ist die Botschaft fast aller Filme des 17. Kinderfilmfestes. Oft sind die Eltern die Schwächeren, denen die Kinder helfen müssen. Immer wieder ist Eigeninitiative und Unangepasstheit gefragt, um in der harten gesellschaftlichen Realität zu bestehen", schrieb Gudrun de Frenne kurz vor der Berlinale in der „zitty" Nr. 3/94 und machte dabei Jung und Alt neugierig auf ein umfangreiches, vielseitiges und anspruchsvolles Festivalprogramm. Zwölf Spielfilme und elf Kurzfilme von erstaunlicher Qualität sollten das etwas schwache Angebot des letzten Jahres vergessen machen.

Das Kinderfilmfest mit „Kalle und die Engel" zu eröffnen, einem Film, in dem ein Junge mit dem Tod seines Vaters fertig werden muss, war eine mutige Entscheidung. Genauso wie die, den Beitrag aus Kasachstan „Die letzten kalten Tage" ins Programm zu nehmen. Hier setzen Bulat Kalymbetov und Bulat Iskakov all jenen Kindern ein Denkmal, die während des Zweiten Weltkrieges auf sich allein gestellt um ihr Überleben kämpfen mussten. *„In beeindruckenden Bildern, zumeist Großaufnahmen und mit – allerdings nicht ganz nachvollziehbaren – ungewöhnlichen Stilmitteln erzählt der Film eine Kindergeschichte, die durch die politische Unvernunft von Erwachsenen immer wieder brutale Wirklichkeit werden kann"*, meinte Hans Strobel in der Nummer 58/2 '94 der „KinderJugendfilmKorrespondenz" und wandte sich ausdrücklich gegen die Auffassung einiger Journalisten und Medienpädagogen, dass dies kein Kinderfilm sei. Das bezeugten auch die elf Mädchen und Jungen der Jury, die „Die letzten kalten Tage" mit einer lobenden Erwähnung bedachten. Auf weniger Resonanz stieß leider der Film von Tibor Puszt „Die Störche kehren immer zurück", der eine Kindheit im Ungarn der 50er Jahre, in einer Zeit politischer Repression, beschreibt.

Nicht umsonst lautete das Motto des 17. Kinderfilmfestes „Die Kraft der Poesie", denn darum, wie Kunst Kinder beflügeln kann, ging es in mehreren Filmen, wie zum Beispiel in „Der kleine Poet" des indischen Regisseurs Apurva Kishore Bir oder in „Brot und Poesie" aus dem Iran. In „Der goldene Ball" (Frankreich/Guinea) und in Renzo Martinellis „Sarah siegt" ist es dagegen der Sport, der Kindern die Kraft gibt, über sich hinauszuwachsen.

Mit besonders großer Spannung wurde in diesem Jahr der Preisverleihung entgegen gefiebert, denn zum ersten Mal sollte der Gläserne Bär vergeben werden! *„Die Auszeichnung durch die Kinderjury schrie förmlich nach Aufwertung, zumal der Jugendsenat die 3.000 DM, mit denen er den ersten Preis ausgestattet hatte, nicht mehr zur Verfügung stellen konnte"*, berichtete Renate Zylla. *„Hier musste ich also kreativ werden, und für mich war klar: Ein Bär muss her! Aber aus welchem Material – Gold und Silber gab es ja bereits? Bis es mir glasklar wurde... Die Heimat des Gläsernen Bären ist Thüringen, dort wird in alter Tradition Glas auf kunstvolle Weise verarbeitet. Aus dem kleinen Ort Lauscha kommt Jahr für Jahr das Unikat,*

Expecting Sophia Loren

"Take your lives into your own hands — that is the message of the 17th Kinderfilmfest. Parents are often weaker and children have to help them. They constantly have to take their own initiative and readjust in order to overcome the harshness of reality," *wrote Gudrun de Frenne shortly before the Berlinale, in the city magazine "zitty" no. 3/94. This made everyone, young and old, curious about the extensive, versatile and demanding film program. Twelve features and eleven shorts made up for the somewhat sparse offer of the previous year.*

It was a brave decision to open the festival with "Kalle and the Angels", a film about a young boy coming to terms with his father's death. It was equally courageous to select "The Last Cold Days" from Kazakhstan. This film by Bulat Kalymbetov and Bulat Iskakov is dedicated to all children forced to fight for survival during the Second World War. "Utilising impressive images predominantly created by wide shots and an unusual style — which was sometimes hard to follow — the film tells the story of children who are forced into an increasingly brutal situation by the adults' political foolishness," *wrote Hans Strobel in the "KinderJugendfilmKorrespondenz" no. 58/2 '94. He also opposed several journalists and film professionals who claimed that this was not a children's film. The eleven girls and boys of the Children's Jury who awarded „The Last Cold Days" a Special Mention also proved this. The film by Tibor Puszt, "The Storks Always Return" was unfortunately less well received. It describes a childhood in the 1950's, a time of political repression. It was no coincidence that the motto of this year's Kinderfilmfest was "The Power of Poetry". Children's ability to inspire art could be seen in several films, for example "Loving Hearts" by the Indian director Apurva Kishore Bir or the Iranian film "Bread and Poetry". In "The Golden Ball" (France/Guinea) and in Renzo Martelli's "Sarahsarà" it is sport that gives children the strength to jump over their own shadows.*

The Award Ceremony was greatly anticipated this year. For the first time the Crystal Bear was to be awarded! "The Children's Jury award literally cried out to be up-valued. Especially because the Senate for Youth Affairs, which had endowed the first prize with 3,000 DM, was no longer in the position to do that," *reported Renate Zylla.* "I had to be creative and it suddenly dawned: we need a bear! But what should it be made out of? Gold and silver bears already existed. Then it became crystal clear ... Thüringen, where glass is artistically formed using traditional glass-blowing methods, is the home of the Crystal Bear. A unique bear in the current festival colour is produced yearly, in a small place called Lauscha. Sometimes the bear is blue, sometimes red, sometimes it is a gleaming orange-gold or light violet." *The first glowing green Crystal Bear was presented to the Australian director, David Elfick for his film "No Worries".*

Aus dem Workshop: Filme zum Aufessen

From the workshop: films you can eat

das sich den Festivalfarben anpasst. Mal ist der Bär blau, mal rot, mal schimmert er in Goldorange oder leichtem Violett. "Der erste Gläserne Bär leuchtete grün und wurde dem australischen Regisseur David Elfick für seinen Film „Matilda Bell" überreicht. Doch die Festivalleiterin hatte noch mehr Entscheidungen zu treffen. Da Maria Schell des öfteren ihr Versprechen von 1989 nicht eingehalten hatte und damit im Prozess der Preisfindung nie ganz klar war, ob es tatsächlich Geld für den zweiten Preis gab, wurde beschlossen, keine Privatgelder mehr an eine Auszeichnung des Kinderfilmfestes zu binden. Somit vergab die Kinderjury 1994 zum letzten Mal ihren zweiten Preis, und zwar an den Film „Der goldene Ball". Um durchschaubare Strukturen bei der Preisvergabe herzustellen, verabschiedete sich das Festival auch von der CIFEJ-Jury. Es war nur noch schwer zu vermitteln, wodurch sich der CIFEJ- und der UNICEF-Preis unterschied, zumal beide Jurys international besetzt waren. Schon länger bemühte sich das Kinderfilmfest darum, für die UNICEF-Jury Fachleute unterschiedlicher Profession aus der Filmbranche zu finden. In diesem Jahr gehörten dieser Jury die Regisseure Usman Saparov, Birger Larsen und die Regisseurin Viet Lin an, außerdem die Leiterin des Festivals für Animationsfilm in Bratislava, Katarina Minichová, und der deutsche Kameramann Helmut Bergmann. Sie vergaben ihren Preis an den Abenteuerfilm von Arend Agthe „Karakum".

Bevor aber die Abschlussveranstaltung das Publikum in die Urania lockte, gab es noch einige Höhepunkte. So zum Beispiel bei der Premiere des italienischen Films „Sarah siegt", die die damalige Assistentin beim Kinderfilmfest, Natascha Noack, bis heute nicht vergessen hat: *„Der Saal war bis zum letzten Platz ausverkauft, das Publikum wurde unruhig, es ging einfach nicht los. Wir warteten auf Sophia Loren. Die vielen Verpflichtungen hatten sie aufgehalten, lange, viel zu lange. Und dann das verblüffte Publikum. Die Kinder konnten nicht ganz verstehen, warum um „eine Oma'so viel Trubel gemacht wurde, während die Erwachsenen der Schauspielerin einen begeisterten Applaus schenkten. Unvergessen auch der Moment, als Sophia Loren mit den Jurykindern sprach und ihnen signierte Poster schenkte. Einige unverschämte Journalisten versuchten, den Kindern die Plakate aus der Hand zu reißen, so dass Moritz de Hadeln dazwischen gehen musste!"*

Ein anderer Höhepunkt war der Trickfilm-Workshop, der zusammen mit der Landesbildstelle Berlin veranstaltet wurde. Unter der Anleitung von Johan Hagelbäck und Koji Yamamura konnten die Kinder einfache Techniken des Animationsfilms erlernen. Den Regisseur Koji Yamamura hatte Renate Zylla in Japan kennen gelernt. Dort hatte sie seinen neusten Kurzfilm „Das Haus" entdeckt und zugleich erfahren, dass der Trickfilmer auch Workshops mit Kindern durchführte. *„Sofort überzeugte ich ihn, dies auch in Berlin zu tun. Das Sprachproblem sollte mit den Händen gelöst werden, ich meinte, dass das im praktischen Umgang mit dem Material funktionieren könnte."* Ihre Vorstellungen gingen auf, zumal sich Koji Yamamura und der schwedische Regisseur Johan Hagelbäck gut ergänzten. In Anlehnung an seinen Fünf-Minüter „Hagelbäcks Mittagspause" gestaltete der Schwede mit den Kindern Trickfilme aus Joghurt, die sie anschließend aufessen konnten. Auf diese ungewöhnliche Idee angesprochen, meinte Johan Hagelbäck nur: *„Ich habe als Kind schon meine ersten Trickfilme auf dem Teller gestaltet. Da hatten die Erbsen eine Rolle, das Fleisch, die Kartoffeln ... da ging es hoch her!"* Der zweite Trickfilm-Workshop des Kinderfilmfestes wurde sehr gut angenommen, genau wie die Ausstellung „Wenn Krokodile untertauchen". Hier zeigte die Regisseurin Alexandra Schatz die einzelnen Phasen ihrer neuesten Produktion „Luzie taucht unter", die im Wettbewerb der Kurzfilme zu bewundern war.

As it turned out, that was not the only decision which the festival director had to make. The actress Maria Schell had often not kept her promise made in 1989, meaning that it was never clear whether money was actually going to be presented for the second prize. The decision was made never again to accept private money for Kinderfilmfest awards. In 1994 the Children's Jury presented its Second Prize for the last time, to "The Golden Ball". In order to make way for a more transparent award giving structure, the festival took leave of the CIFEJ Jury. It had become increasingly difficult to differentiate between the awards of CIFEJ and UNICEF, especially because both juries had international members. For a long time, the Kinderfilmfest had made efforts to find film professionals from different branches of the industry to take part in the UNICEF Jury. This year the jury consisted of Usman Saparov, Birger Larsen and the director Viet Lin as well as the director of the Animation Film Festival in Bratislava, Katarina Minichová and the German cameraman, Helmut Bergmann. They awarded their prize to the adventure film "Karakum" by Arend Agthe.

However, before the Closing Ceremony at the Urania was to happen, there would be several other climaxes. For example, the premier of the Italien film "Sarahsarà", which Kinderfilmfest assistant, Natascha Noack, will never forget. "The cinema was totally booked out, to the very last seat. The audience was restless, it just wouldn't begin. We were waiting for Sophia Loren. Her many duties had held her up too long, much too long. And then the perplexed audience. The children just couldn't understand why there was so much fuss being made about a 'Grandma'. At the same time the adults in the audience were clapping loudly for the actress. The moment where Sophia Loren talked with members of the Children's Jury and signed posters for them was unforgettable. Some shameless journalists tried to grab the posters out of their hands and Moritz de Hadeln had to step in!"

Another climax of the festival was the animation film workshop, which was organised with the cooperation of the Institute for Media Education. There the children were able to learn some simple animation techniques under the guidance of Johann Hagelbäck and the Japanese director, Koji Yamamura whom Renate Zylla had met in Japan. She had seen his film "The House" while she was there and found out that he also ran animation film workshops for children. "So I convinced him that he should do that in Berlin. I told him that the language problem would be overcome through the use of the hands and that this could function well used in association with the practical materials." This proved to be the case, especially because Koji Yamamura and the Swedish director Johann Hagelbäck complemented each other. Referring to his five-minute-long "Hagelbäck's Lunchbreak", the Swede designed films with the children that were made out of yoghurt and which could be eaten afterwards. When asked about this unusual idea, Johann Hagelbäck said, "I created my first animation film as a child, on my plate. The peas had a role to play, the carrots, the potatoes ... and then they started moving around all over the place!" The Kinderfilmfest's second animation film workshop was greeted with much enthusiasm, just like the exhibition "When Crocodiles Go Underground". This is where the director Alexandra Schatz displayed the designs for her latest film "Luzie Goes Underground", which could be admired in the short film competition.

Matilda Bell

„‚Matilda Bell' auf dem Kinderfilmfest – das war für mich ein Urerlebnis", erinnert sich Friedemann Schuchardt, Geschäftsführer der Matthias Film gGmbH. *„Ich hatte wenig Zeit und wollte in den Film nur mal ‚reinschauen'. Was ich im Programmheft darüber gelesen hatte, erschien mir nicht besonders interessant: Schafe, kleines Mädchen. Und dann saß ich im Kino, der
Saal knackendvoll, und plötzlich merke ich, ich bin im Film ‚drin'. Das war eine emotionale Überraschung, ich kann das gar nicht
beschreiben. Das Ergebnis war, dass wir ‚Matilda Bell' dann eigenständig synchronisiert und herausgebracht haben."*

Der zweite Spielfilm des australischen Regisseurs David Elfick erzählt aus dem Blickwinkel eines elfjährigen Mädchens
von den aktuellen Problemen seines Landes. Matilda lebt mit ihren Eltern auf einer Farm im Herzen Australiens. Dort fühlt sie
sich geborgen. Doch ihr Glück ist nicht ungetrübt: Wasserknappheit, dürre Böden, sinkende Wollpreise und erbarmungslose
Banken bedrohen die Existenz der Farmer. Viele Familien sind schon in die Stadt gezogen, und auch Matildas Eltern müssen
die Farm aufgeben. Das neue Leben in der Großstadt belastet Matilda sehr. Sie zieht sich zurück und spricht nicht mehr. Aber
dann lernt sie die gleichaltrige Vietnamesin Binh kennen und merkt, dass sie nicht allein mit ihren Problemen ist.

*„Was auf den ersten Blick noch als Komödie erscheinen mag, erweist sich als packendes Drama über den Überlebenskampf
der Bewohner von Bundooma. (...) Matilda ist eine perfekte Identifikationsfigur für Kinder und Erwachsene. Ihre Stärken und
Schwächen werden sensibel und präzise gezeichnet, ihre Situation überaus realitätsnah
geschildert. Ein Entziehen aus der Story ist kaum möglich, zu sehr ist die Geschichte mit einer
bedrückenden Realität verwoben."*
(Michael Bloech, „Medien und Erziehung" Nr. 2 / 94)

*„Die Geschichte der ‚Matilda Bell' hat alles, was eine große Kinogeschichte auszeichnet: Span-
nung, Humor und die Möglichkeit, sich mit der Hauptperson zu identifizieren. (...) Natürlich
zehrte ‚Matilda Bell' auch vom spröden Charme der großartigen Amy Terelinck, die manchmal
wie eine in die australische Steppe verirrte Pippi Langstrumpf wirkt. Dass die Kinderjury
‚Matilda Bell' den ersten Preis zuerkannte, war nach der begeisterten Aufnahme des Films fast
zwangsläufig."*
(Rolf-Ruediger Hamacher, „film-dienst" Nr. 6 / 94)

Australien, Großbritannien /
Australia, Great Britain 1993

Stabliste / *Crew*
Regie / *Director*: David Elfick
Buch / *Script*: David Holmann
nach seinem
gleichnamigen
Stück / *based on
his play of the
same name*
Kamera / *Camera*: Stephen F. Windon
Schnitt / *Editor*: Louise Innes
Musik / *Music*: David A. Stewart,
Patrick Seymour

NO WORRIES

"'No Worries' at the Kinder-filmfest was a real experience for me", *Friedemann Schuchardt, business head of Mathias Film gGmbH remembers.* "I had little time and wanted to just take a quick look at the film. I had not been particularly interested in what I had already read in the program-book: sheep, a little girl. I was sitting in the packed cinema and suddenly realised that I was engulfed by the film. That was an emotional surprise, indescribable. The result was that we took on the synchronisation and distribution of 'No Worries'."

The second feature of Australian director David Elfick tells the story of a country's actual problems, seen

Erster Gläserner Bär geht an David Elfick

The first Crystal Bear goes to David Elfick

through the eyes of an 11-year-old girl. Matilda lives with her parents on a farm in outback Australia, where she feels safe. However, her happiness is clouded by scarcity of water, parched land, sinking wool prices and merciless bankers who are threatening the farmers' existence. Many families have already moved to the city and then Matilda's parents are forced to give up their farm. The new life in the city is stressful for Matilda. She withdraws and stops speaking. Then she gets to know a Vietnamese girl of her age, Binh, and finds out that she is not alone with her problem.

"What seemed at first glance to be a comedy turns out to be a gripping drama about the citizens of Bundooma's fight for survival. (...) Matilda is a perfect figure of identification for children and for adults. Her strengths and weaknesses are finely drawn, and her situation is extremely real. It is hardly possible to stand back from this story. It is too closely interwoven with reality."
(Michael Bloech, "Medien und Erziehung" no. 2/94)

Darsteller/*Cast*

Matilda Bell Amy Terelinck
Ben Bell Geoff Morrell
Ellen Bell Susan Lyons

Produktion/
Production: Palm Beach Pictures, Sydney/Initial Films, London

"The story of 'No Worries', (...), has everything necessary for great cinema: Excitement, humour and the possibility for good character identification. (...) Of course 'No Worries' greatly benefits from the sparkling charm of the wonderful Amy Terelinck who makes you think of a Pippi Longstocking who got lost in the dessert. The excited reception of this film meant that the Children's Jury had almost no choice but to award it with the main prize."
(Rolf-Ruediger Hamacher, "film-dienst" no. 6/94)

Kalle
und die Engel
KALLE
OG ENGLENE

Wie schon häufig in den vergangenen Jahren, so war auch 1994 der Eröffnungsfilm eine skandinavische Produktion. „Kalle und die Engel" behandelt das schwierige Thema „Tod", doch dies auf eine so kraftvolle und lebensversprühende Weise, dass sich Ole Bjørn Salvesens Spielfilmdebüt wunderbar für die

feierliche Eröffnung eignete. In der Urania herrschte eine nachdenkliche und zugleich frohe Stimmung, so wie es sich jede Festivalleitung nur wünschen kann.

Der norwegische Regisseur Ole Bjørn Salvesen arbeitet in seinem Film ein Stück eigene Lebensgeschichte auf. Er selbst konnte sich als Kind nur schwer mit dem Tod seines Großvaters abfinden. In „Kalle und die Engel" wird der achtjährige Kalle mit dem plötzlichen Tod seines Vaters konfrontiert. Um mit diesem Verlust fertig zu werden, sucht er Zuflucht in seiner Phantasie. Kalle glaubt fest daran, dass sein Papa in den Himmel gekommen ist. Doch dann erzählt ihm Engel Michael, dass der Vater noch im Grab läge, weil er sich weigere, die Himmelsfahrt anzutreten. Kalle und Michael müssen sich einiges einfallen lassen, damit der Himmelsbote seine Mission erfüllen und der Vater endlich zu den Engeln fliegen kann.

„Der Film endet mit einem ,Fast alles ist möglich!' – und diesen Optimismus strahlt jede Szene (...) aus, mag der Anlass auch oft noch so traurig sein. Salvesen findet dafür poetische Bilder in langen, nachdenklichen und ruhigen Einstellungen, etwa wenn er Kalle nach dem Absturz des Vaters auf dem Bett liegend von oben aufnimmt, wie er trauernd und sinnierend vor sich hin starrt. Überhaupt fängt der Film sehr eindrucksvoll Stimmungen und Lebensgefühle ein", schrieben Thomas Thiel und Constanze Edinger in der „KinderJugendfilmKorrespondenz" Nr. 58 / 2 '94 und zogen dann das Resümee: *„Die Skandinavier (...) haben es mal wieder bewiesen, dass die Inszenierung von Vergänglichkeit nicht nur abgrundtief schwermütig umgesetzt werden muss, sondern bei allem Ernst und aller Tragik eines derartigen Ereignisses ein leichter, ruhiger und auch heiterer Film angemessen sein kann und trotzdem der Verlust (...) entsprechend sensibel und behutsam ausgelotet werden kann."*

„Kalle und die Engel" bereitete dem Publikum, vor allem den Kindern, ein großes Filmerlebnis.

„Danke für die Erfindung des Films! Er war sehr lustig und mit vielen tollen Ideen und Tricks gemacht. Der Engel Michael hat mir besonders gut gefallen."
Maike, 11 Jahre

„Der Film war sehr phantasievoll und sehr schön. Ich fand gut, dass Kalle so stark daran geglaubt hat, dass sein Vater wieder vom Himmel gefallen kommt."
Simon, 10 Jahre

„Ich hoffe, dass der Film synchronisiert wird und dann auch mal im Fernsehen gezeigt wird, oder im Kino."
Katharina, 13 Jahre

Norwegen, Schweden/ *Norway, Sweden* **1993**

Stabliste/ *Crew*
Regie/ *Director*: Ole Bjørn Salvesen
Buch/ *Script*: Ole Bjørn Salvesen, Kjell Sundstedt
Kamera/ *Camera*: Erling Thurmann-Andersen
Schnitt/ *Editor*: Susanne Linnman
Musik/ *Music*: Gunnar Edander

Kalle and the Angels

In 1994 a Scandinavian film once again launched the Kinderfilmfest. "Kalle and the Angels" deals with the difficult subject of death. This was however portrayed in such a powerful and life-affirming way that Ole Bjørn Salvesen's debut feature proved ideal for the festive opening. After the screening in the Urania the atmosphere was both reflective and joyful, the wish of every festival director.

Norwegian director Ole Bjørn Salvesen has realised part of his own life story in this film. As a child he was unable to accept the death of his grandfather. In "Kalle and the Angels" it is the 8-year-old Kalle who is confronted by the sudden death of his father. In order to come to terms with his loss he retreats into a fantasy world. Kalle believes that his father has arrived in heaven. However the angel, Michael, explains to him that his father is still lying in the grave because he refuses to undergo the ascension. Kalle and Michael have to become inventive so that the heavenly messenger's mission can be fulfilled and the father can at last fly to the angels.

"The film ends with the feeling that 'anything is possible!' – and even though there is reason to be sad, every scene shines with optimism. Salvesen has created poetic images with long, calm and reflective shots. For instance, an overhead view of Kalle lying in bed and sadly and thoughtfully staring into space after his father's fall. Above all the film captures impressive moods and a feeling for life", wrote Thomas Thiel and Constanze Edinger in the "KinderJugendfilmKorrespondenz" no. 58/2'94. They summarised with: "The Scandinavians have once again proven that the portrayal of mortality does not necessarily have to be expressed with a doomy melancholy. Despite the serious and sad nature of what has happened, they show that it is possible to create a light, calm and humorous film and that loss can be sensitively and gently touched upon."

Darsteller/*Cast*

Kalle	Tom Bech Letessier
Michael	Karl Sundby
Vater	Helge Jordal

Produktion/
Production: Mekano Pictures AB, Stockholm/Oslo Film, Oslo

"Kalle and the Angels" gave the public, especially the children, a great cinematic experience.

"Thank you for discovering the film! It was very funny and made with lots of great ideas and tricks. I especially liked the angel Michael."
Maike, 11 years old

"The film was very imaginative and beautiful. It was good that Kalle so strongly believed that his father would fall down from heaven!"
Simon, 10 years old

"I hope that the film will be synchronised and shown on television, or in the cinema."
Katharina, 13 years old

Ein Jahr voller Überraschungen

„Dieser Film ist ein aufwühlender und einzigartiger Beweis dafür, wie kindliche Realität erzählt werden kann", schrieb Eva Maria Hilker im Stadtmagazin „tip", Heft 4 / 95 über die polnische Produktion „Krähen", den wohl eindrucksvollsten Beitrag des 18. Kinderfilmfestes. Mit Blick auf das bevorstehende Festival beklagte die Journalistin die Einseitigkeit der deutschen Kinderkinolandschaft, in der *„kaum eine Spur von Filmen und Regisseuren aus fernen Ländern"* zu finden sei, und stellte fest: *„Einzig und allein auf dem Kinderfilmfest scheut man keine Risiken, dem jungen Publikum internationale und anspruchsvolle Filme zu zeigen."* Und in der Tat, das 95er Programm hatte es in sich! „Klein, aber oho" umfasste es zwar nur neun Spielfilme, einschließlich zweier Zeichentrickfilme, sowie neun Kurzfilme, dafür aber hielt es einige Überraschungen bereit. So konnte zum Beispiel auch erstmalig eine Produktion aus der Mongolei vorgestellt werden. „Der Junge aus der Steppe" von Badamsuren Nagnaidorj war ein „Geschenk" an die jüngsten Kinobesucher. Im Mittelpunkt steht ein siebenjähriger Junge, der in der Weite der mongolischen Steppe aufwächst, im Einklang mit der Natur, bis ihn seine Eltern nach Ulan Bator schicken, damit er das städtische Leben kennen lernt. Trotz dramaturgischer Schwächen nahm diese einfühlsam erzählte Geschichte das Publikum gefangen. *„Ein Film mit vielen eindrucksvollen Bildern. Eher fürs Auge als für den Kopf"*, lautete das Fazit in der Kinderzeitung „Regenbogen" vom 16. 2. 1995.

Es überraschte „Taschen-Dieb" aus den Niederlanden, das Debüt von Maria Peters, die ihrerseits wiederum überrascht war, als ihr Film mit dem Gläsernen Bären ausgezeichnet wurde. Und es überraschte die Entscheidung, die kasachische Produktion „Die Kindheit des Akkordeonspielers" ins Programm zu nehmen. Der Festivalleiterin war bewusst, dass dieser Film an der Grenze „zwischen Herausforderung und Überforderung" des Kinderpublikums lag, andererseits sollte dieser facettenreichen und intensiven Arbeit von Satybaldy Narymbetov eine Berlinale-Präsenz ermöglicht werden. „Die Kindheit des Akkordeonspielers" wurde in der Presse hoch gelobt. *„Ein großer, leiser Film"*, meinte Thomas Thiel in „Moving Pictures" Nr. 8 / 95 kurz, aber treffend, während Holger Kreitling im „Tagesspiegel" vom 9. 2. 1995 weiter ausholte: *„Es ist ein ungeschliffener Film, in schwarz-weiß fotografiert, mit schwierigen Sujets und verwirrenden Montagen. Aber er beweist das größte visuelle Gespür. (...) Ein schwieriger Film, wie gesagt, aber Kinder dürfen schon mehr wissen als nur den Unterschied zwischen Karotten- und Essigdiät* (Anspielung auf eine Szene in „Taschen-Dieb" – d. Red.). *Nicht umsonst werden alle Vorführungen des Kinderfilmfestes durch Gespräche vor und nach dem Film begleitet."*

Eine unerfreuliche Überraschung erlebte der Däne Jannik Hastrup nach der Premiere seines Zeichentrickfilms „Der verrückte Affenkrieg". Der Film-Verein „Lesbisches und Schwules Büro" sandte an das Kinderfilmfest sowie an den Animationsfilmer ein Schreiben, in dem er gegen angebliche *„sexistische, rassistische und homophobe Klischees"* in diesem Film protestierte. Jannik Hastrup und Lissy Bellaiche vom Dänischen Filminstitut waren völlig verstört, sollte ja gerade dieser Film als Parodie auf die Dummheit menschlichen Verhaltens verstanden werden. „Der verrückte Affenkrieg" stieß auf ganz unterschiedliche Resonanz. *„Die Story dieses Films ist ziemlich platt. So platt, dass selbst die witzigen Szenen den Film nicht mehr retten. Das einzig interessante an dem Film sind die originellen Zeichnungen"*, schrieb der 15-jährige Benjamin Kesewetter in der zweiten Ausgabe des „Regenbogen", während sich Manfred Hobsch in „Moving Pictures" vom 11. 2. 1995 recht begeistert zeigte: *„Jannik Hastrup entfacht mit witzigen Songs (...), komischen Einfällen (...), schrägen Typen (...) und einer Verkleidungsnummer ein wahres Zeichentrickfeuerwerk, bei dem hinter allem Spaß sogar moralische Einsicht steckt."*

Zu den „kleinen Überraschungsbonbons" gehörten auch das Debüt der schwedischen Regisseurin Catti Edfeldt „Sixten" nach dem Buch von Ulf Stark, „Tick Tack" von Mohammad-Ali Talebi, der bereits vor zwei Jahren Gast beim Kinderfilmfest war, und „Emil und der kleine Skundi", eine Koproduktion aus Island, Deutschland und Dänemark. Dass keine eigenständige Arbeit aus Deutschland zu sehen war, verwunderte mittlerweile niemanden mehr.

Leider fiel auch kaum jemandem auf, dass sich das Kinderfilmfest während der Berlinale nicht mehr an den offiziellen Pressekonferenzen beteiligte. Es hatte sich herausgestellt, dass die Journalisten zwar sehr gern an den Filmgesprächen im

A Year Full of Surprises

"This film is proof that the telling of a childlike story can be stirring and unique," wrote Maria Hilker about the Polish film "Crows" in issue 4/95 of the city magazine "tip". This film was the most impressive of the 18th Kinderfilmfest. Regarding the forthcoming Kinderfilmfest, this journalist complained about the one-sidedness of the German children's film scenery where "sign of films and directors from faraway countries are seldom," *and that* "the only hope on the horizon is the Kinderfilmfest, which is not afraid to risk presenting young people with high quality international films." *This year's festival really proved it! It was a matter of quality not quantity. Consisting of only nine features, including two animations, and nine short films, the festival of '95 was full of surprises. For the first time a film from Mongolia could be presented. "Heritage" by Bademsuren Nagnaidorj was a wonderful gift for the youngest audiences. It is about a seven-year-old boy growing up in tune with nature on the faraway Mongolian steppe. Then his parents send him to Ulan Bator so that he can learn about city life. Despite a structural deficit, this sensitively told story intrigued the young audiences.* "A film with many impressive images. More a film for the heart than for the head," *was the judgement made in the "Regenbogen" of 16. 2. 1995.*

The Dutch film "The Purse-Snatcher" was a surprise and its director Maria Peters was equally surprised to be presented with the Crystal Bear. Another surprise was the decision to include a film from Kazakhstan in the program, "Biography of a Young Accordion Player". Renate Zylla was aware that this many facetted intensive work by Satybaldy Narembetov could prove too much of a challenge for the audience but at the same time she had a strong desire for it to be seen at the Berlinale. "Biography of a Young Accordion Player" was highly praised by the press. "An immense, quiet film," *wrote Thomas Thiel in "Moving Pictures" no. 8/95 in a few true words. Holger Kreitling improved on this in the "Tagesspiegel" of 9.2.1995 with:* "The film is unrefined, with black and white images, difficult subjects and confusing montages. But it has great visual qualities. (…) As I mentioned, the film is a difficult one, but the children get to know about more than just the difference between carrot and vinegar diets. *(Referring to a scene in "The Purse-Snatcher" – Ed.)* It is not surprising that the Kinderfilmfest screenings were accompanied by discussions, both before and after."

The Danish director Jannik Hastrup had an unpleasant surprise at the premier of his animation film "The Monkeys and the Secret Weapons". The lesbian and gay film club ("Lesbisches und Schwules Büro e.V.") sent a letter to the Kinderfilmfest and to the director protesting about the supposed "sexist, racist and anti-gay" *clichés in the film. Jannik Hastrup and Lissy Bellaiche of the Danish Film Institute were badly upset, especially as the film was supposed to be a parody of the stupid behaviour of human beings.* "The Monkeys and the Secret Weapon" caused all sorts of reactions. "The film's story is fairly flat. So flat that even the more comic scenes do not save it. Of most interest are the original drawings," *wrote the 15-year-old Benjamin*

Kindertreffpunkt teilnahmen und dort auch ihre Fragen stellten, aber sich nicht die Zeit nahmen, das etwas entlegene Pressezentrum im „Haus der Kulturen der Welt" im Tiergarten aufzusuchen. Schon 1993 beklagte Hans Strobel in der „Kinder-JugendfilmKorrespondenz" Nr. 54 / 2 '93, dass die Pressekonferenzen zu spärlich wahrgenommen werden: „Wenn allerdings schon die ‚Leute vom Fach' nur mangelhaftes Interesse zeigen, muss es nicht verwundern, dass die Pressekonferenzen der Kinderfilmmacher im Starpresserummel des Festivals als Pflichtübung angesehen werden." Bis heute ist es so, dass sich die Journalisten ihre Informationen bereits im Vorfeld bei den Pressevorführungen des Kinderfilmfestes holen und während des Festivals der Einladung in den Kindertreffpunkt folgen bzw. ihre Interviews in den Pausen zwischen den Filmveranstaltungen führen.

Am 20. Februar zur „Bären-Verleihung" des 18. Kinderfilmfestes gab es dann wohl die größte Überraschung des diesjährigen Festivals. Dafür sorgte die Schauspielerin Maria Schell, die dem Kinderfilmfest immer noch verbunden war. Jane Faber berichtete in der „Berliner Morgenpost" vom 22.2.1995: „‚Omas müssen zusammenhalten', sagte der Stargast Maria Schell bei der Preisverleihung (...) in der Urania und nahm dabei die neben ihr stehende holländische Schauspielerin Ingeboorg Uyp Den Boogard fest in den Arm. Frau Uyp Den Boogaard spielt in dem Siegerfilm ‚Taschen-Dieb' die Erwachsenen-Hauptrolle ‘ (...). Erst 17 Stunden vorher hatte die liebenswerte ‚Oma Roos' erfahren, dass sie auf Wunsch und auf Kosten von Maria Schell zur Preisverleihung nach Berlin kommen sollte." Doch damit nicht genug, spendierte Maria Schell spontan dem Publikum eine „Runde Eis". Die Mitarbeiter der Urania waren völlig überfordert: Wie sollten sie auf die Schnelle 900 Portionen Eis herbeischaffen? Ihr Auftritt gipfelte in dem Versprechen, ab nun für die drei besten Spielfilme des Kinderfilmfestes 10.000, 5.000 und 3.000 DM und den besten Kurzfilm 5.000 DM zur Verfügung zu stellen. Die Erfahrungen der letzten Jahre hatten aber gezeigt, dass das Kinderfilmfest auf derartige unsichere Zusagen nicht bauen sollte. Der lettische Regisseur Nils Skapans allerdings konnte sich freuen. Er erhielt für seinen Kurzfilm „Wir fliegen" nicht nur den Gläsernen Bären, sondern bekam tatsächlich auch noch die versprochenen 5.000 DM.

Kiesewetter in the second issue of his "Regenbogen" newspaper. On the other hand, Manfred Hobsch was very excited by this film. On 11. 2. 95 he wrote in the Berlinale daily, "Moving Pictures" that, "Jannik Hastrup provokes with funny songs, weird char-acters, a camped up number and a firework of animation which even has a hidden moral message."

Amongst other surprises of the festival were Swedish director Catti Edfeldt's debut feature based on a book by Ulf Stark, "Sixten", "Tick Tack" by Mohammad-Ali Talebi, a Kinderfilmfest veteran with two other films in previous years and "Sky Palace", a co-production from Iceland, Germany and Denmark. That no fully fledged German productions were to be seen came as no surprise

Hardly anybody noticed that the Kinderfilmfest no longer held press conferences during the Berlinale. As it had turned out, journalists had been eager to take part in the discussions after the screenings where they could also pose their questions. However, they had not been willing to make the effort to locate the press centre, which had been a little off the beaten track in the "Haus de Kulturen der Welt" in the Tiergarten. In the "KinderJugendfilmKorrespondenz" no. 54/2 '93, Hans Strobel had already complained about the lack of interest in the press conferences. "If professionals who are really supposed to be concerned take so little notice, then it is no wonder that the press conferences for the makers of children's films have merely become a compulsory exercise amongst all the other festival press hurdy-gurdy." *These days the journalists attend press screenings, which take place before the festival and where they receive the necessary information about each film. They also take advan-tage of the discussions at the children's meeting point and often make interviews between screenings.*

The biggest surprise of this year's festival came on 20 February at the "Bear-Awards" presentation. The person responsible for this was the actress Maria Schell, who had been connected with the Kinderfilmfest for some years. Jane Faber reported in the "Morgenpost" of 22. 2. 1995: "'Grandmas should stick together', announced star guest Maria Schell at the Award Ceremony at the Urania, thereby taking the Dutch actress Ingeboorg Uyp Den Boogard, who was standing next to her, by the arm. Mrs Uyp Den Boogard plays a leading adult role in the prize-winning film 'The Purse Snatcher'. She had been informed only 17 hours earlier that she was to be flown in to the Award Ceremony in Berlin at Maria Schell's expense." *As if that wasn't enough, Maria Schell shouted the whole audience a round of ice-creams. The people working at the Urania were totally over-demanded. How on earth were they to serve up 900 ice-creams? Maria Schell topped it all off with the promise that from then on the three best feature films of the Kinderfilmfest would receive cash awards*

from her of respectively 10,000 DM, 5,000 DM and 3,000 DM and the best short would receive 5,000 DM. The experience of the previous years had taught the Kinderfilmfest not to build up its hopes at such promises. However, the Latvian director Nils Skapans was made very happy. For his short film, "Munk and Lemmy – Let's Fly", he was not only awarded the Crystal Bear but also received the promised 5,000 DM.

Taschen-Dieb
DE TASJESDIEF

Die 1958 geborene Regisseurin Maria Peters wäre nie von allein auf die Idee gekommen, ihr Spielfilmdebüt „Taschen-Dieb" für den Wettbewerb des Kinderfilmfestes einzureichen. Sie fand ihre Arbeit nicht gut genug – im Gegensatz zu Fred de Haas, Leiter von Holland Filmpromotion. Er motivierte Maria Peters, eine Rohfassung zu schicken. Diese überzeugte Renate Zylla.

Olivier Tuinier in dem Film „Taschen-Dieb"

Olivier Tuinier in "The Purse-Snatcher"

Der Film behandelt ein für Kinder sehr aktuelles Thema. Der zehnjährige Alex wird von zwei älteren Mitschülern erpresst. Sie zwingen ihn, alten Frauen die Handtasche zu stehlen und an sie abzuliefern. Alex kann sich niemandem anvertrauen, und so verstrickt sich der Junge in immer größere Probleme.

„Maria Peters sieht die Wurzeln dieser Gewalt in den Familien, der kleinsten Zelle der Gesellschaft, von wo aus sie sich in einer Art Schneeballsystem nach außen entlädt. Durch die unaufhaltsame Steigerung von Spannung und Aggression und durch das überzeugende Spiel des jungen Hauptdarstellers gibt der Film das Unbehagen an den Zuschauer weiter."
(Jane Faber, „Berliner Morgenpost" vom 12. 2. 1995)

Und Katrin Hoffman hob in der „KinderJugendfilmKorrespondenz" Nr. 69 / 1 '97 hervor: *„Aus der Angst um Alex wird man den ganzen Film über nicht einen Moment entlassen. Ohne offensichtliche Gefühlsregungen steht er diesen Konflikt durch, er kann weder lachen noch weinen, alles drückt er mit stoischem Gebaren aus. Olivier Tuinier (...) ist ein beinahe schon routinierter Kinderdarsteller und macht Alex' Verhalten an jeder Stelle glaubhaft. "*

Olivier Tuinier war bereits schon 1992 zu Gast beim Kinderfilmfest, damals als Hauptdarsteller in Ben Sombogaarts Film „Das Taschenmesser".

In diesem Jahr nun stand er sogar bei der Preisverleihung mit auf der Bühne: „Taschen-Dieb" erhielt den Gläsernen Bären. Zusammen mit Maria Peters, außer sich vor Freude, und seiner Film-Großmutter Ingeborg Uyt Den Boogaard nahm er die Auszeichnung der Kinderjury entgegen.

Die Kinder hatten für „Taschen-Dieb" gestimmt, *„weil er sehr spannend gemacht war und auch die Hintergründe für das Handeln der älteren Jungen zeigte. Uns gefiel der Film auch gut, da er etwas zeigte, was jeden betreffen kann, und durch seine Darsteller überzeugte. Alex wurde von seinen Eltern nicht verstanden, aber er konnte sich immer an seine Oma wenden. Diese Freundschaft hat uns gefallen. Trotz der ernsten Handlung waren im Film witzige Szenen eingebaut. Dieser Film regt zum Nachdenken darüber an, wie man sich selbst in der Situation von Alex verhalten hätte."*

Niederlande / *Netherlands*
1994 / 95

Stabliste / *Crew*
Regie / *Director*: Maria Peters
Buch / *Script*: Maria Peters
Kamera / *Camera*: Hein Groot
Schnitt / *Editor*: Ot Louw
Musik / *Music*: Ad van Dijk

The Purse-Snatcher

It wouldn't have occurred to director Maria Peters, born in 1958, to submit her debut feature "The Purse-Snatcher" for the Kinderfilmfest competition. She did not think her work was up to scratch but Fred de Haas, director of Holland Filmpromotion, thought otherwise. He encouraged Maria Peters to send a rough-cut, which was convincing enough for Renate Zylla.

Ingeborg Uyt Den Boogaard, Olivier Tuinier and Maria Schell at the Award Ceremony

The film deals with a very current children's issue. The ten-year-old Alex is being blackmailed by two fellow pupils who force him to steal handbags from old ladies and then hand them over. Alex can't trust anyone with the truth and increasingly gets into big trouble.

"Maria Peters has insight into the roots of violence in society's smallest unit, the family. What happens here snowballs into the outside world. An uninterrupted build-up of tension and aggression and convincing work by the young main actor create an uneasy experience for the viewer."
(Jane Faber, "Berliner Morgenpost", 12. 2. 1995)

Katrin Hoffmann emphasises in the "KinderJugendfilmKorrespondenz" no. 69 / 1'97 that: "Fear for Alex's safety does not let up for a moment during the entire film. He has to cope with this conflict without obvious emotion; he can neither laugh nor cry and expresses everything with great stoicism. Olivier Tuinier is a routine child actor who convincingly portrays Alex's behaviour at every point."

Oliver Tuinier had already visited the Kinderfilmfest in 1992 when he appeared in Ben Sombogaart's film "The Penknife". In 1995 he even appeared on stage for the award ceremony when "The Purse-Snatcher" received the Crystal Bear. He joyfully received the award, together with Maria Peters and his screen grandmother, Uyt Den Boogard.

The Children's Jury voted for "The Purse-Snatcher": "because it was exciting and it also showed the reason why the older boys acted as they did. We liked the film very much because it showed something that could happen to anybody. The acting was convincing. Alex's parents did not understand him but he could always confide in his grandmother. We liked this friendship. Even though this was a serious film, there were some comic scenes. This film makes you wonder how you would react in Alex's situation."

Darsteller / *Cast*

Alex	Olivier Tuinier
Lucas	Aus Greidanus
Evert	Micha Hulshof
Roos	Ingeborg Uyt Den Boogaard

Produktion /
***Production*:** Shooting Star Film Company BV, Amsterdam / Tros Television

Krähen
WRONY

„Krähen führt knapp vor dem Taschendieb" meldete die tägliche Festivalzeitung „Regenbogen", herausgegeben von Berliner Schülern. Sie hatten eine Umfrage gestartet, die ergab, dass 30% der befragten Kinder und Erwachsenen den Film von Dorota Kędzierzawska am besten fanden.

„Krähen" handelt von fehlender Liebe, von Einsamkeit und Verzweiflung. Ein neunjähriges Mädchen fühlt sich von allen verlassen: Es hat keinen Vater,

Karolina Ostrożna in „Krähen"

Karolina Ostrożna in "Crows"

die Mutter muss Geld verdienen, von den Mitschülerinnen wird es gehänselt. In seiner Not läuft das Mädchen von zu Hause weg und entführt ein dreijähriges Kind aus der Nachbarschaft. Mit ihm zusammen erfährt „Krähe" zum ersten Mal Zärtlichkeit und das Gefühl, gebraucht zu werden.

Wie genau und intensiv dieser Film einerseits von der Sehnsucht nach Nähe, Verständnis und Liebe erzählt und anderseits das Erlebnis von einem Mit- und Füreinander beschreibt, war für Helmut Dziuba, Berater bei der Filmauswahl für das Kinderfilmfest, etwas ganz Besonderes. Außerdem unterschied sich „Krähen" wohltuend von den seit 1990 vorrangig kommerziellen, marktorientierten po nischen Produktionen.

„Mit (...) ebenso erstaunlichen wie verstörenden visuellen Einfällen gibt die polnische Regisseurin Dorota Kędzierzawska dem Film eine Intensität, die nicht nur dem sogenannten Zielpublikum, den Kindern, unter die Haut geht: menschenleere Straßen mit verwahrlosten Hinterhöfen. Der Blick eine Straße entlang, gefilmt mit langen Brennweiten, durch die ein neunjähriges Mädchen auf die Kamera zuläuft. Es scheint sich kaum fortzubewegen, was die vermeintlich überschaubare Entfernung zu einer Unendlichkeit dehnt. Der Blick fällt gewissermaßen in die Bildtiefe wie in einen Abgrund."
(Rüdiger Tomczak, „filmwärts" Nr. 34 / 35 – 1995)

Durch seine eigene Sprache, die an die Traditionen des polnischen Films anknüpft, durch die Dichte zwischen Regie und Kamera wurde „Krähen" das Ereignis des 18. Kinderfilmfestes: Der Film erhielt den UNICEF-Preis der internationalen Jury sowie die lobende Erwähnung der Jurykinder.

„Der Film erzählt eine völlig unverbrauchte, neue Geschichte (...). In ‚Krähen' überzeugen die Schauspieler, ohne viel zu sprechen. ‚Krähen' ist ein sehr trauriger Film, der Stellen mit Humor gut und halb versteckt plaziert, so dass er dennoch keine Depressionen auslöst. ‚Krähen' kritisiert die Erwachsenenwelt, ohne zu kommentieren.
Fazit: ‚Krähen' ist unser absoluter Favorit für den Ersten Preis!"
(„Regenbogen" Nr. 5 vom 14. / 15. 2. 1995)

Polen / *Poland* 1994

Stabliste / *Crew*
Regie / *Director*:	Dorota Kędzierzawska
Buch / *Script*:	Dorota Kędzierzawska
Kamera / *Camera*:	Arthur Reinhart
Schnitt / *Editor*:	Dorota Kędzierzawska, Arthur Reinhart
Musik / *Music*:	Włodek Pawlk

Crows

"Crows lies just in front of The Purse-Snatcher" *was a headline in "Regenbogen", a festival daily produced by Berlin school students. In a survey they had discovered that 30% of the children and adults they had asked favoured Dorota Kiędzierzawska's film.*

"Crows" is about loneliness, doubt and the lack of love. A nine-year-old girl feels left alone. She has no father, her mother has to earn money and her fellow students are teasing her. Desperation forces her to run away and to kidnap a three-year-old girl from the neighbourhood. For the first time in her life "crow" receives tenderness and the feeling that she is needed.

Kinderfilmfest selection advisor, Helmut Dziuba, highly praises this film for the way in which it precisely and intensely embraces the longing for closeness and love together with the experience of belonging together and being there for each other. "Crows" is also exeptional in that it stands out from the mostly commercial, market-oriented films that have been produced in Poland since 1990.

"The Polish director, Dorota Kędzierzawska, has created an intense film with astonishing and disturbing images which get under the skin, not only of the so-called target viewers: empty streets with neglected back yards, a wide shot down a street where a nine-year-old girl is walking towards the camera. She doesn't seem to get any further, creating the feeling that the easy distance stretches into eternity. Your eye is consciously drawn into the depths of the image as if into a great chasm."

(Rüdiger Tomczak, "filmwärts" no. 34/35-1995)

With the characteristic language reminiscent of Polish film tradition and a tight relationship between direction and camera work, "Crows" became the outstanding event of the 18th Kinderfilmfest. The film received the UNICEF Prize from the International Jury as well as a Special Mention from the Children's Jury.

"The film tells a totally new and unspent story (...). The actors are convincing without having to say much. 'Crows' is a very sad film with well-placed, subtly humorous moments, which help against depression. 'Crows' criticizes the adult world without commenting upon it. 'Crows' is our absolute favourite for the first prize!"

("Regenbogen" no. 5, 14./15.2.1995)

Darsteller / *Cast*	
Mädchen	Karolina Ostrożna
Baby	Kasia Szczepanik
Produktion / *Production*:	OKO Film Studio, Warszawa / Telewizja Polska S.A.

Wie aus dem Leben gefischt

Mit einer „*Akrobatin*" wurde sie verg ichen, als „*eine Frau mit vier Händen, zwei Telefonen und 1000 Terminen*" beschrieben („BZ" vom 15.2.1996) – Renate Zylla die Leiterin des Kinderfilmfestes. In diesem Jahr sollten 14 Spielfilme, 15 Kurzfilme und eine Ausstellung über die Anfänge des DEFA-Trickfilms die großen und kleinen Besucher elf Tage lang „in Schach halten". Eröffnet wurde das 19. Kinderfilmfest mit „Mein Freund Joe", einer Koproduktion aus Deutschland, Irland und Großbritannien, die zum Abschluss mit dem Gläsernen Bären, diesmal in blau, ausgezeichnet wurde. „*Blauer Bär für ‚Joe'*" lautete die Schlagzeile in der Zeitschrift „Filmecho / Filmwoche" Nr. 9/96, „*Blauer Bär beim Berlinale-Kinderfilmfest 1996*" stand auf den Plakaten, als der Film in die Kinos kam. Ein fataler Irrtum, der damals zu einiger Irritation führte. Heute ist der Titel allen bekannt, der Gläserne Bär ist zum „Award" geworden, auch wenn er jährlich seine Farbe wechselt.

Gabriele Auensen-Borgelt dolmetscht für Regisseurin Vibeke Gad (r.)

Der Gläserne Bär für den besten Kurzfilm wie auch der UNICEF-Preis für diese Kategorie gingen an den Zeichentrickfilm „Das vergessene Spielzeug" aus Großbritannien. Der Regisseur Graham Ralph schwärmt noch heute von seinem zweiten Besuch in Berlin: „*Meine allerschönste Erinnerung ist das Kinderfilmfest 1996. Das Publikum war begeistert von meinem Film ‚The Forgotten Toys', dass mir vor Rührung fast die Tränen gekommen wären. Kaum war ich dann wieder zu Hause, erreichte mich Renates Anruf, dass mein Film nicht nur den Preis der Erwachsenen-, sondern auch den der Kinderjury bekommen hatte. Schnell packte ich meine Sachen wieder zusammen. Völlig überwältigt stand ich dann bei der Preisverleihung mit meinem blauen Glasbären in der Hand vor dem roten Vorhang. (...) Seitdem bin ich noch öfters in Berlin gewesen und habe jedes Mal dieselbe Wärme und Zuneigung gespürt. Im Jahr darauf hatte ich die Ehre, in die Internationale Jury eingeladen zu werden. Besonders interessant und bereichernd an der Juryarbeit war für mich die Mischung von unterschiedlichen Kulturen und Lebensphilosophien (...). Die enorme Vielfalt an Sichtweisen öffnete mir die Augen dafür, wie viele unterschiedliche Herangehensweisen es an das Filmemachen gibt, vor allem auch in Ländern, deren Filme wir hier selten zu sehen bekommen. (...) Berlin wird für mich immer das Festival bleiben, das wirklichen Respekt und wahre Liebe für den Film ausdrückt – in all seinen Formen.*"*

19 Länder waren mit ihren Produktionen beim Kinderfilmfest dabei, wie zum Beispiel Israel, Neuseeland, Kanada, China, Island, Iran und Frankreich. Wie „*Fenster zu fernen Welten*" wirkten diese Filme auf Beate Hanspach. „*Sie offenbaren Andersartigkeit und Nähe zu existentiellen Konflikten, denen Kinder auch um uns herum ausgesetzt sind*", schrieb sie im Heft 3/96 vom „Film & TV Kameramann" und stellte dabei besonders die britisch-belgische Koproduktion „Das Märchen von den drei Juwelen" heraus: „*Den Ernst der Wirklichkeit und die Grausamkeit politisch motivierter Erschießungen, die im Gaza-Streifen zum Alltag der Kinder eines Flüchtlingslagers gehören, bricht der palästinensische Regisseur Michel Khleifi (...) eindrucksvoll durch mythische Träume und lebensvolle Kinderfiguren.*" Dieser Film schien für viele preisverdächtig, so wie auch das Debüt von Gísli Snær Erlingsson „Benjamin, die Taube" oder die dänischen Produktionen „Belma" von Lars Hesselholdt und „Keine Angst vorm Fliegen" von Vibeke Gad. In diesem warmherzigen und kraftvollen Film stehen zwei Mädchen im Mittelpunkt, die zwar aus unterschiedlichem sozialem Milieu kommen, aber beide mit der Arbeitslosigkeit ihrer Eltern konfrontiert werden. Ein weiterer Film aus Dänemark, „Anton", errang die lobende Erwähnung der internationalen Jury. Das Debüt von Aage Rais,

As if fished-up from real life

Kinderfilmfest director, Renate Zylla, was compared with, "an acrobat. A woman with four hands, two telephones and 1,000 appointments," in the "BZ" of 15. 2. 1996. This year's program, which included 14 feature films, 15 short films and an exhibition about the first animation films of the East German Film Studios ("DEFA"), was going to keep the younger and older audiences on their toes. The 19th Kinderfilmfest opened with the German-Irish-British co-production, "My Friend Joe", which was eventually awarded the Crystal Bear, this time in blue. The headlines in the "Filmecho/Filmwoche" no. 9/96 read "Blue Bear for 'Joe'". When the film was released the posters were printed with "Blue Bear at the Berlinale-Kinderfilmfest 1996". The mistake caused some irritation. Although it changes colour each year, the Crystal Bear has now become firmly established as an award with its own name and identity.

The Crystal Bear for the best short film and the UNICEF Prize for this category went to the British animation film "The Forgotten Toys". Director Graham Ralph still raves about his second visit to Berlin. "My most wonderful memory is the Kinderfilmfest of 1996. The audience had been so excited by my film 'The Forgotten Toys' that I nearly burst into tears. I had hardly arrived home when Renate phoned to tell me that I had been awarded both the adults' and the children's juries awards. I quickly re-packed my bags. I was totally overwhelmed at the award ceremony standing in front of the red curtain holding on to my blue crystal bear. (…) Since then I have often returned to Berlin and each time felt the same warmth and affection. The next year I had the honour of being invited to become a member of the International Jury. As a jury member it was especially interesting and enriching for me to come into contact with a mixture of cultures and life-philosophies. The hugely varied viewpoints gave me an insight into the different approaches of filmmakers and I was able to see rare films from foreign countries. (…) For me, Berlin will always be the festival which expresses real respect and true love for film – in all its forms."

Productions from 19 countries took part, e.g. Israel, New Zealand, Canada, China, Iceland, Iran and France. The films were like "a window to faraway worlds. They expose difference and existential conflicts which children here are also subject to," wrote Beate Hanspach in issue 3/96 of the magazine "Film & TV Kameramann". She particularly mentioned the British-Belgian co-production "Tale of the Three Jewels": "Director Michel Khleifi impressively cuts the grim reality and horror of the politically motivated killings which are every day reality for children living in a refugee camp in the Gaza Strip, with mythical dreams

das Rolf-Ruediger Hamacher mit *„am beeindruckendsten in diesem überzeugenden Programm"* empfand („Filmecho/Film-woche" Nr. 9/96), erzählt davon, wie ein Junge den Tod seines Vaters überwindet. Das Jurykind Sophie Diekmann war so begeistert von diesem Film, dass es nach dem Festival einen langen Brief an Regisseur Aage Rais schrieb. Darin hieß es u.a.: *„Mir gefiel die natürliche, nicht überkandidelte Art des Films (...), die Echtheit der Kinder, denn nur Sie als Einziger haben die Kinder so dargestellt, wie sie wirklich sind und sprechen. Was mir noch gut gefiel, war das Drehbuch, die Handlung: ein Junge, der mit dem Tod seines Vaters nicht klarkommt und, um ihm nahe zu sein, ein Flugzeug baut. (...) Das Ende war sehr schön, nicht zu lang und nicht verkitscht. Auch waren viele Situationen sehr real dargestellt, wie aus dem Leben gefischt."*

Den UNICEF-Preis vergab die internationale Jury in diesem Jahr an Ben Sombogaart für „Der Junge, der nicht mehr sprechen wollte". Darin schildert der niederländische Regisseur auf sensible Weise das Schicksal eines kurdischen Jungen, der sich in seiner neuen Heimat nicht zurecht findet. *„Alle Elemente des Filmemachens, darunter besonders die Dialoge, die Musik und die Kamera und die Verwendung von starken, im Gedächtnis bleibenden Bildern durch den Regisseur waren exzellent"*, hieß es in der Preisbegründung. Ben Sombogaart, mittlerweile „Stammgast" beim Kinderfilmfest, hatte diesmal – wegen der schwierigen Thematik seines Films – nicht mit einer Auszeichnung gerechnet. Deshalb war er besonders glücklich: *„Die Fachjury hatte uns den Preis gegeben!‚De Jongen die nit meer praatte' begann seinen Siegeszug. In den Niederlanden lieb der Erfolg allerdings aus. Aber in Nord- und Südamerika und vor allem in Frankreich war man sehr begeistert. Es gab noch mehr Preise, noch mehr Interesse von ausländischen Produzenten an unseren Projekten."*

Besonders stark in diesem Jahr war auch das Kurzfilmprogramm, in dem nicht nur Animations-, sondern auch kurze Spielfilme präsentiert wurden. Beide Kategorien in einen Wettbewerb zu stellen, war und ist für das Festival ein Problem, besteht doch immer die Gefahr, dass dabei der Animationsfilm in den Hintergrund gedrängt wird. Diesem sollte deshalb hin und wieder eine besondere Plattform gegeben werden. Während 1995 der aktuelle Trickfilm durch eine Ausstellung und einen Workshop ins Licht gesetzt wurde, konnte diesmal auf die

Jan Hempel führt durch seine Ausstellung

Jan Hempel leading through his exhibition

Geschichte des Animationsfilms zurückgeblickt werden. Die Ausstellung „Wenn Puppen Filmstars werden" dokumentierte die Anfänge des DEFA-Trickfilmstudios mit Arbeiten von Jan Hempel, dem Begründer des Dresdener Studios. In den 50er Jahren war das Trickfilmstudio Dresden das einzige in Europa, das sich auf Kinderfilm spezialisiert hatte. Jan Hempel musste Anfang der 60er Jahre das Studio aus politischen Gründen verlassen und durfte lange Zeit nicht mehr auf diesem Gebiet arbeiten. So war es eine besondere Sensation, dass der „Vater des DEFA Puppentrickfilms" die Besucher persönlich durch die Ausstellung führte.

and lively child figures." *This film was seen as prize-worthy by many, along with "Benjamin Dove", a debut feature by Gisli Snær Erlinsson, the Danish production "Belma" by Lars Hesselholdt and "Watch Me Fly" by Vibeke Gad. Two girls are at the centre of this warm-hearted and powerful film. Although they come from different social backgrounds, they are both challenged by their parents' unemployment. A further film from Denmark, "Anton", received a Special Mention from the International Jury. Director Aage Rais' debut was described by Ruediger Hamacher in "Filmecho/Filmwoche" no. 9/96 as, "the most impressive in this year's program." The film tells of how a young boy comes to terms with his father's death. Children's Jury member, Sophie Diekmann, was so impressed by the film that she wrote a long letter to the director after the festival was over.* "I really liked the natural unpretentiousness of the film … the authenticity of the children. You are the only one who has presented children how they really are, how they speak. I also liked the script and the plot very much: a young boy who can't come to terms with his father's death and builds himself an aeroplane to get close to him. (…) The ending was very beautiful, not too long or kitsch. Many situations were realistically portrayed, as if they had been fished up from real life."

The UNIICEF Jury decided to present their award to Ben Sombogaart for "The Boy Who Stopped Talking". In this film the Dutch director sensitively portrays the fate if a young Kurdish boy who cannot accept his new home. "Each element of the film, especially the dialogue, the music and the camerawork as well as the impressive unforgettable images created by the director, was excellent," *explained the jury. Ben Sombogaart, who had become a regular guest at the Kinderfilmfest, had not reckoned with an award, particularly because of the film's difficult subject matter. He was pleasantly surprised.* "The International Jury awarded us with their main prize! 'The Boy Who Stopped Talking' began its round of victory. Although it was not successful in the Netherlands, it was met with enthusiasm in North and South America and in France. The more awards we received the more foreign producers became interested in our work."

It was also a strong year for the short film category. This time there was a mixture of live action and animated shorts. The presentation of both types of film in one competition has its drawbacks. The danger is that the animation films will be pushed into the background. Because of this, they are occasionally given a special platform. In 1995 the state of animation film today was presented in an exhibition and workshop and this year the focus was on the history of animation film. The exhibition "When Dolls Become Film-Stars" was a documentation of the beginnings of the East German Film Studios ("DEFA") animation depart-

ment. It presented the work of the founder of the Dresden studios, Jan Hempel. In the 1950's, these studios were unique in Europe, specialising as they did in making children's films. At the beginning of the 1960's, Jan Hempel was forced by politics to leave the studios and was not allowed to work in this area for a very long time. It was a small sensation when the "father" of the East German Film Studios puppet-animation films personally attended the exhibition.

„Herr der Elefanten" von Patrick Grandperret

"The Elephant Master" by Patrick Grandperret

Mein Freund Joe

Der irische Regisseur Chris Bould beschreibt das Schicksal des Zirkusmädchens Joanne, das sich unter dem Druck seines Onkels als Junge Joe ausgeben muß. Durch die Freundschaft mit dem gleichaltrigen Chris findet Joanne die Kraft, sich von ihrem Peiniger zu lösen.

„Mein Freund Joe" eröffnete das Kinderfilmfest und wurde vom Publikum begeistert aufgenommen: *„Ein rundum gelungener Kinderfilm, er hat Tempo und keine Szene ist überflüssig:*

Die Kinder sind glaubwürdig, ihre Mutproben gefährlich, die Geschichte vom Jungen Joe, der viel lieber das, was ‚er' wirklich ist, nämlich das Mädchen Joanne, sein will, ist aufregend und psychologisch differenziert."
(Manfred Hobsch, „KinderJugendfilmKorrespondenz" Nr. 66 / 2 '96)

Chris Boulds Film ist eine Koproduktion mit deutscher Beteiligung. Ein originärer deutscher Kinderfilm war in dem reichhaltigen Programm nicht zu finden. Das war Anlass, wieder einmal über die hiesige Situation des Kinderfilms zu diskutieren.

„Der von der Berliner Kinderjury preisgekrönte Film ‚Mein Freund Joe' ist charakteristisch für die gegenwärtige deutsche Kinderfilmproduktion. Wenn überhaupt, findet sie im Ausland statt. Ursprünglich wollte Gemini-Köln den Film — nach dem auch in der Bundesrepublik erfolgreichen schwedischen Jugendbuch von Peter Pohl — in Deutschland herstellen. Hierzulande sind jedoch die Hürden der Förderung so schwer zu nehmen und das Drehen ist so teuer geworden, dass sich die Produzenten für eine internationale Koproduktion entschieden haben.

Immerhin war der deutsche Kameramann Michael Faust mit einer exzellenten Arbeit, wie der für den Ton verantwortliche Wolfgang Wirtz an der Produktion (...) beteiligt. Und der Film, der gegen Bevormundung und für Selbstbestimmung plädiert, trifft so sehr den Nerv junger Zuschauer, dass an anderer Stelle die deutsche Misere zu beklagen ist."
(Beate Hanspach, „Film & TV Kameramann" Nr. 3 / 96)

Die Kinder waren hingerissen von "Mein Freund Joe".

„Meine Eltern und ich haben noch sehr lange über den Film gesprochen."
Béla, 11 Jahre

„Es ist jetzt mein Lieblingsfilm!"
Paul, 13 Jahre

„Ich finde es irre gut, dass ein Mädchen die starke Rolle spielt. Dass sie so mutig ist. Ein großes, dickes, fettes Lob."
Martha, 13 Jahre

Deutschland, Irland, Großbritannien / *Germany, Ireland, Great Britain* **1995**

Stabliste / *Crew*
Regie / *Director*: Chris Bould
Buch / *Script*: David Howard
nach dem Roman / *adapted from the novel* „Janne min vän"
von / *by* Peter Pohl /
Kamera / *Camera*: Michael Faust
Schnitt / *Editor*: Rodney Holland
Musik / *Music*: Ronan Hardiman

MY FRIEND JOE

Irish director Chris Bould portrays the fate of Joanne, a young circus girl who is forced by her uncle to pose as a boy, namely Joe. The friendship with Chris who is of the same age gives Joanne the strength to get free of her tormentor.

Everyone excitedly received "My Friend Joe", the opening film of the Kinderfilmfest.

"An all round successful children's film, well paced and nothing superfluous. The children are convincing, their test of courage is dangerous, the story of the boy, 'Joe', who would much rather be who 'he' really is, namely the girl, Joanne, is exciting and psychologically differentiated."
(Manfred Hobsch, "KinderJugendfilmKorrespondenz" no. 66 / 2 '96)

Chris Bould and John Cleere during the world premier of "My Friend Joe"
at the opening of the 19th Kinderfilmfest

Chris Bould's film is a co-production with German participation. No other German children's film was as original in the rich program of that year. Enough reason to once again take stock of the situation of German children's films.

"The prize-winning film 'My Friend Joe' characterises the state of present-day production of German children's films. If they exist at all they take place overseas. Originally Gemini-Köln wanted to shoot the film – based on the successful (also in Germany) young peoples' book by Swedish author Peter Pohl – in Germany. However complications within the funding system were difficult to overcome. Production in Germany had also become too expensive and the producers decided on an international co-production.

At least the German cameraman Michael Faust and soundman Wolfgang Fritz were able to show their excellent skills in this production. The film, which rallies against patronisation and pleads for the right to control one's own destiny, hits the point with young audiences. It is regrettable that you cannot say the same thing for other German films."
(Beate Hanspach, "Film&TV Kameramann" no. 3 / 96)

Darsteller / *Cast*	
Joe	Schuyler Fisk
Chris	John Cleere
Curt	Stephen McHattie
Simon	Joel Grey

Produktion /	
Production:	Gemini Filmproduktions GmbH, Köln / Promedia, Ireland / Portman Entertainment Group, London

The children were thrilled by "My friend Joe".

"My parents and I spoke about the film for a long time."
Béla, 11 years old
"It's my favourite film!"
Paul, 13 years old
"It is really great that a girl gets to play the strong role and that she is so brave. A huge, fat compliment."
Martha, 13 years old

Belma
BELMA

„Mir ging es um die Frage, was veranlasst Menschen dazu, in den Krieg zu ziehen, und wie kommt der Krieg plötzlich in ihren Alltag, so dass er kein Spiel mehr ist", erklärte der dänische Regisseur Lars Hesselholdt in Berlin. Dass sein mutiges Debüt von den Jurys nicht mit einem Preis bedacht wurde, hing wohl mit dem quantitativ und qualitativ hervorragenden Programm des 96er Festivals zusammen. Ansonsten fand „Belma" viel Beachtung, gerade weil sich der Film eines schwierigen aktuellen Themas annimmt.

So bezieht Lars Hesselholdt in die Liebesgeschichte zwischen dem Flüchtlingsmädchen Belma aus Bosnien, und Rasmus, einem Computerfreak aus Kopenhagen, die Allgegenwärtigkeit des Krieges ein. Dieser müssen sich die beiden Fünfzehnjährigen stellen genau wie der Konfrontation mit dem ehemaligen Kommandanten eines serbischen Gefangenenlagers, der für seine grausamen Folterungen berüchtigt war und nun in Dänemark Asyl sucht.

Neben der einfühlsamen Erzählweise beeindruckt besonders die Authentizität des Films. Dazu trägt vor allem die Belma-Darstellerin Emina Isovic bei, die selbst aus Bosnien geflüchtet ist und einen Teil ihrer Lebensgeschichte spielt. Noch während der Dreharbeiten ließ sich Lars Hesselholdt von ihren Erfahrungen und denen der anderen Schauspieler aus dem ehemaligen Jugoslawien inspirieren.

Als *„eine sensible und differenzierte Inszenierung"* bezeichnete Christel Strobel diesen Film und hob in ihrer Kritik hervor: *„Ohne didaktisch zu wirken, wird hier ein leidvolles aktuelles Thema aufgegriffen (...) und mit einem individuellen Schicksal verbunden, mit zärtlichen Szenen, mit lustigen Begebenheiten ebenso wie mit sehr harten Darstellungen — eine Mischung, die berührt und nachdenklich macht."*
(„KinderJugendfilmKorrespondenz" 66/ 2 '96)

Bei den vielen positiven Urteilen der Kinder ist allerdings festzustellen, dass sie mit dem offenen Ende Schwierigkeiten hatten. Auf die Frage *„Was hättest Du anders gemacht, wenn Du diesen Film gedreht hättest?"* wurde immer wieder geantwortet:
„Dass Belma bei Rasmus geblieben wäre."
Maria, 12 Jahre

„Ich fand es schade, dass Belma und ihr Vater zum Schluss wieder zurück nach Bosnien gefahren sind. Das hätte ich anders gemacht, aber das zeigt auch, wie sehr ihnen ihre Heimat wichtig war. Sie wollten sie nicht einfach vergessen oder aufgeben."
Fanny, 13 Jahre

Dänemark, Schweden / *Denmark, Sweden* 1995

Stabliste / *Crew*
Regie / *Director*: Lars Hesselholdt
Buch / *Script*: Pascal Lonhay
Kamera / *Camera*: Eric Kress
Schnitt / *Editor*: Henrick Fleischer
Musik / *Music*: Morten Olsen,
Lisa Eckdahl

Belma

Danish director Lars Hesselholdt explained in Berlin that "for me it was the question of what causes people to go to war and how war suddenly becomes no longer a game but part of everyday life." The fact that his courageous filmdebut did not receive an award from neither the Children's nor from the International Jury could be due to the fact that the 1996 festival was over-flowing with many high quality films. However, "Belma" did get a lot of good feedback, taking on as it did such a difficult, present-day theme.

Lars Hesselhodt set a love story between the Bosnian refugee Belma and Rasmus, a young computer-freak from Copenhagen, to the overwhelming presence of war. The two 15-year-olds are confronted not only by this war but also by the appearance of a former prison commander who has become famous for his torture methods and now seeks asylum in Denmark. Sensitively portrayed, the film impresses with its great authenticity. The young actress Emina Isovic who was in reality forced to flee from Bosnia greatly contributes to this. The film partly tells her own life-story. During the shooting of the film Lars Hesselholdt was inspired by her real experiences and also those of the other actors who had come from former Jugoslavia.

Christel Strobel described the film as "a sensitive and diffe-rentiated production. (...) Without being didactic the film takes up a present-day theme of suffering (...) portraying individual fate, tender scenes, comic incidents and brutal events – a mix which moves and leaves you thinking." *("KinderJugendfilmKorrespondenz" 66/2'96)*

Many children judged the film positively. However, it is obvious that the open end created difficulties for some. As answer to the question "What would you have done differently if you had made this film?" often came:

"That Belma stayed with Rasmus".
Maria, 12 years old

"I was sorry that in the end Belma and her father returned to Bosnia. I would have done something else but it does show how important their homeland was for them. They did not want to simply forget and give up."
Fanny, 13 years old

Darsteller / *Cast*	
Belma	Emina Isovic
Rasmus	Simon Holk
Josip	Rade Serbedzija
Produktion /	
Production:	Arena Film, København / Little Big Productions, Stockholm Group, London

Ein Festival macht Filme

Das einzige Kinderfilmfestival der Welt, das in ein A-Festival integriert ist, beging sein 20. Jubiläum. Viele Blumen gab es, Glückwünsche und Geschenke. Das größte Geschenk machte das Kinderfilmfest sich und seinem Publikum mit der Retrospektive „Special Choice". 10 Highlights aus 20 Jahren gelangten noch einmal zur Aufführung. Ob „Manganinnie" aus Australien, „Lukas" aus der ČSSR, der preisgekrönte japanische Beitrag „Bokuchans Kampf", einer der wenigen Kinderfilme aus Nordirland, „Mister Weltuntergang", „Hasenherz" aus der DDR, der in der damaligen UdSSR sehr umstrittene Film „Die Puppe", die chinesische Produktion „Die Federtasche" oder aus der jüngeren Vergangenheit „Das Taschenmesser" von Ben Sombogaart und „Krähen" von der polnischen Regisseurin Dorota Kędzierzawska — sie alle ermöglichten einen Einblick in die Entwicklung der internationalen Kinderfilmproduktion. In der Retrospektive wurde auch „Busters Welt" gezeigt, der den dänischen Regisseur Bille August 1985 das erste Mal nach Berlin führte. 1997 nun sollte sein Spielfilm „Fräulein Smillas Gespür für Schnee" den Wettbewerb der Berlinale eröffnen.

Auch das aktuelle Programm konnte sich sehen lassen. Unter dem Motto „Verbündete für einen Tag — Freundschaften bis ans Lebensende" wurden 14 Spielfilme und neun Kurzfilme präsentiert, darunter vier deutsche Beiträge. Einer davon, die deutsch-neuseeländische Koproduktion „Der Flug des Albatros" von Werner Meyer, thematisiert die Annäherung zwischen verschiedenen Kulturen. Die 16-jährige Sarah aus Berlin verlebt ihren Sommer in einem kleinen Fischerdorf in Neuseeland. Dort begegnet sie dem Maori-Jungen Mako. Durch ihn erschließt sich für sie die fremde Welt und sie beginnt, die Mythen seines Volkes zu verstehen. *„Wir fanden besonders gut, wie sich die Freundschaft zwischen Sarah und Mako entwickelt hat. Die Mischung von Spannung und Liebesgeschichte wurde in diesem Film sehr gut getroffen. Die Darsteller der beiden Jugendlichen haben ihre Rolle für uns glaubhaft verkörpert"*, lautete die Begründung der Jurykinder, die Werner Meyer für seinen Film mit dem Gläsernen Bären auszeichneten. Einer ähnlichen Thematik widmet sich der französische Beitrag „Imûhar, Eine Legende". Als *„farbige Chronik einer kulturellen Grenzüberschreitung"* beschrieb Reinhard Kleber diesen bestechenden Debütfilm: *„Es gibt sie nur selten, jene Momente der Kinomagie, in denen der Regisseur alle Zeit der Welt zu haben scheint. Der Franzose Jacques Dubuisson (…) ist so ein Filmemacher: Mit souveräner Gelassenheit erzählt er eine fesselnde Geschichte, ohne viele Worte zu benötigen. (…) Nicht zuletzt wegen der Kraft der Farben und Intensität des Lichts sollte man sich Dubuissons filmische Legende unbedingt auf der Leinwand ansehen."* („KinderJugendfilmKorrespondenz" Nr. 70 / 2 '97)

Endlich war auch Russland wieder mit einem Kinderfilm vertreten. „Das Kätzchen", unter schwierigen Bedingungen produziert, beeindruckte durch seine genaue Beschreibung der Lebensverhältnisse im heutigen Moskau. Unter die Haut ging das Spielfilmdebüt des polnischen Regisseurs Paweł Łozinski „Im Gully". Łozinski erzählt die eindringliche Geschichte von einem Zwölfjährigen und einem alten Mann, die beide auf der Verliererseite stehen und über den Kampf um einen 500-Franc-Schein zueinander finden.

Für Überraschung sorgte die spanische Produktion „Tic Tac", ein Film, der sich mit dem philosophischen Begriff „Ewigkeit" befasst. *„Selbst Computer-Kids dürften ins Staunen kommen angesichts dieses originellen, poetischen, musikalischen und unge-*

A Festival Gets Films Made

The only Kinderfilmfest in the world integrated into an "A-Festival" began its 20th anniversary. With many flowers, good wishes and presents. The Kinderfilmfest gave itself and its audiences the biggest gift of all, a retrospective film line-up called "Special Choice". Ten highlights from 20 years were given the chance to be seen again. From the Australian film "Manganinnie","Luke" from Czechoslovakia, the award winning Japanese film, "Bokuchan's Battlefield", one of the few films from Northern Ireland, "The End of the World Man","The Coward" from the German Democratic Republic, "The Doll", which had been controversial in the Soviet Union and the Chinese production, "Oh, Sweet Snow", to the more recent productions; "The Penknife" by Ben Sombogaart and "Crows" by Polish director Dorota Kędzierzawska – they all gave an insight into children's film production worldwide. "The World of Buster" by Bille August was also screened in the Retrospetive. This film had already brought the Danish director to the Ber-linale in 1985. In 1997 his film "Smilla's Sense of Snow" was to open the Berlinale Main Competition.

The current film program was also worth taking a look at. 14 features and nine shorts, including four from Germany, were presented to the motto, "Allies for a Day, Friends Forever". A co-pro-duction from Germany and New Zealand, "Flight of the Albatross", shows how two cultures can come togeth-er. 16-year-old Sarah from Berlin passes her summer holidays in a fishing village in New Zealand. There she meets Mako, a Maori boy who helps her under-stand this strange world and teaches her some of the mythology of his culture. "We really liked how the relationship between Sarah and Mako developed. This film had a good mix of excitement and a love story. We liked the way in which the young actors played their roles," *were the Children's Jury's reasons for presenting director Werner Meyer with the Crystal Bear. The French entry "Imûhar, 'A Legend' had a similar theme. Reinhard Kleber described this brilliant debut feature as,* "a colourful chronicle of cultural border-crossing. Moments of cinematic magic, in which a director seems to have all the time in the world, are seldom. The Frenchman, Jacques Dubuisson is just such a director. He tells the gripping story with absolute composure and little use of language. (...) Last but not least, the power of the colours and the intensity of the light make it compul-sory to see Dubuisson's cinematic legend on the big screen." *("KinderJugendfilmKorrespondenz" no. 70/2 '97)*

Russia finally had a new film in competition. "The Little Cat", which had been produced under difficult conditions, impressed with its exact description of life in present day Moscow. "A Gutter", the debut feature of Polish director Paweł Łozinski touched a raw nerve. Łozinski tells the story of a twelve-year-old boy and an old man who are both losers. They get to know each other while fighting over a 500 Franc note. The Spanish production "Tic Tac" was a surprise. This film concerns itself with the philosophy of "eternity"." Computer-kids will be especially amazed when they see this original, poetic, musical and unusually playful film by the Catalan director Rosa Vergés. (...) It is quite noticeable that such a classically charming but thought provoking, multi-

Die polnische Produktion „Im Gully"

The Polish production "A Gutter"

wöhnlich spielfreudig vitalen Films der Katalanin Rosa Vergés. (…) Es ist tatsächlich bemerkenswert, dass ein so klassisch anmutendes und doch in seiner Gedanken- und Assoziationsstruktur so modernes Märchen völlig ohne digitalen Firlefanz auskommt. Stattdessen gibt es Musik und Tanz: Ballett, choreographierte Poesie und Phantasie", schrieb Frauke Hanck in der „KinderJugendfilmKorrespondenz" Nr. 70 / 2 '97. Eingereicht hatte die Produzentin Victoria Borras eine Rohschnittfassung in Katalan, ohne Untertitelung. Trotzdem spürte Renate Zylla, dass es sich hier um einen besonderen Film handelte. Victoria Borras versprach, den Film im Februar fertig zu haben. „Tic Tac" feierte seine Weltpremiere in Berlin. Nach der Aufführung wurde die Festivalleiterin zur Seite genommen: *„Victoria Borras gestand mir, dass sie mich am Telefon angelogen hatte. Eigentlich hätten sie den Termin nicht einhalten können. Doch dieses Ja aus Berlin hatte das Filmteam so beflügelt, dass es die Kraft fand, das Unmögliche möglich zu machen."*

Wie immer überzeugten die Filme aus Skandinavien, ob nun der dänische Abenteuerfilm „Das Auge des Adlers", „Maja Steingesicht" des norwegischen Regisseurs Lars Berg, der noch öfter nach Berlin kommen sollte, oder „Kannst du pfeifen, Johanna" von Rumle Hammerich. Der dänische Regisseur hatte seit „Otto ist ein Nashorn", der 1984 in Berlin lief, keinen Kinderfilm mehr gedreht. „Kannst du pfeifen, Johanna" entstand 1994 für das Schwedische Fernsehen. Mitten in den Vorbereitungen für das 20. Kinderfilmfest machte der Geschäftsführer der Matthias Film gGmbH, Friedemann Schuchardt, Renate Zylla auf „Johanna" aufmerksam: *„Wir saßen im Dezember zusammen und ich schwärmte von diesem tollen Film. Renate wurde neugierig, und noch in der Nacht organisierte ich, dass ihr ein Video geschickt wurde. ‚Kannst du pfeifen, Johanna' lief dann mit großem Erfolg auf dem Festival, danach haben wir zusammen mit dem ZDF den Film synchronisiert, ihn in 16mm und auf Video ausgewertet, und jetzt bringen wir ihn auf DVD heraus."* Doch bevor Rumle Hammerichs zweiter Kinderfilm in Berlin präsentiert werden konnte, hatte die Festivalleiterin einige Hürden zu überwinden. Zunächst musste sie durchsetzer, dass eine 35mm-Kopie gezogen wird. *„Das Schwedische Fernsehen wollte das Geld für ein Leinwandformat zunächst nicht investieren, nur wenn ich garantieren könne, dass der Film auch einen Preis bekommt"*, erzählte sie lachend. Auf diese Verabredung ließ sie sich natürlich nicht ein. Letztendlich trafen dann sogar zwei Kopien in Berlin ein. *„Gute Filme geben mir eine ganz besondere Energie, um solche Dinge in Gang zu setzen"*, verkündete Renate Zylla. Diese Energie half und hilft ihr auch heute, sich über das starre Reglement hinwegzusetzen. „Im Gully" zum Be spiel hätte — bei enger Auslegung der Richtlinien — wegen der Länge von nur 50 Minuten nicht im Wettbewerb laufen können. *„Für einen guten Film muss man Regeln brechen können"*, war und ist ihre volle Überzeugung, *„denn meine Aufgabe ist es, Filmen eine Chance zu geben, sie in einem internationalen Rahmen existent zu machen."* Der Erfolg gab und gibt ihr Recht. „Kannst du pfeifen, Johanna" erhielt beim Kinderfilmfest den UNICEF-Preis, „Im Gully" wurde von der internationalen Jury lobend erwähnt.

Auch in den kommenden Jahren sollte Renate Zylla immer wieder durch ihre unkonventionellen Entscheidungen Filmen zum Durchbruch verhelfen.

Rumle Hammerich in der Urania

Rumle Hammerich at the Urania

associative modern fairytale gets by without digital frippery. Instead there is music and dance, ballet, choreographed poetry and fantasy," *wrote Frauke Hanck in the "KinderJugendfilmKorrespondenz" no. 70/2 '97. The producer had submitted a rough cut of the film in the original Catalan language, without subtitles. Despite this, Renate Zylla sensed that it was going to be a special film. Victoria Borras promised that the film was going to be ready for February. "Tic Tac" celebrated its world premier in Berlin. After the screening the festival director was taken aside:* "Victoria Borras explained to me that she had lied on the telephone. In actual fact they couldn't meet the deadline. But the 'yes' from Berlin gave them such wings that they found the strength to make the impossible possible."

As usual, the films from Scandinavian countries were of extraordinary high quality: the Danish adventure film "Eye of the Eagle", "Maya Stoneface", Norwegian director Lars Berg's first but not last film in Berlin and "Wanted: Grandfather" by Rumle Hammerich. Since his film "Otto is a Rhino" had screened in 1984, this Danish director had directed no further films for children. "Wanted: Grandfather" was made for Swedish television. During the preparations for the 20th Kinderfilmfest, the business manager of Matthias Film gGmbH, Friedemann Schuchardt, had drawn Renate Zylla's attention to it. "We were sitting together in December and I raved about this film. Renate became curious and on the same night I organised for a video to be sent to her. 'Wanted: Grandfather' had enormous success at the festival. Afterwards, together with the German television station ZDF, we arranged for it to be synchronised. Then we had it produced on 16mm and on video. We are now in the process of releasing it on DVD." *However before Rumle Hammerich's second children's film could be screened in Berlin, there were several hurdles for the festival director to overcome. Firstly she had to make sure that a 35mm print would be produced.* "In the beginning Swedish television did not want to invest the money into a cinematic format. They would only do it if I could guarantee that the film would receive an award!" *she laughed. This is something she would never agree to. In the end, not one but two prints arrived in Berlin.* "Good films give me the special energy I need to see things through," *maintains Renate Zylla. This energy still helps to get around the rigidity of the festival regulations. For example "A Gutter" should not have been eligible for competition due to its length of 50 minutes.* "You have to be able to break the rules for certain good films. It is my job to give films the chance to exist within an international framework," *is still her firm belief. Success proved that she had been right. "Wanted: Grandfather" was awarded the UNICEF Prize and "A Gutter" received the International Jury Special Mention.*

In the years to come, Renate Zylla's unconventional decision making would help films achieve their breakthrough.

„Imuhar, Eine Legende"

"Imuhar 'A Legend'"

Das Auge des Adlers
ØRNENS ØJE

„Die Regie zu diesem Abenteuerfilm wurde mir direkt nach meinem Abschluss an der Staatlichen Filmhochschule Dänemark angeboten. Ich war sofort fasziniert von der Story, die im Dänemark des 13. Jahrhunderts angesiedelt war. Dies gab mir mehr Freiheit bei der Bearbeitung der einzelnen Figuren. Und natürlich war es die Gelegenheit, meinen ersten Spielfilm im Rahmen eines anspruchsvollen Projekts zu realisieren", äußerte Peter Flinth in einem Interview und bedankte sich in dem Zusammenhang bei den Finanziers, dass sie ihm *„ein uneingeschränktes, kreatives Arbeiten"* ermöglicht hatten.

Entstanden ist ein Film, der genau das trifft, was eben auch Kino für Kinder ausmachen sollte: perfekt inszenierte Bilder, eine reiche Ausstattung, hervorragende Schauspieler und dazu eine stimmig erzählte, bewegende Geschichte.

Dabei geht es um Werte, wie Freundschaft und Beistand. Sie geben dem Königssohn Valdemar und dem Küchenjungen Aske (hervorragend gespielt von Nijas Ørnbak-Fjeldmose und Lasse Baunkilde) die Kraft, die Krone zu retten und eine heimtückische Verschwörung gegen Valdemars Vater zu verhindern.

„Das Auge des Adlers" als gelungenes Beispiel für großes und anspruchsvolles Kinderkino zu würdigen und Produzenten zu derartigen kostenaufwendigen Projekten zu ermutigen, war auch das Hauptanliegen von Renate Zylla. Die Präsentation beim 20. Kinderfilmfest brachte dem Film begeisterte Kritiken ein.

„Ein perfekt inszeniertes Abenteuer mit fesselnden Bildern", schrieb Jacqueline Deloffre in „Die Kirche" vom 16.2.1997 und Klaus-Dieter Felsmann hob hervor: *„Bemerkenswerte Kamerabilder und eine sehr sensibel eingesetzte Lichtregie vermitteln eindringlich ein Gefühl von jener fremden Zeit."* („KinderJugendfilmKorrespondenz" Nr. 70 / 2 '97)

Und Rolf-Ruediger Hamacher bemerkte im „film-dienst" Nr. 6 / 97: *„Der Däne Peter Flinth (...) schuf (...) einen Abenteuerfilm, der sich getrost am technischen Maßstab Hollywoods messen kann. Er entführt in die Welt der Ritter und Burgen und ruft auch beim erwachsenen Zuschauer Erinnerungen an die Kindheit wach."*

Ein Jahr später, im Februar 1998, kam „Das Auge des Adlers" in einer deutschen Synchronfassung in unsere Kinos.

Dänemark / *Denmark* 1996

Stabliste / *Crew*
Regie / *Director*: Peter Flinth
Buch / *Script*: Nikolaj Scherfig
nach einer
Geschichte von /
based on a
story by Bjarne O.
Henriksen
Kamera / *Camera*: Eric Kress
Schnitt / *Editor*: Morten Giese
Musik / *Music*: Søren Hyldgaard

Eye of the Eagle

"The offer to direct this film came directly after I had finished my studies at the Danish Film and Television School. I was immediately fascinated by the story, which takes place in 13th century Denmark. This setting provided me with much freedom in working with individual characters. It was a great opportunity for me to create my first feature within this demanding framework." *This is an extract from an interview with Peter Flinth who was also thankful that the financiers of the project made it possible for him to work* "creatively and unrestricted."

The result is a film with exactly those qualities important in films for children — perfectly produced images, opulent design, outstanding actors and a well told, moving story.

It is about friendship and being true to each other, values which come to the aid of the king's son, Valdemar and the kitchen-boy Aske (superbly played by Nijas Ørnback-Fjeldmose and Lasse Baunkilde). They not only manage to save the crown but also prevent a malicious plot against Valdemar's father.

Renate Zylla's concern is that the success of this impressive and ambitious film, "Eye of the Eagle", will encourage producers to invest in more expensive productions. The film was received enthusiastically at the 20th Kinderfilmfest.

"A perfectly made adventure with riveting images", *wrote Jaqueline Deloffre in "Die Kirche", 16.02.1997. Klaus-Dieter Felsmann added:* "Wonderful camera-work and very sensitive lighting effects urgently transport the sense of another age." *("KinderJugendfilmKorrespondenz" no. 70/2 '97)*

In "film-dienst" no. 6/97, Rolf-Ruediger Hamacher wrote: "The Dane Peter Flinth (...) has created (...) an adventure well up to Hollywood standards. It kidnaps audiences into the world of knights and castles and makes adult viewers reminiscent of their childhood."

The German version of "Eye of the Eagle" was released one year later, in February 1998, in German cinemas.

Darsteller / *Cast*

Valdemar	Nijas Ørnbak-Fjeldmose
Aske	Lasse Baunkilde
Signe	Maj Bockhahn Bjerregaard
Ritter	Bjørn Floberg
Bischof	Björn Granath

Produktion /
Production: Metronome Productions, Valby / Det Danske Filminstitut, København

Der ganze Mond

Zwei sehr unterschiedliche Filme setzten sich beim 20. Kinderfilmfest mit der Krankheit „Krebs" auseinander. Während die chinesische Produktion „Ich habe auch einen Papa" sich an Kinder ab neun Jahren wendet, stellt der neuseeländische Regisseur Ian Mune zwei Jugendliche in den Mittelpunkt. Der 17-jährige Kirk, abenteuerlustig und eher ein Siegertyp, ist an Knochenkrebs erkrankt und begegnet auf der Station dem Maori-Mädchen Marty. Marty weiß, dass sie nicht geheilt werden kann. Trotzdem macht sie Kirk Mut und bestärkt ihn in seinem Lebenswillen. Beide schwören sich, dass sie nicht eher sterben werden, bevor sie alles vom Leben gesehen haben: nicht nur die Sichel, sondern den ganzen Mond.

„Wie häufig, wenn vom Tod die Rede ist, geht es auch im Film ‚Der ganze Mond' viel mehr um Lebensfreude und den Mut zum Leben nach eigenen, maßgeschneiderten Lebensentwürfen. Trotz des an sich ernsten Themas und fehlenden Happy-end (für Marty) ist der dritte Spielfilm des früheren Theaterschauspielers Ian Mune kein anstrengendes Melodram, das Jugendliche wie einen Giftschrank meiden sollten – im Gegenteil! (...) Toby Fisher und die junge Maori Nikki Si'ulepa spielen ihre Rollen absolut glaubwürdig und differenziert, haben eine unglaubliche physische Präsenz auf der Leinwand. In ihrer Krankheit zu Außenseitern geworden (...), wecken sie auf ihrer Suche nach ihrem neuen Selbstverständnis auch Verständnis für das Fremde, für andere Kulturen und für alles, was nicht gleich erklärbar und vordefiniert ist."
(Holger Twele, „KinderJugendfilmKorrespondenz" 68 / 4 '96)

Der Film, der zu den *„herausragenden Beiträgen"* des Festivals gezählt wurde (Susanna Nieder, „Der Tagesspiegel" vom 13. 7. 97), erhielt von der Kinderjury die lobende Erwähnung, *„da er die Freundschaft und Probleme zweier krebskranker Kinder sehr gut darstellt."* Weiter heißt es in ihrer Begründung: *„Diesen Film fanden wir alle sehr ergreifend und wollen dem Regisseur Ian Mune unser großes Lob aussprechen."*

Kanada, Neuseeland /
Canada, New Zealand **1995**

Stabliste / *Crew*
Regie / *Director*: Ian Mune
Buch / *Script*: Richard Lymposs, Ian Mune
Kamera / *Camera*: Warrick Attewell
Schnitt / *Editor*: Jean Beauboin
Musik / *Music*: Daniel Scott

THE WHOLE OF THE MOON

Two very different films dealt with the illness of cancer at the 20th Kinderfilmfest. While the Chinese production "My Daddy" turns to children from the age of nine, the New Zealand director Ian Mune places two teenagers in the center of his film. The 17-year-old Kirk, an adventurous, winning type, falls victim to bone cancer. In hospital he comes in contact with Marty, a Maori girl. Marty knows that her illness is incurable. Despite that she gives Kirk the courage to face life. They both swear that they will not die before they have experienced life and seen not only a part, but the whole of the moon.

"The film 'The Whole of the Moon' is about the joy of life and courage to live true to yourself rather than an age-old approach to the theme of death. Despite the serious nature of the subject matter and the lack of a happy end, former actor Ian Mune has not created a strenuous melodrama to be avoided like the pest by young people. Quite the opposite, (...) Toby Fisher and the young Maori Nikki Si'ulepa play their roles with absolute conviction, delivering an unbelievably physical presence to the screen. Forced by their illnesses into outsider positions, (...) and searching for a new self-awareness, they awaken a sense of understanding for that which is different, for other cultures and for what cannot be defined or explained."
(Holger Twele, "KinderJugendfilmKorrespondenz" 68 / 4 '96)

Darsteller / *Cast*

Kirk	Toby Fisher
Marty	Nikki Si'ulepa

Produktion /
Production: Cinar Productions, Montreal/Tucker Films, Auckland

The film, described as "one of the outstanding entries" of the whole festival (Susanna Nieder, "Der Tagesspiegel", 13. 07. 97), received a Special Mention from the Children's Jury "because the friendship and problems of two children with cancer were very well portrayed". Furthermore: "We found this film very moving and would like to extend our greatest praise to director Ian Mune."

Die Begegnung mit dem Publikum

„The Crystal Bear for the Best Feature Film goes to – den diesjährigen Gläsernen Bären überreichen wir ...", schallte es zur Abschlussveranstaltung des 21. Kinderfilmfestes durch die Urania. Dem Anspruch eines internationalen Festivals angemessen, wurden die Preisträger auch in englischer Sprache verkündet. Entgegennehmen konnte den Gläsernen Bären Mark Lowenthal für sein Debüt „Wo der Elefant sitzt".

Nicholas Kendall and Renate Zylla at the children's meeting point

Neun Spielfilme und elf Kurzfilme aus 13 Ländern umfasste das nicht sehr üppige, dafür aber spannende Programm von 1998. *„Immer noch sind aufregende Abenteuer zu bestehen"*, bemerkte Fiona Ehlers in der „Berliner Zeitung" vom 11. 2. 1998,*„In den späten 90er Jahren sina es aber die alltäglichen Abenteuer des schmerzhaften Erwachsenenwerdens, die in Szene gesetzt werden. Auffällig dabei: Die Kinder sind keine tapsigen, pfiffigen Kerlchen mehr. Sie sind voller Ängste, Widersprüche, Gewalt, Träume und Zärtlichkeit. Und sie werden ernstgenommen."* Folgerichtig lautete das Motto „Mut zum Handeln", und in diesem Sinne wurde auch der Eröffnungsfilm „Wenn Mama nach Hause kommt ..." ausgewählt. *„In ihrem rasanten Spielfilmdebüt erzählt die Absolventin der Dänischen Filmhochschule* (Lone Scherfig – d.Red.) *von einem Zwölfjährigen und dessen zwei jüngeren Schwestern, die ein paar Tage ohne ihre Mutter auskommen müssen, weil diese wegen eines Ladendiebstahls ins Gefängnis gebracht wird. (...) Ein humorvoller Film mit ernsten Zwischentönen, der Kindern Mut macht, Schwierigkeiten mit Phantasie und Beharrlichkeit zu meistern und nicht aufzugeben, auch wenn es manchmal aussichtslos scheint"* – so die „KinderJugendfilmKorrespondenz" Nr. 74/2 '98. Einen Preis konnte Lone Scherfig mit ihrem „Erstling" nicht erringen, doch drei Jahre später war sie mit ihrem Dogma-Film „Italienisch für Anfänger" die gefeiertste Regisseurin der Berlinale.

Auf große Resonanz, wenn auch nicht nur auf positive, stieß die französisch-neuseeländische Koproduktion „Dannys Mutprobe" von Bob Swaim, die von der Freundschaft eines 13-Jährigen zu einem sterbenden alten Mann handelt. In Frage gestellt wurde von vielen das waghalsige Unternehmen, das die beiden zusammenschweißt. Andere wiederum erklärten diesen Film zu ihrem Favoriten. So auch die Mitglieder der UNICEF-Jury Rémi Boucher, Leiter des Festivals „Les 400 Coups Rendez-Vous International De Cinema Jeune Public" in Montréal, die Regisseure Rumle Hammerich (Dänemark), David Kreiner (Israel), Paweł Łozinski (Polen) und Dr. Renate Schubert von der Akademie der Künste Berlin. Ihre Preisentscheidung begründeten sie folgendermaßen: *„Mit großem handwerklichen Geschick und Liebe zum Detail versteht es der Regisseur, eine komplexe und persönliche Geschichte über das Verständnis zwischen den Generationen zu erzählen. (...) Obwohl der Film sich mit der schwierigen Thematik Tod und Freundschaft auseinandersetzt, versteht er es aufgrund seiner professionellen Erzählweise, sowohl Kinder als auch Erwachsene spannend zu unterhalten."*

Während „Dannys Mutprobe", „Wo der Elefant sitzt" und die schwedisch-finnische Koproduktion „Ich hätte Nein sagen können" heiße Diskussionen entfachten, schenkte man dem bulgarisch-russischen Beitrag „Mit den Vögeln sprechen" zu

Meeting the Audience

Children studying the questionnaire

"The Crystal Bear for the best feature film goes to ..." *echoed at the closing ceremony of the 21st Kinderfilmfest in the Urania. The prizes were announced in English as well as in German, as befits an international festival. This year the Crystal Bear went to Mark Lowenthal for his debut feature "Where the Elephant Sits". Nine features and eleven shorts from 13 countries took part in the small but interesting program of 1998.* "There are still exciting adventures to be had," *wrote Fiona Ehlers in the "Berliner Zeitung" of 11. 2. 1998.* "It is the everyday, painful adventures of growing up which are being put to film in the late nineties. It has become obvious that the children are no longer well-behaved little dears. They are full of fear, conflicts, violence, dreams and tenderness. And they are taken seriously." *The motto this time was "Courage to Act" and it was in this sense that the opening film "On Our Own ..." was selected.* "In her racy debut, the Danish film school student *(Lone Scherfig – Ed.)* portrays the story of a twelve year old boy and his two younger sisters. They are forced to survive without their mother for a couple of days because she has been thrown into jail for shop-lifting. (...) A humorous film with serious undertones, which encourages children to overcome difficulties by using their imagination and not to give up, even when the going is rough," *was written in the "KinderJugendfilmKorrespondenz" no. 74 / 2 '98. Lone Scherfig did not receive an award with her first work but three years later she became the most celebrated director of the Berlinale with her "Dogma film", "Italian for Beginners".*

The French-New Zealand co-production "The Climb" by Bob Swaim received a great deal of attention, even if it wasn't all positive. It is about the friendship between a 13-year-old boy and a dying old man. Many questioned their daring activities, which in effect welded the two together. Others declared this film to be their favourite. The members of the UNICEF Jury – Remi Bouché, director of the Montréal festival "Les 400 Coups Rendez-Vous International De Cinema Jeune Public", the directors Rumle Hammerich (Denmark), David Kreiner (Israel) and Paweł Łozinski (Poland) and Dr. Renate Schubert of the Berlin Academy of the Arts – were also of this opinion. They explained their decision to award this film with: "The director tells a complex and personal story about understanding between the generations with great skill and love of detail. (...) Although the film deals with the difficult theme of death and friendship, the professional story telling enables it to entertain children as well as adults." *While "The Climb", "Where the Elephant Sits" and "Truth or Dare" were the centre of heated discussions, the Bulgarian-Russian entry "Talking With Birds" unjustly received very little attention. Beate Hanspach was the only one to honour this quiet piece of art as* "a moving homage to nature and homeland, told with allegorical elements." *In her article in the "Neues Deutschland" of 12. 2. 1998, she questioned the lack of German productions at the Kinderfilmfest.* "Film-makers from our own country are represented by a single cut-out animation film. The self-financed, one-woman production 'The Nightfright' was realised by Heidi Kull. It is a funny film, which makes light of the child's fear of creepy things. That's a whole four minutes in the fifteen and a half hours of festival running time. Who is not afraid of that?" *Germany did however participate financially in two Canadian co-productions, e.g. "Kayla". Hans-Jörg Rother called Nicholas Kendall's film* "A stylistically conscious portrayal set at the turn of the century." *Focus of this film is the 12-year-old Sam who hopes that some day his father, who disappeared in the ice floe eight years ago, will return. Furthermore, in the "Frankfurter Allgemeine" of 17. 2. 1998, Rother wrote:* "Deep snow, old

Unrecht kaum Beachtung. Allein Beate Hanspach würdigte dieses stille Kunstwerk als *„eine berührende Hommage an Natur und Heimat, erzählt mit allegorischen Elementen".* In ihrem Artikel im „Neuen Deutschland" vom 12.2.1998 befasste sie sich zudem mit dem Fehlen von deutschen Produktionen beim Kinderfilmfest: *„Filmemacher aus eigenen Landen sind durch einen einzigen Legetrickfilm vertreten. Die selbstfinanzierte Ein-Frau-Produktion ,Der Nachtkrapp' wurde von (...) Heidi Kull einge-bracht, ein witziger Film, der auszieht, den Kindern die Angst vorm Gruseln zu nehmen. Das sind ganze vier Minuten von insgesamt fünfzehneinhalb Stunden Festivallaufzeit. Wen gruselt's da nicht?"* Die Bundesrepublik Deutschland trat allerdings bei zwei kanadischen Filmen als Koproduktionsland auf, so zum Beispiel bei „Kayla". *„Eine stilbewusste Inszenierung des Jahr-hundertbeginns"* nannte Hans-Jörg Rother den Film von Nicholas Kendall, in dessen Mittelpunkt der 12-jährige Sam steht, der auf die Rückkehr seines vor acht Jahren im Eis verschollenen Vaters hofft. Weiterhin bemerkte Rother in der „Frankfurter Allgemeinen Zeitung" vom 17.2.1998: *„Tiefer Schnee, frühe Automobile, der Blick auf eine noch recht brave Schulklasse und die Bilder eines nordisch-kargen Alltags erheben diese psychologisch ausgewogene Darstellung in den Rang eines schönen Märchens, das Vertrauen in sich selbst wie zu anderen lehrt."*

Der kanadische Regisseur besuchte das Kinderfilmfest der Berlinale zum ersten Mal und war überwältigt von der Begeis-terung der Kinder: *„Ganz besonders liebte ich die Gespräche nach den Vorführungen. Für die Regisseure ist es eine wunderbare Gelegenheit, die Reaktionen des Publikums zu erleben. Dafür lohnt es sich, die ganze Arbeit auf sich zu nehmen. Es waren genau diese Gespräche, die mir die Kraft gaben, nach Hause zu fahren, um den nächsten Film für all diese tollen Kinder zu drehen."* Ähnliche Erfahrungen machte der „Amerikaner aus Paris", Bob Swaim. *„Er hatte zunächst keinen Sinn für Kinder, wollte mit ihnen partout nichts zu tun haben. Und dann das Erlebnis mit dem Berliner Publikum, das von seinem Film gefesselt war. Nach dem Festival bekamen wir einen Brief von Bob, in dem er uns schrieb, wie sehr er die Kinder vermisse und dass er auf einmal Kinder in seiner Umgebung wahrnehme. Danke, Berlin! – hieß es in der letzten Zeile",* erinnert sich die Leiterin des Kinderfilmfestes. Das Publikum, die Kinder, mit den Filmemachern zusammenzuführen, persönliche Begegnungen zu ermöglichen, darin sah und sieht Renate Zylla eine wichtige Aufgabe. Selbst nach dem Festival soll der Kontakt zu den Filme-machern nicht abbrechen. Sie erhalten ein zusätzliches Feedback, da ihnen die Fragebögen, in denen die Kinder sich zu den einzelnen Filmen äußern, zugeschickt werden.

Seit 1996 gab es auch für das Fachpublikum ein Forum, das so genannte Fachgespräch. Verschiedene Expertenrunden äußerten sich zu Fragestellungen, wie „Internationale Koproduktion – ein Ausweg für den deutschen Kinderfilm?" oder „Risikofaktor Kinderfilm – Erfolg durch neue Verleihstrategien und Konzepte?". In diesem Jahr wurde die Veranstaltung unter dem Titel „Partner oder Gegner? Kinderfilm und Fernsehen – Kriterien für eine produktive Koopera-tion" vom Deutschen Kin-derhilfswerk in Zusammen-arbeit mit dem Förderver-ein Deutscher Kinderfilm e.V. organisiert. Inzwischen hat sich das Fachgespräch im Rahmen des Kinderfilm-festes etabliert. Bedauerli-cherweise kann es jedoch nur von deutschsprachigen Festivalteilnehmern wahr-genommen werden.

cars, the view of a still well behaved school class and images of austere everyday life in the north elevate this carefully weighed description to the rank of lovely fairytales. Its message is to trust one's self and others."

It was the Canadian director's first visit to the Berlinale. He was overwhelmed by the children's excitement. "I especially loved the discussions after the screenings. They are a wonderful opportunity for directors to experience the audience's reactions. It finally seems worth it to have done all that work. It was those discussions which gave me the strength to go home and begin making the next film for these fantastic children." *The American from Paris, Bob Swaim, had a similar experience.* "He didn't really feel much for children and didn't want anything to do with them. And then his experience with the Berlin audiences which had been captivated by his film. After the festival we received a letter from Bob where he describes how much he misses the children and that all of a sudden he is taking notice of the children around him. Thank-you Berlin! – That was the finishing line," *remembers the festival director. An important task for Renate Zylla is to bring the audience and the children together with the film-makers and to make personal meetings possible. Contact with the film-makers should not just fade away, even after the festival is over. The directors receive an extra feedback in the form of filled out questionnaires in which the children express their opinions on individual films.*

Since 1996 there have also been podium discussions whereby various rounds of experts have discussed different aspects of the situation and production of children's film. They have addressed themes like "International co-production – a way out for German children's film?" or "The risk factor in children's film – success with new distribution strategies and concepts?" This year the event took place under the title "Partner or Opponent – children's film and television? – Criteria for productive cooperation". It was organised by the German Child Support Organisation ("Deutsches Kinderhilfswerk e. V.") and the German funding organisation for children's films ("Förderverein Deutscher Kinderfilm e. V."). The podium discussions, in which predominantly German speaking festival guests participate, have become an integral part of the Kinderfilmfest.

Gregory Smith und John Hurt in „Dannys Mutprobe"

Gregory Smith and John Hurt in "The Climb"

Wo der Elefant sitzt

Viel Mut bewies Renate Zylla, als sie diesen Independent-Film, der nicht speziell für Kinder produziert wurde, in den Wettbewerb aufnahm. Doch ihr Gespür für Filme, die sich den Problemen von Kindern und Jugendlichen zuwenden und deren Wirklichkeit ungeschminkt beschreiben, gab ihr Recht: „Wo der Elefant sitzt" wurde von der Kinderjury mit dem Gläsernen Bären ausgezeichnet.

Im Mittelpunkt des Films steht der Lehrer Ben Falk, der an einer sogenannten "Ghetto"-Schule in Los Angeles mit Gewalt, Chaos und Desillusion seitens der Schüler wie der Kollegen konfrontiert wird. Trotz seines Engagements und Ideenreichtums, trotz der weisen Ratschläge eines weiblichen Elefanten, der für alle anderen unsichtbar ist, kann er seinen Schülern nicht helfen. Er muss erkennen, dass die grausame Realität der Straße vor dem Klassenraum nicht Halt macht. Am Ende bricht Ben Falk zusammen und verlässt die Schule.

Obwohl dieser Film erneut die Diskussion um die Frage, was einen Kinderfilm ausmache, heraufbeschwor, wurde er in den Kritiken durchgängig positiv besprochen.

„Dieser höchst lobenswerte Film erzählt eindringlich von der Bildungsmisere und der Jugendverwahrlosung in den USA. Zugegeben: Er erzählt es, wie ich meine, nicht Kindern. Gleichwohl belegt die Entscheidung der Kinderjury für diesen Film, dass Kinder dort Prioritäten setzen, wo ein gesellschaftlich belangvolles Kunsterlebnis sie tief berührt, und wo sie diese Empfindung richten können auf Probleme ihrer Realität. Der Film entspricht so gar nicht dem in der 'Urania'-Diskussion präferierten Klischee, wonach man den Kindern nur Spaß, äußere Aktion, (...) , und auf keinen Fall Probleme anbieten solle. Der Regisseur dieses Films, dem großer Respekt zu zollen ist, hat keineswegs kommerzielles Bewusstsein in den Mittelpunkt seiner Arbeit gerückt. Er war konsequent inhaltlich für Kinder engagiert. (...) Das hat ihm diesen Erfolg gebracht."
(Ulrike Odenwald, „Film und Fernsehen" Nr. 2/98)

Auch nach den Vorstellungen gab es seitens des Publikums ein auffallend reges Interesse, sich zu diesem Film zu äußern.

„Wenn alle Lehrer so wären, würde es weniger Probleme geben auf der Welt. Der Film war hart, aber ehrlich."
Lisa Marie, 11 Jahre

„Es war auch gut, dass er den Film nicht wie ein Märchen gedreht hat, sondern wie es wirklich ist."
Sara, 11 Jahre

USA / *USA* 1997
Stabliste / *Crew*
Regie / *Director*: Mark Lowenthal
Buch / *Script*: Mark Lowenthal
Kamera / *Camera*: Clyde W. Smith, Mark A. Putnam
Schnitt / *Editor*: Mark Lowenthal
Musik / *Music*: Bil Purse

WHERE THE ELEPHANT SITS

Renate Zylla displayed courage in selecting this independent film for competition, even though it was not specifically made for children. Her feeling for films, which realistically portray the problems of children and teenagers, was justified. The Children's Jury awarded "Where the Elephant Sits" with the Crystal Bear.

Central figure of the film is teacher Ben Falk. He is confronted by violence and chaos and the disillusionment of both students and teachers in a ghetto-school in Los Angeles. Despite his great commitment, his abundance of ideas and the wise advice of an elephant cow that only he is able to see, Ben cannot help his students. Forced to recognize that the horrible reality taking place on the streets outside the classroom will not stop, he eventually breaks down and leaves the school. Although this film fuelled the discussion as to just what makes a good children's film, it continuously received positive press.

"This thoroughly commendable film urgently portrays the calamitous education system and the negligence of youth in the USA. Admittedly this film is not told for children. At the same time, the Children's Jury decision indicates that children are moved by the artistic portrayal of important social issues, which reflect upon the problems of their own reality. This film does not correspond to the cliched 'Urania' discussion whereby children should be fed with fun, action (...) and definitely nothing problematic. It is to the great credit of the director that he in no way placed commercial considerations in the foreground of his work. His engagement in content for children is consistent. (...) That is what brought him this success."

(Ulrike Odenwald, "Film und Fernsehen" no. 2/98)

Darsteller/ *Cast*

Ben Falk	Mark Lowenthal
Sarah	Elise Caitlin
World	Michael Cummings
Octavia	Danielle Garner

Produktion/
Production: Trunk to Tale
Productions Ltd.
Los Angeles

There was a great need for the public to express itself after the screenings of this film.

"If all teachers were like that there would be less problems in the world. The film was tough but honest."
Lisa Marie, 11 years old

"It was also good that he didn't make the film like a fairy tale but showed things how they really are."
Sara, 11 years old

Ich hätte Nein sagen können
SANNING ELLER KONSEKVENS

In einem Gespräch mit dem Journalisten Klaus-Dieter Felsmann erläuterte Regisseurin Christina Olofson, wie sie zu dem Thema ihres ersten Spielfilms gefunden hat: *„Wichtig war, die Freundschaft zwischen Mädchen zu schildern. Gerade hier geht es um Rangordnungen und um Eitelkeiten. Es passieren diese Dinge mit dem Flüstern, ‚hinter dem Rücken reden', und es wird geheuchelt. Jungen sind da drastischer. (...) Mädchen manipulieren und das hat uns interessiert. Eigentlich hatte ich zuerst die Idee, eine Freundschaftsgeschichte zwischen Menschen in meinem Alter zu erzählen. Dann kam Annika Thor als Autorin hinzu. Wir haben darüber gesprochen, was eigentlich los war, als wir zwölf Jahre alt waren. Mit einem Bein noch in der Kindheit, mit dem anderen in der Erwachsenenwelt. Da haben wir festgestellt, wieviel in diesem Übergang passiert und wie man dadurch für sein ganzes weiteres Leben geformt wird."*

Erzählt wird die Geschichte von Nora, die mit allen Mitteln darum kämpft, in einer Mädchenclique aufgenommen zu werden. Dafür demütigt sie sogar die gleichaltrige Karin, bis sie am Schluss erkennt, dass sie zu weit gegangen ist.

„Ich hätte Nein sagen können" als *„ein bewegendes und schmerzhaft wahres Porträt des Teenager-Daseins",* so die amerikanische Zeitung „Variety", durfte also im Wettbewerbsprogramm des 21. Kinderfilmfestes nicht fehlen.

Allerdings wurde das Spielfilmdebüt von Christina Olofson von der hiesigen Presse recht unterschiedlich aufgenommen. So schrieb Stefanie Dörre im „TIP SPEZIAL" Nr. 4 / 98: *„Wunderbar genau bringen die schwedische Regisseurin Christina Olofson und ihre Hauptdarstellerin die Konflikte einer 13-jährigen auf die Leinwand.",* während Beate Hanspach bemerkte: *„Die Jungmädchengeschichte ‚Ich hätte Nein sagen können' wirkt altmodisch und bleibt oberflächlich."* („Neues Deutschland" vom 12.2.1998)

Die elf Jungen und Mädchen der Kinderjury wiederum waren *„sehr beeindruckt".* Sie sprachen dem Film eine lobende Erwähnung aus.

Auch die Umfragen zeigten, dass sich gerade die älteren Kinder in dem Film wiederfanden:

„Er war sehr realistisch und überzeugend. Außerdem behandelt er Themen, die heute unter Kindern in diesem Alter aktuell sind."
Lilith, 12 Jahre

„Ich fand den ganzen Film gut. In meiner Klasse ist es genauso."
Kathrin, 14 Jahre

„Mir hat der Film sehr gut gefallen, weil man sich in einer von den Personen selber sehen konnte."
Salome, 10 Jahre

Schweden, Finnland / *Sweden, Finland* 1997

Stabliste / *Crew*
Regie / *Director*: Christina Olofson
Buch / *Script*: Annika Thor
Kamera / *Camera*: Robert Nordström
Schnitt / *Editor*: Stefan Sundlöf
Musik / *Music*: Johan Zachrisson

Truth or Dare

Director Christina Olofson explained to journalist Klaus-Dieter Felsmann about how she arrived at the theme of her first feature. "It was important to portray girls' relationships. In this case its about pecking order and vanity. There is the whispering behind backs and the hypocrisy. In this regard boys are much more up front (…). Girls are manipulative and that is what interested us. In the beginning my idea was to tell the story of a friendship between two people of my own age. Then author Anika Thor joined me. We spoke about how it really was when we were both 12 years old. With one leg still in childhood and the other already in the adult world. We realized just how much happens during this transition and how it shapes your life to come."

The story is about Nora, who does everything possible to be accepted by her peers in the girls' group. In this process she even humiliates Karin, who is of the same age. In the end she realizes she has gone too far.

Described in "Variety" as "a moving and painful portrayal of what it's like to be a teenager", *this film was a must for the competition of the 21st Kinderfilmfest.*

The press however did not always pay homage to Christina Olofson's debut feature. While Stefanie Dörre, in "TIP SPECIAL" no. 4/98 wrote: "The Swedish director Christina Olofson and her leading actors precisely portray the conflicts of a 13-year-old", *Beate Hanspach remarked:* "The girls' story 'Truth or Dare' seems old-fashioned and superficial."

("Neues Deutschland", 12. 2. 1998)

However the eleven boys and girls of the Children's Jury were "very impressed" *and gave the film a Special Mention.*

The discussions also showed that especially the older children were able to identify with the film.

"It was very realistic and convincing. Besides that it deals with a theme that is very current for children of this age."
Lilith, 12 years old

"I liked the whole film. It's just like in my class."
Kathrin, 14 years old

"The film really appealed to me because you can see yourself in some of those people."
Salome, 10 years old

Darsteller / *Cast*	
Nora	Tove Edfeldt
Karin	Anna Gabrielsson
Fanny	Alexandra Dahlström
Sabina	Emelina Lindberg-Filippopoulou
Produktion / *Production:*	CO. Film AB, Stockholm/Sandrews, Stockholm/duR-film, Stockholm/ Kinoproduction OY, Helsinki/Film i Väst, Trollhättan

Großer Preis von neuem Partner

Nicht ganz zufällig gaben sich gleich zwei Gäste die Ehre, das 22. Kinderfilmfest zu eröffnen: die Schauspielerin Anna Thalbach und Thomas Krüger, der ehemalige Senator für Jugend und Familie, nun Präsident des Deutschen Kinderhilfswerkes.

Anna Thalbach und Thomas Krüger

Er hatte Neuigkeiten zu verkünden, äußerst positive: Das Deutsche Kinderhilfswerk, ab 1999 offizieller Partner des Kinderfilmfestes, stiftet aus seinem Kulturfonds den mit 15.000 DM dotierten Großen Preis des Deutschen Kinderhilfswerkes für den besten Spielfilm und den mit 5.000 DM ausgestatteten Spezialpreis für den besten Kurzfilm. Tosender Beifall brach aus in der ausverkauften Urania.

Beide Preise sollten durch die internationale Jury verliehen werden, und die hatte es — genauso wie die Kinderjury — in diesem Jahr wieder einmal besonders schwer. Sage und schreibe 15 Spielfilme und 14 Kurzfilme aus 19 Ländern waren im Wettbewerb, darunter elf bemerkenswerte Regiedebüts. Ein wahres Film-Fest oder wie sich Ulrike Odenwald in „Eselsohr" Nr. 4 / 99 ausdrückte: *„eine künstlerische Oase in jahresbreiter Wüste".* Den Anfang machte „Der Ball", eine Koproduktion aus Belgien, den Niederlanden und Deutschland. *„Der Anspruch (…) ist einem Eröffnungsfilm mehr als angemessen. In der Geschichte von Sophie, die mit einem Fußball, der fliegen und zaubern kann, nicht nur Spekulanten und korrupten Politikern das Handwerk legt, sondern auch einen Hund und neue Freunde findet, steckt so ziemlich alles, was der Kinderfilm so gemeinhin im Angebot hat: Umweltkrimi, Tierfilm, Mutter-Kind-Drama, Einsamkeitsstudie, Märchen",* schrieb Thomas Winkler begeistert in der „taz" vom 11.2.1999, bemerkte aber auch kritisch: *„Ärgerlich wird es allerdings bei der Kinder-Revolution, wenn die lieben Kleinen mit gereckten Fäusten Parolen skandieren müssen. Das ist allen Beteiligten offensichtlich eher peinlich."* Zur Welturaufführung hatte Regisseur Dany Deprez die 12-jährige Hauptdarstellerin mitgebracht. Martje Ceulemans wurde im Kindertreff mit Fragen bestürmt und erzählte zur Verwunderung aller, dass sie nach den Dreharbeiten massive Schwierigkeiten mit ihren Mitschülern bekam.

In erstaunlich vielen Filmen waren Mädchen in den Hauptrollen zu finden. So auch in dem skandinavischen Beitrag „Sternenkinder", in „Nur Wolken können die Sterne bewegen" aus Norwegen und in „Madelief — das Zeichen auf dem Tisch", der von der internationalen Jury mit einer lobenden Erwähnung ausgezeichnet wurde. Nach einem Roman des niederländischen Autors Guus Kuijer wird hier ein Mädchen mit den Lebenslügen in seiner Familie konfrontiert, als es das Geheimnis der verstorbenen Großmutter aufdeckt. Ineke Houtmans erster Kinofilm überzeugte nach Meinung von Rolf-Ruediger Hamacher *„vor allem durch seine gelungene Mischung aus fein gezeichneten Figuren und einer Leichtigkeit der Inszenierung, die die Frage nach den (Familien-)Wurzeln auf unterhaltsame, aber nie seichte Art und Weise beantwortet."* („Filmecho / Filmwoche" Nr. 9/99) „Nur Wolken können die Sterne bewegen" von Regisseurin Torun Lian erhielt die lobende Erwähnung der Kinderjury. Auch dieses Debüt setzt sich mit dem Verlust eines geliebten Menschen auseinander und gehörte für Clemens Füsers zu den stärksten Beiträgen: *„Die innere Verzweiflung des Mädchens und sein schmerzhafter Prozess der Trauerarbeit wirken psychologisch dicht und emotional ergreifend, wenn auch eine kindgerechtere Umsetzung dieses schweren Stoffs vorteilhafter wäre."* („Neue Zürcher Zeitung", 19.2.1999) Eine zweite lobende Erwähnung sprach die Kinderjury dem irischen Film „Petes Meteor" aus, den Gläsernen Bären überreichte sie an den Jazzpianisten Michael Wolff und die Produzentin, Drehbuchautorin und Schauspielerin Polly Draper für „The Tic Code". Dieser amerikanische Film überzeugte auch die internationale Jury. Sie vergab

Grand Prix from a New Partner

Two guests had the honour of opening the 22nd Kinderfilmfest: the actress Anna Thalbach and Thomas Krüger, formerly Senator for Youth and Family Affairs and now President of the German Child Support Organisation ("Deutsches Kinderhilfswerk"). He had some excellent news to announce. The German Child Support Organisation was now official partner of the Kinderfilmfest. As of 1999 they would honour the Deutsches Kinderhilfswerk Grand Prix for the best feature film with a sum of DM 15,000 and DM 5,000 would go to the best short film. Thunderous applause broke out in the packed Urania.

These cash awards were to be presented by the International Jury. Both of the juries were faced with difficult decisions that year. 15 features and 14 shorts from 19 countries, including eleven remarkable debuts, made up the competition program. A real film festival, or as Ulrike Odenwald wrote in "Eselsohr" no. 4/99, "a creative oasis in an otherwise barren year." The festival kicked off with a Belgian/Dutch/German co-production, "The Ball". "This film more than deserves to be the opening film. (...) The story of Sophie has all the necessary ingredients for a good children's film: a football that can fly and do magic, putting a stop to speculators and corrupt politicians, finding a dog and new friends. The film is an ecological detective story, an animal film, a mother-child drama, a study in loneliness, a fairytale — all in one," *Thomas Winkler excitedly wrote in the "taz" of 11. 2. 1999. He was also a little critical.* "The children's revolution, where the little ones shout slogans and wave their clenched fists, is somewhat irritating. It is obviously embarrassing for everyone concerned." *Director Dany Deprez brought his 12-year-old leading actress to the world premier in Berlin. Martje Ceulemans was stormed with questions at the children's meeting point. Everyone was shocked to hear that some classmates had created problems for her once the filming was over.*

Girls had the lead role in an astounding number of films: the Scandinavian production, "Star Sisters", "Only Clouds Move the Stars" from Norway and "Scratches on the Table", which was awarded a Special Mention by the International Jury. Based on a novel by the Dutch author Guus Kuijer, it is the story of a girl who discovers her grandmother's secrets and is thereby confronted by the lies of her family. Rolf-Ruediger Hamacher found Ineke Houtman's debut feature to be very persuasive with its "successful mixture of finely drawn figures and easy-going production values. It takes a look at the question of (family) roots, without being shallow." *("Filmecho/Filmwoche" no. 9/99) "Only Clouds Move the Stars" by Torun Lian received a Special Mention from the Children's Jury. This debut also deals with the loss of a loved one and was, according to Clemens Füsers, one of the strongest entries.* "The girl's inner despair and her painful dealing with grief are psychologically tight and emotionally gripping, although it may have been of benefit to realise the difficult material in a way more fitting for children." *("Neue Zürcher Zeitung", 19. 2. 1999) The Children's Jury awarded a second Special Mention to the Irish production "Pete's Meteor" and the Crystal Bear went to jazz pianist Michael Wolff and producer, scriptwriter and actress, Polly Draper for "The Tic Code".*

den Großen Preis des Deutschen Kinderhilfswerkes ex aequo an „The Tic Code" und an den berührenden iranischen Wettbewerbsbeitrag „Mutterliebe".

Aus Österreich kam eine der raren Komödien, die *„lustvoll überdrehte Krimiklamotte"*, wie sie Beate Ostermann in „Moving Pictures berlinale" vom 13. 2. 1999 ankündigte. „Die 3 Posträuber" von Andreas Prochaska entstand nach der gleichnamigen Geschichte von der bekannten Kinderbuchautorin Christine Nöstlinger. Dass die gerade fertig gestellte Kästner-Verfilmung „Pünktchen und Anton" von Erfolgsregisseurin Caroline Link nicht beim Kinderfilmfest, sondern in einer Sondervorführung des Wettbewerbs präsentiert wurde, ärgerte viele Festivalbesucher. *„Produktion und Verleih hatten sich schlichtweg geweigert, ihren Film in der dafür bestimmten offiziellen Festivalsektion zu zeigen, um dem Stempel ,Kinderfilm' zu entgehen. Um einen Film über einem bestimmten Produktionsbudget vermarkten zu können, muss die Vokabel Kinderfilm heute offenbar dem marketingfreundlichen Family Entertainment weichen"*, so Clemens Füsers in der „Neuen Zürcher Zeitung".

Die Qual der Wahl hatten beide Jurys auch bei den Kurzfilmen. Neben fünf Animationsfilmen standen neun starke Kurzspielfilme zur Disposition, darunter vor allem drei erstaunliche Abschlussarbeiten von der Sam Spiegel Film and Television School Jerusalem: „Aquarium", „Seepferdchen" und „Striptease". In „Striptease" gerät ein kleiner Junge in die Klemme, weil er von einem Älteren erpresst wird. Dieser Film weckte ein spezielles Interesse bei dem Förderverein für ein gewaltfreies Fernsehprogramm in Deutschland, SICH⁻ WECHSEL e. V. Nach dem Festival nutzte er die israelische Produktion für seine Aufklärungsarbeit in Schulen. Zwei belgische Kurzfilme, „Charlotje" und „Sancta Mortale" fielen besonders *„durch ihre atmosphärische Dichte und beeindruckenden Kindergesichter"* auf („Moving Pictures berlinale" vom 11. 2. 1999). Der Favorit der internationalen Jury war aber eine mexikanische Produktion: „Der Spiegel des Himmels" von Carlos Salces. *„Die Jury war von der brillanten und originellen Idee des Films begeistert: ein Junge entführt ein Düsenflugzeug. Der Film zeigt mit hinreißend einfachen Mitteln die Weite des Vorstellungsraumes, in dem Kinder zu Hause sind"*, hieß es in ihrer Begründung. Mit einer lobenden Erwähnung bedachte sie ferner den künstlerisch eigenwilligen Zeichentrickfilm „Die Apartment-Katze" von Sarah Roper und den dänischen Kurzspielfilm „Theis und Nico". Henrik Ruben Genz' kleines Meisterwerk erhielt außerdem den Gläsernen Bär der Jurykinder. Die elf Mädchen und Jungen begeisterten sich auch für den neuen Zeichentrickfilm von Lennart und Ylva-Li Gustafsson „Die Fliegensuppe" und zeichneten ihn mit einer lobenden Erwähnung aus: *„Das war eine ganz schöne Idee, mit witzigen Zeichnungen. Die Stimmen waren passend, und die Lautsprache regte zur Nachahmung an. Besonders gut gefiel uns das Wort ,Hoppa'."*

„Hoppa" lag zum Schluss allen im Ohr und auf den Lippen.

Kirsten Sheridans Kurzfilm „Muster"

Kirsten Sheridan's short film "Patterns"

This American production also managed to convince the International Jury. They presented the film with the Deutsches Kinderhilfswerk Grand Prix, which it shared with the moving Iranian entry "Maternal Love".

A rare comedy came from Austria. Described by Beate Ostermann in the "Moving Pictures berlinale" of 13. 2. 1999 as an "hilarious, over the top, criminal film spoof", "The 3 Mail Robbers" by Andreas Prochaska was based on the novel of well-known author of children's books, Christine Nöstlinger. Many festival guests were irritated by the fact that the newly completed "Pünktchen and Anton," based on Erich Kästner's book and put to film by the successful director Caroline Link, was not screened at the Kinderfilmfest. Instead this film was presented at special screenings of the Berlinale Main Competition. "The producers and distributors completely refused to show their film in the Kinderfilmfest section of the Berlinale, because they did not wish it to be labelled as a 'children's film'. In order to market a film which has been produced for more than a certain budget, it is obviously, necessary to avoid the 'children's film' vocabulary and give in to market-friendly 'family entertainment'," *wrote Clemens Füsers in the "Neue Zürcher Zeitung".*

Both juries also had torturous choices to make in the short film category. Five animation films stood next to nine strong live actions shorts, three of which — "Aquarium", "Sea Horses" and "Striptease" — came from the Sam Spiegel Film and Television School in Jerusalem. A young boy gets into a fix when he is blackmailed by some older boys in "Striptease". This film was of special interest to an organisation for violence-free television in Germany ("Sichtwechsel e. V."). They used the Israeli production for educational purposes in the schools. Two Belgian productions, ""Charlotje" and "Sancta Mortale" were noticeable for their "dense atmospheres and wonderful children's faces". ("Moving Pictures berlinale" of 11. 2. 1999) The International Jury finally favoured a Mexican production, "In the Mirror of the Sky" by Carlos Salces. "The jury was inspired by the film's brilliant and original idea: a boy kidnaps a jet aeroplane. Enchanting and simple, the film depicts the extensiveness of children's imaginations," *was their explanation. They also awarded Special Mentions to the artistic animation film "The Apartment Cat" by Sarah Roper and to the Danish live action short "Theis and Nico". This small masterpiece by Henrik Ruben Genz also received the Crystal Bear from the Children's Jury. The eleven boys and girls were also enthusiastic about Lennart and Ylva-Li Gustafsson's new animation film, "The Flysoup". They gave it a Special Mention, explaining:* "The idea was really great, with the funny drawings. The voices were fitting and we had fun imitating the gibberish. We especially liked the word, 'Hoppa'".

In the end "Hoppa" was on everyone's lips.

Thea Sofie Rusten in „Nur Wolken können die Sterne bewegen"

Thea Sofie Rusten in "Only Clouds Move the Stars"

The Tic Code

„Der Film hatte etwas ganz Besonderes. Er hat bestimmt jeden bewegt, der ihn gesehen hat". schrieb die 12-jährige Angelina über den Wettbewerbsbeitrag aus den USA, „The Tic Code".

Entstanden ist dieser Film auf Initiative der Schauspielerin Polly Draper, deren Ehemann, der Jazzpianist Michael Wolff, seit seiner Kindheit an dem Tourette-Syndrom leidet. Polly Draper hat miterlebt, wie Menschen durch diese Krankheit, die sich u.a. in nervösen Zuckungen äußert, zu Außenseitern gestempelt werden. So schrieb sie das Drehbuch und überzeugte Karen Tangorra und ihren Mann, mit ihr diesen Film zu produzieren.

Sie erzählt darin die Geschichte des zwölfjährigen Miles, der nicht nur unter dieser Krankheit leidet, sondern sich zudem mit großen Schuldgefühlen herumschlägt. Er denkt, dass sich die Eltern seinetwegen getrennt haben. Durch die Freundschaft zu dem Saxophonisten Tyrone, der auch am Tourette-Syndrom erkrankt ist, lernt Miles, mit seinen Zuckungen, den „Tics", umzugehen.

Leicht hatte es Polly Draper nicht, „The Tic Code" zu produzieren. So berichtete Gerold Hens in der „KinderJugendfilmKorrespondenz" Nr. 78 / 2' 99: *„Allein die Finanzierung des Films dauerte vier Jahre, was nicht erstaunlich ist, bricht er doch mit mehreren US-Tabus gleichzeitig. Er hat keinen Star als Kassenmagneten (...). Dann enthält er eine Liebesgeschichte zwischen einem farbigen Mann und einer weißen Frau – dafür ließe sich in Deutschland und Japan niemals einen Verleiher finden, war das Argument. (...) Und schließlich macht er eine (im Unterschied etwa zu Krebs) wenig ‚attraktive' Krankheit zum zentralen Thema – was zu dem absurden Vorschlag führte, die Tourette-Problematik (dramaturgischer Dreh- und Angelpunkt der Geschichte) einfach fallenzulassen. Dass dennoch ein solch anrührender und dabei völlig unsentimentaler, spannender Problem-, Jugend-, Liebes-, Musikfilm entstand, ist der Hartnäckigkeit der Produzenten (...) und der durchweg grandiosen Leistung der Darsteller zu verdanken. Allen voran Christopher Marquette als Miles, der als von der Krankheit selbst nicht Betroffener ein schier unglaubliches schauspielerisches Talent an den Tag legt."*

„The Tic Code" hatte einen riesigen Erfolg. Er erhielt nicht nur den Gläsernen Bären, sondern auch den Großen Preis des Deutschen Kinderhilfswerkes, vergeben durch eine internationale Jury.

"Dieser schöne Film mit konzentrierter Fabel bietet lebensstärkende Haltung", schrieb Ulrike Odenwald in "Eselsohr", Heft 4/99, und Clemens Füsers meinte: *"Eine gelungene, sensible Fallstudie zu einem 'Tick', mit viel Musik, die sofort unter die Haut geht."* („Neue Zürcher Zeitung" vom 19. 2. 1999)

Nach dem Filmfestival waren "The Tic Code" und das Konzert von Michael Wolff die Highlights im Programm des Jazzfestes Berlin 1999.

Christopher Marquette als Miles und Gregory Hines als Tyrone in „The Tic Code"

Christopher Marquette as Miles and Gregory Hines as Tyrone in „The Tic Code

---

USA / *USA* 1997

Stabliste / *Crew*
Regie / *Director*: Gary Winick
Buch / *Script*: Polly Draper
Kamera / *Camera*: Wolfgang Held
Schnitt / *Editor*: Bill Pankow,
  Kate Sanforc,
  Henk van Eeghen
Musik / *Music*: Michael Wolff

THE TIC CODE

"This film is really special. I am sure it moved everyone", wrote 12-year-old Angelina about 'The Tic Code', the competition entry from the USA.

Initiator of this film was the actress Polly Draper whose jazz pianist husband, Michael Wolff, has suffered from Tourette Syndrome since he was a child. Polly Draper had experienced just how people suffering from this illness, which causes nervous tics, are ostracized. Thus she wrote the script and convinced Karen Tangorra and her husband to produce the film.

It is the story of the 12-year-old Miles who not only suffers from this illness but also has huge guilt feelings. He thinks that it is his fault his parents have separated. Through his friendship with Tyrone, a saxophonist who also has Tourette Syndrome, Miles learns to accept his 'tics'.

Polly Draper und Michael Wolff erzählen von den Dreharbeiten

Polly Draper and Michael Wolff discuss the making of their film

It was not easy for Polly Draper to produce this film. Gerold Hens reported in the "KinderJugendfilmKorrespondenz", no. 78/2 '99: "It took four years to get the film financed, which doesn't come as a surprise considering that it broke several taboos of US film-making. The star was not a crowd puller (...). Then it was a story about a coloured man and a white woman, which fuelled the argument that the film would never find distribution in Germany or Japan. To top things off, the film was about an 'unattractive illness' – contrary to cancer – leading to the absurd suggestion to drop the Tourette problem, even though this was the central driving force of the story. It is thankfully due to the doggedness of the producer and the astounding effort of the actors, that such a moving (but unsentimental), exciting, youth, love and music film was finally made. Christopher Marquette who played Miles and who himself does not suffer from the illness, shines out with his purely remarkable acting talent."

'The Tic Code' had enormous success. Not only did it receive the Crystal Bear but it was also awarded the Deutsches Kinderhilfswerk Grand Prix by the International Jury.

Darsteller / Cast

Tyrone	Gregory Hines
Laura	Polly Draper
Miles	Christopher Marquette

Produktion /
Production: Jazz Films Inc.,
USA-Redwood City

"This lovely film, with its concentrated plot, is strength-giving", wrote Ulrike Odenwald in *"Eselohr"* no. 4/99 and Clemens Füsers maintained that: *"Set to plenty of music, it is a successful, sensitive case-study of a 'tic', which immediately gets under your skin." ("Neue Zürcher Zeitung", 19. 02. 1999)*

'The Tic Code' and Michael Wolff went on to become highlights of the program of the Berlin Jazz Fest 1999.

Wer, wenn nicht wir
KTO, ESLI NE MIJ

Der russische Regisseur, Drehbuchautor und Schauspieler
Valerij Prijomichov wendet sich in seinem Film den neuen,
postsowjetischen Verhältnissen zu. Er erzählt, wie die Jungen
Sme und Toljasik Millionschiki, sprich: Millionäre, werden
wollen. Wie alle Erwachsenen um sie herum sind auch sie
auf der Jagd nach dem schnellen Geld. Sie wollen es jedoch
klüger anfangen, brechen kurzerhand in ein Kaufhaus ein,
aber werden schon am nächsten Tag von der Polizei gefasst.
Ihre Freundschaft wird auf eine harte Probe gestellt, doch
zum Glück lernen sie den degradierten Kriminalkommissar
Gena kennen, der den beiden einen Halt geben kann.

„Wer, wenn nicht wir" knüpft in seiner genauen und
gesellschaftskritischen Erzählweise an die Traditionen des
sowjetischen Films an, eine Seltenheit, zumindest in Bezug
auf die heutige russische Kinderfilmproduktion.

Einen Preis konnte der Film nicht gewinnen, in der Presse
wurde er aber überwiegend positiv besprochen. So äußerte
sich Beate Ostermann in "Moving Pictures Berlinale" vom
17. 2. 1999: *"Prijomichov entwirft ein Gesellschaftspor-
trait des neuen Russlands, tragisch, komisch — wie das Leben
selbst. Mit Hilfe seiner starken, jungen Stars und stimmungs-
voller Bilder ist ihm ein atmosphärisch dichter, beeindru-
ckender Film gelungen."*

*„Erzählt wird die Geschichte immer mit dem Blick auf Sme. Der Junge nimmt naiv Signale aus der Gesellschaft auf und versucht,
für sich daraus eine eigene Lebenskonzeption zu basteln. Der damit erwachsende Widerspruch gibt dem Film sowohl große
Heiterkeit, lässt aber auch Raum für bittere Gesellschaftssatire. Seien es sarkastische Witze eines ehemaligen Frontarztes aus
dem Afghanistankrieg oder Karikaturen neureicher Russen, Prijomichov sucht drastische Bilder, um zu verdeutlichen, in welchem
Wertevakuum seine kleinen Helden leben."* — schrieb Klaus-Dieter Felsmann in der „KinderJugendfilmKorrespondenz" Nr.
78 / 2 '99 und betonte dabei, dass „Wer, wenn nicht wir" zwar nicht nur für Kinder, aber in erster Linie für sie gemacht sei.

Die Kinder selbst schienen besonders von der Freundschaft der beiden Jungen beeindruckt zu sein.

*„Mir hat gefallen, dass Sme und Toljasik so zusammengehalten haben und dass Gena den
beiden hilft, sich wiederzusehen."*
Alexandra, 12 Jahre

„Ich fand gut, dass die beiden Jungs nicht aufgegeben haben."
Sarah, 12 Jahre

„Ich fand den Film sehr schön, weil er so lebensecht war."
Laura, 11 Jahre

Russland / *Russia* 1999

Stabliste / *Crew*
Regie / *Director*: Valerij
Prijomichov
Buch / *Script*: Valerij
Prijomichov
Kamera / *Camera*: Aleksander
Nosovskij
Musik / *Music*: Vladimir Martinov

Who Else If Not Us

The Russian director, script-writer and actor, Valerij Prijomichov, deals with new post-Soviet issues in his latest film. He tells the story of how young Sme and Toljasik want to become "millionschiki" – millionaires. They are looking for fast money, just like the adults they see everywhere. Thinking they can do it better than them, the boys spontaneously break into a department store, only to be caught the next day by the police. Their friendship is put to the test. Luckily they meet the demoted police commissioner Gena who gives them his support.

Ex-Kommissar Gena und Sme freunden sich an

Ex-commissioner Gena and Sme get to know each other

A precise, socially critical film, "Who Else If Not Us" also relates to Soviet cinema tradition. This is a seldom combination considering the production situation of recent Russian children's films.

The film did not win any awards but it did receive positive press resonance. In "Moving Pictures Berlinale", 17. 2. 1999, Beate Ostermann wrote: "Prijomichov portrays modern Russian society with tragedy and comedy, just as in real life. With the help of his strong young stars and moody images, he has successfully created an atmospheric, impressive film."

"The story stays with Sme. The boy receives naive signals from society and tries to convert them into his own life-concepts. The resulting contradictions that increasingly arise allow for humorous moments as well as biting social satire. Be it the sarcastic jokes of a battle-front doctor from the Afghanistan war or a caricature of 'new-Russians', Prijomichov has chosen drastic images to make it quite clear just in what vacuum the young heroes are living." *– wrote Klaus-Dieter Felsmann in the "KinderJugendfilmKorrespondenz", no. 78 / 2 '99. He also added that "Who Else If Not Us" is primarily – but not only – a film for children.*

The children seemed to predominantly be impressed by the relationship between the two boys.

"I liked it that the Sme and Toljasik stuck together and that Gena helped them see each other again."
Alexandra, 12 years old

"It was good that both boys didn't give up."
Sarah, 12 years old

"The film was really nice because it was like real life."
Laura, 11 years old

Darsteller/ *Cast*

Sme	Evgenij Krajnov
Toljasik	Artur Smoljaninov
Gena	Valerij Prijomichov

Produktion/
Production: Mosfilm Cinema Concern, Moskau

Eröffnung mit Gong Li

Gong Li begrüßt die Kinder

Gong Li greets the children

„Vom 9. bis zum 20. Februar hat sich in diesem Jahr zum ersten Mal das ständig gewachsene, auch jetzt noch aus den Nähten platzende Filmfestival zwischen den Glitzertürmen der Büros von DaimlerCrysler und Sony angesiedelt. Wer sich auf den Weg macht, die Sterne des Filmhimmels zu bewundern, hat derzeit noch mit allerlei irdischen Hindernissen, mit Bauzäunen und Absperrungen zu tun. Doch im Großen und Ganzen bringt der Umzug zur neuen (Möchtegern-)Mitte Berlins für den Festivalbesucher einige Vorteile mit sich." – hieß es im „Neuen Deutschland" vom 9. 2. 2000. Einen ganz gewaltigen Vorteil brachte dieser „politisch gewollte" Umzug dem Kinderfilmfest. Es bekam den Zoo Palast als Hauptspielstätte. *„Damit hat das Kinderfilmfest die Form gefunden, die seiner Außenwirkung entspricht",* frohlockte Monika Osberghaus in der „Frankfurter Allgemeinen Zeitung" vom 17. 2. 2000, *„dort ist es jetzt wunderbar: kein Drängeln, kein langes Anstehen (...). Es soll Festivalbesucher geben, die, nur um sich ein wenig von der Hektik am Potsdamer Platz auszuruhen, zwischendurch einen Kinderfilm anschauen."* Doch auch am Potsdamer Platz war das Kinderfilmfest präsent. Dort befindet sich seitdem das Büro der Festivalleitung, und im CinemaxX Kino 4 werden die Filme wiederholt, was Theaterleiter Andreas Crüsemann sehr begrüßte: *„Die Kinder beleben unser Haus während der Berlinale sehr stark. Sie sind sehr dankbare Gäste, die einen unheimlichen Spaß haben und den auch vermitteln. Das Publikum der anderen Sektionen ist ja mehr intellektuell geprägt, bei den vielen Filmfreaks und Filmprofis sieht man keine Träne, hört man kein Juhu, da läuft alles sehr still ab. Umso erfreulicher ist es, dass dagegen im Kinderfilmfest-Kino so eine begeisterte Stimmung herrscht."* Wenn es in diesem Saal mit seinen ca. 300 Plätzen schon „brodelte", was musste da erst im ausverkauften Zoo Palast los gewesen sein! Über Tausend Kinder und Erwachsene jubelten, als Moritz de Hadeln, Renate Zylla und die chinesische Schauspielerin Gong Li, die diesjährige Präsidentin der internationalen Jury der Berlinale, das 23. Kinderfilmfest eröffneten. Immer schon hatte es Moritz de Hadeln sehr am Herzen gelegen, seine Gäste auch zu den Kindern zu führen – ob Liv Ullmann, Sophia Loren oder 987 Klaus Maria Brandauer. Für den sonst sehr couragierten Schauspieler schien aber die Konfrontation mit dem ungewohnten Publikum ein Problem zu sein. Jedenfalls versprach Brandauer den 900 Kindern in der Urania, für sie den „Zwerg Nase" zu spielen. Seine Idee stieß damals auf wenig Begeisterung im Saal.

In diesem Jahr wurde noch ein anderer Gast erwartet. *„David Bowie kommt"* – so zumindest vermeldete es die „Bild"-Zeitung am 20. 1. 2000. Einziger Anhaltspunkt war ein *„charmanter Brief",* den die Festivalleiterin dem Star geschrieben hatte. David Bowie hatte die Titelrolle in Nicholas Kendalls „Das Geheimnis des Mr. Rice" übernommen. In der kanadischen Produktion spielt er den weisen alten Mann, der dem krebskranken Jungen Owen die Freude am Leben zurückgibt. Auch ohne die persönliche Anwesenheit des Popsängers gab es Standing Ovations im ausverkauften Zoo Palast und am Schluss des Festi-

Opening with Gong Li

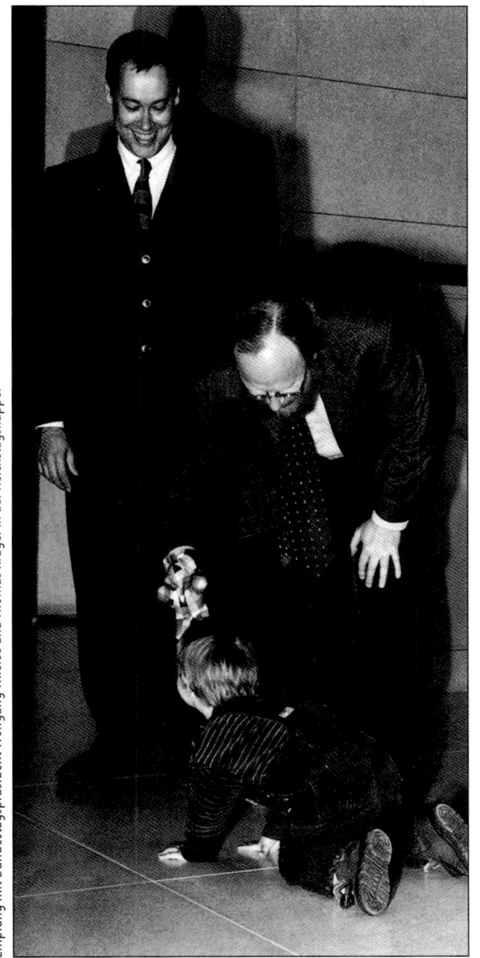

Empfang mit Bundestagspräsident Wolfgang Thierse und Thomas Krüger in der Reichstagskuppel

"The festival had been growing steadily and was starting to burst at the seams. From 9 to 20 February it took its inaugural place between the glittering towers and offices of the Daimler Chrysler and Sony buildings. Whoever goes there to admire the stars in film heaven is confronted by earthly obstacles such as hoardings and barriers. However the move to Berlin's (wannabe) new centre has brought some advantages for festival visitors." *– was written in the "Neues Deutschland" of 9. 2. 2000. The "political move" to Potsdamer Platz was of huge advantage to the Kinderfilmfest. The Zoo Palast then became their main screening venue.* "With this the Kinderfilmfest has at last found the form to truly express itself," *rejoiced Monika Osberghaus in the "Frankfurter Allgemeine Zeitung" of 17. 2. 2000.* "It is wonderful there. No pushing, no waiting in long queues. (...) Festival visitors go there to see a children's film and to escape the hectic pace of Potsdamer Platz." *The Kinderfilmfest has also made its presence felt at Potsdamer Platz. The festival organisation's offices are still there and repetition screenings of the films take place in CinemaxX 4. Head of this cinema complex, Andreas Crüsemann, was pleased by the development:* "Children liven things up during the Berlinale. They are a very grateful audience. They have loads of fun and readily express this. The audiences for the other sections are of a more intellectual bent. The many film-buffs and professionals don't express themselves with tears, nor do they shout and cheer. They take things very quietly. Compared to that, the enthusiasm in the children's cinema is really great." *If it was bubbling in this cinema with its 300 seats, what must have been going on at the Zoo Palast! More than 1,000 children and adults were overjoyed when Moritz de Hadeln, Renate Zylla and the*

Speaker of the Bundestag, Wolfgang Thierse, with Thomas Krüger at the reception in the Reichstag dome

actress Gong Li – the President of the Berlinale's International Jury – opened the 23rd Kinderfilmfest. It had always been Moritz de Hadeln's wish to introduce his guests to the children – whether Liv Ullmann, Sophia Loren or, as in 1987, Klaus Maria Brandauer. This otherwise plucky actor had some difficulties when faced with the unusual audience. He promised 900 children in the Urania that he would play the role of the Wilhelm Hauff's fairytale figure "Dwarf Nose" for them, an idea which was met with little enthusiasm.

This year another special guest was expected. "David Bowie is coming" *– at least that is what the "Bild" newspaper reported on 20. 1. 2000. The only ground for this was* "a charming letter" *which the festival director had sent the star. David Bowie had taken the lead role in Nicholas Kendall's "Mr. Rice's Secret". He plays a wise old man who helps Owen, a boy suffering from cancer, regain his joy of life. Even though the pop singer was not able to make it, the film received a standing ovation in the Zoo Palast.*

vals eine lobende Erwähnung von der Kinderjury. *„'Das Geheimnis des Mr. Rice' ist eine ungewöhnliche und spannende Geschichte mit sehr guten Schauspielern, toller Musik und faszinierenden Schnitten"*, hieß es in ihrer Begründung.

Filme aus 15 Ländern wurden in diesem Jahr präsentiert, darunter zwei ungewöhnliche Produktionen aus dem Iran: „Das Mädchen in den Turnschuhen" und „Die Farbe des Paradieses" von Majid Majidi. *„Majidi macht für uns erfahrbar, wie der achtjährige Mohammad die Welt erfährt, ohne zu sehen. Er mischt die Nebengeräusche weg, um den geschärften Hörsinn der Blinden nachvollziehbar zu machen. Aber er macht auch die Angst sichtbar, nach etwas zu tasten, etwas zu erforschen, das man nicht sieht. Dabei nimmt er uns die Scham des Voyeurs, indem er den Blinden ihre Würde lässt. Man könnte heulen, so rührend und traurig ist 'Rang-e-khoda', zugleich aber auch so hoffnungsvoll"*, schrieb Thomas Winkler in der „taz" vom 15. 2. 2000 über den Film, der auch für den Oscar nominiert wurde. Dank des Projektes „Hörfilm" konnten sehbehinderte Kinder und Jugendliche gemeinsam mit sehenden die Vorführung von „Die Farbe des Paradieses" erleben. 1998 hatte der Deutsche Blinden- und Sehbehindertenverband dieses Projekt ins Leben gerufen, bei dem durch ein spezielles Audiodeskriptions-Verfahren erklärt wird, was auf der Leinwand zu sehen ist. 1999 hatte sich deren Leiterin, Martina Wiemers, zum ersten Mal an die Berlinale gewandt, ab 2000 wurde den Blinden und sehbehinderten Kindern jedes Jahr ein Film beim Kinderfilmfest zugänglich gemacht. Renate Zylla stand von Anfang an diesem Vorhaben sehr aufgeschlossen gegenüber. Sie hatte immer versucht, wenn es sich bei bestimmten Filmen anbot, den Publikumskreis zu erweitern. Zu „Kannst du pfeifen, Johanna" wurden zum Beispiel alte Menschen aus Seniorenheimen eingeladen, 2001 sollten sich viele Jugendliche aus Berliner Fußballvereinen John Hays „Es gibt nur einen Jimmy Grimble" anschauen.

Ohne spezielle Einladung waren Dutzende von Stoffkatern mit grünen Streifenhosen in den Zoo Palast gekommen. Mitgebracht von den Vier- bis Sechsjährigen wollten sie „Petterson und Findus" auf der großen Leinwand sehen. Die gleichnamigen Bilderbücher des schwedischen Autors und Grafikers Sven Nordquist erfreuen sich in Deutschland großer Beliebtheit. So hatte auch der schwedisch-deutsche Zeichentrickfilm gute Karten. *„Die Verfilmung von Albert Hanan Kaminski besticht durch die Freude am Fabulieren und die Liebe zum Detail"*, meinte Beate Ostermann in „Moving Pictures berlinale" vom 12.2.2000 und war dabei besonders angetan von den *„turbulenten, lustigen Geschichten"* und den *„originell gezeichneten Figuren"*.

Auf große Begeisterung stieß auch der norwegische Zeichentrickfilm „Der König, der mehr als eine Krone wollte" von Anita Killi und Randall Meyers. Die Berlinale hatte der Komponist Randall Meyers schon oft besucht, denn viele Filme, für die er die Musik geschrieben hatte, waren im Wettbewerb gelaufen. Zum Kinderfilmfest aber kam er das erste Mal: *„Es herrschte eine Atmosphäre wie in einer Gemeinschaft, die eine Mission hat. (...) Mir wurde ganz warm ums Herz, als ich all die begeisterten Mitarbeiter von Renate Zylla erlebte, die halfen, eine so bereichernde Veranstaltung erfolgreich zu gestalten. Und das Wichtigste von allem: Freundschaften wurden geknüpft! Unser Film wurde dann als bester Kurzfilm prämiert, und ich bin sehr stolz auf diese Auszeichnung. Es ist einer von den wenigen Preisen, die mir wirklich etwas bedeuten. Es war auch wunderschön, noch einmal zurückkommen zu dürfen und die Anerkennung von Menschen zu spüren, die ich respektiere — Menschen, denen gute Kinderfilme wirklich am Herzen liegen."*

Bill Schwitzer und David Bowie in „Das Geheimnis des Mr. Rice"

Bill Schwitzer and David Bowie in "Mr. Rice's Secret"

At the end of the festival the Children's Jury gave it a Special Mention, with the explanation: "'Mr. Rice's Secret' is an unusual and intriguing story with very good actors, great music and fascinating cuts."

Films from 15 countries were presented in this year's festival. Among them were two unusual productions from Iran: "The Girl in the Sneakers" and "The Colour of Paradise" by Majid Majidi. "Majidi helps us realise how the eight-year-old Mohammad experiences the world, without seeing. The boy's sharp capacity to hear is highlighted by the cutting out of all extra sound interference. Fear of trying something out, of touching something which cannot be seen, is made vivid. The blind are treated with dignity, thereby relieving the audience of the shame of voyeurism. 'Rang-e-khoda' is so touching and sad that it makes you want to cry. At the same time it is full of hope," wrote Thomas Winkler in the "taz" of 15. 2. 2000 about the film that also received an Oscar nomination. Cooperation with the "Hörfilm" project enabled blind and visually impaired children and young people to experience the screenings of "The Colour of Paradise", alongside people who can see. The German organisation for the blind ("Deutsche Blinden- und Sehbehindertenverband") had established this project in 1998. During screenings visually impaired people receive an audio-description of what is going on in the film. Organiser Martina Wiemers first approached the Berlinale in 1999. Since 2000 the Kinderfilmfest has annually made a film available for blind and visually impaired children. Renate Zylla was determined to set this through right from the start. She has always tried to reach out to audiences who may be interested in particular films. People living in old people's homes had been invited to "Wanted: Grandfather" and in 2001 young people from Berlin's football clubs were to be invited to see John Hay's "There's Only One Jimmy Grimble".

Dozens of stuffed cats with striped green trousers turned up at the Zoo Palast without a special invitation. Children from four to six years of age had brought them along to see "Pettson & Findus – The Cat and the Old Man's Year" on the big screen. The picture book by Swedish author Sven Nordquist is very popular in Germany and prospects were good for the Swedish-German animation film. "Albert Hanan Kaminski's film, with its joy of the fantastic and love of detail, is brilliant," wrote Beate Ostermann in the "Moving Pictures berlinale" of 12. 2. 2000. She was especially taken by the "turbulent, funny story" *and the* "originally drawn figures."

The Norwegian animation film "The King Who Wanted More Than a Crown" by Anita Killi and Randall Meyers also went down well. Composer Randall Meyers had often visited the Berlinale, having written the music for many films screened in the Main Competition. It was his first time at the Kinderfilmfest. "The atmosphere was of a community with a vision. (...) It warmed my heart to experience all Renate Zylla's enthusiastic collaborators helping with the success of such an enriching event. Most important of all – friendships were made! Our film was then honoured as best short film and I am very proud of this award. It is one of the few prizes that really mean something to me. It was wonderful to be able to return and receive recognition from people who I greatly respect – people who really care for good children's films."

Tsatsiki, Mama und der Polizist
TSATSIKI, MORSAN OCH POLISEN

Alexandra Rapaport und Samuel Haus in dem Doppelpreisträger des 23. Kinderfilmfestes

Alexandra Rapaport and Samuel Haus in the double-winner of the 23rd Kinderfilmfest

Es passte alles zusammen. Zum ersten Mal fand das Kinderfilmfest im Großen Saal des Zoo Palastes statt. Vor ausverkauftem Haus wurde das Festival eröffnet, und dann noch mit diesem Film: „Tsatsiki, Mama und der Polizist"! Die Stimmung war unbeschreiblich.

Ella Lemhagens neueste Produktion gehörte zu den „Rennern" des Festivals. Der Film spricht die Gefühle der Kinder wie der Erwachsenen an. So war es nicht verwunderlich, dass er gleich zwei Auszeichnungen erhielt: den Gläsernen Bär und den Großen Preis des Deutschen Kinderhilfswerkes.

Die Begeisterung spiegelte sich auch in den Kindermeinungen wieder. Auffallend viele Jungen und Mädchen schrieben direkt an die Regisseurin:

„Ich weiß nicht, wie man einen so guten Film drehen kann. Mir selbst wäre so etwas nie eingefallen!"
Sarah, 9 Jahre

„Regisseur, Sie haben gute Arbeit geleistet. Der Film war toll, er war witzig."
Benni, 11 Jahre

„Das war der beste Film aller Zeiten. Samuel ist süß!"
Sara, 10 Jahre

„Das ist ein sehr, sehr schöner, romantischer und spannender Film, ich könnte ihn mir noch einmal ansehen."
Isabelle, 12 Jahre

Das Drehbuch stammt von dem bekannten schwedischen Kinder- und Jugendbuchautor Ulf Stark, der auch die Bücher für andere erfolgreiche Filme, wie „Sixten", „Lass die Eisbären tanzen" oder „Kannst du pfeifen, Johanna" verfasst hat. Hier erzählt er, wie sich der achtjährige Tobias, genannt „Tsatsiki", auf die Suche nach seinem Vater, einem griechischen Fischer, begibt.

„‚Tsatsiki, Mama und der Polizist' gehört zu jenen immer seltener werdenden, warmherzigen Filmen, die ganz aus der Sicht der Kinder und mit viel Humor von der Sehnsucht nach Geborgenheit erzählen. Einfühlsam hat die schwedische Regisseurin Ella Lemhagen (...) eine von großer Toleranz geprägte Mutter-Sohn-Beziehung inszeniert. Locker und überzeugend Samuel Haus als Tsatsiki und Alexandra Rapaport als Mutter. Sie zählt als einer der ‚Shooting Stars' der Berlinale zu den anerkannten europäischen Nachwuchs-Talenten."
(Beate Hanspach, „Neues Deutschland" vom 10. 2. 2000)

Schweden, Norwegen, Dänemark / *Sweden, Norway, Denmark* 1999

Stabliste / *Crew*
Regie / *Director*:	Ella Lemhagen
Buch / *Script*:	Ulf Stark
nach den Romanen / *based on the novels*	„Tsatsiki och morsan"
und / *and*	„Tsatsiki och farsan"
von / *from*	Moni Nilsson-Brännström
Kamera / *Camera*:	Anders Bohman
Schnitt / *Editor*:	Bernhard Winkler
Musik / *Music*:	Popsicle

Tsatsiki, Mum and the Policeman

It all came together. For the first time, the Kinderfilmfest took place in the great Zoo Palast cinema. The festival opened to a packed house and to top it off the opening film was: "Tsatsiki, Mum and the Policeman". The atmosphere was indescribable!

Ella Lemhagen's latest work was one of the "hot tips" at the festival. The film arouses the feelings of children as well as adults. It came as no surprise that the film received both main awards: the Crystal Bear and the Deutsches Kinderhilfswerk Grand Prix.

Autogrammstunde mit Samuel Haus

Samuel Haus signing autographs

The excitement was reflected in the children's written opinions. It is noticeable just how many children wrote directly to the director:

"How is it possible to make such a good film? I could never have thought up something so good!"
Sarah, 9 years old

"Good work, director! The film was great and funny."
Benni, 11 years old

"That was the best film ever. Samuel is sweet!"
Sara, 10 years old

"It is an extremely beautiful, romantic and exciting film. I could watch it again."
Isabelle, 12 years old

Darsteller / *Cast*

Tsatsiki	Samuel Haus
Tina	Alexandra Rapaport
Göran	Jacob Ericksson

Produktion /
Production: Felicia Film AB, Stockholm / Film i Väst, Trollhättan / Nors Film AS, Jar / Per Holst Film A/S, Valby / Danmarks Radio, Kopenhagen / TV 1000, Stockholm

The script came from Ulf Stark, the well-known Swedish author of books for children and youth. He also wrote the scripts for other successful films such as "Sixten", "Dance of the Polar Bears" and "Wanted: Grandfather". Here he tells the story of how the eight-year-old Tobias, nicknamed Tsatsiki", undergoes the search for his father, a Greek fisherman.

"Told from the child's perspective and humorously exploring the desire for security, 'Tsatsiki, Mum and the Policeman' is one of those increasingly difficult to find children's films. Swedish director Ella Lemhagen has tenderly created the story of a very tolerant mother-son relationship. Samuel Haus who plays Tsatsiki and Alexandra Rapaport, in the role of his mother, both play with great ease and conviction. Selected as one of the Berlinale 'Shooting Stars', Alexandra Rapaport is one of the new generation of young acting talents in Europe."
(Beate Hanspach, "Neues Deutschland", 10. 2. 2000)

Das Mädchen in den Turnschuhen
DOKHTARI BA KAFSH-HAYE-KATANI

Seit 1989 nehmen Produktionen aus dem Iran einen festen Platz im Kinderfilmfest ein. Filme wie „Der Schlüssel" von Ebrahim Foroozesh, „Der Fisch", Regie: Kambuzia Partovi oder die Arbeiten des Regisseurs Mohammad-Ali Talebi „Das Stiefelchen", „Tick Tack" und „Ein Sack Reis" wurden vorgestellt. Diese wenden sich eher an jüngere Kinder und berühren durch die Kraft, die von den kleinen Hauptdarstellern ausgeht. „Das Kind als Hoffnungsträger" ist die Botschaft dieser wenn auch mit einem geringen Budget, so doch aber professionell gemachten Filme.

1999 konnte mit Kamal Tabrizis „Mutterliebe" erstmalig ein iranischer Film präsentiert werden, der aus den bekannten Mustern ausbricht. Hier werden ähnlich wie in den beiden Filmen des darauf folgenden Jahres „Die Farbe des Paradieses" von Majid Majidi und „Das Mädchen in den Turnschuhen", absolute Tabu-Themen behandelt.

Rassul Sadr-Amelis Film „Das Mädchen in den Turnschuhen" widmet sich den Problemen der iranischen Frau. *„Wie dieser Film uns sein Land vorstellt, ist ein Novum im Bereich des iranischen Kinder- und Jugendfilms",* erklärte Renate Zylla während der Pressevorführung. *„Noch nie wurden solche Seiten gezeigt, dass man sich in diesem Land verloren fühlen kann und als Frau ungeschützt, auch wenn man einen Schleier trägt. "*

Im Mittelpunkt steht die 15-jährige Tadaie, die von Passanten bei der Polizei angezeigt wird, nur weil sie sich mit ihrem Freund im Park trifft. Nachdem sich das Mädchen einer entwürdigenden gynäkologischen Untersuchung unterziehen muss und ihm der Kontakt zu dem Jungen untersagt wird, verlässt Tadaie ihr Zuhause. Durch Teheran irrend erlebt sie, welchen Gefahren und Diskriminierungen Frauen außerhalb ihrer Familie ausgesetzt sind.

Nach den Vorführungen bestürmten die Kinder und Jugendlichen das Filmteam regelrecht mit ihren Fragen und Meinungen. *„Für den Regisseur und die anderen Mitwirkenden war das eine schwierige Situation. Sie standen ziemlich unter Druck, zitterten und antworteten sehr vorsichtig auf die berechtigten Fragen, sicher aus der Angst heraus, zukünftige Projekte zu gefährden",* erinnert sich Maryam Tayeb-Haghgou, die für das Kinderfilmfest dolmetscht und die iranischen Filme übersetzt. Bemerkenswert fand sie, dass Rassul Sadr-Ameli wegen der Zensur den Schluss seines Films noch einmal ändern musste: *„Um ihn positiver zu gestalten, musste das Mädchen nach Hause zurückkehren. Dass sie nicht ins Haus geht, hat sich der Regisseur hart erkämpft. Wir übersehen das vielleicht, während die Menschen im Iran genau verstehen, was Rassul Sadr-Ameli eigentlich sagen wollte, aber nicht durfte. "*

Iran / *Iran* 1999

Stabliste / *Crew*
Regie / *Director*: Rassul Sadr-Ameli
Buch / *Script*: Peymann Qasemkhani, Fereydun Farhudi
Kamera / *Camera*: Dariush Ayyari
Schnitt / *Editor*: Mostafa Kherqe-Push
Musik / *Music*: Bahram Saeedi

The Girl in the Sneakers

Since 1989 there has been a steady flow of Iranian productions taking part in the Kinderfilmfest. Films such as "The Key" by Ebrahim Foroozesh, "The Fish" by Kambuzia Partovi or the work of Mohammad-Ali Talebi – "The Boot", "Tick Tack" and "Bag of Rice" – were presented. These films are for younger children and the power of the young actors is very moving. "Children give hope" is the message of these films, which, although made with limited budgets, are professionally crafted.

The opportunity to present an Iranian film beyond the established mould came in 1999 with Kamil Tabrizi's "Motherly Love". In the following year, "The Colour of Paradise" by Majid Majidi and "The Girl in the Sneakers" dealt with forbidden issues.

Rassul Sadr-Ameli's film "The Girl in the Sneakers" is dedicated to the problems faced by Iranian women. "The way in which this film portrays its land is a real novelty in Iranian films for children and young people", explained Renate Zylla during the press screening. "It has never previously been shown that a woman can feel lost and unprotected in this land – even if she is wearing a veil."

15-year-old Tadaie is the central focus of the film. Passers-by denounce her to the police just because she has met her boyfriend in the park. After she is forced to undergo a degrading gynaecological examination and give up contact with her friend, Tadaie runs away. As she strays through Tehran she gets to experience how dangerous and discriminating it is for women away from their families.

Regisseur Rassul Sadr-Ameli und seine Hauptdarstellerin Pegah Ahangarani bei der Preisverleihung

Director Rassul Sadr-Ameli and his leading actress Pegah Ahangarani at the award ceremony

After the screenings, the children and teenagers bombarded the film team with their questions and opinions. "It was a difficult situation for the director and other members of the crew. They were under pressure and quite shaken. They very carefully answered the justifiable questions. They were afraid to endanger future projects", remembers Maryam Tayeb-Haghgou, who works as an interpreter and translator of Iranian films for the Kinderfilmfest. She found it notable that Rassul Sadr-Ameli was forced to change the ending of his film due to censorship: "To create a better affect, the girl had to return home in the end. The director fought hard not to have to show her actually going into the house. Perhaps we would overlook that but the Iranian people understand very well what Rassul Sadr-Ameli wanted, but was not allowed, to say."

Darsteller / *Cast*

Tadaie	Pegah Ahangarani
Aidin	Majid Hajizade

Produktion /
Production: Art Bureau / Milad Film, Teheran

2001

Inspiriert durch Berlin

An die 30.000 Besucher lachten, weinten und zeigten ihr Mitgefühl mit den jungen Protagonisten aus den 26 Filmen des diesjährigen Kinderfilmfestes. Seine „24. Auflage" ließ Thomas Winkler in der „taz" vom 7.2.2001 konstatieren, dass hier *die Trefferquote an guten Filmen"* höher sei als in anderen Sektionen der Berlinale. Darüber ließe sich sicher streiten, auf jeden Fall aber war das Programm 2001 sehr rund und vielseitig. Mehr als 200 Produktionen hatte die Festivalleiterin gesichtet. Im Gegensatz zu den Anfangsjahren gab es keine Auswahlkommission mehr. Die hohe Zahl an Einreichungen und die Entdeckung von Filmen im Ausland machten eine Neuregelung des Auswahlverfahrens erforderlich. Bei wichtigen Entscheidungen spricht sich Renate Zylla mit ihrem langjährigen Berater, dem Regisseur Helmut Dziuba, ab, seit 2000 stehen ihr dabei auch die Autorin Gabriele Auensen-Borgelt und die Medienreferentin Cosima Stracke-Nawka zur Seite.

Ein deutscher Beitrag stimmte in diesem Jahr auf das Festival ein. Im ausverkauften Zoo Palast verkündete die Schauspielerin Senta Berger mit einem Augenzwinkern: *„Der Mistkerl eröffnet das Kinderfilmfest!"* „Der Mistkerl", das Spielfilmdebüt von Andrea Katzenberger, war eigentlich nicht fürs Kino konzipiert. Produziert von der Studio Hamburg Produktion für Film und Fernsehen GmbH zusammen mit dem Zweiten Deutschen Fernsehen (ZDF) sollte er im Weihnachtsprogramm 2001 laufen. *„Als die Producerin mir sagte, dass sie den Film einreichen will, war ich eher reserviert. Für ein A-Festival rechnete ich mir wenig Chancen aus"*, erzählte die ZDF-Redakteurin Dagmar Ungureit. *„Doch dann kam ein Tag nach meinem Urlaub ein Brief von Renate Zylla: Ich freue mich, dir mitteilen zu können ... Das war ein schöner Jahresbeginn, vor allem, als wir dann noch erfuhren, dass ,Der Mistkerl' das Festival eröffnen sollte. Für mich war mit dieser Premiere auch etwas ganz Persönliches verbunden. Der Zoo Palast ist mir von allen Kinos das liebste. Seit 18 Jahren habe ich dort Berlinale-Premieren erlebt. Dass in diesem Kino einmal ein Film, an dem ich selbst beteiligt war, laufen könnte und man hinterher auf der Bühne stehen würde, das hätte ich mir nie träumen lassen!"* Die Begeisterung im Zoo Palast war überwältigend, die Presse reagierte durchweg positiv: *„Sie (die Regisseurin – d.Red.) kann sich auf ihr Gefühl für die Denk- und Redeweise der Kinder verlassen. Und sie kann darauf vertrauen, dass ihre Geschichte tragfähig ist, ohne Anbiederung, ohne eine pädagogische Mission – einfach nur, weil sie Kindern von heute etwas über sich selber erzählt."* (Monika Osberghaus, „Frankfurter Allgemeine Zeitung" vom 9.2.2001) Durch ihre Präsenz auf dem Kinderfilmfest fand diese Fernsehproduktion ihren Weg in die deutschen Kinos.

Erstmalig wurde beim Festival die Premiere eines Films mit der eines Buches verknüpft. Zeitgleich mit der deutschen Uraufführung der italienischen Produktion „Der Himmel fällt" erschien beim Goldmann-Verlag der gleichnamige autobiographische Roman von Lorenza Mazzetti, der den Regisseuren Andrea und Antonio Frazzi als Vorlage für ihren Film diente.

Inspired by Berlin

An audience of around 30,000 laughed, cried and showed their sympathy for the young protagonists in the 26 films of this year's Kinderfilmfest. In the "taz" of 7.2.2001, Thomas Winkler established that: "The quota of hits in this year's edition," was higher than in other sections of the Berlinale. While this may be open to argument, the program of 2001 was definitely well-rounded and multi-facetted. The festival director had viewed more than 200 productions for selection. The high number of entries and the discovery of films while overseas had lead to an overhaul of the selection process. Renate Zylla now discusses important decisions with her long-time advisor, director Helmut Dziuba. Writer Gabriele Auensen-Borgelt and media expert Cosima Stracke-Nawka also lend their advice.

A German film set the tune for this year's festival. With a twinkle in her eye, the actress Senta Berger announced to a packed out Zoo Palast that: "'The Bloody Nuisance' opens the Kinderfilmfest'!" This film by Andrea Katzenberger had not originally been conceptualised for the cinema. Produced by Studio Hamburg Produktion für Film und Fernsehen GmbH and the second German television station, ZDF, it was intended for Christmas viewing in 2001. ZDF editor, Dagmar

A four-year-old from the audience confides in Jannik Hastrup

Ungureit, explained: "When the producer told me she was going to enter the film I was a little reserved. I didn't see much chance in an 'A-festival'. But a day after my holidays a letter arrived from Renate Zylla: I am pleased to inform you … that was a wonderful start to the year, especially when we found out that 'The Bloody Nuisance' would open the festival. The premier also had a personal touch. The Zoo Palast has always been my favourite cinema. I have attended Berlinale screenings there for 18 years. I had never dreamed that a film which I had part in would be premiered there and that after the screening I would be standing on the stage." *There was overwhelming excitement in the Zoo Palast and press reaction was thoroughly positive.* "She (the director — Ed.) can count on her own instinct for the way in which children think and act. And she can be certain that her story is sound. It is not ingratiating and it has no educational mission. She quite simply wants to tell today's children a story about themselves." *(Monika Osberghaus, "Frankfurter Allgemeine Zeitung" of 9. 2. 2001) It was due to the film's presence at the Kinderfilmfest that the film made its way into the German cinemas.*

For the first time, a film's premier coincided with the launching of a book. Parallel to the German premier of the Italian production "The Sky Is Falling", Goldmann Publishers launched Lorenza Mazetti's autobiography of the same name. Directors Antonio and Andrea Frazzi had adapted her story for their film. Applause was thunderous for Antonio Frazzi and Lorenza Mazetti after the moving screening in the Zoo Palast. The following day the publishers held a reading with the author. "The Sky is Falling", starring Isabella Rossellini and Jeroen Krabbé, was one of the "highlights" of the Kinderfilmfest for Beate Ostermann. "A stunned

Nach der ergreifenden Vorführung im Zoo Palast wurden Antonio Frazzi und Lorenza Mazetti mit Applaus begrüßt, einen Tag später veranstaltete der Verlag eine Lesung mit der Autorin. „Der Himmel fällt" mit Isabella Rossellini und Jeroen Krabbé in den Hauptrollen gehörte für Beate Ostermann zu den „Glanzlichtern" des Kinderfilmfestes: „Ganz aus der Sicht der achtjährigen Penny erlebt der Zuschauer so etwas wie den Verlust der Unschuld, fassungslos und voller Entsetzen. Penny und ihre kleine Schwester wachsen nach dem Tod ihrer Eltern im Haus ihres wohlhabenden jüdischen Onkels Wilhelm Einstein und seiner Frau auf, geliebt und behütet, in der idyllischen Landschaft der Toskana. Der Krieg scheint irgendwo weit weg stattzufinden, bis er in Gestalt deutscher Militärs plötzlich doch ganz nah kommt, unaufhaltsam und bedrohlich. Die Kinder müssen mitansehen, wie ihre Verwandten sterben, weil sie Juden sind, während sie selbst leben dürfen, weil sie Christen sind." („film-dienst" Nr. 6 / 2001) Ähnlich wie dieser Film berührten auch „Ali Zaoua", eine Koproduktion aus Marokko, Frankreich und Belgien, sowie „Die Zeit der trunkenen Pferde" des kurdisch-iranischen Regisseurs Bahman Ghobadi, der „einen tiefen, unverstellten Einblick in den Kampf des kurdischen Volkes und seine bittere Alltagsrealität" ermöglicht, wie Charles Martig in der Schweizer Kinozeitschrift „FILM" vom Februar 2001 bemerkte.

Aus Japan kam der Favorit der internationalen Jury: „Nagisa" von Altmeister Masaru Konuma. In ihrer Begründung für den Großen Preis des Deutschen Kinderhilfswerkes hieß es u. a.: „Der in einer Küstenstadt angesiedelte Film zeichnet das Porträt einer lehrreichen Untersuchung und Erforschung des Erwachsenwerdens durch das Mädchen Nagisa. Dieser hervorragend fotografierte Film bietet greifbare Momente, die uns eine Welt eröffnen, in der wir ihre Sonne spüren, die Küche ihrer Mutter kosten und mit Nagisa die Ereignisse ihres zwölften Sommers miterleben. (...) Es ist ein Film von wundervoller Empfindsamkeit, Humor und Traurigkeit." Empfohlen worden war „Nagisa" von der engagierten Filmfrau Yukiko Hibino aus Tokio. Yukiko Hibino, die als Organisatorin von Frauenfilmfestivals und asiatischen Filmreihen regelmäßig die Berlinale besucht, hatte Renate Zylla 1990 kennen gelernt. „Ich hatte einen Tag frei und bin zufällig in die Urania gekommen", gab sie später einmal zum Besten, „was ich dort erlebte, hat mich derartig beflügelt, dass ich so ein Festival für Kinder auch in Tokio etablieren wollte." Zwei Jahre später gab es dann wirklich das erste „Kinderfilmfest Japan" nach dem Berliner Modell. Renate Zylla wurde beauftragt, als Supervisor das Wettbewerbsprogramm zusammenzustellen. Wie beim Kinderfilmfest der Berlinale ist auch in Tokio eine internationale Auswahl an Spiel- und Kurzfilmen zu sehen, alle Beiträge werden eingesprochen und eine Kinderjury zeichnet die besten Produktionen aus. Parallel zu den Filmvorführungen werden Trickfilm-Workshops angeboten. Ausländische Filmemacher, wie die kanadische Regisseurin Diane Chartrand, Graham Ralph aus Großbritannien oder An Vrombaut, die Regisseurin von „Wenn ich groß bin, möchte ich ein Tiger sein", haben bereits mit den japanischen Kindern gearbeitet. Das „Kinderfilmfest Japan" hat den Anspruch, das Festivalprogramm auch in anderen Städten zu präsentieren. Seit 1994 ist Kyoto dabei. Durch die japanische Produzentin Yuri Yoshimura-Gagnon, die 1988 mit ihrem Film „Kenny" in Berlin weilte und sich damals

schon solch ein Kinderfilmfestival in Kyoto wünschte, konnten dort die Weichen gestellt werden. Zweimal fand das Kinderfilmfest auch in Sendai, im Norden Japans, statt, nach der Vorführung von „Nagisa" ist man nun in Sapporo, der Geburtsstadt von Masaru Konuma, an einem Filmfest für Kinder interessiert.

and horrified audience experiences the loss of innocence, as seen through the eight-year-old Penny's eyes. After the death of their parents, Penny and her small sister go to live at the house of their wealthy uncle Wilhelm Einstein and his wife, set in the idyllic Tuscan landscape. The war seems to be taking place far away but with the arrival of the German military it suddenly draws steadily and dangerously near. The children are forced to watch as their Jewish relatives are killed. Being Christians themselves, they are allowed to live." *("film-dienst" no. 6/2001)*

A co-production from Morocco, France and Belgium, "Ali Zaoua" was just as moving for the audiences, and so was "A Time for Drunken Horses" by the Kurdish-Iranian director Bahman Ghobadi. This film provides "a deep, unadulterated impression of the fight and the bitter reality of the Kurdish people," *wrote Charles Martig in the February 2001 edition of the Swiss cinema magazine "FILM".*

The International Jury's favourite was "Nagisa" by Japanese grandmaster, Masaru Konuma. To explain why they awarded this film the Deutsches Kinderhilfswerk Grand Prix, the jury wrote: "Set in a coastal city, this film portrays the growing up process of the girl Nagisa, in an informative and investigative way. The magnificent camerawork opens up a whole new world. You can feel the sun, taste her mother's food and directly experience Nagisa's twelfth summer. (…) The film is wonderfully sensitive, humorous and sad." *Yukiko Hibino, a film devotee from Tokyo, had recommended "Nagisa". Organiser of women's film festivals and Asian programs and regular Berlinale visitor, Yukiko Hibino first met Renate Zylla in 1990.* "I had a day off and accidentally landed in the Urania," *she said later.* "What I experienced there inspired me to set up a children's film festival in Tokyo." *Two years later the first "Kinderfilmfest Japan" took place, modelled on Berlin. Renate Zylla was commissioned to supervise the competition program. Just as in Berlin, the Tokyo festival screens an international selection of features and shorts, each film is accompanied by a live voice-over and a Children's Jury presents awards to the best productions. Animation film workshops are organised parallel to the festival. Foreign film-makers such as Canadian director Dianne Chartrand, Graham Ralph from Great Britain and An Vrombaut, director of "When I grow up I want to be a tiger", have all worked together with the Japanese children. The "Kinderfilmfest Japan" also takes the festival program to other cities. They have organised screenings in Kyoto since 1994. The Japanese producer Yuri Yoshimura-Gagnon, who had been in Berlin with her film "Kenny" in 1988, had already paved the way. Since that time she had dreamed of establishing a Kinderfilmfest in Kyoto. The Kinderfilmfest has also taken place twice in Sendai, in Japan's north. Since the success of "Nagisa" there has been interest in holding Kinderfilmfest in Sapporo, Masaru Konuma's home-town.*

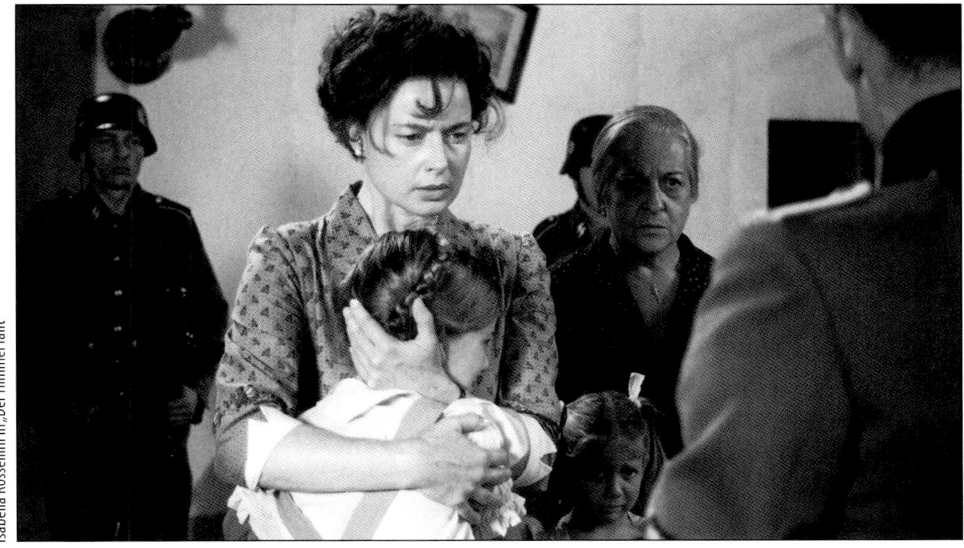

Isabella Rossellini in „Der Himmel fällt"

Isabella Rossellini in "The Sky is Falling"

Es gibt nur einen Jimmy Grimble

Um Fußball geht es in John Hays zweitem Kinofilm und um die Selbstfindung eines 15-jährigen Jungen.

„Es gibt nur einen Jimmy Grimble" ist großes Unterhaltungskino mit bekannten britischen Stars, wie Robert Carlyle („The Full Monty"), Gina McKee („Wonderland") und Ray Winstone („The War Zone"). Dabei ist der Film so vielschichtig gestaltet, dass er Jungen wie Mädchen, Erwachsene wie Kinder überzeugt. Die Stimmung im Zoo Palast war enorm, ähnlich wie in der Schlusssequenz des Films jubelte hier ein Publikum voller Begeisterung.

„Mir hat der Film sehr, sehr gut gefallen. Ich habe jetzt auch für die Poesiealben meiner Freundinnen einen neuen Lieblingsfilm", schrieb die 12-jährige Linda an den Regisseur, *„Ich bin mir ganz sicher, dass dieser Film gewinnen wird!"*

Und in der „Berliner Morgenpost" vom 7. 2. 2001 stand: *„Einer der aussichtsreichsten Favoriten dürfte wohl die britische Tragikkomödie ‚Es gibt nur einen Jimmy Grimble' sein. Mit umwerfender Power, treibender Musik und rasanten Schnitten wird hier genau jenes Gefühl vermittelt, das sich bei näherem Hinsehen als das eigentliche Wunder in allen Filmen erweist: Du kannst es und du wirst es schaffen!"*

„Es gibt nur einen Jimmy Grimble" gewann. Wie nicht anders zu erwarten war, zeichnete ihn die Kinderjury mit dem Gläsernen Bären aus.

„Inhaltliche und optische Qualitäten für die große Leinwand brachte der britische Beitrag von John Hay mit, der die Tradition des britischen Arbeiterfilms à la Ken Loach und Mike Leigh aufnimmt und im Manchester Fußballmilieu angesiedelt ist."
(Clemens Füsers, „Neue Zürcher Zeitung Online" vom 23. 2. 2001)

„John Hay setzt in seiner gleichermaßen tragischen wie komischen Geschichte auf totale Identifikation mit Jimmy: Persönlichkeit, Hoffnung und Humor münden in der Einsicht, dass die Kraft in einem selbst steckt. Klingt nach richtig dicker Moral, ist aber wunderbar mitreißend – ein Mutmacher-Film."
(MAHO, „zitty" Nr. 4 / 2001)

Nach der Preisverleihung stellte sich heraus, dass der Tobis Filmverleih, der die Rechte des Films im Paket erworben hatte, „Jimmy Grimble" nur auf Video herausbringen wollte. Deshalb bat der Produzent Jeremy Bolt die Leiterin des Kinderfilmfestes um Hilfe. Erstmalig forderte Renate Zylla Journalisten, Filmemacher und Festivalbesucher auf, den Verleih von einer Kino-auswertung zu überzeugen. Tobis war von der Aktion und der Vielzahl der Argumente beeindruckt und gab bekannt, dass „Es gibt nur einen Jimmy Grimble" im Januar 2002 Kinostart haben soll.

Großbritannien /
Great Britain **2000**

Stabliste / *Crew*
Regie / *Director*: John Hay
Buch / *Script*: Simon Mayle,
John Hay,
Rik Carmichael
Kamera / *Camera*: John de Borman
Schnitt / *Editor*: Oral Norrie Ottey
Musik / *Music*: Simon Boswell,
Alex James

THERE'S ONLY ONE JIMMY GRIMBLE

John Hay's second cinema-film is about football and the self-discovery of a 15-year-old boy. "There's Only One Jimmy Grimble" is big, entertaining cinema with well-known British stars such as Robert Carlyle ("The Full Monty"), Gina McKee ("Wonderland") and Ray Winstone ("The War Zone"). The film is portrayed on so many different levels that it appeals to boys as well as girls and adults as well as children. The atmosphere in Zoo Palast was thrilling and the audience cheered along just as in the closing sequence of the film itself.

12-year-old Linda wrote to the director: "I really, really like the film. Now I have a new favourite for my friends' poetry books. I am absolutely positive that this film will win."

Appearing in the "Morgenpost" of 7. 2. 2001: "One of the most promising favourites must be the tragic-comic, British film 'There's Only One Jimmy Grimble'. With mind-blowing power, driving music and fast cuts, the film achieves exactly that which is, when you really consider it, the true wonder of all films: You can and you will make it!"

"There's only One Jimmy Grimble" won. It came as no surprise when the Children's Jury awarded it with the Crystal Bear.

"The British entry by John Hay brings high-quality content and optics to the big screen. Following along the tradition of British working class films à la Ken Loach and Mike Leigh, it is set within the Manchester football scene."
(Clemens Füsers, "Neue Zürcher Zeitung Online" 23. 2. 2001)

"John Hay backs a total identification with Jimmy in his equally tragic and comic film. Personality, hope and humour lead to the insight that power lies in the self. That sounds like heavy morals. On the contrary, one is carried away by this encouraging film." *(MAHO, "zitty" no. 4/2001)*

Darsteller/*Cast*

Jimmy	Lewis McKenzie
Donna	Gina McKee
Harry	Ray Winstone
Eric Wirral	Robert Carlyle

Produktion/
***Production*:** Sarah Radclyffe
Productions, London

After the Award Ceremony it was discovered that the Tobis Distribution had bought the rights of "Jimmy Grimble" as part of a packet and that they intended to only release the film on video. Producer Jeremy Bolt asked the director of the Kinderfilmfest for help. For the first time Renate Zylla encouraged journalists, film-makers and festival visitors to try and convince the distributors that the film should have a cinema-release. Tobis was impressed by the variety of arguments and announced that "There's Only One Jimmy Grimble" will be started in the cinemas in January 2002.

Ali Zaoua
ALI ZAOUA

Ali Zaoua (Mitte) und seine Gang

Ali Zaoua (centre) and his gang

„ ‚Ali Zaoua' ins Programm zu nehmen, war eine durchaus mutige Entscheidung", berichtete Beate Ostermann im „film-dienst" Nr. 6/2001 über das 24. Kinderfilmfest. *„Um diesen eindrucksvollen, ebenso harten wie schwierigen Film (...) zeigen zu können, wurden die üblichen Regeln außer Kraft gesetzt: Da ‚Ali Zaoua' erst für Zuschauer ab 14 Jahren zu empfehlen ist, wurde er nicht von der Kinderjury beurteilt."*

Diesem außergewöhnlichen Film eine Chance zu geben und ihn einer breiten internationalen Öffentlichkeit zugänglich zu machen, bewog Renate Zylla, die Grenzen des Reglements zu überschreiten, ohne dabei die Verantwortung gegenüber ihrem Publikum außer Acht zu lassen.

„Ali Zaoua" ist ein Film über Straßenkinder in Casablanca, deren Leben geprägt ist von Kriminalität, Prostitution und Gewalt. Und es ist ein Film mit ihnen, denn die Darsteller sind Kinder von der Straße. Erzählt wird, wie Kouka, Omar und Boubker ihrem besten Freund Ali Zaoua, der bei einem Bandenkrieg ums Leben kommt, ein angemessenes Begräbnis organisieren. Sie bestatten ihn auf dem Meer, damit er von hier aus seine letzte Reise zu der „Insel mit den zwei Sonnen" antreten kann.

Zwei Jahre arbeitete Regisseur Nabil Ayouch als Streetworker und recherchierte für den Film. *„Zu Anfang hatte ich die Vorstellung, dass ich zu ihnen mit der Kamera gehen könnte, um ein paar Reaktionen einzufangen"*, erzählte Nabil Ayouch der Journalistin Uta Beth, *„aber in der ersten Woche gaben sie mir zu verstehen, dass ich die Kamera zu Hause lassen sollte. Sie spielten mit mir, sie logen mir die Hucke voll und machten mir unmissverständlich klar, dass sie keine Anteilnahme von Leuten wollten, die nie ein Interesse für sie aufgebracht haben. Sie wollten, dass ich einige Zeit mit ihnen verbringe, mich zu ihnen setze und mit ihnen rede, esse, was sie essen, trinke, was sie trinken und schlafe, wo sie schlafen. So habe ich viel Zeit mit ihnen verbracht. Und in dem Augenblick, in dem du das tust, gibt es keine Grenze mehr."*

Nabil Ayouchs Film hatte in Marokko für erhebliches Aufsehen gesorgt und bereits einige Preise gewonnen. Auch hier stieß er auf reges Interesse und fand sogar einen Verleih.

„Ein deprimierender und zugleich märchenhafter Film ist ‚Ali Zaoua' über eine hoffnungslose Welt, in der nur die Bilder eines Kindertraums überleben."
(Doris Meierheinrich, „Der Tagesspiegel" vom 7. 2. 2001)

Ein einzigartiger, bedrückender und poetischer Film: denen gewidmet, die sonst niemand sehen will."
(BO, „Berlinale Moving Pictures Daily" vom 12. 2. 2001)

„Im Hinblick auf die politische Brisanz solcher Filme („Ali Zaoua" und „Zeit der trunkenen Pferde" – d.Red.) irritierte allerdings die Preisvergabe der internationalen Jury an den japanischen Film ‚Nagisa' (...), der cineastischer ist, aber im privaten Bereich verharrt."
(Clemens Füsers, „Neue Zürcher Zeitung Online" vom 28. 2. 2001)

Marokko, Frankreich, Belgien /
Morocco, France, Belgium **2000**

Stabliste / *Crew*
Regie / *Director*: Nabil Ayouch
Buch / *Script*: Nabil Ayouch, Nathalie Saugeon
Kamera / *Camera*: Vincent Mathias
Schnitt / *Editor*: Jean-Robert Thomann
Musik / *Music*: Krishna Levy

Ali Zaoua

"It was a very brave decision to include 'Ali Zaoua' in the program of the 24th Kinderfilmfest", *wrote Beate Ostermann in "film-dienst" no. 6 / 2001.* "To allow for the screening of this film, the usual rules had to be waived. 'Ali Zaoua', which is recommended for audiences from the age of 14, could not be judged by the Children's Jury."

Without giving up responsibility for the younger audiences of her festival, Renate Zylla over-stepped the limits of the regulations in order to give this extraordinary film the opportunity for wider international attention.

"Ali Zaoua" is a film about street children in Casablanca whose lives are marked by criminality, prostitution and violence. The film is made with actual children from the streets. It is the story of how Kouka, Omar and Boubker organise an honourable burial for their best friend, Ali Zaoua, who has been killed in a gang fight. The bury him at sea, finally enabling him to make a journey to the island with the two suns.

Director Nabil Ayouch was a street-worker for two years during which time he made research for his film. He explained to journalist Uta Beth: "To begin with I thought I could just go in there with a camera and get a few reactions. However they made it clear right from the start that I should leave my camera at home. They played games with me, they lied to my face and made it quite clear that they had no sympathy for people who never wanted anything to do with them. They wanted me to spend time with them, to sit and talk with them, to eat and drink what they eat and drink and to sleep where they sleep. So I spent a great deal of time with them. Barriers disappear the minute you do that."

Nabil Ayouch's film attracted much attention in Morocco and had already won several awards. The reaction in Berlin was lively and the film even found a distributor.

"The film 'Ali Zaoua' is depressing and like a fairy tale at the same time. It is about a world without hope where only the images of a childhood dream survive."
(Doris Meierheinrich, "Der Tagesspiegel", 7. 2. 2001)

"A unique, impressive and poetic film dedicated to those who nobody wants to see."
(BO, "Berlinale Moving Pictures Daily", 12. 2. 2001)

"In regard to the political explosiveness of such films, *("Ali Zaoua" and "A Time for Drunken Horses" – Ed.)* it is irritating that the International Jury awarded the Japanese film 'Nagisa', which is more cinematic but takes place purely within the private sphere."
(Clemens Füsers, "Neue Zürcher Zeitung Online", 28. 2. 2001)

Nabil Ayouch bei der Premiere seines Films im Zoo Palast

Nabil Ayouch at the premier of his film in the Zoo Palast

Darsteller / *Cast*

Kouka	Mounim Kbab
Omar	Mustapha Hansali
Boubker	Hicham Moussoune
Ali Zaoua	Abdelhak Zhayra

Produktion /
Production: Playtime, Paris / Ali'N
Productions, Maroc /
Alexis Films, Bruxelles

Es wird gefeiert

Geburtstagstorte zur Pressekonferenz

Birthday cake at the press conference

Die erste Torte gab es schon vor Beginn des Festivals. Auf der die Berlinale einleitenden Pressekonferenz setzte sich der neue Direktor der Internationalen Filmfestspiele Dieter Kosslick *„über feuerschutztechnische Anordnungen"* hinweg – wie die „Berliner Morgenpost" am 30.1.2002 zu berichten wusste – *„und zündete Renate Zylla die Kerzen der Torte für ihr 25. Kinderfilmfestival an".* Renate Zylla wiederum holte tief Luft, um alle 25 Kerzen mit einem Mal auszublasen. Das heißt 24, denn das 25. Jubiläum des Kinderfilmfestes begann ja gerade erst.

Eröffnet wurde es von der Schauspielerin Eva Mattes, die mit einem stürmischen Applaus im Zoo Palast empfangen wurde. *„Für mich war das eine große Ehre, vor so vielen Kindern zu sprechen. Ich finde es sehr gut, dass es dieses Festival gibt, da hier sehr, sehr gute Filme gezeigt werden",* sagte sie nach der Eröffnung einem Reporter von „sat1 Lounge Letter". Ihr besonderer Kinderfilm-Tipp war die niederländische Produktion „Minoes" von Vincent Bal, *„einem märchenhaft-frechen Gegenwartsfilm, in dem Katzen einen Umweltskandal aufdecken"* („Berliner Zeitung" vom 6.2.2002). Der belgische Regisseur wurde zwei Jahre zuvor für sein Debüt „Der Mann aus Stahl" mit dem Großen Preis des Deutschen Kinderhilfswerkes ausgezeichnet und aufgrund seines Erfolges von der Film-TV Productions B.V. Bos. Bros. für „Minoes" nach Amsterdam geholt. Der zweite Spielfilm von Vincent Bal gehörte neben den dänischen Wettbewerbsbeiträgen „Kletter-Ida", „Send mehr Süßes" und „Die Kinder meiner Schwester" zu den Publikumsrennern des diesjährigen Kinderfilmfestes. Insgesamt waren elf Spielfilme und 15 Kurzfilme aus 16 Ländern im Programm. Zusätzlich wurde in Gedenken an die am 28. Januar 2002 verstorbene schwedische Autorin Astrid Lindgren eine Matinee-Veranstaltung mit dem Filmklassiker „Ronja, die Räubertochter" organisiert.

Von fast allen Produktionen konnten die Regisseure bzw. Regisseurinnen und auch die Kinderdarsteller begrüßt werden. *„Besonders beeindruckend war es, die Kinderstars bei den Vorführungen im Zoo Palast zu erleben. Auch die Kinder sollen ihre Nicole Kidman und ihren Russel Crowe haben – Euer Festival macht das möglich",* schrieb der dänische Regisseur Aage Rais-Nordentoft im März 2002 an das Kinderfilmfest. Während die Produktionsfirmen aus Dänemark dafür gesorgt hatten, dass alle Kinder – ganz gleich ob sie in Haupt- oder in Nebenrollen besetzt waren – in Berlin auf der Bühne stehen konnten, wurden die Reisekosten für die Kinderstars aus den USA und den Niederlanden, aus Kanada, Island, Norwegen und dem Iran vom Familiensender Disney Channel übernommen, dem neuen kommerziellen Partner und Sponsor des Kinderfilmfestes. Bereits im Jahr 2000 wurde regelmäßig in der Magazinsendung „live @ five" über das Festival informiert, in diesem Jahr nun standen die internationalen Gäste im Mittelpunkt der Berichterstattung dieses Senders.

Beim traditionellen Kinderfilmfestempfang, der im Spiegelzelt des Cabaret-Theaters „Bar jeder Vernunft" stattfand, spendierte Disney Channel zum Jubiläum eine Riesen-Torte. *„Eine hübsche Feier, zu der Festival-Chef Dieter Kosslick, (...) Renate Zylla und Thomas Krüger als Präsident des Deutschen Kinderhilfswerks (...) eingeladen hatten. Und zugleich eine historische, kam es doch im überfüllten Zelt zum Händedruck zwischen dem neuen Berlinale-Leiter und dem alten. Ja, Moritz de Hadeln (...)*

Birthday Celebrations

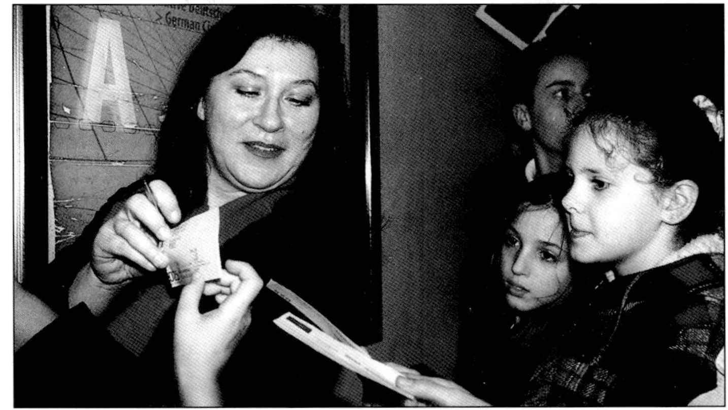

Eva Mattes nach der Eröffnung

Eva Mattes after the opening

The first birthday cake existed even before the festival began. At the initial press conference, the new director of the Berlin International Film Festival, Dieter Kosslick, "ignored the fire regulations" and "lit the candles on the cake for Renate Zylla and the 25th Kinderfilmfest." ("Berliner Morgenpost" of 30. 1. 2002) Renate Zylla drew a deep breath and blew out the candles. The Kinderfilmfest's 25th jubilee had begun!

Opening guest was the German actress Eva Mattes who received huge applause at the Zoo Palast. "It was a great honour to speak to so many children. The existence of this festival is important. You get to see so many great films," *she told a reporter from "sat1 Lounge Letter" after the opening. Her special film-tip was the Dutch production "Minoes" by Vincent Bal, "a cheeky state-of-the-art fairytale where cats expose an ecological scandal." ("Berliner Zeitung" of 6. 2. 2002) Two years ago the Belgian director had received the Deutsches Kinderfhilfswerk Grand Prix for his debut "Man of Steal". Because of this success, the B. V. Bos Bros Film-TV production company brought him to Holland to direct "Minoes". Vincent Bal's second feature was a festival favourite, along with the Danish productions, "Catch That Girl", "Send More Candy", and "My Sister's Kids". Eleven features and fifteen shorts from sixteen countries were in this year's competition program. A matinee screening of the film classic "Ronia, the Robber's Daughter" was organised to commemorate Swedish author Astrid Lindgren who had passed away on 28 January 2002.*

The directors and the child actors and actresses of almost every film were able to come to Berlin. "It was especially wonderful seeing the child-stars at the Zoo Palast. Children should also be able to have their own Nicole Kidman or Russell Crowe – your festival makes that possible," *Danish director Aage Rais-Nordentoft wrote to the Kinderfilmfest in March 2002. The Danish production companies made sure that all the child actors, whether they had a leading role or not, got to stand on the stage in Berlin. The travel costs for the young film-stars from the USA, the Netherlands, Canada, Iceland, Norway and Iran were covered by Disney Channel, the Kinderfilmfest's new commercial partner and sponsor. There had already been coverage of the festival in the tv-magazine "live@five" in 2000. This year the international guests were the focus of this program.*

At the traditional Kinderfilmfest reception, this time in the mirrored tent of the cabaret theatre "Bar jeder Vernunft", Disney Channel presented a giant birthday cake. "It was a lovely party, on the invitation of Festival chief Dieter Kosslick (...), Renate Zylla and Thomas Krüger, President of the German Child Support Organisation *('Deutsches Kinderhilfswerk' – Ed.)* There was also an historical moment when the new and old festival directors shook hands with each other in the crowded tent. Dieter Kosslick politely welcomed Moritz de Hadeln before turning his attention to the evening's central figures, the children," *announced the "Tagesspiegel" of 13. 2. 2002.*

Whether radio, television or the press, the Kinderfilmfest had very strong media presence in its 25th year. Comments like "25 years old and still very young", "has since become an institution", "a quarter of a century of children's film history" *or,*

wurde von Kosslick auch mit artigen Worten begrüßt, bevor er sich den Hauptpersonen des Abends zuwandte, den Kindern", vermeldete der „Tagesspiegel" am 13. 2. 2002.

Überhaupt hatte das Kinderfilmfest in seinem 25. Jahr eine starke Medienpräsenz – ob in Rundfunk, Fernsehen oder in der Presse. „25 Jahre und immer noch blutjung", „Inzwischen zur Institution geworden", „Ein Vierteljahrhundert internationale Kinderfilmgeschichte geschrieben" oder „Mut, Kontinuität und Geschmack führten zum Erfolg" hieß es da beispielsweise. Und von überall her kamen Anrufe, Faxe, E-Mails und Briefe, wie zum Beispiel von der Leiterin des Augsburger Kinderfilmfestes, Ellen Gratza: „Das Kinderfilmfest Berlin begleitet mich seit Beginn meiner eigenen Kinderfilmarbeit vor nun schon gut 15 Jahren als getreuer und verlässlicher Partner. Hier habe ich in jedem Jahr Filme gefunden, die ich für meine eigene Auswahl nutzen konnte. Hier habe ich viele Anregungen und Hilfestellungen für die eigene Programmarbeit erhalten. Ganz wichtig war und ist mir das Kinderfilmfest Berlin als Treffpunkt der internationalen Kinderfilm-Branche. Es gibt kaum eine andere Möglichkeit mit Kollegen aus aller Welt so direkt in Kontakt zu treten. Berlin ist deshalb wichtiger Umschlagplatz für neue Ideen, gemeinsame Projekte und den so notwendigen Erfahrungsaustausch untereinander." Der bosnische Regisseur Denijal Hasanoviç meldete sich nach dem Festival: „Es war eine riesige Freude für mich, dass mein Film ‚List' beim Kinderfilmfest gezeigt wurde. Die Tage, die ich in Berlin verbracht habe, gehören zu den glücklichsten Tagen in meinem Leben! Der Austausch mit dem wundervollen Publikum hat mich berührt und inspiriert, und die jungen Menschen, die ich bei dieser Gelegenheit kennengelernt habe, haben in mir das Gefühl gestärkt, dass meine Arbeit sinnvoll ist. Das ist immens wichtig für mich! Noch einmal vielen Dank!"

Lissy Bellaiche, die lange Jahre für das Dänische Filminstitut arbeitete und jetzt für Trust Film tätig ist, bemerkte in ihrem Glückwunschschreiben: „Ich glaube mit große Sicherheit sagen zu können, dass in jedem Jahr des Kinderfilmfestes mindestens ein dänischer Film im Programm gewesen ist. Darauf sind wir ausgesprochen stolz, denn das Kinderfilmfest Berlin war und ist das wichtigste Kinderfilmfestival in der Welt. Auch für die Entwicklung des dänischen Films hat diese kontinuierliche Beteiligung große Bedeutung gehabt. Berlin war für viele dieser Filme und ihre Regisseure die Sprungschanze für den internationalen Erfolg." Der norwegische Regisseur Lars Berg, dessen Film „Einschnitte" mit dem Gläsernen Bären und dem Großen Preis des Deutschen Kinderfilmwerkes ausgezeichnet wurde, schrieb: „Die Kinder von heute sind die Erwachsenen von morgen. Diese elementare Wahrheit wird in unserem zielorientierten, von Hektik und Fast-Food bestimmten Leben oft übersehen. Doch zum Glück gibt es Menschen, die nicht vergessen, wie wichtig es ist, den zukünftigen Generationen eine kulturelle Grundlage zu geben, die von Werten wie Verständnis und Inspiration getragen wird und Vorbilder für den Umgang mit alltäglichen Problemen anzubieten hat – zum Glück gibt es das Kinderfilmfest Berlin." Und „last, but not least" meinte Dieter Kosslick in einem Gespräch mit der Autorin: „Ein Festival muss auf Dinge aufmerksam machen, die im allgemeinen Medienwahnsinn untergehen, es muss Gelegenheit geben, dass sich unter einem bestimmten Label bestimmte Zielgruppen versammeln können, und allein deshalb müsste man das Kinderfilmfest erfinden, wenn es dies nicht schon gäbe."

Regisseur Tomas Villum Jensen und seine vier Hauptakteure

Director Tomas Villum Jensen and his four leading actors

"courage, continuity and taste have brought success," *could be heard and read. Phone calls, faxes, Emails and letters poured in from everywhere. The director of the Augsburger Kinderfilmfest, Ellen Gratza, wrote,* "The Berlin Kinderfilmfest has been a steady and faithful partner since I began working in the area of children's film 15 years ago. Every year I have discovered films there which I could engage for my own program. The Kinderfilmfest has inspired and encouraged me. The Berlin Kinderfilmfest has always been an important meeting place for the international children's film industry. There is hardly any other possibility to get into direct contact with colleagues from all over the world. Berlin is an important trading centre for new ideas, joint projects and a necessary exchange of experiences." *When the festival was over, Bosnian director Denijal Hasanović, made contact:* "I was overjoyed that my film "The Letter" could be screened at the Kinderfilmfest. The days I spent in Berlin were some of the happiest of my life. I was touched and inspired by the exchange with the audiences. The young people I got to know there have strengthened the feeling that my work means something. That is very important for me. Once again, many thanks."

Lissy Bellaiche, who had worked for the Danish Film Institute for many years and is now active for Trust Film, congratulated the Kinderfilmfest: "I believe I can honestly say that at least one Danish film has participated every year. We are extremely proud of this record. The Berlin Kinderfilmfest was and still is the most important in the world. The development of Danish films was greatly influenced by their continual participation in the festival program. Berlin was a springboard to international success for many of these films and their directors." *The Norwegian director Lars Berg, who was awarded both the Crystal Bear and the Deutsches Kinderhilfswerk Grand Prix for his film "Scars", wrote:* "Children of today are the adults of tomorrow. This simple truth is often overlooked in today's goal-oriented society ruled by a hectic pace and fast food. Fortunately enough there are still people who don't forget how important it is to give future generations a cultural base which holds up values such as understanding and inspiration and which offers solutions for dealing with everyday problems – thank goodness for the Berlin Kinderfilmfest." *Last but not least, Dieter Kosslick told the author of this book:* "A festival should bring attention to that which gets lost in the general media madness. It should provide an opportunity for a specific target group to gather under a specific label and that alone would be reason enough to invent a Kinderfilmfest, if it didn't already exist."

Dieter Kosslick, Thomas Krüger, Renate Zylla und Diane Redlich von Disney Channel

Dieter Kosslick, Thomas Krüger, Renate Zylla and Diane Redlich of Disney Channel

Einschnitte
GLASSKÅR

Der norwegische Regisseur Lars Berg war 2002 zum dritten Mal Gast beim Kinderfilmfest. 1997 konnte er seinen Spielfilm „Maja Steingesicht" präsentierten, im Jahr 2000 erhielt er für den Kurzfilm „Der Teufel im Schrank" den Gläsernen Bären und nun hatte sein Film „Einschnitte" Welturaufführung in Berlin.

Im Mittelpunkt steht der 13-jährige Viktor. Sein großes Vorbild ist der ältere Bruder Ole Kristian, der nicht nur richtig gut Eishockey spielen kann, sondern auch weiß, wie man mit Mädchen umgeht, und vor nichts Angst zu haben scheint. So wie er möchte Viktor einmal werden. Eines Tages stellt sich durch einen Unfall heraus, dass Ole Kristian an Leukämie erkrankt ist und — was Viktor noch viel mehr schockt — einen anderen Vater hat, nämlich den Freund der Familie, Onkel Reidar. Doch die Krankheit schweißt die beiden Brüder noch enger zusammen. Wie es sich Ole Kristian gewünscht hat, übernimmt Viktor immer mehr die Rolle des Stärkeren und findet die Kraft, mit dem Versteckspielen in seiner Familie Schluss zu machen.

„Das Buch von Harald Rosenløw Eeg traf mich ins Herz, in den Magen und erst dann erreichte es meinen Kopf", erzählte Lars Berg der Journalistin Uta Beth nach der Premiere im Zoo Palast. *„Es ist so, dass ich einen Film zunächst mehr fühle als denke, aber dann fängt es an zu arbeiten. Wir haben zusammen den viele Geschichten umfassenden und an Assoziationen und Reflexionen reichen Roman ausschließlich auf den Blickwinkel des 13-jährigen Jungen reduziert und konzentriert, aber der ‚Ton' des Films ist vollkommen inspiriert von diesem phantastischen Buch."*

„Einschnitte" berührte nicht nur das Festivalpublikum, auch in der Presse fand diese norwegisch-schwedische Koproduktion große Beachtung. So schrieb Jacqueline Deloffre in „Die Kirche" Nr. 6 / 2002: *„Sehr behutsam skizziert hier Regisseur Lars Berg den Reifeprozess eines Dreizehnjährigen (...). Mit viel Menschennähe und durchaus lustigen Momenten. Einer der besten und intelligentesten Filme des Programms."* Rolf-Ruediger Hamacher hob im „film-dienst" Nr. 6 / 02 hervor: *„Nicht nur das ungekünstelte Spiel des jungen Hauptdarstellers Eirik Evjen macht den Film zu einem berührenden Erlebnis, bei dem der Aufbruch in ein bewusst erfahrenes, selbstbestimmtes Dasein mit einem hohen Maß an Zuneigung, Einfühlungsvermögen und Lebensfreude vermittelt wird."*

Und in der „BZ", die eigens für das Kinderfilmfest eine Rubrik „Kinder-Kritik" eingerichtet hatte, schrieb der 15-jährige Ludwig Buhmann am 16. 2. 2002: *„Der Film ist ein ‚Muss' für den Liebhaber des Kinderfilmfests. Er bietet die richtige Mischung von ernsten Problemen und Lustigem."* Und er fügte hinzu: *„Heißer Anwärter auf den gläsernen Bären, da er in allen Belangen überzeugt."*

„Einschnitte" wurde nicht nur mit dem Gläsernen Bären der Kinderjury ausgezeichnet, sondern auch mit dem Großen Preis des Deutschen Kinderhilfswerkes durch die internationale Jury.

Norwegen, Schweden /
Norway, Sweden **2001**

Stabliste / *Crew*

Regie / *Director*:	Lars Berg
Buch / *Script*:	Harald Rosenløw Eeg, Lars Berg
nach dem gleichnamigen Kinderbuch von / *based on the story of the same name by*	Harald Rosenløw Eeg
Kamera / *Camera*:	Gaute Gunnari
Schnitt / *Editor*:	Inge-Lise Langfeldt
Musik / *Music*:	Sverre Indris Joner

Scars

Norwegian director Lars Berg was a guest of the Kinderfilm-fest for the third time in 2002. His feature "Maja Stoneface" took part in the festival of 1997 and "A Devil in the Closet" received the Crystal Bear for the best short film in the year 2000. Then came the world premier of his latest feature "Scars".

The happy winners – Lars Berg und Eirik Evjen

Glückliche Preisträger: Lars Berg und Eirik Evjen

The film evolves around the 13-year-old Victor. His role model and older brother, Ole, is not only good at playing ice hockey, he also knows how to deal with girls and nothing seems to scare him. Viktor wants to grow up to be exactly like his brother. One day he accidentally discovers that Ole Kristian is suffering from leukemia. What is even more shocking for Viktor, he finds out that Ole's real father is in fact family friend, Uncle Reidar. However, the illness serves to strengthen the bond between the boys. Just as Ole Christian would have wanted, Viktor gradually takes on a stronger role and finds a way to bring an end to the family's game of hide and seek.

"I first felt Harald Rosenløw's book in my heart, then in my stomach, then it arrived in my head," *Lars Berg explained to journalist Uta Beth after the premier at the Zoo Palast.* "I usually feel a film at first, then I think about it – after that things start to develop. Together we worked on the comprehensive complexity of the novel with all its associations and reflections. Although in the end we reduced it to the sole perspective of the 13-year-old boy, the full inspiration came from this fantastic book." *"Scars" not only succeeded in deeply moving the festival public, the press were also greatly impressed by the Norwegian-Swedish co-production. Thus Jacqueline Deloffre wrote in "Die Kirche" no. 6/2002:* "Director Lars Berg has tenderly sketched the growing up process of a 13-year-old boy. (…) With humanity and some very funny moments. One of the best and most intelligent films in the program." *In the "film-dienst" no. 6/02, Rolf-Ruediger Hamacher emphasised:* "It was not only the authentic work of the young actor Eirik Evjen which makes this film so moving, it is also the tender portrayal of a departure into a conscious, experienced, self confident way of being."

In the inaugural children's critique column in the "BZ" newspaper of 16.2.2002, the 15-year-old Ludwig Buhmann wrote: "With its balanced mix of serious problems and humourous moments, the film is a must for all Kinderfilmfest fans. It is totally convincing and is a hot favourite for the Crystal Bear."

"Scars" not only received the Crystal Bear from the Children's Jury, the International Jury also decided to present it with the Deutsches Kinderhilfswerk Grand Prix.

Darsteller / *Cast*

Viktor	Eirik Evjen
Ole Kristian	Jonas Lauritzsen
Roger	Martin Jonny Raaen Eidissen
Amor	Eirik Stigar

Produktion /
Production: Paradox Produksion AS, Oslo/Film i Väst, Trollhättan

Kletter-Ida
KLATRETØSEN

„Wir sprechen diesem Film eine lobende Erwähnung aus", verkündete Linda von der Kinderjury bei der vollausverkauften Abschlussveranstaltung im Zoo Palast, *„da uns die Idee des Actionfilms von Kindern für Kinder sehr gefallen hat, die gut ausgesuchten Schauspieler uns faszinierten und da der Film von Anfang bis Ende wahnsinnig spannend war. Besonders beeindruckt hat uns der Mut des Mädchens, das ihr Leben aufs Spiel setzt, um ihrem todkranken Vater zu helfen"*.
Das Spielfilmdebüt des 1967 im dänischen Roskilde geborenen Regisseurs Hans Fabian Wullenweber war das Publikumsereignis des 25. Kinderfilmfestes. *„Mir hat der Film sehr gut gefallen, denn es ist ein Film voller Gefühle"*, schrieb der elfjährige David, einer der jüngsten Filmkritiker, in der „BZ" vom 12. 2. 2002.

Schon in Dänemark hatte „Kletter-Ida" einen Riesen-Erfolg: In kürzester Zeit erreichte der Film dort höhere Besucherzahlen als die Hollywood-Produktion „Harry Potter".

Erzählt wird von der 12-jährigen Ida, deren heimliches Hobby Freeclimbing ist. Die Begabung hat sie von ihrem Vater, ihrem großen Vorbild, geerbt. Als er schwer krank wird und ihm nur noch eine Spezialoperation in den USA helfen kann, beschließt Ida, die nötigen 1,5 Millionen Dänische Kronen zu besorgen. Zusammen mit ihren gleichaltrigen Freunden Sebastian und Jonas plant sie einen spektakulären Bankraub: Sie werden den sichersten Tresor der ganzen Welt in der neu errichteten CCT Bank knacken.

„Was Hollywood kann, können Skandinavier schon lange. Aber nicht immer geht die Rechnung auf, wenn Europäer besser als die Amis sein wollen. ,Kletter-Ida' ist eine rühmliche Ausnahme, der großartige Film kann sich mit amerikanischem Familien-Entertainment (...) nicht nur messen, er übertrifft es spielend", hieß es in der „zitty" Nr. 4 / 2002. Im „Neuen Deutschland" war zu lesen: *„ ,Klatretøsen' ist äußerst spannendes Actionkino mit komischen und gefühlsreichen Elementen nach amerikanischem Vorbild."*

Die skandinavische Produktion erhielt allerdings nicht nur positive Kritiken. So schrieb Clemens Füsers in der „Neuen Zürcher Zeitung": *„Die Geschichte versucht sich in einer Mischung aus ,Mission Impossible' und ,Olsenbande', versagt sich aber jeden Ansatz von Parodie und scheitert am eigenen Anspruch auf ,großes' Kino."*

Christian Meinke von der MFA Film Distribution sieht das anders. Sein Verleih bringt „Kletter-Ida" in die deutschen Kinos.

Dänemark, Schweden, *Norwegen* / *Denmark, Sweden, Norway* 2001	
Stabliste / Crew	
Regie / *Director*:	Hans Fabian Wullenweber
Buch / *Script*:	Nicolaj Arcel
nach einer Idee von / *based on an idea by*	Hans Fabian Wullenweber, Nicolaj Arcel
und / *and*	Erland Loe
Kamera / *Camera*:	Jacob Viit Kusk
Schnitt / *Editor*:	Miriam Nørgaard, Mikkel E.G. Nielsen, Lizzi Weischenfelst
Musik / *Music*:	Magnus Dahlber

Catch That Girl

"We award this film a Special Mention," *announced Linda, a member of the children's jury, at the packed out Award Ceremony in the Zoo Palast cinema.* "The idea of an action film for children really appealed to us. The actors were well chosen and the film was incredibly exciting from beginning to end. We were especially impressed by the courage of the girl who risked her life to help her deadly ill father."

Danish director Hans Fabian Wullenweber's debut feature film was the greatest public event of the 25th Kinderfilmfest. "I really liked this film because it was full of feelings," *wrote eleven-year-old David, one of the youngest film critics, in the "BZ" of 12. 2. 02.*

"Catch That Girl" had already been hugely successful in Denmark. In a very short time more people had seen it there than the Hollywood production "Harry Potter".

It is the story of the 12-year-old Ida whose secret hobby is free climbing. She has inherited this talent from her father whom she worships. He becomes very ill and only an expensive operation in the USA can save him. Ida decides to provide the necessary 1.5 million krones. Together with her friends Jonas and Sebastian, she plans a spectacular bank robbery. They decide to break into the new CCT bank and crack the world's safest vault.

"What Hollywood can do has long since existed in Scandinavian countries. However, it doesn't always work out when Europeans try to outdo Americans. 'Catch That Girl' is a noteworthy exception. This fantastic film not only keeps up with the best of family entertainment, it easily outdoes it," *was written in "zitty" no. 4 / 2002. In the "Neues Deutschland":* "'Catch That Girl' is an extremely exciting action film, with comic and emotional elements, just like its American counterparts."

Reaction to the Scandinavian production was not only positive. Clemes Füsers wrote in the "Neue Zürcher Zeitung": "The film is a cross between 'Mission Impossible' and 'The Olsen Gang' but all attempts at parody fail. Striving to be star-cinema is its own undoing."

Christian Meinke of MFA Film Distribution is of another opinion. His company is releasing "Catch That Girl" in German cinemas.

Hans Fabian Wullenweber und seine Ida (Julie Zangenberg)

Hans Fabian Wullenweber and his Ida (Julie Zangenberg)

Darsteller / *Cast*

Ida	Julie Zangenberg
Sebastian	Stefan Pagels Andersen
Jonas	Mads Ravn

Produktion /
Production: Nimbus Film, Hvidovre / Zentropa Entertainments, Hvidovre / Sandrev Metronome, København / Memfis-Film, Stockholm / Christiania Film AS, Bekkestua

Die Filme 1978 – 2002

The Films 1978 – 2002

Die Filme / The Films
1978 – 2002

1978

Spielfilme /
Feature Films

**Auto, Geige und
der Hund Klecks**
*Car, Fiddle and Spot
the Dog*
AWTOMOBIL, SKRIPKA
I SOBAKA KLJAKSA
UdSSR / *USSR* 1974
Regie / *Director:* Rolan Bykow

ALSO ES WAR SO …
And it happened like this …
BRD, Österreich /
Federal Republic of Germany, Austria 1976
Regie / *Director:* Karin Thomé

Das Brötchen
Breadroll
BULECZKA
Polen / *Poland* 1973
Regie / *Director:* Anna Sokolowska

Der ehrliche Dieb
The Honest Thief
CHARANDES CHOR
Indien / *India* 1978
Regie / *Director:* Shyman Benegal
(Sondervorführung / *Special Screening*)

Der Glitzerball
THE GLITTERBALL
Großbritannien / *Great Britain* 1977
Regie / *Director:* Harley Cokliss

Jakob
Jakub
JAKUB
ČSSR / *Czechoslovakia* 1977
Regie / *Director:* Ota Koval,
Jaroslava Vošmiková

Kinder des Sturms
STORMBOY
Australien / *Australia* 1976
Regie / *Director:* Henri Safran
(siehe auch Seite 14 / *refer to page 15*)

Krabat
Krabat
KRABAT
ČSSR, BRD / *Czechoslovakia,
Federal Republic of Germany* 1977
Regie / *Director:* Karel Zeman
(siehe auch Seite 16 / *refer to page 17*)

OTTOKAR, DER WELTVERBESSERER
Ottaker the World Reformer
DDR / *GDR* 1976
Regie / *Director:* Hans Kratzert

**WER REISST DENN GLEICH
VORM TEUFEL AUS**
Who's Afraid of the Devil
DDR / *GDR* 1978
Regie / *Director:* Egon Schlegel

1979

Spielfilme /
Feature Films

**EIN TAG MIT
DEM WIND**
A Day With the Wind
BRD / *Federal Republic
of Germany* 1979
Regie / *Director:* Haro Senft

**Großmutter und die acht Kinder
in der Stadt**
Grandma and the Eight Children in the City
MORMOR OG ÅTTE UNGENE I SKOGEN
Norwegen / *Norway* 1978
Regie / *Director:* Espen Thorstenson

Sammys Super-T-Shirt
SAMMY'S SUPER T-SHIRT
Großbritannien / *Great Britain* 1977
Regie / *Director:* Jeremy Summers
(siehe auch Seite 24 / *refer to page 25*)

VORSTADTKROKODILE
Suburban Crocodiles
BRD / *Federal Republic of Germany* 1978
Regie / *Director:* Wolfgang Becker
(siehe auch Seite 22 / *refer to page 23*)

1980

Spielfilme /
Feature Films

Das Baby
The Baby
BEBEK
Türkei / *Turkey* 1979
Regie / *Director:* Ihsan Yuce

Der elektrische Eskimo
ELECTRIC ESKIMO
Großbritannien / *Great Britain* 1979
Regie / *Director:* Frank Godwin

Das Geheimnis der stählernen Stadt
The Secret of Steel City
TAJEMSTVÍ OCELOVÉHO MESTA
ČSSR / *Czechoslovakia* 1978
Regie / *Director:* Ludvik Ráža

**Großmutter und
die acht Kinder im Wald**
Grandma and the Eight Children in the Forest
MORMOR OG ÅTTE UNGENE I SKOGEN
Norwegen / *Norway* 1979
Regie / *Director:* Espen Thorstenson

Hank und die wilden Pferde
WILD HORSE HANK
Kanada / *Canada* 1979
Regie / *Director:* Eric Till

DES HENKERS BRUDER
The Hangman's Brother
DDR / *GDR* 1979
Regie / *Director:* Walter Beck
(siehe auch Seite 32 / *refer to page 33*)

Ich bin Maria
I'm Maria
JAG ÄR MARIA
Schweden / *Sweden* 1979
Regie / *Director:* Karsten Wedel
(siehe auch Seite 30 / *refer to page 31*)

Die Indianer aus Vetrov
The Indians from Vetrov
INDIĂNI Z VETROVA
ČSSR / *Czechoslovakia* 1979
Regie / *Director:* Julius Matula

Der kleine Übeltäter
THE LITTLE CONVICT
Australien / *Australia* 1979
Regie / *Director:* Yoram Gross

Oljas Abenteuer mit dem Hausgeist
Olya's Adventure with the Poltergeist
OEREWNJA UTKA
UdSSR / *USSR* 1976
Regie / *Director:* Boris Bunejew

Sturm auf dem Festland

Storm on Mainland
STORM NA SUSCHE
UdSSR / *USSR* 1979
Regie / *Director:* Eduard Botscharow

1981

Spielfilme / *Feature Films*

Die Bande von nebenan

The Gang Next Door
DE BENDE VAN HIERNAAST
Niederlande / *Netherlands* 1980
Regie / *Director:* Karst van der Meulen

Fatty Finn

FATTY FIN
Australien / *Australia* 1980
Regie / *Director:* Maurice Murphy

Gratuliere, Mama

Congratulations, Mama
OKAASAN NO TSUSHINBO
Japan / *Japan* 1980
Regie / *Director:* Kazunari Takeda

Himmelhohes Gras

Tall Grass
ÉGIGÉRŐ FÜ
Ungarn / *Hungary* 1979
Regie / *Director:* György Palásthy

Der Junge, den's nie gab

THE BOY WHO NEVER WAS
Großbritannien / *Great Britain* 1980
Regie / *Director:* Frank Godwin

Die Kinder vom Blauseegebirge

The Children from Blue Lake Mountain
BARNA FRÅN BLÅSJÖFJÄLLET
Schweden / *Sweden* 1980
Regie / *Director:* Jonas Sima

Klein-Virgil & Orla Froschschlucker

Little Virgil and Orla the Frog Swallower
LILE VIRGIL OG ORLA FRØSNAPPER
Dänemark / *Denmark* 1980
Regie / *Director:* Gert Fredholm

Das Märchen von Hans und Marie

The Tale of Hans and Maria
POHÁDKA O HONZÍKOVI A MAŘENCE
ČSSR / *Czechoslovakia* 1980
Regie / *Director:* Karel Zeman

Manganinnie

MANGANINNIE
Australien / *Australia* 1980
Regie / *Director:* John Honey
(siehe auch Seite 38 / *refer to page 39*)

Perlen aus Glas

The Glass Bead Necklace
STEKLIANNIE BUSI
UdSSR / *USSR* 1978
Regie / *Director:* Igor Nikolajew

DER ROTE STRUMPF

The Red Stocking
BRD / *Federal Republic of Germany* 1980
Regie / *Director:* Wolfgang Tumler
(siehe auch Seite 40 / *refer to page 41*)

Von der schönen Zarentochter und den sieben Recken

The Beautiful Daughter of the Czar and the Seven Warriors
OSENNIE KOLOKOLA
UdSSR / *USSR* 1978
Regie / *Director:* Wladimir Gorikker

1982

Spielfilme / *Feature Films*

Der alte Bärenjäger
The Old Bear Hunter
MATAGI
Japan / *Japan* 1981
Regie / *Director:*
Toshio Gotoh
Lobende Erwähnung der
UNICEF-Jury / *UNICEF Jury Special Mention*

BANANEN-PAUL
Banana Paul
BRD / *Federal Republic of Germany* 1981
Regie / *Director:* Richard Claus
Lobende Erwähnung der
UNICEF-Jury / *UNICEF Jury Special Mention*

DER DICKE UND ICH
Paunch and I
DDR / *GDR* 1981
Regie / *Director:* Karl-Heinz Lotz

Ein Klecks ins Märchen
A Splotch in the Fairy Tale
KAŇKA DO POHÁDKY
ČSSR / *Czechoslovakia* 1981
Regie / *Director:* Ota Koval
(siehe auch Seite 48 / *refer to page 49*)

DIE FAHRT NACH BAMSDORF
The Trip to Bamsdorf
DDR / *GDR* 1956
Regie / *Director:* Konrad Petzold
(Retrospektive / *Retrospective*)

Freund oder Feind
FRIEND OR FOE
Großbritannien / *Great Britain* 1981
Regie / *Director:* John Krish

Gummi-Tarzan
Rubber Tarzan
GUMMI TARZAN
Dänemark / *Denmark* 1981
Regie / *Director:* Søren Kragh-Jacobsen
UNICEF-Preis / *UNICEF Prize*
(siehe auch Seite 46 / *refer to page 47*)

Ibo und Güllüsah
Ibo and Güllüsah
IBO ILE GÜLLÜSH
Türkei / *Turkey* 1981
Regie / *Director:* Atif Yilmaz

IKARUS
Icarus
DDR / *GDR* 1975
Regie / *Director:* Heiner Carow
(Retrospektive / *Retrospective*)

Der Junge im Baum
The Boy in the Tree
ZEPPELIN
Norwegen / *Norway* 1981
Regie / *Director:* Lasse Glomm

DAS KALTE HERZ
The Cold Heart
DDR / *GDR* 1950
Regie / *Director:* Paul Verhoeven
(Retrospektive / *Retrospective*)

MOHR UND DIE RABEN VON LONDON
Moor and the Raven from London
DDR / *GDR* 1969
Regie / *Director:* Helmut Dziuba
(Retrospektive / *Retrospective*)

Nur so ein bisschen vor sich hinpfeifen
Just a Little Whistle
JEN SI TAK TROCHU PÍSKNOUT
ČSSR / *Czechoslovakia* 1980
Regie / *Director:* Karel Smyczek

DAS PFERDEMÄDCHEN
The Horse Girl
DDR / *GDR* 1978
Regie / *Director:* Egon Schlegel
(Retrospektive / *Retrospective*)

PHILIPP, DER KLEINE
Philipp, the Little One
DDR / *GDR* 1976
Regie / *Director:* Herrmann Zschoche
(Retrospektive / *Retrospective*)

Rasmus und der Vagabund
Rasmus and the Tramp
RASMUS PAA LUFFEN
Schweden / *Sweden* 1981
Regie / *Director:* Olle Hellbom

DIE REISE NACH SUNDEVIT
The Journey to Sundevit
DDR / *GDR* 1966
Regie / *Director:* Heiner Carow
(Retrospektive / *Retrospective*)

Das schwarze Huhn oder
die unterirdischen Bewohner
The Black Hen or Underground Dwellers
TSCHERNAJA KURITZA
UdSSR / *USSR* 1980
Regie / *Director:* Viktor Gres

SIE NANNTEN IHN AMIGO
They Called Him Amigo
DDR / *GDR* 1995
Regie / *Director:* Heiner Carow
(Retrospektive / *Retrospective*)

DIE SÖHNE DER GROSSEN BÄRIN
The Sons of the Great Bear
DDR / *GDR* 1966
Regie / *Director:* Josef Mach
(Retrospektive / *Retrospective*)

DER TAPFERE SCHULSCHWÄNZER
The Courageous Truent
DDR / *GDR* 1966 / 67
Regie / *Director:* Winfried Junge
(Retrospektive / *Retrospective*)

WIE HEIRATET MAN EINEN KÖNIG
How to Marry a King
DDR / *GDR* 1969
Regie / *Director:* Rainer Simon
(Retrospektive / *Retrospective*)

1983

Spielfilme /
Feature Films

Carl Gustav und
seine Bande
Carl Gustav and
his Gang
CARL GUSTAV,
GJENGEN OG
PARKERINGSBANDITTENE
Norwegen / *Norway* 1982
Regie / *Director:* Ola Solum

Der Dickkopf
Pighead
EL CABEZOTA
Spanien / *Spain* 1982
Regie / *Director:* Francisco Lara Polop
Lobende Erwähnung der CIFEJ-Jury /
CIFEJ Jury Special Mention

DIE FLIEGENDE WINDMÜHLE
The Flying Windmill
DDR / *GDR* 1981
Regie / *Director:* Günter Rätz

Das Geschenk Gottes
God's Gift
WÊND KÛUNI
Obervolta / *Upper Volta* 1982
Regie / *Director:* Gaston J.M. Kaboré
(Außer Konkurrenz / *Out of Competition*)

Im Land der Leichtfüße
In the Country of the Light-Footed People
EN EL PAÍS DE LOS PIES LIGEROS
Mexiko / *Mexico* 1982
Regie / *Director:* Marcela Fernandez Violante

Der Junge, der der Sonne folgte
The Boy Who Followed the Sun
DJEČAK JE IŠAO ZA SUNCEM
Jugoslawien / *Yugoslavia* 1982
Regie / *Director:* Branimir Bastać

Die Lehrjahre des Erfinders Polž
The Apprenticeship of the Inventor Polž
UCNA LETA IZUMITELJA POLŽA
Jugoslawien / *Yugoslavia* 1982
Regie / *Director:* Jane Kavčič

Lukas
Luke
LUKÁŠ
ČSSR / *Czechoslovakia* 1982
Regie / *Director:* Otakar Kosek
UNICEF-Preis / *UNICEF Prize*
(siehe auch Seite 56 / *refer to page 57*)

Monica
Monica
AS AVENTURAS DA TURMA DA MÔNICA
Brasilien / *Brasil* 1982
Regie / *Director:* Mauricio de Sousa

Der Prinz und der Töpfer
The Prince and the Potter
RADUGA SEMI NEDESHD
UdSSR / *USSR* 1981
Regie / *Director:* Habibulla Faisijew

Die Rebellion der Vögel
The Rebellion of the Birds
LA REBELIÓN DE LOS PAJAROS
Spanien / *Spain* 1982
Regie / *Director:* Luis José Comerón Martin

SABINE KLEIST, 7 JAHRE
Sabine Kleist, 7 Years Old
DDR / *GDR* 1982
Regie / *Director:* Helmut Dziuba
CIFEJ-Preis / *CIFEJ Prize*
(siehe auch Seite 54 / *refer to page 55*)

DER STEINERNE FLUSS
The Stone River
BRD / *Federal Republic of Germany* 1982
Regie / *Director:* Thorsten Näter

Tante Tao
Aunty Tao
QUAN SHUI DING DONG
Volksrepublik China /
People's Republic of China 1982
Regie / *Director:* Shi Xiaohua

DER ZAPPLER
The Fidget
BRD / *Federal Republic of Germany* 1982
Regie / *Director:* Wolfram Deutschmann
Lobende Erwähnung der UNICEF-Jury /
UNICEF Jury Special Mention
Lobende Erwähnung der CIFEJ-Jury /
CIFEJ Jury Special Mention

Kurzfilme / *Short Films*

DOO AUF ENTENJAGD
Doo Goes Duck-Hunting
BRD / *Federal Republic of Germany* 1981
Regie / *Director:* Dieter Lange

Freunde der Familie
FRIENDS OF THE FAMILY
Kanada / *Canada* 1982
Regie / *Director:* Yossi Abolafia
(Außer Konkurrenz / *Out of Competition*)

Die Geschichte vom kleinen und vom großen Kaninchen
The Story of the Little Rabbit and the Big Rabbit
HISTORIEN OM LILLA OCH STORA KANIN
Schweden / *Sweden* 1982
Regie / *Director:* Johan Hagelbäck

Katzenreise
Cat Ride
KATTRESAN
Schweden / *Sweden* 1982
Regie / *Director:* Jan Gissberg, Lars Emanuelsson

Lass das, Alfie
Alfie Atkins Nopey No!
AJA BAJA ALFONS ÅBERG
Schweden / *Sweden* 1979
Regie / *Director:* Per Åhlin

Der Tönesammler
THE SOUND COLLECTOR
Kanada / *Canada* 1982
Regie / *Director:* Lynn Smith

Sonderprogramm / *Special Screenings*

Das Feuer
The Fire
O FOGO
Mosambik / *Mozambique* 1982
Regie / *Director:* Anna Fresu, Mendes de Oliveira

HAUPTSACHE, ICH BIN BEIM FILM
The Main Thing is I'm in the Films
BRD / *Federal Republic of Germany* 1982
Regie / *Director:* Armin Fausten, Claus Gottschall, Reiner Penzholz

DER MAULWURF KOMMT IN DIE STADT
Mole Comes to Town
ČSSR, BRD / *Czechoslovakia, Federal Republic of Germany* 1982
Regie / *Director:* Zdeněk Miler

Spiele und Spielereien
Games and Plays
JOGOS E BRINCADEIROS
Mosambik / *Mozambique* 1982
Regie / *Director:* Anna Fresu, Mendes de Oliveira

1984

Spielfilme / *Feature Films*

ECHT TU MATSCH
Too Much, Man
BRD / *Federal Republic of Germany* 1983 / 84
Regie / *Director:* Claus Strigel, Bertram Verhaag

Entenzauber
A Duck-and-Drake Adventure
SZEGÉNY DZSONI ÉS ÁRNIKA
Ungarn / *Hungary* 1983
Regie / *Director:* András Sólyom

FLUSSFAHRT MIT HUHN
Rivertrip with Hen
BRD / *Federal Republic of Germany* 1983
Regie / *Director:* Arend Agthe
(siehe auch Seite 64 / *refer to page 65*)

Gülibik
Gülibik
GÜLIBIK
Türkei, BRD / *Turkey,*
Federal Republic of Germany 1982 / 83
Regie / *Director:* Jürgen Haase
CIFEJ-Preis / *CIFEJ Prize*

Husty
Husty
KONNICHWA HARNESU
Japan / *Japan* 1983
Regie / *Director:* Toshio Gotoh

Ich will nicht erwachsen sein
I don't want to be Grown-Up
NE CHOTSCHU BYTJ WZROSLYM
UdSSR / *USSR* 1983
Regie / *Director:* Juri Tschuljukin

Ico, das tapfere Pferdchen
Ico, the Brave Little Horse
ICO, EL CABALLITO VALIENTE
Argentinien / *Argentina* 1982
Regie / *Director:* Manuel Garcià Ferré

Der Junge, der verschwand
The Boy Who Disappeared
DRENGEN DER FORSVANDT
Dänemark / *Denmark* 1983 / 84
Regie / *Director:* Ebbe Nyvold
Lobende Erwähnung der UNICEF-Jury /
UNICEF Jury Special Mention

Kidco – Die jungen Profis
KIDCO
USA / *USA* 1983
Regie / *Director:* Ronald F. Maxwell

LISA UND DIE RIESEN
Lisa and the Giants
BRD / *Federal Republic of Germany* 1983
Regie / *Director:* Thomas Draeger

Otto ist ein Nashorn
Otto is a Rhino
OTTO ER ET NAESEHORN
Dänemark / *Denmark* 1982 / 83
Regie / *Director:* Rumle Hammerich

Pessi und Illusia
Pessi and Illusia
PESSI JA ILLUSIA
Finnland / *Finland* 1983
Regie / *Director:* Heikki Partanen
UNICEF-Preis / *UNICEF Prize*
(siehe auch Seite 62 / *refer to page 63*)

DER SCOUT
The Scout
DDR / *GDR* 1983
Regie / *Director:* Konrad Petzold

TAUBENJULE
Pigeon-Jill
DDR / *GDR* 1982
Regie / *Director:* Hans Kratzert

Weihnachten im Busch
BUSH CHRISTMAS
Australien / *Australia* 1983
Regie / *Director:* Henri Safran

Der Zwinkerer Čiko
Blinker-Čiko
MRKÁČEK ČIKO
ČSSR / *Czechoslovakia* 1982
Regie / *Director:* Věra Plívová-Šimková, Drahomíra Králová

Kurzfilme / *Short Films*

DIE KLEINE HEXE
The Little Witch
DDR / *GDR* 1982
Regie / *Director:* Bruno J. Böttge, Manfred Henke

Mama und das wilde Baby
The Wild Baby
MAMMAN OCH DEN VILDA BEBIN
Schweden / *Sweden* 1983
Regie / *Director:* Johan Hagelbäck

Die Reise des blauen Topfes
The Journey of a Blue Pot
PUTOVANJE PLAVOG LONCA
Jugoslawien / *Yugoslavia* 1983
Regie / *Director:* Mate Lovrić

Schnee
SNOW
Kanada / *Canada* 1983
Regie / *Director:* Tibor Takacs

2000 Wunder
2000 Wonders
2000 TSCHUDESA
Bulgarien / *Bulgaria* 1983
Regie / *Director:* Hristo Topusanov

1985

Spielfilme /
Feature Films

Die Ausbrecher
BREAKOUT
Großbritannien /
Great Britain 1984
Regie / *Director:*
Frank Godwin

Bhombol Sardar
Bhombol Sardar
BHOMBOL SARDAR
Indien / *India* 1984
Regie / *Director:* Nripen Ganguli

BIBERSPUR
The Beaver Track
DDR / *GDR* 1984
Regie / *Director:* Walter Beck

Busters Welt
Buster's World
BUSTERS VERDEN
Dänemark / *Denmark* 1984
Regie / *Director:* Bille August
UNICEF-Preis / *UNICEF Prize*
CIFEJ-Preis / *CIFEJ Prize*
(siehe auch Seite 70 / *refer to page 71*)

Ciske, der kleine Halunke
Ciske the Rat
CISKE DE RAT
Niederlande / *Netherlands* 1983 / 84
Regie / *Director:* Guido Pieters
Lobende Erwähnung der UNICEF-Jury /
UNICEF Jury Special Mention

Die Explosion erfolgt um fünf
The explosion will be at five
VYBUCH BUDE V PĚT
ČSSR / *Czechoslovakia* 1984
Regie / *Director:* Josef Pinkava

Das Geheimnis des Morca
The Morca Mystery
IL MISTERO DEL MORCA
Italien / *Italy* 1984
Regie / *Director:* Marco Mattolini

Das Haus meiner Großmutter
Granny's House
MIN FARMORS HUS
Dänemark / *Denmark* 1984
Regie / *Director:* Frode Pedersen

Ich habe keine Angst mehr
I am not afraid any more
UŽ SE NEBOJÍM
ČSSR / *Czechoslovakia* 1984
Regie / *Director:* Otakar Kosek

Die kleine Bande
The Little Gang
LA PETITE BANDE
Frankreich / *France* 1983
Regie / *Director:* Michel Deville
(Außer Konkurrenz / *Out of Competition*)
(siehe auch Seite 72 / *refer to page 73*)

Loch in der Grenze
Crossing the Line
GAT IN DE GRENS
Niederlande, BRD / *Netherlands,*
Federal Republic of Germany 1983 / 84
Regie / *Director:* Froukje Bos, Ruud Schuitemaker

Die Prinzessin mit der Eselshaut
Donkey Skin
OSSLINAJA SCHKURA
UdSSR / *USSR* 1982
Regie / *Director:* Nadeshda Koschewerowa

Von Mann zu Mann
Man to Man
DE HOMBRE A HOMBRE
Spanien / *Spain* 1984
Regie / *Director:* Ramón Fernández

Kurzfilme / *Short Films*

Aus dem Tagebuch einer Kuh
From a Cow's Diary
UR EN KOS DAGBOK
Schweden / *Sweden* 1984
Regie / *Director:* Brigitta Jansson
Lobende Erwähnung der CIFEJ-Jury /
CIFEJ Jury Special Mention

Ausmalbilder
The Drawings
OMALOVÁNKY
ČSSR / *Czechoslovakia* 1984
Regie / *Director:* Boris Baromykin

Bill und die geheimnisvolle Bolla
Bill and Bunny
BILL OCH HEMLIGA BOLLA
Schweden / *Sweden* 1984
Regie / *Director:* Jan Gissberg

Eichhörnchen-Friseur
Barber Squirrel
SÜNG-XHÜ LI-FA SHI
Volksrepublik China /
People's Republic of China 1984
Regie / *Director:* Pu Jiaxiang

Eine Reise um die Erde
Journey Around the World
CALATORIE ÎN JURUL PAMÎNTULUI
Rumänien / *Romania* 1984
Regie / *Director:* Felicia Puran

Frau Not
Lady Poverty
PANÍ BÍDA
ČSSR / *Czechoslovakia* 1983
Regie / *Director:* Vlasta Pospíšilová

Der Junge und die Schneegans
THE BOY AND THE SNOW GOOSE
Kanada / *Canada* 1984
Regie / *Director:* Gayle Thomas

One Hundred Years
One Hundred Years
ONE HUNDRED YEARS
Schweden / *Sweden* 1984
Regie / *Director:* Max Andersson
UNICEF-Spezialpreis für den besten Kurzfilm /
UNICEF Special Prize for the best short film

Die U-Bahn im Wohnzimmer
BLACKBERRY SUBWAY JAM
Kanada / *Canada* 1984
Regie / *Director:* Robert Doucet

Unruhiger Schlaf
Restless Sleep
SOMN AGITAT
Rumänien / *Romania* 1984
Regie / *Director:* Victor Antonescu

Sonderprogramm / *Special Screening*

Samson & Sally
Samson & Sally
SAMSON & SALLY
Dänemark / *Denmark* 1984
Regie / *Director:* Jannik Hastrup

1986

Spielfilme /
Feature Films

Bokuchans Kampf
Bokuchan's Battlefield
BOKUCHAN
NO SENJOU
Japan / *Japan* 1985
Regie / *Director:* Yutaka Osawa
CIFEJ-Preis / *CIFEJ Prize*
Lobende Erwähnung der UNICEF-Jury/
UNICEF Jury Special Mention
Lobende Erwähnung der Kinderjury/
Children's Jury Special Mention
(siehe auch Seite 80 / *refer to page 81*)

Der dritte Drache
The Third Dragon
TRETÍ ŠARKAN
ČSSR / *Czechoslovakia* 1985
Regie / *Director:* Peter Hledík

Ein Elefant ging verloren
An Elephant Lost
POTERJALSJA SLON
UdSSR / *USSR* 1984
Regie / *Director:* Jewgeni Ostaschenko

GRITTA VOM RATTENSCHLOSS
Gritta from the Rat's Castle
DDR / *GDR* 1985
Regie / *Director:* Jürgen Brauer
Lobende Erwähnung der UNICEF-Jury /
UNICEF Jury Special Mention

Hodja aus Pjort
Hodja from Pjort
HODJA FRA PJORT
Dänemark / *Denmark* 1984 / 85
Regie / *Director:* Brita Wielopolska

JANOSCHS TRAUMSTUNDE – DER BÄR, DER TIGER UND DIE ANDEREN
The Bear, the Tiger and the Others
BRD / *Federal Republic of Germany* 1985
Regie / *Director:* Jürgen Egenolf, Uwe Jeske

Kidnapping in der Plankenstraße
The Palisade Street Kidnapping
GYERMEKRABLÁS A PALÀNK UTCÁBAN
Ungarn / *Hungary* 1985
Regie / *Director:* Sándor Mihályfy

KÜKEN FÜR KAIRO
Chicks for Cairo
BRD / *Federal Republic of Germany* 1985
Regie / *Director:* Arend Agthe
(Außer Konkurrenz / *Out of Competition*)

Der Maulwurf im Traum
The Mole in a Dream
KRTEK A SEN
ČSSR / *Czechoslovakia* 1984 / 85
Regie / *Director:* Zdeněk Miler
(Außer Konkurrenz / *Out of Competition*)

Mister Weltuntergang
THE END OF THE WORLD MAN
Irland / *Ireland* 1985
Regie / *Director:* Bill Miskelly
Preis der Kinderjury / *Children's Jury Prize*
UNICEF-Preis / *UNICEF Prize*
(siehe auch Seite 78 / *refer to page 79*)

Der neunte Sohn des Hirten
The Horseherd's Ninth Son
BOJSJA, VRAG DEVJATOGO SYNA
UdSSR / *USSR* 1984
Regie / *Director:* Viktor Pusurmanow, Viktor Tschugunow
(Außer Konkurrenz / *Out of Competition*)

Pelle Ohneschwanz in Amerikatz
Peter-No-Tail in Americat
PELLE SVANSLÖS I AMERIKATT
Schweden / *Sweden* 1985
Regie / *Director:* Stig Lasseby, Jan Gissberg

Thomas & Senior: Dem Piraten Berend auf der Spur
Thomas & Senior on the Trail of Brutal Bernard
THOMAS & SENIOR OP HET SPOOR VAN BRUTE BEREND
Niederlande / *Netherlands* 1985
Regie / *Director:* Karst van der Meulen

Der ungerechte Klapperstorch
The Unjust Stork
TSCHTO U SENJKI BYLO
UdSSR / *USSR* 1984
Regie / *Director:* Radomir Wassilewski
Lobende Erwähnung der UNICEF-Jury /
UNICEF Jury Special Mention

UNTERNEHMEN GEIGENKASTEN
Operation Violin Case
DDR / *GDR* 1985
Regie / *Director:* Gunter Friedrich

Die Zauberin
The Enchantress
I SKIACHTRA
Griechenland / *Greece* 1985
Regie / *Director:* Manoussos Manoussakis

Kurzfilme / *Short Films*

Der Punkt
The Point
PUNCTUL
Rumänien / *Romania* 1985
Regie / *Director:* Dinu Petrescu

Die singenden Cowboys
The Singing Cowboys
PEESHTITE KAUBOI
Bulgarien / *Bulgaria* 1984
Regie / *Director:* Projko Projkov

Das Spiegelchen
Mirror
OGLEDALCE
Jugoslawien / *Yugoslavia* 1985
Regie / *Director:* Pavao Štalter

Vom Fischer, der nie etwas fing
The Angler without a Catch
O RYBÀŘI, KTERY NIKDY NIC NECHYTIL
ČSSR / *Czechoslovakia* 1984
Regie / *Director:* Nina Čampulková

1987

Spielfilme / *Feature Films*

DER BÄRENHÄUTER
Bear-Skinned Man
DDR / *GDR* 1986
Regie / *Director:* Walter Beck

Ballerup Boulevard
Ballerup Boulevard
BALLERUP BOULEVARD
Dänemark / *Denmark* 1986
Regie / *Director:* Linda Wendel

Der Baum, den wir verletzten
The Tree We Hurt
TO DENDRO POU PLIGONAME
Griechenland / *Greece* 1986
Regie / *Director:* Dimos Avdeliodis
CIFEJ-Preis / *CIFEJ Prize*

Cain
Cain
CAIN
Spanien / *Spain* 1986
Regie / *Director:* Manuel Iborra

Die dreizehnte Braut des Prinzen
The Thirteenth Bride of the Prince
TRINAJSTATA GODENICA NA PRINCA
Bulgarien / *Bulgaria* 1986
Regie / *Director:* Ivanka Grubčeva
(Außer Konkurrenz / *Out of Competition*)

Henri
Henri
HENRI
Kanada / *Canada* 1986
Regie / *Director:* François Labonté
Preis der Kinderjury / *Children's Jury Prize*

Jim und die Piraten
Jim and the Pirates
JIM OCH PIRATERNA BLOM
Schweden / *Sweden* 1986
Regie / *Director:* Hans Alfredson

DER JUNGE MIT DEM GROSSEN SCHWARZEN HUND
The Boy with the Big Black Dog
DDR / *GDR* 1986
Regie / *Director:* Hannelore Unterberg

Morgenstunde hat Gold im Munde
Does the Early Bird Catch the Worm
KAM DOSKÁČE RANNÍ PTÁČE
ČSSR / *Czechoslovakia* 1986
Regie / *Director:* Drahomíra Králová

Nachtreise
Night Voyage
NATTSEILERE
Norwegen / *Norway* 1986
Regie / *Director:* Tor M. Tørstad

Ratty
Ratty
RÅTTIS
Schweden / *Sweden* 1986
Regie / *Director:* Lennart Gustafsson

Spiele für Kinder im schulpflichtigen Alter
Games for Schoolchildren
IGRY DLJA DETEJ ŠKOĽNOGO VOZRASTA
UdSSR / *USSR* 1986
Regie / *Director:* Lejda Lajus, Arvo Icho
UNICEF-Preis / *UNICEF Prize*
(siehe auch Seite 86 / *refer to page 87*)

Kurzfilme / *Short Films*

Ein Samstag in North Carolina
A Saturday in North Carolina
LÖRDAG I NORTH CAROLINA
Schweden / *Sweden* 1986
Regie / *Director:* Brigitta Jansson, Claes-Göran Lillieborg

DIE ERFINDUNGEN DES TOBIAS SCHRAUBE
Tobias Schraube's Inventions
BRD / *Federal Republic of Germany* 1986
Regie / *Director:* Sven Thomas, Benno Wenz, Anselm Weber

Des guten Hundes Handbuch zur Unfallverhütung
EVERY DOG'S GUIDE TO COMPLETE HOME SAFETY
Kanada / *Canada* 1986
Regie / *Director:* Les Drew
UNICEF-Spezialpreis für den besten Kurzfilm /
UNICEF Special Prize for the best short film

INFRAROT
Infra-Red
BRD / *Federal Republic of Germany* 1986
Regie / *Director:* Peter Schmidt

Der kleine Geräuschemacher
Small Percussion Instruments
LES PETITES PERCUSSIONS
Frankreich / *France* 1986
Regie / *Director:* Gilles Gay

PINGU
Pingu
Schweiz / *Switzerland* 1986
Regie / *Director:* Otmar Gutmann
Lobende Erwähnung der Kinderjury /
Children's Jury Special Mention
(siehe auch Seite 88 / *refer to page 89*)

Die silberne Kuh
THE SILVER COW
USA / *USA* 1986
Regie / *Director:* Paul R. Gagne

Überlebenstraining eines Regenwurms
The art of surviving if you are a little worm
KONSTEN ATT ÖVERLEVA OM MAN ÄR EN DAGGMASK
Schweden / *Sweden* 1986
Regie / *Director:* Gun Jacobsson, Lotta Strömblad

Vanttu
Vanttu
VANTTU
Finnland / *Finland* 1986
Regie / *Director:* Mikko Harjanne

**1988
Spielfilme /
*Feature Films***

**Die andere Seite
des Flusses**
The Other Side of the River
MELWAD LHIH
Marokko / *Morocco* 1982
Regie / *Director:*
Mohamed Abbazi

Auf dem goldenen Treppenvorbau saßen …
On the golden front steps sat …
NA SLATOM KRYLZE SIDELI …
UdSSR / *USSR* 1986
Regie / *Director:* Boris Ryzarew
(Außer Konkurrenz/*Out of Competition*)

Benji: Sein größtes Abenteuer
BENJI THE HUNTED
USA / *USA* 1987
Regie / *Director:* Joe Camp

Familie Brausewind macht Urlaub
A Harum-Scarum Vacation
SZELEBURDI VAKÁCIÓ
Ungarn / *Hungary* 1987
Regie / *Director:* György Palásthy

Das große Land der Kleinen
THE GREAT LAND OF SMALL
Kanada / *Canada* 1986
Regie / *Director:* Vojtech Jasny

HASENHERZ
The Coward
DDR / *GDR* 1987
Regie / *Director:* Gunter Friedrich
UNICEF-Preis / *UNICEF Prize*
Preis der Kinderjury / *Children's Jury Prize*
(siehe auch Seite 96 / *refer to page 97*)

Kenny
THE KID BROTHER
USA, Kanada, Japan / *USA, Canada, Japan* 1987
Regie / *Director:* Claude Gagnon
CIFEJ-Preis / *CIFEJ Prize*
Lobende Erwähnung der UNICEF-Jury /
UNICEF Jury Special Mention
(siehe auch Seite 94 / *refer to page 95*)

Outsider
Outsider
OUTSIDER
ČSSR / *Czechoslovakia* 1986
Regie / *Director:* Zdeněk Sirovy

Die Piraten vom Mälarsee
The Pirates of Lake Mälaren
MÄLARPIRATER
Schweden / *Sweden* 1987
Regie / *Director:* Allan Edwall

Der Prinz von Fogo
The Prince of Fogo
PRINSEN AV FOGO
Norwegen / *Norway* 1987
Regie / *Director:* Inge Tenvik

Robin Hood Junior
Return of Robin Hood
AAJ KA ROBIN HOOD
Indien / *India* 1987
Regie / *Director:* Tapan Sinha
Lobende Erwähnung der UNICEF-Jury /
UNICEF Jury Special Mention

Der tapfere kleine Toaster
THE BRAVE LITTLE TOASTER
USA / *USA* 1987
Regie / *Director:* Jerry Rees

Tunnel zum Paradies
Subway to Paradise
STRIT OG STUMME
Dänemark / *Denmark* 1986 / 87
Regie / *Director:* Jannik Hastrup

Die unglückseligen Abenteuer von Spass und Nelly
The Misadventures of Spass and Nelly
PATILATA NA SPASS I NELLY
Bulgarien / *Bulgaria* 1987
Regie / *Director:* Georgi Stoev

Kurzfilme / *Short Films*

Bojan der Fotograf
Bojan im Zirkus
Bojan the Photographer
Bojan at the Circus
MEDVED BOJAN – FOTOGRAF
MEDVED BOJAN – V CIRKUSU
Jugoslawien / *Yugoslavia* 1987
Regie / *Director:* Branko Ranitović

Herr Bohm und der Hering
Mr. Bohm and the Herring
HERR BOHM OCH SILLEN
Schweden / *Sweden* 1987
Regie / *Director:* Peter Cohen, Olof Landström
UNICEF-Spezialpreis für den besten Kurzfilm /
UNICEF Special Prize for the best short film
Lobende Erwähnung der CIFEJ-Jury /
CIFEJ Jury Special Mention

Die Luftpiraten des Busches
AIR PIRATES OF THE OUTBACK
Australien / *Australia* 1987
Regie / *Director:* David Johnson

VOM KNABEN, DER DAS HEXEN LERNEN WOLLTE
The boy who set out to learn witchcraft
DDR / *GDR* 1987
Regie / *Director:* Lothar Barke

Sonderprogramm / *Special Screenings*

Drei Landstreicher
Three Poor Dogs
TRI LUTALICE
Jugoslawien / *Yugoslavia* 1986
Regie / *Director:* Zlatko Pavlinić,
Neven Petričić

Die geizige Barka
Mean Barka
LAKOMÁ BARKA
ČSSR / *Czechoslovakia* 1986
Regie / *Director:* Vlasta Pospíšlová

Kalle Stropp und der Frosch Boll
Kalle Stropp and Boll the Frog
KALLE STROPP OCH GRODAN BOLL
Schweden / *Sweden* 1987
Regie / *Director:* Jan Gissberg

1989

Spielfilme / *Feature Films*

Devil's Hill
DEVIL'S HILL
Australien /
Australia 1988
Regie / *Director:* Esben Storm

Die Fahrschüler
The Travelling Pupils
VLAKÁRI
ČSSR / *Czechoslovakia* 1988
Regie / *Director:* Juraj Lihosit

Der Glückstreffer
A Good Shot
SPRÁVNÁ TREFA
ČSSR / *Czechoslovakia* 1987
Regie / *Director:* Rudolf Růžička

Goldregen
Shower of Gold
GULDREGN
Dänemark / *Denmark* 1988
Regie / *Director:* Søren Kragh-Jacobsen
Zweiter Preis der Kinderjury / *Children's Jury Second Prize*

Heul' nicht, Eichhörnchen!
Dear Squirrel, don't Snivel!
NEFŇUKEJ, VEVERKO!
ČSSR / *Czechoslovakia* 1987
Regie / *Director:* Věra Plívová-Šimková
(Außer Konkurrenz / *Out of Competition*)

Juliana
Juliana
JULIANA
Peru / *Peru* 1988
Regie / *Director:* Fernando Espinoza, Alejandro Legaspi
(Grupo Chaski)
UNICEF-Preis / *UNICEF Prize*
(siehe auch Seite 102 / *refer to page 103*)

KAI AUS DER KISTE
Kai in the Box
DDR / *GDR* 1987 / 88
Regie / *Director:* Günter Meyer

Mein Haus auf grünen Hügeln
My House on the Green Hills
MOJ DOM NA SELJONYCH CHOLMACH
UdSSR / *USSR* 1986
Regie / *Director:* Assja Sulejewa
(Außer Konkurrenz / *Out of Competition*)

Mein Vater wohnt in Rio
My Father Lives in Rio
MIJN VADER WOONT IN RIO
Niederlande / *Netherlands* 1988
Regie / *Director:* Ben Sombogaart
Preis der Kinderjury / *Children's Jury Prize*

Die Puppe
The Doll
KUKOLKA
UdSSR / *USSR* 1988
Regie / *Director:* Isaak Fridberg
CIFEJ-Preis / *CIFEJ Prize*
Lobende Erwähnung der UNICEF-Jury /
UNICEF Jury Special Mention
(siehe auch Seite 104 / *refer to page 105*)

Der Schlüssel
The Key
KELID
Iran / *Iran* 1987
Regie / *Director:* Ebrahim Foroozesh

Sonnenblumen
Sunflowers
SUNCOKRETI
Jugoslawien / *Yugoslavia* 1988
Regie / *Director:* Jovan Rančič

Straßenkinder
Street Kids
EN SABANA GRANDE SIEMPRE ES DE DIA
Venezuela / *Venezuela* 1988
Regie / *Director:* Manuel de Pedro

Vogelkönig
The Bird King
FUGLEKONGEN
Norwegen / *Norway* 1987
Regie / *Director:* Knut Andersen

Zug in den Himmel
Train to Heaven
TÅG TILL HIMLEN
Schweden / *Sweden* 1988
Regie / *Director:* Torgny Anderberg

Kurzfilme / *Short Films*

ABC
ABC
BRD / *Federal Republic of Germany* 1987
Regie / *Director:* Alexandra Schatz

Barneys Weihnachtsüberraschung
BARNEY'S CHRISTMAS SURPRISE
Großbritannien / *Great Britain* 1988
Regie / *Director:* Reg Lodge

Die Dingles
THE DINGLES
Kanada / *Canada* 1988
Regie / *Director:* Les Drew

Ein Hundemärchen
A Dog's Tale
EN HUNDSAGA
Schweden / *Sweden* 1988
Regie / *Director:* Jaromir Wesely

Eine kleine Nachtmusik
A Little Nightmusic
DE KAST
Niederlande / *Netherlands* 1988
Regie / *Director:* Maarten Koopman
Lobende Erwähnung der Kinderjury /
Children's Jury Special Mention

DIE GROSSE REISE DER ALTEN SCHILDKRÖTE
The Turtle's Long Journey
DDR / *GDR* 1988
Regie / *Director:* Barbara Eckhold

Katz- und Mausspiel
A Game of Cat and Mouse
MYŠÍ KOČIČINY
ČSSR / *Czechoslovakia* 1987
Regie / *Director:* Ludvík Kadleček

Kleine Kaninchenschwester

Little Sister Rabbit
LILLA SYSTER KANIN
Schweden / *Sweden* 1988
Regie / *Director:* Eva Eriksson, Jan Gustavsson
(Außer Konkurrenz / *Out of Competition*)

Piep und die große weite Welt

PEEP AND THE BIG WIDE WORLD
Kanada / *Canada* 1988
Regie / *Director:* Kai Pindal

Sonderprogramm / *Special Screenings*

KAI FÜR KISTE GESUCHT!

Wanted: Kai for the Box!
DDR / *GDR* 1988
Regie / *Director:* Günter Meyer

Der Maulwurf als Filmstar

The Mole as a Filmstar
KRTEK FILMOVÁ HVĚZDA
ČSSR / *Czechoslovakia* 1988
Regie / *Director:* Zdeněk Miler

Polly hilft der Großmutter

Brenda Brave
KAJSA KAVAT
Schweden / *Sweden* 1988
Regie / *Director:* Daniel Bergman

1990

Spielfilme / *Feature Films*

Als die Wale kamen

WHEN THE WHALES CAME
Großbritannien /
Great Britain 1989
Regie / *Director:* Clive Rees
(Außer Konkurrenz / *Out of Competition*)

Ein Sommertag

One Summer Day
NATSU ON PAGE
Japan / *Japan* 1989
Regie / *Director:* Yoshihiro Oikawa

FERIENGEWITTER

Stormy Holiday
DDR / *GDR* 1989
Regie / *Director:* Karola Hattop

Der Fisch

The Fish
MAHI
Iran / *Iran* 1989
Regie / *Director:* Kambuzia Partovi
UNICEF-Preis / *UNICEF Prize*

Der Furchtlose

The Man Without Fear
NEBOJSA
ČSSR / *Czechoslovakia* 1988
Regie / *Director:* Julius Matula
(Außer Konkurrenz / *Out of Competition*)

Geheimnisse eines Sommers

Summer of the Colt
FIERRO … L'ÉTÉ DES SECRETS
Kanada, Argentinien /
Canada, Argentina 1989
Regie / *Director:* André Melançon

Geschwister aus den Teebergen

Ice-Dew Flower
LU BING HUA
Taiwan / *Taiwan* 1989
Regie / *Director:* Yang Li-Kuo
Lobende Erwähnung der UNICEF-Jury /
UNICEF Jury Special Mention

Ich und Mama Mia

Me and Mama Mia
MIG OG MAMA MIA
Dänemark / *Denmark* 1989
Regie / *Director:* Erik Clausen
Lobende Erwähnung der UNICEF-Jury /
UNICEF Jury Special Mention
(siehe auch Seite 112 / *refer to page 113*)

Kleine Meise

Little Chickadee
SYKORKA
ČSSR / *Czechoslovakia* 1989
Regie / *Director:* Pavel Gejdoš

Kunst und Flickwerk

At Stalling Speed
KUNST & VLIEGWERK
Niederlande / *Netherlands* 1989
Regie / *Director:* Karst van der Meulen
Preis der Kinderjury / *Children's Jury Prize*

Manuel

Manuel, the Borrowed Son
MANUEL, LE FILS EMPRUNTE
Kanada / *Canada* 1990
Regie / *Director:* François Labonté

Nur der Mond schaut zu

WHAT THE MOON SAW
Australien / *Australia* 1989
Regie / *Director:* Pino Amenta

TUNNELKIND

Tunnel Child
Österreich / *Austria* 1990
Regie / *Director:* Erhard Riedlsperger
Zweiter Preis der Kinderjury / *Children's Jury Second Prize*
(siehe auch Seite 110 / *refer to page 111*)

Verschiedene Welten

A World of Difference
EN VERDEN TIL FORSKEL
Dänemark / *Denmark* 1989
Regie / *Director:* Leif Magnusson
CIFEJ-Preis / *CIFEJ Prize*

Kurzfilme / *Short Films*

Brot und Honig

BREAD AND HONEY
Irland / *Ireland* 1988
Regie / *Director:* Edel O'Brien
(Außer Konkurrenz / *Out of Competition*)

Bulten

Bulten
BULTEN
Schweden / *Sweden* 1989
Regie / *Director:* Lennart Gustafsson
Lobende Erwähnung der Kinderjury /
Children's Jury Special Mention

Der große Wettbewerb

The Great Competition
A NAGY VERSENY
Ungarn / *Hungary* 1989
Regie / *Director:* Líviusz Gyulai, László Balajthy

In and Out

IN AND OUT
Kanada / *Canada* 1989
Regie / *Director:* David Fine, Alison Snowden
UNICEF-Spezialpreis für den besten Kurzfilm /
UNICEF Special Prize for the best short film

NACHTS SIND ALLE KATZEN BUNT

At night all cats are bright
BRD / *Federal Republic of Germany* 1990
Regie / *Director:* Christina Schindler

Die Schachtel

The Box
LA BOITE
Kanada / *Canada* 1989
Regie / *Director:* Co Hoedeman

TÖPFER UND TIGER

Potter and Tiger
DDR / *GDR* 1989
Regie / *Director:* Manfred Henke

1991

Spielfilme /
Feature Films

Angel Square

ANGEL SQUARE
Kanada / *Canada* 1990
Regie / *Director:*
Anne Wheeler

Ein Panda namens Jiao Jiao

Miss Jiao Jiao
JIAO JIAO XIAO JIE
Volksrepublik China /
People's Republic of China 1986
Regie / *Director:* Chen Jingti
(Außer Konkurrenz / *Out of Competition*)

Die Federtasche

Oh! Sweet Snow
OH, XIANG XUE
Volksrepublik China /
People's Republic of China 1989
Regie / *Director:* Wang Haowei
CIFEJ-Preis / *CIFEJ Prize*

Der Floh

The Flea
O PSYLOS
Griechenland / *Greece* 1990
Regie / *Director:* Dimitris Spyrou
CIFEJ-Preis / *CIFEJ Prize*

Der Himmel ist mein Haus

My Sky, My Home
LANGITKU RUMAHKU
Indonesien / *Indonesia* 1989
Regie / *Director:* Slamet Rahardjo Djarot
Zweiter Preis der Kinderjury / *Children's Jury Second Prize*
UNICEF-Preis / *UNICEF Prize*

Lass die Eisbären tanzen

Dance of the Polar Bears
LAD ISBJØRNENE DANSE
Dänemark / *Denmark* 1990
Regie / *Director:* Birger Larsen
Lobende Erwähnung der UNICEF-Jury /
UNICEF Jury Special Mention
Lobende Erwähnung der CIFEJ-Jury /
CIFEJ Jury Special Mention
(siehe auch Seite 120 / *refer to page 121*)

DAS LICHT DER LIEBE

The Light of Love
Deutschland / *Germany* 1989 / 90
Regie / *Director:* Gunther Scholz

DIE SPRUNGDECKELUHR

The Capped Watch
Deutschland / *Germany* 1990
Regie / *Director:* Gunter Friedrich

Vincent und ich

VINCENT AND ME
Kanada / *Canada* 1990
Regie / *Director:* Michael Rubbo
Preis der Kinderjury / *Children's Jury Prize*

Wanderzirkus
Travelling Circus
GANH XIÊC RONG
Vietnam / *Vietnam* 1988
Regie / *Director:* Viet Linh
Lobende Erwähnung der UNICEF-Jury /
UNICEF Jury Special Mention
(siehe auch Seite 118 / *refer to page 119*)

Kurzfilme / *Short Films*

Bulten – Katzen sind eigentlich o.k. . . .
Bolt – Cats aren't all that bad...
BULTEN – KATTER ÄR EGENTLIGEN OKAY...
Schweden / *Sweden* 1990 / 91
Regie / *Director:* Lennart Gustafsson

Die Hausmaus
The Mouse in the House
EEN HUISMUIS
Niederlande / *Netherlands* 1990
Regie / *Director:* Ben Sombogaart

PINGU: DER GROSSVATER
PINGU: DAS KONZERT
Pingu: The Grandfather
Pingu: The Concert
Schweiz / *Switzerland* 1990
Regie / *Director:* Otmar Gutmann

Plitsch, Platsch, Plumps
Tickle, Tickle, Little Ditch
LILI-LILI-HOZAK
Iran / *Iran* 1990
Regie / *Director:* Behrooz Yaghmaeien

Sauber, sauber
A Clean Sweep
TÁ LIMPO
Deutschland, Brasilien / *Germany, Brasil* 1991
Regie / *Director:* Christina Koenig

Die Schlafkammer
The Bedroom
DE SLAAPKAMER
Niederlande / *Netherlands* 1989
Regie / *Director:* Maarten Koopman
(Außer Konkurrenz / *Out of Competition*)

Die Spinne im Bad
SPIDER IN THE BATH
Großbritannien / *Great Britain* 1989
Regie / *Director:* Graham Ralph

Der Stein
The Stone
STEINEN
Norwegen / *Norway* 1990
Regie / *Director:* Øivind S. Jorfald

Die Superseife
Supersoap
CHAO JI FEI ZAO
Volksrepublik China / *People's Republic of China* 1987
Regie / *Director:* Ah Da, Ma Kexuan

Tierische Behaglichkeit
CREATURE COMFORTS
Großbritannien / *Great Britain* 1989
Regie / *Director:* Nick Park
UNICEF-Spezialpreis für den besten Kurzfilm /
UNICEF Special Prize for the best short film
Lobende Erwähnung der Kinderjury /
Children's Jury Special Mention

Sonderprogramm / *Special Screening*

Eine kleine Familie
A Small Family
CHIISANA KAZOKU
Japan / *Japan* 1990
Regie / *Director:* Iwao Seto

1992

Spielfilme/
Feature Films

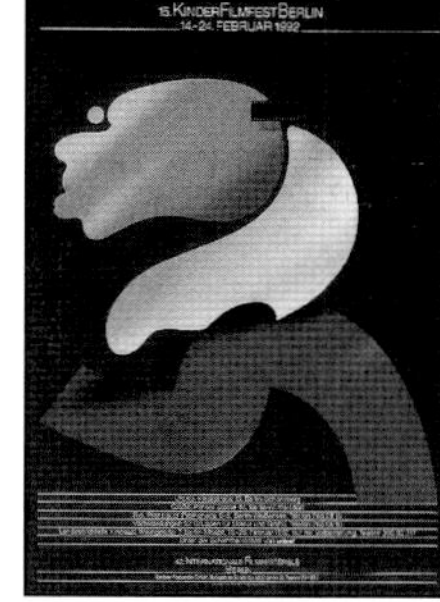

Busters Welt
Buster's World
BUSTERS VERDEN
Dänemark / *Denmark* 1984
Regie / *Director:* Bille August
(Retrospektive / *Retrospective*)
(siehe auch Seite 70 / *refer to page 71*)

ELEFANT IM KRANKENHAUS
An Elephant in Hospital
Deutschland / *Germany* 1991
Regie / *Director:* Karola Hattop

Das Feuerzeug
The Tinder Box
FYRTØJET
Dänemark / *Denmark* 1946
Regie / *Director:* Svend Methling
(Retrospektive / *Retrospective*)

Der große Wagen
The Big Dipper
KARLSVOGNEN
Dänemark, Schweden / *Denmark, Sweden* 1992
Regie / *Director:* Birger Larsen

Gummi-Tarzan
Rubber Tarzan
GUMMI TARZAN
Dänemark / *Denmark* 1981
Regie / *Director:* Søren Kragh-Jacobsen
(Retrospektive / *Retrospective*)
(siehe auch Seite 46 / *refer to page 47*)

Howards Handel
HOW'S BUSINESS
Großbritannien / *Great Britain* 1991
Regie / *Director:* Colin Finbow

**Kalle Stropp und der Frosch Boll –
In schwindelnder Höhe**
Charlie Strapp and Froggi Ball – Flying High
KALLE STROPP OCH GRODAN BOLL –
PÅ SVINDLANDE ÄVENTYR
Schweden / *Sweden* 1992
Regie / *Director:* Jan Gissberg

Møv und Funder
The Hideaway
MØV OG FUNDER
Dänemark / *Denmark* 1991
Regie / *Director:* Niels Gråbøl
UNICEF-Preis / *UNICEF Prize*
CIFEJ-Preis / *CIFEJ Prize*

Otto ist ein Nashorn
Otto is a Rhino
OTTO ER ET NAESEHORN
Dänemark / *Denmark* 1982 / 83
Regie / *Director:* Rumle Hammerich
(Retrospektive / *Retrospective*)

Pao aus dem Dschungel
Pao of the Jungle
PAW
Dänemark / *Denmark* 1959
Regie / *Director:* Astrid Henning-Jensen
(Retrospektive / *Retrospective*)

Das scharlachrote Blümchen
The Scarlet Flower
SCAZKA O KUPECHESKOY DOCHEZY I
TAINSTVENNOM CSVETKE
Russland, Deutschland / *Russia, Germany* 1991
Regie / *Director:* Wladimir Grammatikow

Der Shimanto-Fluss
The Shimanto River
SHIMANTOGAWA
Japan / *Japan* 1990
Regie / *Director:* Hideo Onchi
Zweiter Preis der Kinderjury / *Children's Jury Second Prize*
Lobende Erwähnung der UNICEF-Jury /
UNICEF Jury Special Mention

DAS SOMMERALBUM
The Summer Album
Deutschland, Litauen / *Germany, Lithuania* 1991
Regie / *Director:* Kai Wessel
(siehe auch Seite 126 / *refer to page 127*)

Das Taschenmesser
The Penknife
HET ZAKMES
Niederlande / *Netherlands* 1991
Regie / *Director:* Ben Sombogaart
(siehe auch Seite 128 / *refer to page 129*)

Der Trommler vom Flammenberg
Drummer from the Houyan Mountains
HUO YAN SHAN LEI DE GU SHOU
Volksrepublik China / *People's Republic of China* 1991
Regie / *Director:* Guang Chunlan
Preis der Kinderjury / *Children's Jury Prize*

Vater von Vieren
Father of Four
FAR TILE FIRE
Dänemark / *Denmark* 1953
Regie / *Director:* Alice O'Fredericks
(Retrospektive / *Retrospective*)

Die verdammten Gören
Naughty Little Kids
DE POKKERS UNGER
Dänemark / *Denmark* 1947
Regie / *Director:* Astrid und Bjarne Henning-Jensen
(Retrospektive / *Retrospective*)

Willst du meinen hübschen Bauchnabel sehen?
Wanna See My Beautiful Navel?
VIL DU SE MIN SMUKKE NAVLE?
Dänemark / *Denmark* 1977 / 78
Regie / *Director:* Søren Kragh-Jacobsen
(Retrospektive / *Retrospective*)

Kurzfilme / *Short Films*

Adam
ADAM
Großbritannien / *Great Britain* 1991
Regie / *Director:* Peter Lord
Lobende Erwähnung der Kinderjury /
Children's Jury Special Mention

Alles was ein Hund über Spielplätze wissen sollte
EVERY DOG'S GUIDE TO THE PLAYGROUND
Kanada / *Canada* 1991
Regie / *Director:* Les Drew

Du sollst nicht ins Bett machen
CAPITAL P
Kanada / *Canada* 1991
Regie / *Director:* Stephen Barnes
Preis der Kinderjury / *Children's Jury Prize*

Ereignis im Melonengarten
The Accident in the Melon Garden
PROIZSHESTVIA V BOSTANA
Bulgarien / *Bulgaria* 1991
Regie / *Director:* Georgi Tshavdaroy

Father Christmas
FATHER CHRISTMAS
Großbritannien / *Great Britain* 1991
Regie / *Director:* Dave Unwin
(Außer Konkurrenz / *Out of Competition*)

DAS KÜRBISKIND
The Pumpkin Child
Deutschland / *Germany* 1991
Regie / *Director:* Raimund Backwinkel

Das letzte Mammut
The Last Mammoth
DEN SISTA MAMMUTEN
Schweden / *Sweden* 1991
Regie / *Director:* Johan Hagelbäck
(Außer Konkurrenz / *Out of Competition*)

Luftballon
BALLOON
Großbritannien / *Great Britain* 1991
Regie / *Director:* Ken Lidster

Manipulation
MANIPULATION
Großbritannien / *Great Britain* 1991
Regie / *Director:* Daniel Greaves
UNICEF-Spezialpreis für den besten Kurzfilm /
UNICEF Special Prize for the best short film

Olavs erste Skitour
Olav's First Skiing Trip
OLAVS FØRSTE SKITUR
Norwegen / *Norway* 1991
Regie / *Director:* Terje Bomann-Larsen
(Außer Konkurrenz / *Out of Competition*)

Eine Taube auf Irrwegen
Vinga Gets Lost
VINGA PÅ VILLAVÄGAR
Schweden / *Sweden* 1991
Regie / *Director:* Gun Jacobsson, Lotta Strömblad

Die traurige Prinzessin
The Sad Princess
O SMUTNÉ PRINCEZNĚ
Tschechoslowakei / *Czechoslovakia* 1991
Regie / *Director:* Lúbomír Beneš

1993

**Spielfilme /
*Feature Films***

DIE DUMME AUGUSTINE
The Silly Augustine
Deutschland / *Germany* 1992
Regie / *Director:* Juraj Herz

Ein Brief vom Himmel
An Answer from Heaven
TIAN TANG HUI XIN
Volksrepublik China / *People's Republic of China* 1992
Regie / *Director:* Wang Junzheng
CIFEJ-Preis / *CIFEJ Prize*
(siehe auch Seite 136 / *refer to page 137*)

Engelchen, mach Freude
Little Angel, Make a Joy
ANGELOTCHEK, SDELAI RADOST
Turkmenistan / *Turkmenistan* 1993
Regie / *Director:* Usman Saparov
UNICEF-Preis / *UNICEF Prize*
Zweiter Preis der Kinderjury / *Children's Jury Second Prize*
Lobende Erwähnung der CIFEJ-Jury /
CIFEJ Jury Special Mention
(siehe auch Seite 134 / *refer to page 135*)

Das kahle Gespenst
Jasper's Ghost
DET SKALDEDE SPØGELSE
Dänemark / *Denmark* 1992
Regie / *Director:* Brita Wielopolska
Preis der Kinderjury / *Children's Jury Prize*

Komm zurück, Lumumba
Come Back, Lumumba
TULE TAGASI, LUMUMBA
Estland / *Estonia* 1992
Regie / *Director:* Aare Tilk

Das Stiefelchen
Boots
CHAKMEH
Iran / *Iran* 1992
Regie / *Director:* Mohammad-Ali Talebi
(Außer Konkurrenz / *Out of Competition*)

Vinaya
Vinaya
VINAYA
Niederlande, Belgien / *Netherlands, Belgium* 1992
Regie / *Director:* Peter van Kraaij, Josse De Pauw

Wie ein Boot ohne Wasser
Like a Boat out of Water
COMME UN BATEAU, LA MER EN MOINS
Frankreich / *France* 1992
Regie / *Director:* Dominique Ladoge
UNICEF-Preis / *UNICEF Prize*

ZIRRI – DAS WOLKENSCHAF
Zirri – The Cloud Lamb
Deutschland / *Germany* 1992
Regie / *Director:* Rolf Losansky

Kurzfilme / *Short Films*

CARNEVALE DEL ANIMALE
Carnevale del Animale
Deutschland / *Germany* 1991
Regie / *Director:* Horst Schier

Herr der Lüfte
LORD OF THE SKY
Kanada / *Canada* 1991
Regie / *Director:* Ludmila Zeman-Spaleny, Eugen Spaleny

Herr Staubsauger
Mr. Hoover
DAMMSUGAREN
Schweden / *Sweden* 1992
Regie / *Director:* Gun Jacobsson, Lotta Geffenblad

Die Orange
The Orange
L'ORANGE
Kanada / *Canada* 1992
Regie / *Director:* Diane Chartrand
UNICEF-Spezialpreis für den besten Kurzfilm /
UNICEF Special Prize for the best short film

Portlys Hut
PORTLY'S HAT
Großbritannien / *Great Britain* 1992
Regie / *Director:* Loraine Marshall

RINNSTEINPIRATEN
Gutter Pirates
Deutschland / *Germany* 1993
Regie / *Director:* Christina Schindler
Preis der Kinderjury / *Children's Jury Prize*

Rotkäppchen
RED RIDING HOOD
USA / *USA* 1992
Regie / *Director:* Virginia Wilkos

Sauer macht lustig
SOUR DEATH BALLS
USA / *USA* 1992
Regie / *Director:* Jessica Yu

Solo für Mond und Wolf
Solo for the Moon and a Wolf
SOLO DLYA LUNY I VOLKA
Russland / *Russia* 1991
Regie / *Director:* Alexander Gorlenko

Wahre Freunde
TRUE FRIEND
Großbritannien / *Great Britain* 1991
Regie / *Director:* Graham Ralph

1994

Spielfilme/
Feature Films

**Auf der Suche
nach dem Glück**
*Searching for
Happiness*
XING YUNG SOU SOU
Volksrepublik China/
People's Republic of China 1992
Regie/*Director:* Luo Xiaoling

Brot und Poesie
Bread and Poetry
NAN VA SHER
Iran/*Iran* 1993
Regie/*Director:* Kiumars Poorahmad
Lobende Erwähnung der UNICEF-Jury/
UNICEF Jury Special Mention

Der goldene Ball
The Golden Ball
LE BALLON D'OR
Frankreich, Guinea/*France, Guinea* 1993
Regie/*Director:* Cheik Doukouré
Zweiter Preis der Kinderjury/*Children's Jury Second Prize*

Kalle und die Engel
Kalle and the Angels
KALLE OG ENGLENE
Norwegen, Schweden/*Norway, Sweden* 1993
Regie/*Director:* Ole Bjørn Salvesen
(siehe auch Seite 144/*refer to page 145*)

KARAKUM

Karakum
Deutschland, Turkmenistan/
Germany, Turkmenistan 1992/93
Regie/*Director:* Arend Agthe
UNICEF-Preis/*UNICEF Prize*

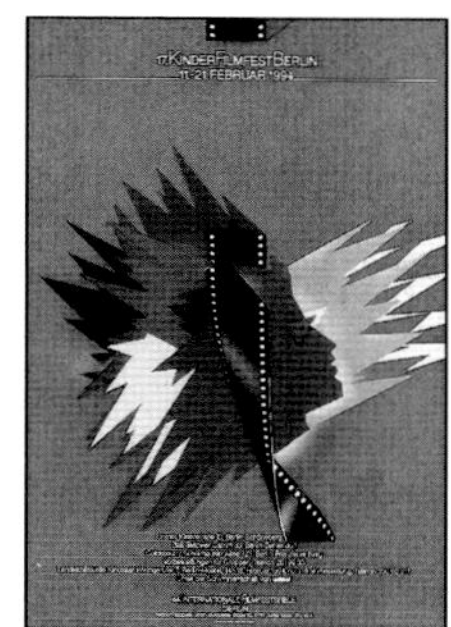

Der kleine Poet
Loving Hearts
LAVANYA PREETI
Indien/*India* 1993
Regie/*Director:* Apurva Kishore Bir

Die letzten kalten Tage
The Last Cold Days
POSLEDNIYE KHOLODA
Kasachstan/*Kazakhstan* 1993
Regie/*Director:* Bulat Iskakov, Bulat Kalymbetov
Lobende Erwähnung der Kinderjury/
Children's Jury Special Mention

Matilda Bell
NO WORRIES
Australien, Großbritannien/*Australia, Great Britain* 1993
Regie/*Director:* David Elfick
Gläserner Bär/*Crystal Bear*
(siehe auch Seite 142/*refer to page 143*)

Mein Bruder Benjamin
Dreams of Innocence
HASIPOR SHEMATCHIL BEHALVIYA SHEL NACHASH
Israel/*Israel* 1993
Regie/*Director:* Dina Zvi Riklis

Sarah siegt
Sarahsarà
SARAHSARÀ
Italien/*Italy* 1993
Regie/*Director:* Renzo Martinelli

Der Schwätzer
An Innocent Babbler
ZA ZUI ZI
Volksrepublik China/*People's Republic of China* 1992
Regie/*Director:* Liu Miaomiao

Die Störche kehren immer zurück
The Storks Always Return
A GÓLYÁK MINDIG VISSZATÉRNEK
Ungarn/*Hungary* 1992/93
Regie/*Director:* Tibor Puszt

Kurzfilme / *Short Films*

Binke kann nicht fliegen
Binkey Can't Fly
BINKE KAN INTE FLYGA
Schweden / *Sweden* 1992
Regie / *Director:* Lennart Gustafsson
Gläserner Bär / *Crystal Bear*
UNICEF-Spezialpreis für den besten Kurzfilm /
UNICEF Special Prize for the best short film

Die Flunder
The Flounder
FLYNDRA
Norwegen / *Norway* 1993
Regie / *Director:* Øivind S. Jorfald

Guten Morgen
Good Morning
S DOBRIM UTRAM
Russland / *Russia* 1992
Regie / *Director:* A. Ushakov

Hagelbäcks Mittagspause
Hagelbäck's Lunch Break
HAGELBÄCKS MATRAST
Schweden / *Sweden* 1993
Regie / *Director:* Johan Hagelbäck

Das Haus
A House
OUCHI
Japan / *Japan* 1993
Regie / *Director:* Koji Yamamura

Die kleine Grille singt ihr Lied
THE VERY QUIET CRICKET
Großbritannien / *Great Britain* 1993
Regie / *Director:* Andrew Goff

LUZIE TAUCHT UNTER
Luzie Goes Underground
Deutschland / *Germany* 1993
Regie / *Director:* Barbara Kirchner, Alexandra Schatz

Max macht Musik
MUSICAL MAX
USA / *USA* 1993
Regie / *Director:* Virginia Wilkos

Rottässchen
Little Red Cup
TSCHERWONA TSCHASCHETSCHKA
Ukraine / *Ukraine* 1993
Regie / *Director:* Constantin Baranov

Traum-Lok
DREAM EXPRESS
Großbritannien / *Great Britain* 1990
Regie / *Director:* Jimmy Murakami
(Außer Konkurrenz / *Out of Competition*)

1995

Spielfilme / *Feature Films*

Emil und der kleine Skundi
Sky Palace
SKYJAHÖLLIN
Island, Deutschland, Dänemark / *Iceland, Germany, Denmark* 1994
Regie / *Director:* Thorsteinn Jónsson

Der Junge aus der Steppe
Heritage
ÖV
Mongolei / *Mongolia* 1993
Regie / *Director:* Badamsuren Nagnaidorj

Die Kindheit des Akkordeonspielers
Biography of a Young Accordion Player
KÖZIMNIN KARASY
Kasachstan / *Kazakhstan* 1994
Regie / *Director:* Satybaldy Narymbetov

Krähen

Crows
WRONY
Polen / *Poland* 1994
Regie / *Director:* Dorota Kędzierzawska
UNICEF-Preis / *UNICEF Prize*
Lobende Erwähnung der Kinderjury /
Children's Jury Special Mention
(siehe auch Seite 152 / *refer to page 153*)

Die Schwanenprinzessin

THE SWAN PRINCESS
USA / *USA* 1994
Regie / *Director:* Richard Rich
(Außer Konkurrenz / *Out of Competition*)

Sixten

Sixten
SIXTEN
Schweden / *Sweden* 1994
Regie / *Director:* Catti Edfeldt

Taschen-Dieb

The Purse-Snatcher
DE TASJESDIEF
Niederlande / *Netherlands* 1994 / 95
Regie / *Director:* Maria Peters
Gläserner Bär / *Crystal Bear*
(siehe auch Seite 150 / *refer to page 151*)

Tick Tack

Tick Tack
TICK TACK
Iran / *Iran* 1994
Regie / *Director:* Mohammad-Ali Talebi

Der verrückte Affenkrieg

The Monkeys and the Secret Weapon
ABERNE OG DET HEMMELIGE VÅBEN
Dänemark / *Denmark* 1995
Regie / *Director:* Jannik Hastrup

Kurzfilme / *Short Films*

Das Auto

Rescue Team – The Car
AVARIJAS BRIGADE-AUTO
Lettland / *Latvia* 1994
Regie / *Director:* Janis Cimermanis

Eine kleine Reise

A Little Journey
HIROSHI KUN WA SORA GA SUKI
Japan / *Japan* 1994
Regie / *Director:* Renzo Kinoshita

Der Juwelenberg

Jewel Mountain
KUH-E JAVAHER
Iran / *Iran* 1994
Regie / *Director:* Abdollah Alimorad
Lobende Erwähnung der UNICEF-Jury /
UNICEF Jury Special Mention

Kurz vorm Schlafengehen

A LITTLE ROUTINE
USA / *USA* 1994
Regie / *Director:* George Griffin

Das rebellische Alphabet

The Rebellious Alphabet
DET OPPRØRSKE ALFABETET
Norwegen / *Norway* 1994
Regie / *Director:* Øivind S. Jorfald

Der Töpfer

The Potter
KOUZEH GAR
Iran / *Iran* 1994
Regie / *Director:* Safar-Ali Asharzadeh

Über dem Regenbogen

Birdland – Over the Rainbow
BIRDLAND – OVER THE RAINBOW
Dänemark / *Denmark* 1994
Regie / *Director:* Jannik Hastrup

Wir fliegen
Munk and Lemmy – Let's Fly
MUNKS UN LEMIJS – LIDOJAM
Lettland / *Latvia* 1994
Regie / *Director:* Nils Skapans
Gläserner Bär / *Crystal Bear*

Zurücklehnen
Leaning Backwards
LUTNING
Schweden / *Sweden* 1994
Regie / *Director:* Eva Lindström
UNICEF-Spezialpreis für den besten Kurzfilm /
UNICEF Spezial Prize for the best short film

1996

Spielfilme /
Feature Films

Allein in Kanton
An Uygur Boy in Canton
GUANGZHOU LAILE
YIGE XINJIANG
Volksrepublik China /
People's Republic of China 1995
Regie / *Director:* Wang Jin

Anton
The Flyer
ANTON
Dänemark / *Denmark* 1995
Regie / *Director:* Aage Rais
Lobende Erwähnung der UNICEF-Jury /
UNICEF Jury Special Mention

Belma
Belma
BELMA
Dänemark, Schweden / *Denmark, Sweden* 1995
Regie / *Director:* Lars Hesselholdt
(siehe auch Seite 160 / *refer to page 161*)

Benjamin, die Taube
Benjamin Dove
BENJAMIN DÚFA
Island, Deutschland, Schweden /
Iceland, Germany, Sweden 1995
Regie / *Director:* Gísli Snær Erlingsson

Bonjour Timothy
BONJOUR TIMOTHY
Neuseeland, Kanada / *New Zealand, Canada* 1995
Regie / *Director:* Wayne Tourell
Lobende Erwähnung der Kinderjury /
Children's Jury Special Mention

Der Fremde
The Stranger
MUO SHENG REN
Volksrepublik China /
People's Republic of China 1995
Regie / *Director:* Huang Jun

Die Geschwister aus den Bergen
Brother and Sister from the Mountains
YUAN SHAN JIE DI
Volksrepublik China / *People's Republic of China* 1991
Regie / *Director:* Chen Li
(Außer Konkurrenz / *Out of Competition*)

Herr der Elefanten
The Elephant Master
MAÎTRE DES ÉLÉPHANTS
Frankreich, Spanien / *France, Spain* 1995
Regie / *Director:* Patrick Grandperret

Der Junge, der nicht mehr sprechen wollte
The Boy Who Stopped Talking
DE JONGEN DIE NIET MEER PRAATTE
Niederlande / *Netherlands* 1995
Regie / *Director:* Ben Sombogaart
UNICEF-Preis / *UNICEF Prize*

Keine Angst vorm Fliegen
Watch Me Fly
TØSEPIGER
Dänemark / *Denmark* 1995
Regie / *Director:* Vibeke Gad

Die Kinder der Tafelrunde
KIDS OF THE ROUND TABLE
Kanada / *Canada* 1995
Regie / *Director:* Robert Tinnell

Das Märchen von den drei Juwelen
Tale of the Three Jewels
HIKAYAT ALJAWAHER ATHALATH
Großbritannien, Belgien / *Great Britain, Belgium* 1995
Regie / *Director:* Michel Khleifi

Mein Freund Joe
MY FRIEND JOE
Deutschland, Irland, Großbritannien /
Germany, Ireland, Great Britain 1995
Regie / *Director:* Chris Bould
Gläserner Bär / *Crystal Bear*
(siehe auch Seite 158 / *refer to page 159*)

Der weiße Ballon
The White Balloon
BADKONAK-E SEFID
Iran / *Iran* 1995
Regie / *Director:* Jafar Panahi

Kurzfilme / *Short Films*

Bodil – der Film
Bodil – The Film
FILMEN OM BODIL
Norwegen / *Norway* 1995
Regie / *Director:* Linda Madsen

Bulten... Saubere Banditen
Bolt ... the Clean Bandits
BULTEN ...RENA BANDITERNA
Schweden / *Sweden* 1996
Regie / *Director:* Lennart und Ylva-Li Gustafsson

Denen zeig ich's!
Showing Them
AMART SHE'TARI
Israel / *Israel* 1992
Regie / *Director:* Sivan Arbel
(Außer Konkurrenz / *Out of Competition*)

Der Einsiedlerkrebs
The Shelter
EREMITTKREPSEN
Norwegen / *Norway* 1995
Regie / *Director:* Tove Cecilie Sverdrup

Frosch, wo bist du?
FROG, WHERE ARE YOU?
USA / *USA* 1994
Regie / *Director:* Gary Templeton

**Die Geschichte von den Flopsy Bunnies
und Mrs. Tittlemouse**
THE TALE OF THE FLOPSY BUNNIES AND MRS. TITTLEMOUSE
Großbritannien / *Great Britain* 1995
Regie / *Director:* Dave Unwin
(Außer Konkurrenz / *Out of Competition*)

Ich und die Giraffen
Me and the Giraffes
JAG OCH GIRAFFERNA
Schweden / *Sweden* 1995
Regie / *Director:* Lennart und Ylva-Li Gustafsson

Kinokarte
The Cinema Ticket
KINOBILLETTEN
Norwegen / *Norway* 1995
Regie / *Director:* Gunnar Vikene

Der Mönch und der Fisch
The Monk and the Fish
LE MOINE ET LE POISSON
Frankreich / *France* 1994
Regie / *Director:* Michael Dudok de Wit

Nickels
NICKELS
USA / *USA* 1995
Regie / *Director:* Van Spaulding

Der Pilger
The Pilgrim
STRANNIK
Russland / *Russia* 1995
Regie / *Director:* Agamurad Amanov

Das Schränkchen
Little Tower Room
TEREMOK
Russland / *Russia* 1995
Regie / *Director:* Sergey Kositsyn

Überdosis
OVERDOSE
Kanada / *Canada* 1994
Regie / *Director:* Claude Cloutier

Das vergessene Spielzeug
THE FORGOTTEN TOYS
Großbritannien / *Great Britain* 1995
Regie / *Director:* Graham Ralph
Gläserner Bär / *Crystal Bear*
UNICEF-Spezialpreis für den besten Kurzfilm /
UNICEF Spezial Prize for the best short film

Zwei Elefanten
Two Elephants
DVA SLONI
Tschechische Republik / *Czech Republic* 1994
Regie / *Director:* Ondřej Pecha

1997

Spielfilme /
Feature Films

Das Auge des Adlers
Eye of the Eagle
ØRNENS ØJE
Dänemark / *Denmark* 1996
Regie / *Director:* Peter Flinth
(siehe auch Seite 166 /
refer to page 167)

Bokuchans Kampf
Bokuchan's Battlefield
BOKUCHAN NO SENJOU
Japan / *Japan* 1985
Regie / *Director:* Yutaka Osawa
(Retrospektive / *Retrospective*)
(siehe auch Seite 80 / *refer to page 81*)

Busters Welt
The World of Buster
BUSTERS VERDEN
Dänemark / *Denmark* 1984
Regie / *Director:* Bille August
(Retrospektive / *Retrospective*)
(siehe auch Seite 70 / *refer to page 71*)

DIZZY, LIEBER DIZZY
Dizzy, Dear Dizzy
Deutschland / *Germany* 1995
Regie / *Director:* Steffi Kammermeier

Ein Sack Reis
Bag of Rice
KISEJE BERENDJ
Japan, Iran / *Japan, Iran* 1996
Regie / *Director:* Mohammad-Ali Talebi

Die Federtasche
Oh, Sweet Snow
OH, XIANGXUE
Volksrepublik China / *People's Republic of China* 1989
Regie / *Director:* Wang Haowei
(Retrospektive / *Retrospective*)

DER FLUG DES ALBATROS
Flight of the Albatross
Deutschland, Neuseeland / *Germany, New Zealand* 1995
Regie / *Director:* Werner Meyer
Gläserner Bär / *Crystal Bear*

Der ganze Mond
THE WHOLE OF THE MOON
Kanada, Neuseeland / *Canada, New Zealand* 1995
Regie / *Director:* Ian Mune
Lobende Erwähnung der Kinderjury /
Children's Jury Special Mention
(siehe auch Seite 168 / *refer to page 169*)

HASENHERZ
The Coward
DDR / *GDR* 1987
Regie / *Director:* Gunter Friedrich
(Retrospektive / *Retrospective*)
(siehe auch Seite 96 / *refer to page 97*)

Ich habe auch einen Papa
I Have A Daddy Too
WO YE YOU BA BA
Volksrepublik China / *People's Republic of China* 1996
Regie / *Director:* Huang Shuqin
Lobende Erwähnung der UNICEF-Jury /
UNICEF Jury Special Mention

Im Gully
A Gutter
KRATKA
Polen / *Poland* 1996
Regie / *Director:* Paweł Łoziński
Lobende Erwähnung der UNICEF-Jury /
UNICEF Jury Special Mention

Imûhar „Eine Legende"
Imûhar "A Legend"
IMÛHAR „UNE LÉGENDE"
Frankreich / *France* 1996
Regie / *Director:* Jacques Dubuisson

Das Kätzchen
The Little Cat
KOTJONOK
Russland / *Russia* 1996
Regie / *Director:* Iwan Popow

Kannst du pfeifen, Johanna
Wanted: Grandfather
KAN DU VISSLA JOHANNA?
Schweden / *Sweden* 1994
Regie / *Director:* Rumle Hammerich
UNICEF-Preis / *UNICEF Prize*

Krähen
Crows
WRONY
Polen / *Poland* 1994
Regie / *Director:* Dorota Kędzierzawska
(Retrospektive / *Retrospective*)
(siehe auch Seite 152 / *refer to page 153*)

LORENZ IM LAND DER LÜGNER
Lorenz in the Land of Liars
Deutschland, Luxemburg / *Germany, Luxemburg* 1996
Regie / *Director:* Jürgen Brauer

Lukas
Luke
LUKÁŠ
ČSSR / *Czechoslovakia* 1982
Regie / *Director:* Otakar Kosek
(Retrospektive / *Retrospective*)
(siehe auch Seite 56 / *refer to page 57*)

Maja Steingesicht
Maya Stoneface
MAJA STEINANSIKT
Norwegen / *Norway* 1996
Regie / *Director:* Lars Berg

Manganinnie
MANGANINNIE
Australien / *Australia* 1980
Regie / *Director:* John Honey
(Retrospektive / *Retrospective*)
(siehe auch Seite 38 / *refer to page 39*)

Meisterdetektiv Kalle Blomquist lebt gefährlich
The Master Detective Lives Dangerously
KALLE BLOMKVIST – MÄSTERDETEKT VEN LEVER FARLIGT
Schweden / *Sweden* 1996
Regie / *Director:* Göran Carmback

Mister Weltuntergang
THE END OF THE WORLD MAN
Nordirland / *Northern Ireland* 1985
Regie / *Director:* Bill Miskelly
(Retrospektive / *Retrospective*)
(siehe auch Seite 78 / *refer to page 79*)

Die Puppe
The Doll
KUKOLKA
UdSSR / *USSR* 1988
Regie / *Director:* Isaak Fridberg
(Retrospektive / *Retrospective*)
(siehe auch Seite 104 / *refer to page 105*)

Das Taschenmesser
The Penknife
HET ZAKMES
Niederlande / *Netherlands* 1991
Regie / *Director:* Ben Sombogaart
(Retrospektive / *Retrospective*)
(siehe auch Seite 128 / *refer to page 129*)

Tic Tac
Tic Tac
TIC TAC
Spanien / *Spain* 1997
Regie / *Director:* Rosa Vergés

Kurzfilme / *Short Films*

Aprikosen
Apricots
APRIKOSER
Schweden / *Sweden* 1996
Regie / *Director:* Lotta und Uzi Geffenblad

Dinner for Two
DINNER FOR TWO
Kanada / *Canada* 1996
Regie / *Director:* Janet Perlman
UNICEF-Spezialpreis für den besten Kurzfilm /
UNICEF Spezial Prize for the best short film

Eigentor
Personal Goals
GOAL ATZMI
Israel / *Israel* 1996
Regie / *Director:* Ran Carmeli

Die Flaschenbirne
THE PEAR BOTTLE
Irland / *Ireland* 1996
Regie / *Director:* John Paul Tansey

Die große Reise
The Great Migration
LA GRANDE MIGRATION
Frankreich / *France* 1995
Regie / *Director:* Iouri Tcherenkov
Gläserner Bär / *Crystal Bear*

Ozonfisch
Ozone Fish
OZONFISK
Norwegen / *Norway* 1996
Regie / *Director:* Ingebjørg Torgersen
Lobende Erwähnung der Kinderjury /
Children's Jury Special Mention

Der Trickfilmmacher
THE ANIMATOR
Großbritannien / *Great Britain* 1996
Regie / *Director:* Cadi, Linnhe und Bryony Catlow

Wenn ich groß bin, möchte ich ein Tiger sein
WHEN I GROW UP I WANT TO BE A TIGER
Deutschland, Großbritannien / *Germany, Great Britain* 1996
Regie / *Director:* An Vrombaut

ZUGVÖGEL
Birds of Passage
Deutschland / *Germany* 1997
Regie / *Director:* Christina Schindler

1998

Spielfilme /
Feature Films

Dannys Mutprobe
THE CLIMB
Frankreich, Neuseeland /
France, New Zealand 1997
Regie / *Director:* Bob Swaim
UNICEF-Preis / *UNICEF Prize*

Ich hätte Nein sagen können
Truth or Dare
SANNING ELLER KONSEKVENS
Schweden, Finnland / *Sweden, Finland* 1997
Regie / *Director:* Christina Olofson
Lobende Erwähnung der Kinderjury /
Children's Jury Special Mention
(siehe auch Seite 176 / *refer to page 177*)

Kalle Blomquist und Rasmus
The Master Detective and Rasmus
KALLE BLOMKVIST OCH RASMUS
Schweden / *Sweden* 1997
Regie / *Director:* Göran Carmback

Karnickelohren
Apple Rabbit Ears
RINGO-NO USAGI
Japan / *Japan* 1997
Regie / *Director:* Koji Kobayashi

Kayla
KAYLA
Kanada, Deutschland / *Canada, Germany* 1997
Regie / *Director:* Nicholas Kendall

Mit den Vögeln sprechen
Talking With Birds
RAZGOVOR S PTIZZI
Bulgarien, Russland / *Bulgaria, Russia* 1997
Regie / *Director:* Roumiana Petkova

Ms. Bear
MS. BEAR
Kanada, Deutschland / *Canada, Germany* 1997
Regie / *Director:* Paul Ziller

Wenn Mama nach Hause kommt ...
On Our Own ...
NÅR MOR KOMMER HJEM ...
Dänemark / *Denmark* 1998
Regie / *Director:* Lone Scherfig

Wo der Elefant sitzt
WHERE THE ELEPHANT SITS
USA / *USA* 1997
Regie / *Director:* Mark Lowenthal
Gläserner Bär / *Crystal Bear*
(siehe auch Seite 174 / *refer to page 175*)

Kurzfilme / *Short Films*

Ein Tag im Leben eines Kuckucks in der Uhr
One Day in the Life of a Clock Cuckoo
JEDEN DZIEŃ Z ŻCIA KUKULKI ZEGAROWEJ
Polen / *Poland* 1996
Regie / *Director:* Longin Szmyd

Gutenachtgeschichte
Good Night
DOBRANOCKA
Polen / *Poland* 1996
Regie / *Director:* Daniel Szczechura

Hände hoch
Hands Up
HÆNDERNE OP
Dänemark / *Denmark* 1997
Regie / *Director:* Morten Henriksen
Gläserner Bär / *Crystal Bear*

Der heilige Finger
The Holy Finger
DEN HELLIGE FINGER
Norwegen / *Norway* 1996
Regie / *Director:* Øivind S. Jorfald

Junge Hunde zu verkaufen
PUPPIES FOR SALE
USA / *USA* 1997
Regie / *Director:* Ron Krauss

Die Kiste
The Chest
KISTEN
Norwegen / *Norway* 1997
Regie / *Director:* Jan Konings
Lobende Erwähnung der Kinderjury /
Children's Jury Special Mention

Nach dem Sturm
WHEN THE DUST SETTLES
Kanada / *Canada* 1997
Regie / *Director:* Louise Johnson

DER NACHTKRAPP
The Nightfright
Deutschland / *Germany* 1997
Regie / *Director:* Heidi Kull

Otto
Otto
OTTO
Schweden / *Sweden* 1997
Regie / *Director:* Jonas Odell, Stig Bergqvist
UNICEF-Spezialpreis für den besten Kurzfilm /
UNICEF Spezial Prize for the best short film

Ray und Lalo, zwei Ameisen in Action
RANT
USA / *USA* 1997
Regie / *Director:* Mary Siceloff

Samb und der Kommissar
Samb and the Superintendent
SAMB ET LE COMMISSAIRE
Schweiz / *Switzerland* 1997
Regie / *Director:* Olivier Sillig
Lobende Erwähnung der UNICEF-Jury /
UNICEF Jury Special Mention

1999

Spielfilme / *Feature Films*

Der Ball
The Ball
DE BAL
Belgien, Niederlande,
Deutschland / *Belgium,*
Netherlands, Germany 1998
Regie / *Director:* Dany Deprez

DIE 3 POSTRÄUBER
The 3 Mail Robbers
Österreich / *Austria* 1998
Regie / *Director:* Andreas Prochaska

Der Junge und der Luchs
Tommy and the Wildcat
POIKA JA ILVES
Finnland, Dänemark, Luxemburg /
Finland, Denmark, Luxembourg 1998
Regie / *Director:* Raimo O. Niemi

Madelief – das Zeichen auf dem Tisch
Scratches on the Table
MADELIEF: KRASSEN IN HET TAFELBLAD
Niederlande / *Netherlands* 1998
Regie / *Director:* Ineke Houtman
Lobende Erwähnung der Internationalen Jury /
International Jury Special Mention

Missing Link
Missing Link
MISSING LINK
Niederlande, Deutschland, Belgien /
Netherlands, Germany, Belgium 1998
Regie / *Director:* Ger Poppelaars

Mutterliebe
Maternal Love
MEHR-E MAADARY
Iran / *Iran* 1998
Regie / *Director:* Kamal Tabrizi
Großer Preis des Deutschen Kinderhilfswerkes /
Deutsches Kinderhilfswerk Grand Prix

Nur Wolken können die Sterne bewegen
Only Clouds Move the Stars
BARE SKYER BEVEGER STJERNENE
Norwegen / *Norway* 1998
Regie / *Director:* Torun Lian
Lobende Erwähnung der Kinderjury /
Children's Jury Special Mention

Ole Alexander Filibom-Bom-Bom
Ollie Alexander Tiddly-Om-Pom-Pom
OLE ALEKSANDER FILIBOM-BOM-BOM
Norwegen / *Norway* 1998
Regie / *Director:* Anne-Marie Nørholm

Petes Meteor
PETE'S METEOR
Irland / *Ireland* 1998
Regie / *Director:* Joe O'Byrne
Lobende Erwähnung der Kinderjury /
Children's Jury Special Mention

Sternenkinder
Star Sisters
STJÄRNSYSTRAR
Schweden, Dänemark, Finnland, Norwegen /
Sweden, Denmark, Finland, Norway 1998
Regie / *Director:* Tobias Falk

Süße Gaben
THE SWEETEST GIFT
Kanada / *Canada* 1997
Regie / *Director:* Stuart Margolin

The Tic Code
THE TIC CODE
USA / *USA* 1997
Regie / *Director:* Gary Winick
Gläserner Bär / *Crystal Bear*
Großer Preis des Deutschen Kinderhilfswerkes /
Deutsches Kinderhilfswerk Grand Prix
(siehe auch Seite 182 / *refer to page 183*)

Das Treffen der Dämonen
The Demons' Meeting
A REUNIÃO DOS DEMÔNIOS
Brasilien / *Brasil* 1998
Regie / *Director:* Antonio Cecilio Neto

Wer, wenn nicht wir
Who Else if Not Us
KTO, ESLI NE MIJ
Russland / *Russia* 1999
Regie / *Director:* Valerij Prijomichov
(siehe auch Seite 184 / *refer to page 185*)

ZWEI IN EINEM BOOT
Two in One Boat
Deutschland / *Germany* 1998
Regie / *Director:* Cornelia Grünberg

Kurzfilme / *Short Films*

Die Apartment-Katze
The Apartment Cat
LE CHAT D'APPARTEMENT
Frankreich / *France* 1998
Regie / *Director:* Sarah Roper
Lobende Erwähnung der Internationalen Jury /
International Jury Special Mention

Aquarium
Aquarium
AQUARIUM
Israel / *Israel* 1998
Regie / *Director:* Natalie Kaplan

Der Bär
THE BEAR
Großbritannien / *Great Britain* 1998
Regie / *Director:* Hilary Audus

Charlotje
Charlotje
CHARLOTJE
Belgien / *Belgium* 1998
Regie / *Director:* Lien Willaert

Chips
Chips
TSIPS
Griechenland / *Greece* 1998
Regie / *Director:* Kostas Machairas

Chrysantheme
CHRYSANTHEMUM
USA / *USA* 1998
Regie / *Director:* Virginia Wilkos

Der erste Schnee
THE FIRST SNOW OF WINTER
Großbritannien / *Great Britain* 1998
Regie / *Director:* Graham Ralph
(Außer Konkurrenz / *Out of Competition*)

Die Fliegensuppe
The Flysoup
FLUGSOPPAN
Schweden / *Sweden* 1999
Regie / *Director:* Lennart und Ylva-Li Gustafsson
Lobende Erwähnung der Kinderjury /
Children's Jury Special Mention

MARVELLOUS MILLY
Marvellous Milly
Deutschland / *Germany* 1998
Regie / *Director:* Alexandra Schatz

Muster
PATTERNS
Irland / *Ireland* 1998
Regie / *Director:* Kirsten Sheridan

Sancta Mortale
Sancta Mortale
SANCTA MORTALE
Belgien / *Belgium* 1998
Regie / *Director:* Ilse Somers

Seepferdchen
Sea Horses
SUSEI YAM
Israel / *Israel* 1998
Regie / *Director:* Nir Bergman

Der Spiegel des Himmels
In the Mirror of the Sky
EN EL ESPEJO DEL CIELO
Mexiko / *Mexico* 1998
Regie / *Director:* Carlos Salces
Spezialpreis des Deutschen Kinderhilfswerkes für den
besten Kurzfilm / *Deutsches Kinderhilfswerk Special Prize
for best short film*

Striptease
Striptease
STRIPTEASE
Israel / *Israel* 1998
Regie / *Director:* Amnon Kotler

Theis und Nico
Theis and Nico
BROR, MIN BROR
Dänemark / *Denmark* 1998
Regie / *Director:* Henrik Ruben Genz
Gläserner Bär / *Crystal Bear*
Lobende Erwähnung der Internationalen Jury /
International Jury Special Mention

2000

Spielfilme /
Feature Films

**Das ausgelassene Trio
und der geheimnisvolle
Mr. X**
*Adventures of the
Hilarious Trio*
ZUKKOKE SANNIN
GUMI-KAITO X MONOGATARI
Japan / *Japan* 1998
Regie / *Director:* Tsutomu Kashima

Blinker
Blinker
BLINKER
Belgien / *Belgium* 1999
Regie / *Director:* Filip Van Neyghem

Drei Brüder
Three Brothers
TRI BRATA
Kasachstan, Japan / *Kazakhstan, Japan* 1999
Regie / *Director:* Serik Aprymov

Die Farbe des Paradieses
The Colour of Paradise
RANG-E-KHODA
Iran / *Iran* 1999
Regie / *Director:* Majid Majidi

Das Geheimnis des Mr. Rice
MR. RICE'S SECRET
Kanada / *Canada* 1999
Regie / *Director:* Nicholas Kendall
Lobende Erwähnung der Kinderjury /
Children's Jury Special Mention

Krümelchen
Little Crumb
KRUIMELTJE
Niederlande, Belgien / *Netherlands, Belgium* 1999
Regie / *Director:* Maria Peters
(Sondervorführung / *Special Screening*)

Das Mädchen in den Turnschuhen
The Girl in the Sneakers
DOKHTARI BA KAFSH-HAYE-KATANI
Iran / *Iran* 1999
Regie / *Director:* Rassul Sadr-Ameli
Lobende Erwähnung der Internationalen Jury /
International Jury Special Mention
(siehe auch Seite 192 / *refer to page 193*)

Der Mann aus Stahl
Man of Steel
MAN VAN STAAL
Belgien / *Belgium* 1999
Regie / *Director:* Vincent Bal
Großer Preis des Deutschen Kinderhilfswerkes /
Deutsches Kinderhilfswerk Grand Prix

Manolito, die Brillenschlange
Manolito Four Eyes
MANOLITO GAFOTAS
Spanien / *Spain* 1999
Regie / *Director:* Miguel Albaladejo
Lobende Erwähnung der Internationalen Jury /
International Jury Special Mention

Petterson und Findus

Pettson & Findus – The Cat and the Old Man's Year
PETTSON & FINDUS – KATTEN OCH GJBBENS ÅR
Schweden, Deutschland / *Sweden, Germany* 1999
Regie / *Director:* Albert Hanan Kaminski

Sherdil

Sherdil
SHERDIL
Schweden / *Sweden* 1999
Regie / *Director:* Gita Mallik

Tsatsiki, Mama und der Polizist

Tsatsiki, Mum and the Policeman
TSATSIKI, MORSAN OCH POLISEN
Schweden, Norwegen, Dänemark /
Sweden, Norway, Denmark 1999
Regie / *Director:* Ella Lemhagen
Gläserner Bär / *Crystal Bear*
Großer Preis des Deutschen Kinderhilfswerkes /
Deutsches Kinderhilfswerk Grand Prix
(siehe auch Seite 190 / *refer to page 191*)

Kurzfilme / *Short Films*

Am Anfang war es dunkel ...

First It Was Dark ...
FÖRST VAR DET MÖRKT ...
Schweden / *Sweden* 1999
Regie / *Director:* Gun Jacobson, Anna Höglund

Die Berufung

THE CALLING
Australien / *Australia* 1998
Regie / *Director:* Lisa Chambers

BIG CAT LITTLE CAT

Big Cat Little Cat
Deutschland / *Germany* 1999
Regie / *Director:* Alexandra Schatz

Flucht in die Nacht

Into the Night
NATTFLYKT
Finnland / *Finland* 1999
Regie / *Director:* Klaus Härö
Lobende Erwähnung der Kinderjury /
Children's Jury Special Mention

Das Frühstück

THE BREAKFAST
Irland / *Ireland* 1998
Regie / *Director:* Peter Sheridan
Lobende Erwähnung der Internationalen Jury /
International Jury Special Mention

Der König, der mehr wollte als eine Krone

The King Who Wanted More Than a Crown
KONGEN SOM VILLE HA MER ENN EN KRONE
Norwegen / *Norway* 1999
Regie / *Director:* Randall Meyers, Anita Killi
Spezialpreis des Deutschen Kinderhilfswerkes für den
besten Kurzfilm / *Deutsches Kinderhilfswerk Special Prize
for the best short film*

Der Kuckuck, Herr Edgar!

Cuckoo, Mr. Edgar!
COUCOU, MONSIEUR EDGAR!
Kanada / *Canada* 1999
Regie / *Director:* Pierre M. Trudeau

Der Teufel im Schrank

A Devil in the Closet
EN DJEVEL I SKAPET
Norwegen / *Norway* 1998
Regie / *Director:* Lars Berg
Gläserner Bär / *Crystal Bear*

TROMPE L'ŒIL

Trompe l'Œil
Deutschland / *Germany* 1999
Regie / *Director:* Ingo Panke

Die Vogelscheuche
Scarecrow
PUGALO
Russland / *Russia* 1999
Regie / *Director:* Alexander Kott
Spezialpreis des Deutschen Kinderhilfswerkes für den
besten Kurzfilm / *Deutsches Kinderhilfswerk Special Prize
for the best short film*

Zurück zur Stadt!
Going Back Home
TILBAGE TIL BYEN
Dänemark, Schweden / *Denmark , Sweden* 1999
Regie / *Director:* Michael W. Horsten
Lobende Erwähnung der Internationalen Jury /
International Jury Special Mention

2001

Spielfilme /
Feature Films

Ali Zaoua
Ali Zaoua
ALI ZAOUA
Marokko, Frankreich,
Belgien / *Morocco, France,
Belgium 2000*
Regie / *Director:* Nabil Ayouch
(siehe auch Seite 200 / *refer to page 201*)

Cirkeline – Käse und Liebe
Circleen – Mice and Romance
CIRKELINE – OST OG KÆRLIGHED
Dänemark / *Denmark* 2000
Regie / *Director:* Jannik Hastrup

Es gibt nur einen Jimmy Grimble
THERE'S ONLY ONE JIMMY GRIMBLE
Großbritannien / *Great Britain* 2000
Regie / *Director:* John Hay
Gläserner Bär / *Crystal Bear*
(siehe auch Seite 198 / *refer to page 199*)

Heidi
Heidi
HEIDI
Schweiz, Frankreich / *Switzerland, France* 2001
Regie / *Director:* Markus Imboden

Der Himmel fällt
The Sky is Falling
IL CIELO CADE
Italien / *Italy* 2000
Regie / *Director:* Andrea und Antonio Frazzi
Lobende Erwähnung der Internationalen Jury /
International Jury Special Mention

Ikíngut
Ikíngut
IKÍNGUT
Island, Norwegen, Dänemark /
Iceland, Norway, Denmark 2000
Regie / *Director:* Gísli Snær Erlingsson

Lloyd: das hässliche Kind
LLOYD: THE UGLY KID
USA / *USA* 2000
Regie / *Director:* Hector Barron

Mariken
Mariken
MARIKEN
Niederlande, Belgien / *Netherlands, Belgium* 2000
Regie / *Director:* André van Duren

Mirakel
Miracle
MIRAKEL
Dänemark / *Denmark* 2000
Regie / *Director:* Natasha Arthy

DER MISTKERL
The Bloody Nuisance
Deutschland / *Germany* 2000
Regie / *Director:* Andrea Katzenberger

Nagisa
Nagisa
NAGISA
Japan / *Japan* 2000
Regie / *Director:* Masaru Konuma
Großer Preis des Deutschen Kinderhilfswerkes /
Deutsches Kinderhilfswerk Grand Prix

Die Offenbarung des Taliesin Jones
THE TESTIMONY OF TALIESIN JONES
USA, Großbritannien / *USA, Great Britcin* 2000
Regie / *Director:* Martin Duffy
Lobende Erwähnung der Kinderjury /
Children's Jury Special Mention

Die wundersame Perle
The Magic Pearl
ANOKHA MOTI
Indien / *India* 2000
Regie / *Director:* Tapan Sinha

Zeit der trunkenen Pferde
A Time for Drunken Horses
ZAMANI BARAYÉ MASTI ASBHA
Iran / *Iran* 2000
Regie / *Director:* Bahman Ghobadi

Kurzfilme / *Short Films*

Das Fahrrad
Bicycle
OFANAIM
Israel / *Israel* 2000
Regie / *Director:* Ronen Menachem

Fröhliche Weihnachten, Rachid
Merry Christmas, Rachid
JOYEUX NOËL, RACHID
Belgien, Frankreich / *Belgium, France* 2000
Regie / *Director:* Sam Garbarski

Höher, höher, höher
Up Up Up
YHÄ YLÖSPÄIN
Finnland / *Finland* 2000
Regie / *Director:* Heikki Prepula

Kleiner Volltreffer
A LITTLE INSIDE
USA / *USA* 2000
Regie / *Director:* Kara Harshbarger

Lalia
Lalia
LALIA
Spanien / *Spain* 1999
Regie / *Director:* Silvia Munt
(Außer Konkurenz / *Out of Competition*)

Der letzte Ton
My Final Note
LA NOTA FINAL
Puerto Rico, Kuba / *Puerto Rico, Cuba* 2000
Regie / *Director:* Maite Rivera Carbonell
Lobende Erwähnung der Internationalen Jury /
International Jury Special Mention

Robbie, das Rentier und das große Rentierrennen
HOOVES OF FIRE
Großbritannien / *Great Britain* 2000
Regie / *Director:* Richard Goleszowski
Gläserner Bär / *Crystal Bear*
Spezialpreis des Deutschen Kinderhilfswerkes für den
besten Kurzfilm / *Deutsches Kinderhilfswerk Special Prize
for the best short film*

Der Rüpel tanzt
BULLY DANCE
Kanada / *Canada* 2000
Regie / *Director:* Janet Perlman

Sanzhyra

Sanzhyra
SANZHYRA
Russland, Kirgisien / *Russia, Kirghizia* 2001
Regie / *Director:* Nurbek Egen

Susanne Sillemann

Susanne Sillemann
SUSANNE SILLEMANN
Dänemark / *Denmark* 2000
Regie / *Director:* Cæcilia Holbek Trier

Die weiße Farbe

The Color White
O BRANCO
Brasilien / *Brasil* 2000
Regie / *Director:* Ángela Pires, Liliana Sulzbach
Lobende Erwähnung der Kinderjury /
Children's Jury Special Mention

Wenn die Berührung fehlt

LOSING TOUCH
Großbritannien / *Great Britain* 2000
Regie / *Director:* Sarah Gavron

2002

Spielfilme / *Feature Films*

Einschnitte

Scars
GLASSKÅR
Norwegen, Schweden /
Norway, Sweden 2001
Regie / *Director:* Lars Berg
Gläserner Bär / *Crystal Bear*
Großer Preis des Deutschen Kinderhilfswerkes /
Deutsches Kinderhilfswerk Grand Prix
(siehe auch Seite 206 / *refer to page 207*)

Hildegard

HILDEGARDE
Australien / *Australia* 2001
Regie / *Director:* Di Drew

HILFE, ICH BIN EIN JUNGE!

Help, I'm a Boy!
Deutschland / *Germany* 2001
Regie / *Director:* Oliver Dommenget

Die Kinder meiner Schwester

My Sister's Kids
MIN SØSTERS BØRN
Dänemark / *Denmark* 2001
Regie / *Director:* Tomas Villum Jensen

Kletter-Ida

Catch That Girl
KLATRETØSEN
Dänemark, Schweden, Norwegen /
Denmark, Sweden, Norway 2001
Regie / *Director:* Hans Fabian Wullenweber
Lobende Erwähnung der Kinderjury /
Children's Jury Special Mention
(siehe auch Seite 208 / *refer to page 209*)

Küken

Chick
CHOORI
Iran / *Iran* 2001
Regie / *Director:* Javad Ardakani

Minoes

Minoes
MINOES
Niederlande / *Netherlands* 2001
Regie / *Director:* Vincent Bal

Regina

Regina
REGÍNA
Island, Kanada, Norwegen / *Iceland, Canada, Norway* 2001
Regie / *Director:* María Sigurdardóttir

Die Reise nach Ottawa
A PASSAGE TO OTTAWA
Kanada / *Canada* 2001
Regie / *Director:* Gaurav Seth
Lobende Erwähnung der Kinderjury /
Children's Jury Special Mention

Send mehr Süßes
Send More Candy
SEND MERE SLIK
Dänemark, Schweden / *Denmark, Sweden* 2001
Regie / *Director:* Cæcilia Holbek Trier
Lobende Erwähnung der Internationalen Jury /
International Jury Special Mention

Virginias Rennen
VIRGINIA'S RUN
Kanada / *Canada* 2001
Regie / *Director:* Peter Markle

Kurzfilme / *Short Films*

ANDERS-ARTIG
Other-Wise
Deutschland / *Germany* 2001
Regie / *Director:*Christina Schindler

BALLETT IST AUSGEFALLEN
Ballet Was Cancelled
Deutschland / *Germany* 2001
Regie / *Director:* Anne Wild
Spezialpreis des Deutschen Kinderhilfswerkes für den
besten Kurzfilm / *Deutsches Kinderhilfswerk Special Prize
for the best short film*

Der Brief
The Letter
LIST
Polen / *Poland* 2001
Regie / *Director:* Denijal Hasanović
(Außer Konkurrenz / *Out of Competition*)

Bulten sucht einen Freund
A Friend For Bolt
BULTEN SÖKER EN KOMPIS
Schweden / *Sweden* 2001
Regie / *Director:* Lennart und Ylva-Li Gustafsson

Dornenhecke
The Hedge of Thorns
TORNEHEKKEN
Norwegen / *Norway* 2001
Regie / *Director:* Anita Killi
Lobende Erwähnung der Kinderjury /
Children's Jury Special Mention

Erste Liebe
First Love
PREMIER AMOUR
Belgien / *Belgium* 2001
Regie / *Director:* Bernard Garant

Katzen im Regen
Cats In The Rain
KOŠKI POD DOŽDEM
Russland / *Russia* 2001
Regie / *Director:* Alexej Demin

Klonkadonka!
Klonkadonka!
KLONKADONKA!
Schweden / *Sweden* 2001
Regie / *Director:* Adam Marko-Nord

Der Kuckuck Ulla
Ulla the Cuckoo
GÖKEN ULLA
Schweden / *Sweden* 2001
Regie / *Director:* Johan Hagelbäck

Liefertag
DELIVERY DAY
Australien / *Australia* 2001
Regie / *Director:* Jane Manning
Lobende Erwähnung der Kinderjury /
Children's Jury Special Mention
Lobende Erwähnung der Internationalen Jury /
International Jury Special Mention

Der Schatz des Maulwurfs
Mole's Treasure
MYYRÄN AARRE
Finnland / *Finland* 2001
Regie / *Director:* Tini Sauvo

Die Schöne im goldenen Wald
The Beauty of the Golden Wood
LA BELLE AJ BOIS D'OR
Frankreich / *France* 2001
Regie / *Director:* Bernard Palacios

Sintflut
The Flood
MABUL
Israel / *Israel* 2001
Regie / *Director:* Guy Nattiv
Gläserner Bär / *Crystal Bear*

Spiel im Krieg
WAR GAME
Großbritannien / *Great Britain* 2001
Regie / *Director:* Dave Unwin

Wenn du draußen bist
Outside – Looking In
MENS DU STÅR UTENFOR
Norwegen / *Norway* 2001
Regie / *Director:* Nina F. Grünfeld

Sondervorführung / *Special Screening*

Ronja, die Räubertochter
Ronia, the Robber's Daughter
RONJA RÖVARDOTTER
Schweden, Norwegen / *Sweden, Norway* 1984
Regie / *Director:* Tage Danielsson

Die Regisseure / *Director's Index* 1978 – 2002

256

Dank

Dieses Buch konnte nur entstehen, da sich Thomas Krüger, Präsident des Deutschen Kinderhilfswerkes, so vehement dafür eingesetzt hat. Durch sein Engagement wurden Mittel vom Deutschen Kinderhilfswerk, einem wichtigen Partner des Kinderfilmfestes, und dem Bundesverband Audiovisuelle Medien e.V. zur Finanzierung dieser Publikation bereitgestellt.

Wir danken dem Bundesverband Audiovisuelle Medien e.V., der nicht zum ersten Mal als Förderer des Kinderfilmfestes auftritt, für seine großzügige finanzielle Unterstützung.

Dank sei auch der Matthias Film gGmbH ausgesprochen, mit der das Kinderfilmfest seit Jahren konstruktiv zusammenarbeitet. Die Matthias Film gGmbH hat dazu beigetragen, dass dieses Buch finanziert werden konnte.

Gleichermaßen danken wir dem ZDF, der Redaktion Kinder und Jugend, die dem Kinderfilmfest sehr verbunden ist, für die Bereitstellung finanzieller Mittel.

Wir danken Ronald Trisch, der sich im richtigen Moment vermittelnd einsetzte und dadurch den Anstoß zur Realisierung dieses Buch-Projektes gegeben hat.

Herzlich zu danken ist Erika Rabau, deren Fotos viele Momente unvergessen gemacht haben. Ganz gleich ob sie zehn Minuten später am Flugplatz sein musste oder eine wichtige Pressekonferenz fotografisch zu dokumentieren hatte, sie war in allen entscheidenden Augenblicken des Kinderfilmfestes mit ihrer Kamera zur Stelle.

Unser Dank gilt auch Christel und Hans Strobel, die das Kinderfilmfest seit seinem Bestehen journalistisch begleitet haben, für die großzügige Bereitstellung von Fotos und die hilfreichen Informationen. Die von ihnen herausgegebene „KinderJugendfilmKorrespondenz" war eine wichtige Quelle für uns.

Dank an alle, die sich Zeit und Muße genommen haben, um im Gespräch noch einmal Rückschau zu halten auf wichtige Ereignisse des Kinderfilmfestes. Dabei danken wir besonders Gabriele Auensen-Borgelt, Andreas Crüsemann, Erika und Moritz de Hadeln, Manfred Hobsch, Barbara Krämer, Marianne Mielke, Friedemann Schuchardt, Gaby

Sikorski und Dagmar Ungureit. Auch Dieter Kosslick sei gedankt, der sich trotz des Stresses kurz vor Beginn seiner ersten Berlinale zu einem Interview bereit fand.

Zu danken haben wir Rotraut Greune und Helga Schubert für ihre schnellen Auskünfte und Uta Beth, die sich im Rundfunk immer für das Kinderfilmfest engagiert hat, für die Bereitstellung ihrer Interviews.

Der Landesbildstelle Berlin sei dafür gedankt, dass sie dem Kinderfilmfest die sorgfältig archivierten Materialien zu dessen 25-jähriger Geschichte überlassen hat.

Bildnachweis

Dario D'Antonio (4), Flop-Film (1), Hendrik Hedenius (1),
Barbara Hoffmann (2), Matthias Jankowiak (14),
Kinderfilm-Archiv München (14), Max Kullmann (18)
Landesarchiv Berlin (12), Yutaka Osawa (1)
Erika Rabau (21), Ronald Siemoneit (1)
Stiftung Deutsche Kinemathek (2)

Wir danken allen, die uns Fotos zur Verfügung gestellt haben, für ihre großzügige Hilfe. Nicht immer war es möglich, die Rechteinhaber der Abbildungen ausfindig zu machen. Berechtigte Ansprüche werden selbstverständlich im Rahmen der üblichen Vereinbarungen abgegolten.

Die Autorin

Barbara Felsmann, geboren 1956 in Berlin, arbeitet als freie Journalistin und Autorin, seit 1990 berichtet sie regelmäßig in Rundfunk und Printmedien über das Kinderfilmfest. 1992 veröffentlichte sie zusammen mit Karl Prümm das Buch „Kurt Gerron – Gefeiert und gejagt. Das Schicksal eines deutschen Unterhaltungskünstlers", 1999 gab sie gemeinsam mit Annett Gröschner das Buch „Durchgangszimmer Prenzlauer Berg. Eine Berliner Künstlersozialgeschichte in Selbstauskünften" heraus.

Thanks

Without the unrelenting committment of Thomas Krüger, President of the German Child Support Organisation ("Deutsches Kinderhilfswerk"), this book could never have been completed. He greatly encouraged both the "Deutsches Kinderhilfswerk" – an important partner for the Kinderfilmfest – and the German organisation for audiovisual media ("Bundesverband Audiovisuelle Medien e.V.") to pledge funds for the publication.

It is not the first time that the "Bundesverband Audiovisuelle Medien e.V." has sponsored the Kinderfilmfest and we are grateful for their generous financial support.

We thank the distribution company Matthias Film gGmbH. Having cooperated closely with the Kinderfilmfest for many years, Matthias Film gGmbH has also contributed to the financing of this book.

Similarly, we are very grateful for the financial aid which came from the children and youth department of the German television station ZDF.

We thank Ronald Trisch who undertook some important timely negotiations which gave an impulse to the book's realisation.

Heartfelt thanks goes to Erika Rabau whose photos have captured many unforgettable moments. Even if she had to be at the airport in ten minutes or take photos at an important press conference, she always managed to be there to capture important Kinderfilmfest happenings with her camera.

Much gratitude goes to Christel and Hans Strobel who have been accompanying the Kinderfilmfest with their journalism since it began. They generously supplied photos and useful information and their "KinderJugendfilmKorrespondenz" was an important resource.

Thank you to all those who were interviewed, who took time and allowed themselves to think back on all the important Kinderfilmfest events. Special thanks to Gabriele Auensen-Borgelt, Andreas Crüsemann, Erika and Moritz de Hadeln, Manfred Hobsch, Barbara Krämer, Marianne Mielke, Friedemann Schuchardt, Gaby Sikorski and Dagmar Ungureit for this. Thanks also goes to Dieter Kosslick who found time to make an interview, despite the stress shortly before the beginning of his first Berlinale.

Our gratitude goes to Rotraut Greune and Helga Schubert for their fast reactions to our enquiries and to Uta Beth – who has actively supported the Kinderfilmfest as radio-journalist – for making her interviews available.

We gratefully acknowledge the Berlin Institute for Media Education ("Landesbildstelle Berlin") for handing over their carefully sorted, substantial Kinderfilmfest archive.

Photography Credits

Dario D'Antonio (4), Flop-Film (1), Hendrik Hedenius (1), Barbara Hoffmann (2), Matthias Jankowiak (14), Kinderfilm-Archiv München (14), Max Kullmann (18) Landesarchiv Berlin (12), Yutaka Osawa (1) Erika Rabau (21), Ronald Siemoneit (1) Stiftung Deutsche Kinemathek (2)

We thank all those who have made their photos available, for their generous assistance. It wasn't always possible to establish who owns the rights to the photos. Valid claims will be honoured according to the existing agreement.

The Author

Born in 1956, Barbara Felsmann works as freelance journalist and author. Since 1990 she has reported regualarly on the Kinderfilmfest, for radio and print media. In 1992, together with Karl Prümm, she published a biography on the actor, cabaret artist and director Kurt Gerron. ("Kurt Gerron – Gefeiert und gejagt. Das Schicksal eines deutschen Unterhaltungskünstlers"). In 1999, together with Annett Gröschner, she published a book about the art scene in Prenzlauer Berg, Berlin ("Durchgangszimmer Prenzlauer Berg. Eine Berliner Künstlersozialgeschichte in Selbstauskünften").